Sarah Köhler
Jeremia – Fürbitter oder Kläger?

Beihefte zur Zeitschrift für die alttestamentliche Wissenschaft

Herausgegeben von
John Barton, Reinhard G. Kratz, Nathan MacDonald,
Carol A. Newsom and Markus Witte

Band 506

Sarah Köhler

Jeremia – Fürbitter oder Kläger?

Eine religionsgeschichtliche Studie zur
Fürbitte und Klage im Jeremiabuch

DE GRUYTER

ISBN 978-3-11-054069-7
e-ISBN (PDF) 978-3-11-054337-7
e-ISBN (EPUB) 978-3-11-054272-1
ISSN 0934-2575

Library of Congress Cataloging-in-Publication Data
A CIP catalog record for this book has been applied for at the Library of Congress.

Bibliografische Information der Deutschen Nationalbibliothek
Die Deutsche Nationalbibliothek verzeichnet diese Publikation in der Deutschen National-
bibliografie; detaillierte bibliografische Daten sind im Internet über http://dnb.dnb.de abrufbar.

© 2017 Walter de Gruyter GmbH, Berlin/Boston
Druck und Bindung: CPI books GmbH, Leck
♾ Gedruckt auf säurefreiem Papier
Printed in Germany

www.degruyter.com

MIX
Papier aus verantwor-
tungsvollen Quellen
FSC
www.fsc.org
FSC® C083411

Vorwort

Die vorliegende Arbeit wurde im Herbstsemester 2015 von der Theologischen Fakultät der Friedrich-Schiller-Universität Jena als Dissertation angenommenen und für den Druck überarbeitet.

Mein Dank gilt zuallererst Prof. Dr. Hannes Bezzel, der diese Dissertation nicht nur anregte, sondern auch während der gesamten Zeit kritisch beratend und unterstützend als mein Doktorvater begleitete. Zudem möchte ich Prof. Dr. Uwe Becker für die Übernahme des Zweitgutachtens sowie für seine Anregungen im Doktorandenkolloquium danken.

Allen, die an diesem Kolloquium teilgenommen haben, danke ich für Ihre Diskussionsbeiträge. Großer Dank gebührt ebenso der EKM, die mein Projekt von 2012 – 2015 mit einem Promotionsstipendium förderte.

Eigens danken möchte ich zudem Prof. Dr. Kai Lämmerhirt, der mir ein wertvolles und hilfsbereites Gegenüber in Bezug auf den altorientalischen Teil der Arbeit war.

Ein ganz besonderer Dank gilt meiner „ThULB"-Gemeinschaft, die mir immer beratend, unterstützend und als Korrekturleser zur Seite standen, hier sind zu nennen: Anne Puhr, Dr. Juliane Rückert, Dr. Sebastian Pfeifer, Stefanie von der Krone, Dr. Sylvia E. Kleeberg-Hörnlein und Dr. Szilvia Jáka-Sövegjártó.

Dr. Uri Gabbay und Dr. Daisuke Shibata danke ich herzlich für die Zusendung ihrer noch unpublizierten Dissertationen und Artikel.

Meiner Familie, besonders meinen Eltern Reinhard und Heidelies Köhler, sowie meinen Freunden danke ich für ihre motivierende und emotionale Unterstützung, ihre Förderung, ihr verlässliches und einsatzbereites Mitwirken, ihre Anregungen und ihre liebevolle Kritik.

Dank schulde ich schließlich auch den Herausgebern für die Aufnahme dieser Arbeit in die Reihe „Beihefte zur Zeitschrift für die alttestamentliche Wissenschaft" und den Mitarbeitern und Mitarbeiterinnen des Verlags de Gruyter für die stets freundliche Betreuung.

Jeremia

Einmal war ich weich wie früher Weizen,
doch, du Rasender, du hast vermocht,
mir das hingehaltne Herz zu reizen,
dass es jetzt wie eines Löwen kocht.

Welchen Mund hast du mir zugemutet,
damals, da ich fast ein Knabe war:
eine Wunde wurde er: nun blutet
aus ihm Unglücksjahr um Unglücksjahr.

Täglich tönte ich von neuen Nöten,
die du, Unersättlicher, ersannst,
und sie konnten mir den Mund nicht töten;
sieh du zu, wie du ihn stillen kannst,

wenn, die wir zerstoßen und zerstören,
erst verloren sind und fernverlaufen
und vergangen sind in der Gefahr:
denn dann will ich in den Trümmerhaufen
endlich meine Stimme wiederhören,
die von Anfang an ein Heulen war.

Rainer Maria Rilke, Mitte August 1907, Paris[1]

---

1 ENGEL, Manfred/FÜLLEBORN, Ulrich (Hg.), Rainer Maria Rilke Gedichte 1895–1910, Frankfurt am Main 1996, 521 f.

Inhalt

Fragestellungen und Methodik

Die Kapitel 4 – 6 und 8 – 10 des Jeremiabuches enthalten nicht nur Schilderungen von einem aus dem Norden kommenden Feind, die teilweise als Verkündigung formuliert sind und dadurch scheinbar den prophetischen Charakter der Kapitel ausmachen, sondern auch Klagen. Im Zusammenhang von Klagen und dem Jeremiabuch denkt man wohl jedoch zunächst an die Konfessionen, die in einem sehr persönlichen Ton das Leid des Beters zum Ausdruck bringen. Doch sind die Texte in Jer 4,19 – 22; 6,9 – 15; 8,18 – 23 und 10,19 – 25 nicht weniger persönlich und doch anderen Charakters. Sie bedauern kein persönliches Schicksal, sondern die zuvor ‚angekündigte' Zerstörung des Landes in ihrer Auswirkung als eingetroffenes Unheil. Diese Texte bilden den Ausgangspunkt der vorliegenden Untersuchung. Die Beurteilung hinsichtlich des sprechenden, literarischen Ichs fällt dabei in der alttestamentlichen Forschung sehr unterschiedlich aus. Ein kurzer chronologischer Überblick zur Bewertung der Entstehung der jeremianischen Texte auch im Hinblick auf die Bewertung des literarischen Ichs soll daher an den Anfang dieser Arbeit gestellt sein.

„Auch bei Jer[emia] ist wie bei den älteren Propheten die mündliche Wirksamkeit noch die Hauptsache; [...] er ist kein Beherrscher der Geister, aber der feine Beobachter, der treue Mahner und Berater, ein Held nicht im Angriff, aber im Leiden [...] Von den prophetischen Dichtungen des vorhergehenden Jahrh.s unterscheiden sich die jeremianischen vor allem dadurch, dass in ihnen viel mehr als in jenen das eigene Ich, die Gefühle und die oft meisterhaft zum Ausdruck gebrachte Stimmung des Propheten zu Wort kommen. Amos und Jesaia sind die Redner, Jeremia der Lyriker; [...]."[1]

Die Worte Bernhard Duhms von 1901 sollen hier einleitend angeführt werden, da sie zum einen auch auf die zu untersuchenden Texte referieren, zum anderen B. Duhm mit seinem Jeremiakommentar die Grundlage der heutigen Jeremiaforschung schuf, indem er das Prophetenbuch erstmals vollständig analysierte und auslegte. Das hier angefügte Zitat verdeutlicht, wonach B. Duhm auf der Suche war. Ihn interessierte die Prophetengestalt, die sich hinter den Texten zu erkennen gibt. Es war ihm ein Anliegen, aus den vorhandenen Texten Rückschlüsse auf die „mündliche Wirksamkeit"[2] Jeremias schließen zu können. Der zitierte Passus lässt zudem erkennen, aus welchen Texten B. Duhm sein Prophetenbild gewinnt. Er versteht Jeremia als den ‚Lyriker' unter den Propheten und geht somit davon aus, dass die poetischen Stücke von Jeremia selbst stammen. Er lässt keinen Zweifel

---

1 DUHM, Jeremia, XII-XIII.
2 DUHM, Jeremia, XII-XIII.

DOI 10.1515/9783110543377-001

daran, dass Jeremia der Dichter dieser Worte ist. B. Duhm formuliert zwei, die weitere Forschung grundlegend bestimmende, Aussagen. Zum einen postuliert er, dass das Jeremiabuch aus großen poetischen Stücken bestehe. Zum anderen meint er, dass diese dem Propheten zuzuschreiben seien.

Im Verlauf der vorliegenden Untersuchung wird gezeigt werden, wie beständig diese Einschätzung der Texte und Duhms Bewertung der Prophetengestalt Jeremias in der ihm folgenden Forschung tradiert werden und warum das für die Beurteilung der Klagen in 4, 6, 8 und 10 von Bedeutung ist. Die Klagen Jer 4,19 – 22; 6,9 – 15; 8,18 – 23 und 10,19 – 25 gehören B. Duhm zufolge zur ältesten poetischen Grundschicht des Buches, welche aus 60 Gedichten mit insgesamt etwa 280 Versen besteht. B. Duhm macht in seinem Kommentar deutlich, dass diese Dichtungen original jeremianisch seien, versäumt aber nicht, bereits bei dieser Beurteilung darauf hinzuweisen, dass sich in ihnen auch spätere Ergänzungen, sei es durch Baruch oder nachexilische Schreiber, erkennen lassen.[3]

Dabei zählen ihm zufolge die Texte 4,19 – 21 und 10,19.20.22 zu den sogenannten „Skythenliedern".[4] In 6,9 – 15 spiegeln sich Jeremias Erfahrungen mit der „Verderbtheit der Hauptstädter"[5] wider und in 8,18 – 23 hört B. Duhm den verzweifelten Jeremia klagen.[6] Doch das sind nicht die einzigen Texte, die zu B. Duhms Bewertung Jeremias als „Held [...] im Leiden"[7] führen. Die als ‚Konfessionen Jeremias' bekannten Stücke zählen für ihn ebenso zu den ältesten Ge-

---

3 Vgl. DUHM, Jeremia, X.

4 Vgl. DUHM, Jeremia, XIV.48. Die Kapitel Jer 4 – 6 berichten von einem Feind, welcher aus dem Norden kommt. Für Duhm sind die Skythen das gemeinte feindliche Volk. Diese Zuweisung trifft er aufgrund der Datierung von Jeremias Wirken in dessen ersten Jahren. Gemäß Jer 1,2 begann des Propheten Wirkungszeit im Jahre 627. In diese Frühzeit der Verkündigung gehören Duhm zufolge die Kapitel 4 – 6. Zu dieser Zeit befand sich Jeremia noch in Anatot, wo er geboren wurde. Dass er sich dort aufhielt, entnimmt Duhm der Tatsache, dass die Texte in 4 – 6 „[...] einen so ausgeprägten Natursinn verraten [...]", weshalb sie in einer ländlichen Gegend entstanden sein müssen. Vgl. DUHM, Jeremia, XI. Die Assyrer und Ägypter waren zu dieser Zeit nicht kriegerisch aktiv und eine Bedrohung durch die Neubabylonier war nicht vorauszuahnen. Auf der Suche nach einer, zu dieser Zeit bestehenden, Bedrohung für Israel wird man in Herodots Schriften fündig. Duhm schreibt: „Als bekannt setzen wir voraus, dass die wilden Reiterscharen der Skythen in der zweiten Hälfte des siebenten Jahrhunderts jahrzehntelang Vorderasien beunruhigten und dass sie im Jahre 626 auch am judäischen Land vorbeirausten [sc. vorbeisausten?]." Rainer Albertz entkräftete 1982 diese Annahme, indem er mit Verweis auf die Untersuchungen von F. Wilcke zeigt, dass keine zeitgenössischen altorientalischen Quellen auf die Skythen rekurrieren und Herodots Erzählungen aus Herodot I, 103 – 106 lediglich legendenhaft seien. Vgl. ALBERTZ, Frühzeitverkündigung, 22.

5 DUHM, Jeremia, XIV.

6 Vgl. DUHM, Jeremia, XIV.

7 DUHM, Jeremia, XII-XIII.

dichten und weisen ihm zufolge eine mögliche Nähe zu den Skythenliedern auf.[8] Ebenso wie die Beurteilung der Klagen in 4, 6, 8 und 10 wird auch die hier proklamierte Nähe zu den Konfessionen ein zu untersuchender Punkt in der vorliegenden Arbeit sein. Dabei sind die Klagen nicht ohne die Einbettung in den textlichen Kontext, sowie die Entstehung des Gesamtbuches zu verstehen.

Die weit rezipierte, methodische Weiterentwicklung der Forschung B. Duhms bietet Sigmund Mowinckels Jeremiabuch von 1914. Er behält B. Duhms Ansatz bei, indem er konstatiert, dass die poetischen Stücke dem Propheten zuzuordnen seien. S. Mowinckel unterteilt das gesamte Prophetenbuch in vier Quellen: A) Die jeremianischen Orakel und Selbstberichte, zu denen alle hier behandelten Klagetexte gehören, B) Erzählungen über Jeremia, ohne dabei Baruch als Verfasser anzunehmen, C) Reden die dem Deuteronomium nahestehen und sich über das gesamte Jeremiabuch verteilen und D), die ehemals selbständigen Heilsworte in Jer 30 – 31.[9]

Hinsichtlich der Beurteilung des Gesamtbuches folgte auf S. Mowinckel und B. Duhm, Wilhelm Rudolph, der 1968 die Erkenntnisse seiner Vorgänger zu einem Gesamtbild vereint.[10] Er greift dabei auch Theodore H. Robinsons Beurteilung von 1924 auf, dass Prosa per se nicht als un-authentisch beurteilt werden könne, sondern Poesie und Prosa nebeneinander existieren können.[11] Insgesamt urteilt W. Rudolph wie folgt: In der Bewertung der Quellen ABC folgt er weitestgehend S. Mowinckel, ist aber geneigt dem historischen Propheten mehr Texte dieser Quellen zuzuschreiben, als es S. Mowinckel veranschlagt.[12] Dessen Quelle D ist für W. Rudolph authentisch jeremianisch.[13] Dennoch weist er daraufhin, dass ein bestimmtes Metrum nicht zwingend ein Indikator für die Authentizität von Texten

---

8 Vgl. Duhm, Jeremia, 52.

9 Vgl. Mowinckel, Kompositionen, 17–65. Die Beurteilung von C und die damit verbundene Feststellung einer Nähe zum Deuteronomium haben weitere Forschungen angeregt, die das Verhältnis des Prophetenbuches zum fünften Buch Mose untersucht haben. Winfried Thiel ist einer der bekannteste Vertreter dieser Forschungsrichtung. Thiel, W., Die deuteronomistische Redaktion von Jeremia, 2 Bd., Neukirchen-Vluyn 1973–1981. Er konstatiert eine deuteronomistische Redaktion für das gesamte Jeremiabuch, die er mittels sprachlicher Analysen erhebt, vgl. Thiel, dtr Redaktion I, 33–41. Vgl. auch die umfangreichen Untersuchungen zu Mowinckels Thesen, insbesondere zu den C-Stücken von Stipp, Problem, 225–296. Nach W. Thiel bietet K.-F. Pohlmann eine weitere großangelegte redaktionelle Untersuchung zur ‚gola-orientierten' Redaktion, vgl. Pohlmann, Studien, 183–197. Anders Stipp, der zwischen einem judäischen und einem babylonischen Jeremiabuch unterscheidet und die „golaorientierte Redaktion" als in Mesopotamien beheimatete, dtr Redaktion wertet, vgl. Stipp, Studien, 347.

10 Vgl. Rudolph, Jeremia, XIV-XXIII.

11 Vgl. Robinson, Roll, 218–220.

12 Vgl. Rudolph, Jeremia, XIV-XXIII.

13 Vgl. Rudolph, Jeremia, XIV-XIX.

sei und widerlegt damit Duhms Annahme, dass poetische Stücke generell dem Propheten zuzuweisen seien.[14]

Die Untersuchungen von William McKane und Christoph Levin vom Ende des 20. Jh. greifen bestimmte Aspekte der Arbeit B. Duhms auf. [15] B. Duhm stellt sich eine im Wesentlichen unüberschaubare Entstehungsgeschichte des Gesamtbuches mit unkontrollierten und kleinräumigen Wachsstumsstufen vor, wie ein „unbeaufsichtigter Wald"[16], ohne übergreifende Redaktionen und Kompositionszusammenhänge.[17] Dabei bleibt die Substanz aus Jeremia eigenen Worten, die gesammelt und dann verschriftlicht wurden, in den Grundfesten erhalten.[18]

W. McKane formulierte die literarkritische Theorie des „rolling corpus"[19]. Auf Basis des Textvergleiches zwischen LXX und MT erhebt er die These, dass das Jeremiabuch auf der Grundlage sogenannter „kernels"[20] (Ausgangstexte) entstand.[21] Die sind meist poetisch, nicht unbedingt jeremianisch, und mittels

---

14 Vgl. RUDOLPH, Jeremia, XV.

15 Vgl. LEVIN, Verheißung, 63–66. MCKANE, Jeremiah I, xlix-li.

16 DUHM, Jeremia, XX.

17 So der Beurteilung Schmids zufolge, der Duhms Forschungen bewertet. Vgl. SCHMID, Buchgestalten, 26.

18 Vgl. SCHMID, Buchgestalten, 26.

19 MCKANE, Jeremiah I, l.

20 MCKANE, Jeremiah I, liii.

21 Vgl. MCKANE, Jeremiah I, liii-lv. Die Septuaginta ist um ca. 1/7 kürzer als der hebräische Text und man geht in der Forschung davon aus, dass der griechischen Übersetzung eine andere Vorlage zur Verfügung stand, als dem heutigen MT. Vgl. LEVIN, Verheißung, 69 f. SCHMID, Buchgestalten, 15: „Aufs ganze gesehen steht der gelegentlich scheinbar sinnlos überfüllte, komplizierte Masoretentext dem gewachsenen Urtext weit näher als der kürzere und glattere griechische Text. Das erweist sich vor allem daran, daß der hebräische Text an vielen Stellen ein genügsamer Gegenstand der literarkritischen Analyse ist, an denen anhand der Septuaginta die Unterscheidung der Wachsstumsstufen unmöglich wäre, weil in dieser Textform die literarischen Verwerfungslinien rezensionell verkleistert worden sind." Die Exegese des Jeremiabuches, so Schmid, habe sich vorrangig nach der hebräischen Textform zu halten, die zwar ebenso weiterentwickelt ist, aber einen transparenteren Blick auf die literarische Vorgeschichte bietet, als die LXX. Schmid weißt jedoch zu Recht daraufhin, dass die Anwendbarkeit einer exegetischen Methode als Argument für historische Priorität kritisch zu betrachten ist, vgl. SCHMID, Buchgestalten, 20 f. Ob die LXX eine ursprünglichere Textanordnung überliefert, ist nicht sicher. Vieles spricht eher dagegen, vgl. SCHMID, Buchgestalten 21 f. BEZZEL, Konfessionen, 285. Zudem spricht sich Schmid dafür aus, dass man im Grunde nur von „Jeremiabüchern" sprechen sollte, vgl. SCHMID, Schriftmetaphorik, 123. STIPP, Studien, 57, gibt allein der von ihm als „alexandrinische Textform" bezeichneten Version den Vorrang, die sich aus einer kürzeren Version der JerLXX (Jer G*) sowie den Qumranfragementen 4Q71 (4QJer[b]) und 4Q72a (4QJer[d]) zusammensetzt. Fischer datiert, mit wenig Rücksicht auf die im Buch erkennbaren Wachsstumsstufen, das Gesamtbuch ins 4. Jh. v. Chr, FISCHER, Jer 1–25, 40.72.

kleinräumeriger, unüberschaubarer Fortschreibung immer weiter gewachsen.[22] Während W. McKane nicht nach dem *ipissima verba* des Propheten sucht, sondern nach literarischen Grundbestand des Buches, hat der ebenfalls 1986 von William Holladay erschienene Kommentar zu Jer 1–25 die Absicht Jeremias Biografie mit seiner Botschaft zu harmonisieren und ein chronologisches Gerüst von dem Leben und den Reden Jeremias zu konstruieren.[23] W. Holladay versteht den Großteil des Jeremiabuches, inklusive der prosaischen Reden, als authentisch jeremianisch.[24] Ganz anders urteilt Robert P. Carroll in seinem ebenfalls 1986 erschienenen Kommentar zum Gesamtbuch. Seiner Meinung nach entstand das Jeremiabuch auf Basis verschiedener Sammlungen, die mittels eines redaktionellen Rahmengerüsts zusammengefügt und dadurch jeweils Jeremia zugewiesen wurden.[25] Für ihn verschwindet der historische Jeremia hinter den redaktionellen Bearbeitungen und Traditionsstufen, die sich mit ihm auseinandersetzen.[26] Dabei rückt die jeremianische Autorenschaft fast komplett in den Hintergrund seiner Betrachtung.

Uwe Becker beschreibt in einem Aufsatz zur Prophetenforschung aus dem Jahr 2004 im Rückblick zwei Tendenzen in der alttestamentlichen Forschung, die sich seit den 1970zigern verzeichnen lassen. Zum einen konstatiert er eine Richtung der ‚Wiederentdeckung des Prophetenbuches'.[27] Das bedeutet, dass die Suche nach der *viva vox* des Propheten zunächst in den Hintergrund rückt und man

---

22 Vgl. McKANE, Jeremiah I, xlix-li. Gegen Holladay, der versucht die Jeremiatexte mit Situationen im Leben des Propheten abzustimmen, vgl. HOLLADAY, Jeremiah 1, 1–10.

23 Vgl. HOLLADAY, Jeremiah 1, 1f.

24 Vgl. HOLLADAY, Jeremiah 1, 1–10.

25 Vgl. CARROLL, Jeremiah, 38f. Schmid hält zehn Jahre nach dem Erscheinen der Kommentare von W. McKane, W. Holladay und R. P. Carroll fest, dass es eine Periode eines unkontrollierten, kleinräumigen Wachstums gegeben haben wird, sich aber auch zeigt, dass mit Redaktionstätigkeiten im Buch gerechnet werden muss, die das Gesamtbuch im Blick hatten, vgl. SCHMID, Buchgestalten, 29. Schmid konstatiert zudem, dass Thiels dtr Redaktion weder eine literarisch noch inhaltlich einheitliche Schicht sei und differenzierter betrachtet werden müsse. Vgl. auch BECKER, dtr Redaktion, 389.396–397. Becker weist explizit daraufhin, dass es zwar durchaus Stücke gibt die von der dtr Sprache und Theologie geprägt sind, der Begriff einer Redaktion aber kein einheitliches Phänomen beschreibt, sondern vielschichtige, mehrstufige Prozesse, die je am Einzeltext zu erheben sind. Insofern kann man dtr Passagen in Jer als Rezeptionen des Dtn und seiner Theologie verstehen und damit Nähe und Ferne zugleich beschreiben. Es handelt sich dabei um eine Schultradition, die die ganze Bibel durchsetzt. Vgl. auch STIPP, Problem, 225–296. STIPP, Kennzeichen, 149, der die Probleme des redaktionsgeschichtlichen Modells, vor allem der Überlegungen Thiels aufzeigt und feststellt, dass die meisten Texte, die in Jeremia als dtr beurteilt werden, dem Buch selbst entstammen und daher eher als „deuterojeremianisch" zu bezeichnen sind.

26 Vgl. CARROLL, Jeremiah, 48.

27 Vgl. BECKER, Wiederentdeckung, 30–59.

sich dem widmet, was einem zunächst in voller Gestalt vorliegt, nämlich dem Buch selbst. Damit einher geht für U. Becker das Bewusstsein, dass selbst wenn Prophetenworte zu finden seien, diese dennoch allein durch den Prozess der Verschriftlichung formelhaft und nie ‚authentisch‘, also wörtlich, überliefert wurden.[28] Zum anderen kam es Ende der 1970er zu einer weiteren als Tendenz zu bezeichnenden Strömung in der Forschung um das Alte Testament. Nach den Kommentaren B. Duhms, S. Mowinckels oder M. Rudolphs wendete man sich in der Forschung von der Untersuchung des Gesamtbuches ab und widmete sich der Erforschung einzelner Spruchsammlungen, beispielsweise den sogenannten ‚Konfessionen‘.[29]

Für die Klagen in 4, 6, 8 und 10 hat sich hinsichtlich ihrer Beurteilung als Prophetenworte über die Jahrzehnte hinweg nur wenig geändert. So unterschiedlich die Beurteilung der Buchentstehung am Ende des 20. Jh. ist, so werden die Klagen in 4, 6, 8, und 10 doch fast einhellig zum ältesten Material gerechnet.[30] Dabei gehören die Kapitel 4 – 6*; 8 – 10* ja bereits bei B. Duhm zum Grundbestand des gesamten Buches und auch bei den literarkritischen, redaktionsgeschichtlichen Ansätzen, wie denen von C. Levin, K. Schmid oder K.-F. Pohlmann, zählen sie zu den ältesten Texten im Buch.[31] Es handelt sich folglich um eine über Jahrzehnte und Jahrhunderte hinweg einstimmige Beurteilung der Passagen als Grundtexte des Buches. Dabei kommen diese Klagen, K.-F. Pohlmann zufolge, in ihren Grundzügen ohne jeden Bezug auf Jahwe und ohne jeden Aufweis der Schuld des Volkes aus.[32]

Zudem lassen sich die Klagetexte in Jer 4, 6, 8 und 10 keinen prophetischen Parallelen des Alten Orients zuordnen und weisen Schwierigkeiten hinsichtlich der Deutung ihres Sprechers auf. Auf der Basis von B. Duhms Aussagen über den Lyriker Jeremia werden sie vielfach als von Jeremia stammend angesehen.[33] Während jedoch B. Duhm auf Basis interner Textbeziehungen auch im literarischen Ich den Propheten vermutet,[34] fällt dieses Urteil nach ihm unterschiedlich aus.

---

28 Vgl. BECKER, Wiederentdeckung, 37.
29 Jer 11,18 – 12,6; 15,10 – 21; 17,14 – 18; 18,18 – 23; 20,7 – 18.
30 Vgl. u. a. CARROLL, Jeremiah, 47. LEVIN, Verheißung, 153 – 156.194. POHLMANN, Ferne, 115 – 127. SCHMID, Buchgestalten, 330 – 346.
31 Vgl. LEVIN, Verheißung, 153. LEVIN, Wort Jahwes, 164f. POHLMANN, Ferne, 115. SCHMID, Buchgestalten, 330 – 333.
32 Vgl. POHLMANN, Ferne, 160.
33 Vgl. DUHM, Jeremia, XIII-XIV. RUDOLPH, Jeremia, XIV-XV. LEVIN, Verheißung, 153 – 155. HERMISSON, Feind, 240 – 242.
34 Vgl. DUHM, XII-XIV.

Bereits im Jahre 1922 bietet Paul Volz im Hinblick auf die Texte, die Jerusalem als Stadt adressieren und unmittelbar im Kontext der Klagen auftreten, eine andere Deutung in Bezug auf den Sprecher von Jer 4,19 – 22 und 10,19 – 25.[35] Er vertritt die Annahme, dass das klagende Land als literarisches Ich der Klagen zu verstehen sei.[36] Christl Maier, Frederick William Dobbs-Allsopp, Marc Wischnowsky und Nancy Lee haben die Texte in einem nächsten Schritt im Hinblick auf die mesopotamischen Stadtklagen untersucht.[37] Die These eine Sprecherin der Klage anzunehmen wird nur gering vertreten und ist anhand der eben angeführten Beispiele in ihrer Vertretung fast vollständig gelistet.[38]

Ausgehend von den vorgestellten Thesen finden sich in der Forschung seither zwei Annahmen für den Sprecher der Texte. Zum einen wird Jeremia dafür in Anspruch genommen, zum anderen ein – wie auch immer zu definierendes – Femininum. Dabei wird die Feminingröße als Klägerin weitergeführt und sowohl als von Land, Stadt oder Stadtgöttin stammend interpretiert.

Es wird in dieser Arbeit untersucht werden, welche Annahme sowohl im Hinblick auf eine literarkritische Untersuchung der jeremianischen Texte als auch im Kontext eines Vergleichs mit Klagen umliegender Kulturen favorisiert werden sollte.

Im Zusammenhang mit der Beurteilung der Klagen, als zum Grundstock des Buches gehörend, ergeben sich folgende Fragestellungen für die Untersuchung:

Wie kommt es, dass das Buch völlig unvermittelt mit un-adressierten Klagen einsetzt und dann zum Prophetenbuch wird, das die Biographie eines bestimmten Propheten darzustellen versucht?

Wie ist folglich das Jeremiabuch auf Basis von Klagen zum Prophetenbuch und wie der Kläger zum Propheten geworden?

Welche Rolle hat die Person Jeremia bei der Entstehung des Jeremiabuches gespielt?

Ist Jeremia Prophet, Klagender oder Fürbitter – oder alles zusammen?

Die Beantwortung dieser Fragen hat sich die vorliegende Dissertation zur Aufgabe gemacht.

---

35 Vgl. VOLZ, Jeremia, 56.126.
36 Vgl. VOLZ, Jeremia, 56.126.
37 Vgl. LEE, Nancy C., The Singers of Lamentations. Cities under Siege, from Ur to Jerusalem to Sarajev, Leiden 2002. MAIER, Christl M., Die Klage der Tochter Zion. Ein Beitrag zur Weiblichkeitsmetaphorik im Jeremiabuch, BThZ 15 (1998), 176 – 89. DOBBS-ALLSOPP, Frederick William, Weep, O Daughter of Zion. A Study of the City-Lament Genre in the Hebrew Bible, BibOr 44, Rom 1993. WISCHNOWSKY, Marc, Tochter Zion. Aufnahme und Überwindung der Stadtklage in den Prophetenschriften des Alten Testaments, Neukirchen-Vluyn 2001.
38 Vgl. u. a. die Rezeption dieser Auffassung bei FISCHER, Jer 1– 25, 221– 223.391– 393.

Ziel des erstens Kapitels ist es daher zunächst eine textkritische und literar-kritische Analyse der Klagen in 4, 6, 8 und 10 im Hinblick auf das literarische Ich zu unternehmen. Erst wenn man versteht, welchen Sprecher diese ältesten Texte haben, lässt sich nachvollziehen, wie sich daraus die Rolle und das Bild Jeremias und dessen (Propheten-)Buches konstituierten.

Kapitel 1: Die Klagen der Kapitel 4, 6, 8 und 10

1.1 Jeremia 4,19-22

19 Mein Leib, mein Leib! Ich muss mich winden. [Oh] die Wände meines Herzens! Meine Seele ist unruhig in mir, ich kann nicht schweigen. Denn die
Stimme des Horns höre ich, das Geschrei des Krieges.

20 Zusammenbruch über Zusammenbruch wird ausgerufen. Denn das ganze
Land ist verwüstet, plötzlich verwüstet sind meine Zelte, in einem Augenblick meine Zeltdecken.

21 Wie lange noch muss ich das Feldzeichen sehen und hören die Stimme des
Horns?

22 Denn töricht ist mein Volk und sie kennen mich nicht. Dumme Söhne sind
sie, sie sind nicht einsichtig. Weise sind sie, Böses zu tun und Gutes zu tun,
wissen sie nicht.

1.1.1 Der Text

In Jeremia 4,5 beginnt mit einer Reihe von Imperativen ein neuer Abschnitt im
Buch, der sich auch inhaltlich deutlich vom vorherigen unterscheidet. Während
das erste Kapitel von der Berufung Jeremias berichtet, das zweite und dritte Israels
Sünde thematisieren, beginnt mit 4,5 das vierte Kapitel, das von einem Feind
erzählt, der von Norden her kommen wird. Diese Thematik vom drohenden Unheil
wird in der alttestamentlichen Wissenschaft auch als ‚Feind aus dem Norden‘
bezeichnet. Innerhalb dieser thematisch verbundenen Texte setzt in V.19 die Klage
durch einen abrupten Personenwechsel von einer dritten Person Singular zu einer
ersten ein. Jer 4,19–22 ist in sich geschlossen und lässt sich gut von seinem
nachfolgenden, textlichen Umfeld separieren.[1] So grenzen sich die Folgeverse in
4,23–26 dadurch ab, dass sie allesamt mit רָאִיתִי beginnen und eine Aufzählung
von aus Gen 1 entlehnten Motiven zum Schöpfer und dem Zustand der Erde vor
ihrer Erschaffung bilden.[2] Die Abgrenzung nach vorne hin, so wird sich in der
folgenden Untersuchung zeigen, ist weniger eindeutig.

---

1 Vgl. HERMISSON, Feind, 239. Hermisson versteht das Gedicht als im Zentrum der Textabfolge
stehend und gemeinsame Motiven zu den Feindtexten aufweisend.

2 Vgl. SIMIAN-YOFRE, נחם, 370 f: „Jer 4,23–28 spielt auf die Schöpfung an, die zum ursprünglichen
Chaos zurückkehrt (V.23), und wahrscheinlich auch auf die Sintflut und das Verschwinden des
Menschen von der Erdoberfläche (VV.24–25).“

DOI 10.1515/9783110543377-002

Der Personenwechsel zwischen 4,18 und 19, von der dritten Person Singular zur ersten, weist zwar die Klage als eigenen Abschnitt aus, initiiert jedoch auch die Frage nach dem sich hinter der ersten Person befindlichen Sprecher. Insbesondere diese Frage wird in der Forschung kontrovers diskutiert.[3] Ihre Beantwortung unterliegt der literarkritischen Analyse und soll an dortiger Stelle ausführlich besprochen werden.

Das erste und zweite Wort der Klage ist das Lemma מֵעֶה (Herz), ein nicht nur seltenes in der Hebräischen Bibel, sondern auch ein in der in 4,19 vorliegenden Doppelung singulär vorkommendes Wort. Der Bedeutungsumfang von מֵעֶה ist umfassend, jedoch in drei große Bereiche einzuteilen. Zunächst gibt es eine rein anatomische Konnotation mit der Übersetzung ‚Eingeweide/Gedärme‘, welche vermutlich als Ableitung des akkadischen Wortes *amūtu* (Schafsleber) zu verstehen ist.[4] Des Weiteren kann mit מֵעֶה der ‚Leib‘ als Ganzes gemeint sein, verstanden als Ort von dem die Nachkommen stammen.[5] Zuletzt umfasst der Begriff die Übersetzung als ‚Inneres‘, worunter der Sitz der Emotionen gedacht wird. Welche der Übertragungen für den vorliegenden Text geeignet ist, kann auf Basis einer Kontextanalyse entschieden werden.

Der Dopplung des Nomes מֵעֶה (Herz) folgt die Verbform אחולה. Diese Form weißt zum einen interessante textkritische Varianten auf, zum anderen vermag sie zur Übersetzung von מֵעֶה beizutragen. Im Text wird die Ketib-Form mittels angegebener Qere vokalisiert, so dass die BHS אֹחִילָה bietet. Exakt vokalisiert wäre die Ketib-Form אָחוּלָה und somit als Kohortativ Singular der Wurzel חול mit der Bedeutung ‚tanzen, sich wenden‘ oder als Nebenform von חיל mit der Bedeutung ‚kreißen, in den Wehen liegen‘ zu identifizieren. Letzeres Verb kann auch die Konnotation ‚sich winden‘ haben. Die korrekte Form des Kohortativs von חיל (sich winden) ist jedoch אָחִילָה. Dieser Ableitung der Wurzel חיל folgen nur wenige masoretische Handschriften. Der Hapax-Schreibung אָחוּלָה folgen hingegen viele hebräische Manuskripte. Auf eine dritte Möglichkeit der Deutung verweist die neben dem Masoretentext angebotene Qere-Form אֹוחִילָה des Verbes יחל (warten, verzweifeln). Dieser Vorschlag beruht auf der Form אוֹחִילָה (ich will warten) aus Mi 7,7. Der Versuch diese Deutung auch für den vorliegenden Text in Jer 4,19 zu nutzen, scheitert bei der Betrachtung der vorhandenen Quellen. Eine Verbform die sich von יחל (warten, verzweifeln) her ableiten lässt, findet sich an dieser Stelle in Jer 4,19 in keiner hebräischen Handschrift. Es handelt sich nicht um eine durch Quellen gestützte Textvariante, daher vermag sie nicht zur Deutung der Form

---

3 Vgl. Fragestellung und Methodik.
4 Siehe HALAT, 576.
5 Siehe HALAT, 576. Vgl. Gen 15,4; 25,23; Num 5,22; 2 Sam 6,12; 16,11.

אחולה beizutragen. Die angebotene Qere-Form muss folglich als Lesung deklariert werden. Das Problem um die richtige Lesung der in MT vorhandenen Form אחולה kann nur gelöst werden, indem man die Überlieferungen genauer betrachtet.

Die aramäischen Übersetzungen von Targum und Peschitta lösen die Frage um אחולה durch substantivierte Formen mit Präpositionen, denen der textkritische Apparat der BHS die Entsprechung יְחִילוּ gegenüberstellt.[6] Bei näherer Betrachtung der jeweiligen Texte in Peschitta und Targum wird deutlich, dass diese vorgeschlagene hebräische Entsprechung den Sachverhalt inkorrekt wiedergibt. Der Targum schlägt כֵּיבִין לִי vor, die Peschitta das syrische Äquivalent حنܒ̈ܝ ܠܝ.[7] Auf der Suche nach dem, diesen Formen zugrundeliegenden, Verb bieten sowohl die Wörterbücher für den Targum als auch die für die Peschitta eine als Verlegenheitslösung zu bezeichnende Form. So wird eine Nebenform der Wurzel k'b konstatiert, die כֵּיב oder ܟ gelautet haben muss.[8] Beide Vorschläge sind offenbar Derivative von כאב, jeweils in der Form eines Partizips passiv maskulin Plurals. Eine mögliche Entstehung der derivativen Wurzeln k'b wäre mittels Schwund des Alefs bei כאב zu erklären.[9] In Form und Herkunft ist diese Nebenform einmalig und nur in Jer 4,19 anzutreffen. Eine adäquate Übersetzung für die Variante aus Peschitta und Targum wäre folgende: „Sie (die Eingeweide) schmerzen mir".

Die Übersetzungen der Septuaginta und Vulgata bieten jeweils Formen, die mit „Ich habe Schmerzen" zu übersetzen sind.[10] Diese Übertragungen veranlassen ein hebräisches Verb in den Blick zu nehmen, das bisher noch nicht besprochen wurde. Es handelt sich um das Verb חלה (schwach/müde sein, Schmerz empfinden). Es sollte nicht außer Acht gelassen werden, dass auch die eben genannten Übersetzungen von Targum und Peschitta Ausdrücke verwenden, die diesem hebräischen Verb, also חלה, semantisch näher kommen als dem bisher angeführten Verbum חיל (sich winden). Sie verwenden kein diesem Verb entsprechendes griechisches, lateinisches oder aramäisches Äquivalent. Die im hebräischen Text vorhandene Form אחולה ist jedoch nicht von der Wurzel חלה (Schmerz

---

6 3. m. Pl. Impf. Qal/Hif. von חיל.

7 Die Lesung כֵּיבִין לִי bzw. حنܒ̈ܝ ܠܝ stammen von einer Nebenform der Wurzel כאב, die wohl כֵּיב gelautet hat. Der Passus aus Peschitta und Targum lässt sich daher wie folgt übersetzen: „Schmerzhaft sind sie mir".

8 Vgl. COSTAZ, Dictionnaire, 152. JASTROW, Talmud, 606.630.

9 Vgl. NÖLDEKE, Grammatik, 102.114. Er erklärt, dass es Verben gibt, die ihren zweiten Radikal durch langen Vokal ersetzen können. Dieser Annahme voraus geht die Tatsache, dass Aleph häufig in der Aussprache wegfällt, besonders unter Dehnung des vorhergehenden Vokals. Vgl. UNGNAD, Grammatik, 71.

10 Die LXX präsentiert mit ἀλγέω eine 1. Sg. Präs. Akt. von ἀλγῶ. Die Vulgata hat die 1. Sg. Präs. Akt. von dolere. Beide Formen bedeuten in Übersetzung: „Ich habe Schmerzen".

empfinden) abzuleiten, möchte man keine Form Pual Plene des Kohorativs[11] und damit eine Form annehmen, die nicht belegt ist. Der Vorschlag אחולה mit der Wurzel חלה (Schmerz empfinden) zu deuten, kann daher nicht befriedigen. Die Übertragungen von Targum, Septuaginta, Peschitta und Vulgata vermitteln jedoch gerade den Eindruck, dass die Übersetzer mit der Form אחולה Schwierigkeiten hatten und diese als Art Bedeutungsableitung von חלה verstanden haben. Das würde bedeuten, dass die Übersetzer es als einen ‚Schmerz im Bereich des Unterleibes' interpretiert haben, wie es beim ‚Kreißen' (חיל) der Fall ist.[12]

Meines Erachtens bleibt die Form אָחוּלָה mit der orthographisch korrekten Variante אָחִילָה des Verbes חיל (sich winden, kreißen) hier am wahrscheinlichsten. Folgt man dieser Lesung, muss man annehmen, dass es sich bei dem Waw der Form אָחוּלָה um ein beim Kopiervorgang zu lang geratenes Yod handelt.[13] Mit der Lösung ‚sich winden, Schmerzen haben wie beim Kreißen' kann dann die Deutung von מֵעֶה als ‚Leib' einhergehen. Wenn man das Verb, das auf מֵעֶה folgt, mit „Ich muss mich winden" oder „Ich habe Schmerzen, wie beim Kreißen" übersetzt, dann ist es am wahrscheinlichsten, den Ausruf מֵעַי מֵעַי mit „Mein Leib, mein Leib" wiederzugeben.[14]

Ein nächstes textkritisches Problem stellt die Form von שמע in V.19b dar. Der Text der BHS bietet שָׁמַעְתִּי und verweist damit auf eine archaische Form der 2. fem. Sg. Perf. ohne Ellision des -ī, wie sie sich im Tiberischen ereignete.[15] So ist mit Ketib zu lesen שָׁמַעְתִּי (Du hörtest).[16] Dagegen übersetzen Septuaginta, Targum, Peschitta und Vulgata mit einer 3. Person Singular „meine Seele hörte", was vom Konsonantenbestand der Form des Partizips fem. Sg. שֹׁמַעַת am nächsten käme. Das Partizip wäre im Hinblick auf die Wendung הֹמֶה־לִּי in Jer 4,19 denkbar und dann als eine Parallele zu verstehen. Ebenso wäre es möglich den Konsonantenbestand als 1. Person Sg. Perf. zu deuten und zu lesen שָׁמַעְתִּי (Ich hörte meine Seele). Die 1. Person Sg. könnte aber auch nur auf einem Ansinnen des Schreibers beruhen, das Verb dem vorherigen (אָחוּלָה) anzugleichen. Klären lässt sich die Frage wohl erst mit einer Betrachtung der vorhandenen Satzstruktur.

---

11 Unvokalisiert entspräche es dem im Text stehenden אחולה.

12 In Jer 4, 31 wird m. E. auf 4,19 noch einmal zusammenfassend Bezug genommen. Dort findet sich eine Form כְּחוֹלָה, die im Zusammenhang mit dem Folgenden כְּמַבְכִּירָה als ‚kreißen' wiedergeben werden kann, obwohl es nicht zum ursprünglichen Bedeutungsumfang der Wurzel gehört. Vgl. Jer 6,24, hier werden die Schmerzen auf des Volkes Angst vor den Feinden übertragen.

13 Vgl. Tov, Textkritik, 202–204. Weitere gesicherte Belege für die Vertauschung von ו/י finden sich in Gen 10,28// 1 Chr 1,22; Gen 36,39// 1 Chr 1,50; Jer 48,21 MT^Q // 1 Chr 6,4; Jos 13,18.

14 Vgl. McKane, Jeremiah I, 102f.

15 Die Vokalisation mit Schᵉwa am Ende verweist auf die 2. fem. Sg. Perf. deren Endung im Tiberischen -t ist. Meyer, Grammatik, 104 [224].

16 Vgl. Jer 2,33 לִמַּדְתִּי mit Ketib לִמַּדְתִּי und Qere לִמַּדְתְּ. Vgl. Meyer, Grammatik, 104 [224].

Versteht man מֵעַי מֵעַי aus 4,19a als Ausruf und implizite Ursache für das ihm folgende Verb אֹחִילָה/אָחוּלָה (sich winden), ist zu fragen, ob קִירוֹת לִבִּי nicht ebenso ein Wehgeschrei ist und mit dem Verb שמע (hören) in gleicher Verbindung steht, wie die eben genannten.[17] Meines Erachtens kann dies bejaht werden und so ist קִירוֹת לִבִּי als zweiter Ausruf mit verbaler Erläuterung zu verstehen.

Die Wendung קִירוֹת לִבִּי (Wände des Herzens) bildet das zweite *Hapax legomenon* nach der Dopplung von מֵעַי in der vorliegenden Klage. Mit ihr scheint zunächst eine genaue Beschreibung, einer bestimmten Herzregion vorzuliegen, was Ausleger wie Werner H. Schmidt zu der Deutung veranlasste, es handle sich bei dem Ausruf um die Beschreibung einer *angina pectoris*.[18] Auf der Suche nach einem קִירוֹת לִבִּי (Wände des Herzens) äquivalenten Ausdruck wird man in zwei mesopotamischen Texten fündig. Der dortige akkadische Ausdruck lautet *dūr libbi*,[19] der jeweils mit „Zwerchfell"[20] übersetzt wird. Bei einem der beiden Texte handelt es sich um einen diagnostischen Text, bei dem anderen um ein Leberomen.[21]

Im Bereich der diagnostischen Texte findet sich eine weitere Parallele in Bezug auf Jer 4,19. So enthalten babylonisch-assyrischen Texte, ebenso wie in Jer 4,19 מֵעַי מֵעַי, Wehausrufe. Ausgedrückt werden diese durch die Doppelung eines Wortes. Diese mesopotamischen Schmerzensschreie werden mittels des sumeri-

---

17 Anders HOLLADAY, Jeremiah, 142. Holloday schlägt vor קִירוֹת zu einer Verform zu konjizieren. Dafür leiht er sich von אחולה das ה, um die הַקִּירוֹת bilden zu können. Dadurch entsteht eine Form Hifil 2.Sg.Perf. von קרר mit י als mater lectionis. Er rekonstruiert so für Vers 19 eine verbale Struktur, bei der das erste und dritte Verb eine Form Impf. 1. Sg. und das zweite und vierte Verb eine Form Perf. 2. Sg. bilden. Dieser Eingriff in den Text ist jedoch weder belegt, noch zu vertreten.

18 Vgl. WERNER, Jer 1–25, 75. Werner spricht vom Herzbeutel und meint hinter den Ausrufen die Symptomatik einer angina pectoris zu erkennen. Diese Deutung beruht jedoch darauf, die Klagen als vom historischen Jeremia her, folglich physisch autobiographisch, zu interpretieren. Sie ist daher abzulehnen. Vgl. MCKANE, Jeremiah I, 102. Er bezeichnet den Ausdruck hier als Region im Herzen, die Sektionen teilt. McKanes Vorschlag gehört in den Bereich einer umschreibenden Deutung von לבב. Er denkt zwar zunächst an eine anatomische Sektion, geht aber im nächsten Schritt seiner Deutung weiter und versteht diese als zu מֵעַי מֵעַי ergänzende Umschreibung einer Region, die besonders anfällig für emotionalen Druck ist.

19 Vgl. LABAT, TDP 1, 126:40. In einem medizinisch-diagnostischen Text steht die Wendung: „[...] BÀD *libbišu* [...]." BÀD ist ein sumerisches Logogramm, das akkadisch mit *dūrum* „Mauer" wiedergegeben wird. Ein weiterer Beleg, allerdings im Zusammenhang mit einem Schafleber-Omen und somit immerhin in der Nähe der etymologischen Herkunft des Wortes מֵעֶה, findet sich in YOS 10, 42 ii 12, Z.14.16.19.21 und 23.

20 Vgl. CAD D, 197 und AHw, 178.

21 Leberomina gehören zur religiösen Alltagswelt im Alten Orient. Der *barû* (Opferschauer) vollzog die Hepatoskopie (Leberschau) als divinatorisches Verfahren, um Fragen an die Zukunft beantworten zu können. Vgl. MAUL, Omina, 69–82.

schen Wortzeichens ŠÀ ausgedrückt. ŠÀ ist ein Logogramm der sumerischen Sprache, das auch in akkadischen Texten genutzt wird. Im Akkadischen gibt es insgesamt drei Begriffe, die mit diesem Wortzeichen wiedergegeben werden können. Dabei handelt es sich um *irrum* (Darm), *libbum* (Herz) und *qerbum* (Inneres, Bauch).[22] Leider gibt es in diesen medizinischen Texten keine akkadisch syllabische Schreibung, sodass die Wahl der Übertragung ins Akkadische vom Kontext abhängt. Auf diese Weise werden die Wehrufe mit „Mein Bauch, mein Bauch"[23] oder „Mein Herz, mein Herz" [24] übersetzt.

Zusammenfassend kann konstatiert werden, dass diese Belege der Deutung von Jer 4,19 zuträglich sein können, ob zugleich eine diagnostische Deutung aufgrund des Kontextes von Jer 4,19 auszuschließen ist. Es handelt sich vielmehr um eine literarische Klage, die sich stilistisch der Wortdoppelung bedient, um den Wehruf in Jer 4,19 zu gestalten und damit eine Umschreibung findet, die Schmerzen zu verbildlichen.

Die textkritische Analyse von Jer 4,19 – 21 endet mit der Frage nach der Bedeutung des nachgestellten לְבִּי in 19aβ. Rudolf Kittel schlägt in seinem Apparat der BHS vor, לְבִּי zu tilgen und נַפְשִׁי (meine Seele) vor הֹמֶה־לִּי (unruhig in mir) zu positionieren,[25] sowie aus הֹמֶה das Feminin-Partizip הֹמָה zu machen.[26] Dieser Vorschlag beruht auf der Übersetzung der LXX: „τὰ αἰσθητήρια τῆς καρδίας μου μαιμάσσει ἡ ψυχή μου" (die Gefühle meines Herzens, in mir tobt meine Seele). Dieser Umstellung liegt die Annahme zugrunde, dass נַפְשִׁי ursprünglich Vers 19a zugehörig war und durch einen Einschub getrennt wurde.[27] Folgt man der von der Septuaginta vorgeschlagenen Lesart, wäre für das Hebräische הֹמֶה־לִּי נַפְשִׁי zu rekonstruieren.[28] Für diese Textrekonstruktion spräche zum einen die damit entstehende Syntax: So wären מֵעַי מֵעַי und קִירֹות לְבִּי parallel gestaltete Ausrufe derselben Körperregion, mit inkludierter Folge durch אֹחוּלָה und den Halbvers 19aβ ausgedrückt.[29] Zum anderen kann die Ketib-Form שָׁמַעְתְּ (1. Sg. Qal. Perf.) in 19b

---

22 Es handelt sich folglich um einen ähnlichen Bedeutungsumfang, wie ihn מֵעָה aufweist.

23 Vgl. Heessel, Diagnostik, 152/158 Z.38'; 176/183 Z. 42'; 219/221 Z.10; 252/258 Z.9.

24 Vgl. Heessel, Diagnostik, 284/290 Z. 64'.66'.

25 Damit wäre נַפְשִׁי als Parallele zu לֵב zu verstehen, vgl. Ringgren, מֵעִים, 1038.

26 Allerdings kann לְבִּי ebenso gut einfach zur Umschreibung der Reflexivität dienen: „Es tobt in mir selbst." Ebenso kann es als Subjekt von הֹמֶה verstanden werden.

27 Vgl. McKane, Jeremiah I, 102–105. McKane folgt dieser Annahme ebenso und übersetzt: „Oh, the writhing of my bowels! Oh, the pounding of my heart! Feelings overhelm me, I cannot keep silent. I hear the blast of the trumpet. [...]."

28 Vgl. McKane, Jeremiah 1, 103.

29 Ein ähnlicher Aufbau findet sich bei Klgl 1,16, ebenfalls mit einer Wortdopplung im Ausruf.

beibehalten werden, ohne sie in Bezug auf נַפְשִׁי als einen 2. fem. Sg. deuten zu müssen.[30]

1.1.2 Literarkritik und Redaktionsgeschichte

Die vorliegende Klage ist eingebunden in den Komplex Jer 4,5 – 6,26, der auch als ‚Feind aus dem Norden‘ überschrieben wird. Die Ankündigung einer Bedrohung wiederholt sich später in 6,1f; 8,14 – 16 und 10,22.

Die Klage beginnt mit einem Ausruf des Schmerzes. Bis in das Innere, bis an die קִירוֹת לִבִּי (Wände des Herzens) dringt dieser Schmerz des Ichs, so der Text. Vers 19a lässt sich im Hinblick auf seine Struktur wie folgt beurteilen: Dem Ausruf מֵעַי מֵעַי mit der Folge sich winden zu müssen (אחולה) folgen zwei Wehausdrücke in Bezug auf selbiges Leiden, nämlich קִירוֹת לִבִּי und חֹמָה-לִּי נַפְשִׁי, deren Folge als לֹא אַחֲרִישׁ (ich kann nicht schweigen) wiedergegeben wird. Insgesamt ähnelt V.19a terminologisch den Aussagen in Klgl 1,20a und 2,11a. Dort heißt es in Klgl 2,11a: „Ach Jahwe, sieh denn mir ist bange, mein Leib (מֵעַי) glüht, es dreht sich mein Herz mir im Inneren um, denn ich war widerspenstig." In Klgl 2,11a lautet der Vers in Übersetzung wie folgt: „Es vergehen meine Augen vor Tränen, mein Leib (מֵעַי) glüht, es hat sich ergossen zur Erde meine Leber über den Zusammenbruch der Tochter meines Volkes." In beiden Versen (Klgl 1,20a; 2,11a) findet sich ein Bericht persönlichen Leidens, dem eine Schilderung einer, durch einen Krieg entstandenen, Situation im Land bzw. in der Stadt folgt (vgl. Klgl 1,20b; 2,11b), die offenbar der Grund dafür ist. Das Ich des Sprechers in den Parallelstellen der Klagelieder ist für Otto Kaiser in 1,20a Jerusalem und in 2,11 ein Dichter.[31] Jeweils hebt das literarische Ich mit רְאֵה יְהוָה (Siehe, Jahwe, vgl. Klgl 1,9b.11b.20a) an zu sprechen und sein Leid im Krieg vor Gott zu bringen.[32] Dabei basiert die Beurteilung der Rede in Klgl 1,20b als von Jerusalem stammend zum einen darauf, dass ihre Situation durchgehend im ersten Klagelied beschrieben wird, zum anderen auf der Verwendung der Possessivpronomen (1. Ps. Sg.) in den direkten Reden, die sich auf das Unheil beziehen.[33] Genau wie in den Beispielen der Klagelieder folgt auch in Jer 4,19 – 22 durch V.19b eine durch kausal verwendetes כִּי angeschlossene Begründung des Leidens, die sich auf die Kriegssituation im Land bezieht. Dabei

---

30 Vgl. McKane, Jeremiah I, 103f. Duhm, Jeremia, 52. Rudolph, Jeremia, 36f.
31 Vgl. Kaiser, Klagelieder, 323.336. Vgl. Klgl 1,1– 2. Boase, Fulfilment, 93.
32 Vgl. Kaiser, Klagelieder, 323.
33 In Klgl 2,11 ist der Kontext der Ich-Klage nicht so eindeutig, da Jahwe in den Strophen zuvor als Initiator des Gerichts präsentiert wird. Die Tochter Zion wird jedoch in 2,18 direkt aufgefordert, die Tränen fließen zu lassen, was indirekt auf V.11 verweist.

wird das Ich des Erzählers fortgeführt. Die Wehausrufe und deren Folgen, wie das Nicht-Schweigen in 19a לֹא אַחֲרִישׁ (ich kann nicht schweigen), werden durch den kausalen Nebensatz in den Situationshintergrund, in dem sie ergehen, gebracht. Die Unheilssituation wird dann, genau wie im ersten Klagelied, in der Beschreibung weitergeführt unter Verwendung von Possessiva der ersten Person Singular (V.20). Dabei erfolgt wieder eine Zustandsbeschreibung, der Zusammenbruch (שֶׁבֶר) wird ausgerufen, wodurch das Unheil begründet wird, angeschlossen durch kausales כִּי (V.20b). Der ausgerufene Zusammenbruch wird näher erläutert, indem gesagt wird, dass die Zelte (אֹהֶל) und Zeltdecken (יְרִיעָה) verwüstet (שׁדד) sind. Der Vers fügt sich inhaltlich, syntaktisch und verbunden durch das Aufgreifen des Verbs שׁדד aus V.20a an den Halbvers an.[34]

Es besteht jedoch in der alttestamentlichen Forschung keine Einhelligkeit hinsichtlich der Zuordnung der VV.20 – 21 zur Grundschicht der Klage. Dabei misst sich diese Entscheidung nicht zuletzt an der Beurteilung des literarischen Ichs. Der Vers 20b ist für die literarkritische Analyse, der zur Beantwortung der Sprecherfragen notwendigen Methode, von maßgeblicher Bedeutung. So ist für Vertreter der Theorie, Jeremia im Ich des Sprechers zu sehen, schwer vorstellbar, dass das Possessivum von אֹהָלִי (meine Zelte) und יְרִיעֹתָי (meine Zeltdecken) das gleiche sei wie in V.19. Es ist fraglich, ob der Prophet, der in Vers 19 über sein Leid klagt, in Bezug auf die Zerstörung des Landes in Vers 20b von seinen Zelten sprechen würde. Es gibt nun drei Möglichkeiten in der alttestamentlichen Forschung, wie das Problem in Bezug auf das Possessivum zu lösen sei.

Erstens wird, basierend auf B. Duhms Bild des leidenden Propheten, der hier klagt, die Ansicht vertreten, dass es sich bei dem literarischen Ich der Klage um Jeremias Stimme handle.[35] Dabei bleibt die Klage in der Regel in Jer 4,19 – 21 als Grundschicht erhalten.[36] Das Possessivum in V.20b wird bei dieser Annahme zu meist als Ausdruck engster Verbundenheit des Propheten mit seinem Volk gedeutet.[37] Grundlage dieser Deutung stellt u. a. B. Duhms Übertragung dar, in welcher אֹהָלִי mit „meines Volkes Zelte"[38] übersetzt wird. B. Duhm führt in Bezug auf die Klage weiter aus: „Dies ist die erste Stelle, wo Jer über sich selbst und sein

---

34 Vgl. Jes 22,4; Jer 9,18; 25,38; 49,3 und substantiviert in Jer 6,26; 48,8; 12,12, 48,18, 51,48, 53,56.
35 Vgl. DUHM, Jeremia, 52– 53. WANKE, Jeremia 1, 63. Ebenso LUNDBOM, Jeremiah 1, 349 f. SCHMIDT, Jeremia 1, 133, versteht Jeremia als Sprecher der Klage, aufgrund der inhaltlichen Beziehung zu 8,18 – 23, wo Jeremia als Sprecher ausgewiesen ist.
36 Vgl. DUHM, Jeremia, 52– 53. WANKE, Jeremia 1, 63 f.
37 Vgl. WANKE, Jeremia 1, 64. WERNER, Jer 1– 25, 75. KOCH, אֹהֶל, 131: Es ist fraglich, ob Jeremia von „meinen Zelten" sprechen würde. Zelt gilt hier als Ausdruck für Heimat im Allgemeinen bzw. die Wohnungen der Einzelnen, vgl. Jer 30,18 (Zelte Jakobs); Sach 12, 7; Hos 9,6; Ps 78,55; Klgl 2,4. (Zelte Judas).
38 DUHM, Jeremia, 153.

menschliches Empfinden spricht."[39] Er bemerkt dabei jedoch auch, dass Jeremia abgesehen von seiner Berufung in Jer 1 nicht weiter erwähnt wird.[40] Namentlich wird er folglich in den Kapiteln in Jer 2–6; 8–10 nicht genannt. Dieser Beobachtung ist hinzuzufügen, dass der Text des Buches sich auf der Endtextebene bis zu Jer 4,19 vor allem als Dialog zwischen Gott und dem Volk, Land oder Jerusalem präsentiert. Mit Beginn des vierten Kapitels bis zu dessen Ende ist Jerusalem die angesprochene Größe und wird in 4,31 sogar assoziiert mit einer Kreißenden und somit mit den Schmerzen aus 4,19.[41]

Daher liegt m. E. die Schlussfolgerung nahe, dass die Annahme, Jeremia sei Sprecher der Klage, nicht nur jeden Beleges und des Kontextes entbehrt, sondern den Ausleger auch in eine Erklärungsnot zwingt, wie es allein an B. Duhms Übertragung festzustellen ist. So evoziert die Verwendung des Ich-Berichtes bzw. einer 1. Ps. Sg. als Sprecher nicht automatisch im literarischen Ich Jeremia zu vermuten.

Zudem gibt es einen weiteren Grund, der die Schlussfolgerung untermauert, dass es sich bei dem literarischen Ich nicht um Jeremia handelt. Der Einschätzung B. Duhms, Jeremia identifiziere sich hier ganz mit seinem Volk, ist weiterhin entgegenzuhalten, dass Jer 10,20b gerade in der Beurteilung der Exegeten nicht immer einheitlich Jeremia zugewiesen, sondern viel öfter als Volksklage oder Klage der Stadt beurteilt wird.[42] Der Vers gehört zu einer Klage, die in Jer 10,19–21 steht und im Folgenden gesondert analysiert wird. Die Verse 10,20 und 4,20b ähneln sich in Aussage und Gestaltung auffallend: In beiden Texten ist das Lexem ‚Zelt' (אֹהֶל) mit einem Possessivum der ersten Person verbunden und bezieht sich demzufolge auf den Sprecher der Klage insgesamt. Die Ähnlichkeit der beiden Klagen wird zwar erkannt, jedoch wird die logische Schlussfolgerung, nämlich denselben Sprecher anzunehmen, nicht immer konsequent gezogen.[43]

Der Vergleich mit Jer 10,20, wo ebenfalls von einem Femininum als Sprechergröße ausgegangen werden muss (Vgl. Jer 10,17 in direkter Anrede), sowie die Nähe zu Texten wie Jes 54,1 f und Klgl 2,4 zeigen, dass im Zusammenhang mit der Äußerung von אֹהָלַי (meine Zelte) und יְרִיעֹתָי (meine Zeltdecken) nur Jerusalem in

---

39 Duhm, Jeremia, 153.
40 Vgl. Duhm, Jeremia, 153.
41 Vgl. Kapitel 1.1.1.
42 Vgl. Schmidt, Jeremia 1, 133. Fischer, Jer 1–25, 221. Pohlmann, Ferne, 191. Wanke, Jeremia 1, 102.116. Die angeführten Belege urteilen alle, dass es sich bei dem Sprecher der Klage in Kapitel 10 um ein Kollektiv handle. Duhm, Jeremia, 104 f. Er gesteht, dass die Klage in 10,19–22 schwer Jeremia zuzuordnen sei. Anders Bezzel, Konfessionen, 269 f.279. Bezzel nimmt sowohl für 4,20b.21 als auch für 10,20 einen Eintrag zugunsten der ‚2.sg.fem.-Schicht' an. Lundbom, Jeremiah 1, 603–04, versteht Jerusalem als Sprecherin von 10,20.
43 Vgl. u. a. Schmidt, Jeremia 1, 133. Pohlmann, Ferne, 191. Wanke, Jeremia 1, 116.

Frage kommt.[44] Im Jesaja-Text wird Jerusalem direkt angesprochen und gebeten ihre Zelte und Zeltdecken (vgl. Jer 4,20; 10,20) auszubreiten. Dabei wird in Jes 54,1–2 eine Brautmetaphorik im Hinblick auf Jerusalem verwendet, wie sie sich auch in Jer 2,32–3,1 findet. In Klgl 2,4 wird im Kontext der Unheilsbeschreibung die Aussage getroffen, dass Gott seinen ‚Grimm‘ (חֵמָה) in das ‚Zelt‘ (אֹהֶל) der ‚Tochter Zion‘ (בַּת־צִיּוֹן) ergossen habe. Die Belege sind folglich vom sprachlichen Kontext und inhaltlicher Aussage als Vergleich für Jer 4,20 und 10,20 dienlich und weisen auf Jerusalem als Sprecherin der Klage hin.

Eine weitere Möglichkeit, die Hannes Bezzel vertritt, zählt V.20b nicht zur Grundebene der Klage, sondern es wird der Halbvers als sekundär abgetrennt und auf der Ebene von Jer 4,14.18 bewertet.[45] Seiner Aussage nach ist in den Versen Jer 4,18.20b.21 die Stimme Zions zu hören.[46] Nimmt man für Jer 4,20b und 10,20 also an, dass darin die Stadt oder das Land zu Wort kommen, muss man beide Verse von der jeweiligen Grundschicht der Klage trennen, um argumentativ stringent zu bleiben, wenn man in 4,19.20a; 10,19 weiterhin Jeremia hört.[47] H. Bezzel versteht die Eintragung auf Basis einer von C. Levin als ‚2.sg.fem.-Schicht‘ benannten redaktionellen Eintragungssicht im Jeremiabuch.[48] Dazu zählen für ihn in einer frühen Eintragungsstufe auch die Verse Jer 4,14.18.[49] Allerdings beurteilt er den Vers 20b selbst nicht als sekundär.[50] H. Bezzel begründet die Abtrennung von 20b zur Grundschicht darin, dass damit das Leid der ersten Person von 4,19, das bereits in 19b.20a begründet wird, hier im Widerspruch eine neue Begründung erfährt.[51]

---

44 Vgl. CARROLL, Jeremiah, 167. WISCHNOWSKY, Zion, 70. Die Facette des Mutterbildes in 4,19.31 ist für Wischnowsky ausschlaggebend Jerusalem als Sprecherin der Klage zu identifizieren. Zusammen mit 10,19 f ist 4,19–21 für ihn der literargeschichtlich früheste Beleg, dass Jerusalem, analog zu sumerischen Klagen, wo der Tempel oder die Stadt klagt, die Klage artikuliert. DOBBS-ALLSOPP, Weep, 138 f: „In both Lamentations and Isaiah, the poet/prophet and personified city/country in way similar to the conventional reception of bad news. Comparable passes in Jer 4,19–21; 8,18–23; 10,19–21. In 4,19 the writhing of the stomach (√ḥwl, meʿay) and pounding if the heart (√hmh, lēb) reminds one of similar language in Lam 1,20, 2,11; Isa 15,4; 16,11 an 21,3–4. In 21,3–4 the reaction caused by sight and sound (Jer 4,21). Spoken by personified Jerusalem." HOLLADAY, Jeremiah 1, 162.
45 Vgl. vor allem BEZZEL, Konfessionen, 269 f. Für ihn ist 20b ein Einschub auf der Ebene des sekundär zu beurteilenden V.18. Die Eintragung wird über die Wurzel שׁדד erreicht. Auf gleicher Ebene sieht er V.21, der Vers 4,5 f aufnimmt und an 4,19 anschließt. Er beurteilt die Schicht als Deutung der Klage mit der Stimme Zions.
46 Vgl. BEZZEL, Konfessionen, 269 f.
47 Vgl. BEZZEL, Konfessionen, 269 f.279.
48 Vgl. LEVIN, Verheißung, 153 f.
49 Vgl. LEVIN, Verheißung, 156 f.
50 Vgl. LEVIN, Verheißung, 153, Anm. 22.
51 Vgl. BEZZEL, Konfessionen, 269 f. LEVIN, Verheißung, 156 f.

Meiner Beobachtung nach besteht dieser Widerspruch nicht, sondern es fügt sich der V.20b strukturell in die Klage ein. Zudem sind die Verse 20b.21 so in den Kontext eingebunden und thematisch und sprachlich mit der Klage verwoben, dass eine Eintragung nur unter Hinweis auf die ‚2.sg.fem.-Schicht‘ zu konstatieren ist. Bevor jedoch bezweifelt werden darf, dass sich die Eintragung 4,20b.21 auf dieser Ebene begründet, soll eine dritte Forschungsmeinung zum Sprecher der Klage zur Wort kommen.

Eine letzte Ansicht betreffs des literarischen Ichs in der Klage von 4,19 – 22 ist jene, die mit P. Volz 1922 ihren Anfang hat. Dabei wird eine Sprecherin für Jer 4,19 – 22, gedeutet als Stadt oder Land, angenommen.[52] Beurteilt man die Klage als von Jerusalem gesprochen, ist es möglich sie als kohärent zu erklären. Im Hinblick auf diese These muss Jer 4,14.18 herangezogen werden.

Meines Erachtens liegen 4,20b und Jer 4,14.18 nicht auf gleicher Ebene.[53] Denn die Verse 4, 14.18 sind darin charakteristisch, dass Jerusalem direkt angesprochen wird. Die von C. Levin konstatierte ‚2.sg.fem.-Schicht‘, derer er die Verse zuordnet, zeichnet sich gerade in dieser unmittelbaren Anrede Jerusalems aus.[54] Zudem konstatiert C. Levin richtig: „Die Anrede der 2.sg.fem. trägt zur Klage die Anklage nach.“[55] Jer 4,20b ist jedoch eine im Ich-Bericht gestaltete Klage, keine Anklage, die sich zudem in den Kontext fügt. Daher dienen die Verse 14.18 eher dazu, Jerusalem als Klagende zu benennen und die literarische Lamentation auf die Ereignisse von 587/6 hin zu aktualisieren.[56] So versucht V.18 die Klage als insgesamt von Jerusalem als Sprecherin zu identifizieren, indem eine Verbindung über das Lemma לֵב geschaffen wird, welches in V.19 eine zentrale Rolle spielt. Jer 4,20b und 4,14.18 liegen folglich nicht auf selber Ebene. Viel eher ist anzunehmen, dass V.4,20b als fester Bestandteil der Klage zur Eintragung der ‚2.sg.fem.-Schicht‘ anregte, in der Absicht auf einen Sachverhalt hinzuweisen, der auf einer vorherigen Stufe verloren ging, nämlich dass im literarischen Ich der Klage nicht der Prophet zu hören ist, sondern die zerstörte Stadt.

Die Verse 14 und 18 nehmen zudem Bezug zu 4,29.31. Es ist möglich, dass ursprünglich Jer 4,29.31, mit der dort enthaltenen Schilderung des Geschreis einer in Wehen liegenden Frau, der Tochter Zion, an den vorliegenden Text 4,19 – 21

---

52 Vgl. Volz, Jeremia, 56.126. Maier, Tochter Zion, 184.189. Dobbs-Allsopp, Weep, 138 f. Wischnowsky, Zion, 70. Lee, Singers, 47 – 74. Fischer, Jer 1 – 25, 221.
53 Gegen Bezzel, Konfessionen, 269 f, der zumindest die Verse 4,18.20b21 auf dieser Ebene versteht.
54 Vgl. Levin, Verheißung, 156 f.
55 Levin, Verheißung, 157.
56 Vgl. Wischnowsky, Zion, 67. Die direkte Anrede der Stadt 4,14.18 rahmt die Unheilsansage und ist redaktionell überarbeitet.

anschloss und somit den Gesamtzusammenhang der Kapitel 2–6 in Bezug auf Jerusalem herstellte.[57]

Die letztgenannte Annahme, Jerusalem im literarischen Ich der Klage zu hören, ist, auf Basis der genannten Textbeobachtungen zur Struktur und Umgebung der Klage, die wahrscheinlichste. Vers 20b muss in Konsequenz also in keiner Weise als sekundär beurteilt werden, sondern fügt sich inhaltlich, grammatikalisch, syntaktisch und strukturell in den Kontext ein.

Die Klage in Form und Inhalt fortgeführt findet sich dann in Vers 21. Zusammen mit V.21, steht 4,19b in unmittelbarer Nähe zum Einleitungsvers des Abschnittes ‚Feind aus dem Norden' (4,5–6), in welchem die Klage ergeht.[58] Die Frageformel עַד־מָתַי stammt aus dem Milieu von Klagen.[59] Sie bildet hier den Abschluss der Grundschicht 4,19–21.[60] Das Thema der kriegerischen Bedrohung, die das geschilderte Leid auslöst, ist folglich bereits in der Grundschicht verankert.

Mittels kausaler Konjunktion כִּי schließt V.22 an V.21 an. Dabei steht der Vers 22 inhaltlich jedoch völlig unverbunden zum restlichen Text der Klage und gehört wohl zur letzten Stufe der Textentstehung des vorliegenden Abschnittes.[61] Der Vers theologisiert den Abschnitt 4,19–22, indem er, weg von der Beschreibung des Krieges, nach der Schuld für diesen fragt. K.-F. Pohlmann bezeichnet diesen Sachverhalt als „Schuldaufweis"[62]. Es handelt sich dabei um seinen Maßstab für die Originalität eines Textes. Für K.-F. Pohlmann sind jedweder Jahwebezug, sowie Unheilsbegründungen, die Gedanken über eine Selbstverschuldung beinhalten, nachträgliche Theologisierungen, die in ursprünglichen Worten vom Unheil aus dem Norden nicht enthalten waren.[63] Der Vers 22 grenzt sich jedoch nicht nur durch diese inhaltliche Erweiterung von 4,19–21 ab, sondern auch sprachlich durch den Gebrauch weisheitlicher Termini.[64] H. Bezzel konstatiert für den Vers Ähnlichkeiten zu einer redaktionellen Bearbeitung, wie er sie bei den Konfes-

---

57 Vgl. LEVIN, Verheißung, 153. LEVIN, Wort Jahwes, 264 f. POHLMANN, Ferne, 130.

58 Vgl. BEZZEL, Konfessionen, 269, Anm. 42. Bezzel nimmt an, dass sich der Vers 21 aus den Versen 4,5.6 konstituiert, indem die Nomina ‚Posaune' und ‚Fluchtzeichen' in Anknüpfung an Jer 4,19b aufgenommen werden, gegen LEVIN, Verheißung, 153 f, Anm. 22.

59 Vgl. WESTERMANN, Klage, 53. Vgl. Ps 6,4; 74,10; 80,5; 82,2; 90,13; 94,3.

60 Vgl. SCHMIDT 1, Jeremia, 133. BEZZEL, Konfessionen, 270.

61 Vgl. CARROLL, Jeremiah, 167. BEZZEL, Konfessionen, 270 f. SCHMIDT, Jeremia 1, 134. Schmidt betrachtet Vers 22 als selbständiges Einzelwort, dass Jes 1,2f.16; 5,20 f als Vorbild hat. WERNER, Jer 1–25, 76. MCKANE, Jeremiah I, 105.

62 Vgl. POHLMANN, Ferne, 120.132.181.

63 Vgl. POHLMANN, Ferne, 129–132.

64 Vgl. CAZELLES, אֱוִיל, 150. Das Lexem אֱוִיל kommt vor allem in den ältesten Sammlungen von Proverbia vor, was zu der Annahme führte, dass es erst in weisheitlichen Kreisen genutzt wurde, bevor die Propheten es verwendeten. Vgl. WANKE, Jeremia 1, 63. Vgl. Jer 5,21; 10,8.

sionen erarbeitet hat.[65] Seinen Beobachtungen, dass es sich hierbei um eine Eintragung handelt, die den Sprecher der Klage in Verbindung zu einem Kollektiv setzt, zu dessen Repräsentanten er dadurch wird, ist zu folgen.[66]

Zusammenfassung

Die Grundschicht der vorliegenden Klage in Jer 4,19 – 22 bilden, das geht aus der erfolgten Analyse hervor, die Verse 19 – 21. Ein Individuum bringt darin sein Leid zum Ausdruck, dass sich in der kriegerischen Zerstörung seines Landes begründet. Die Struktur der Klage gestaltet sich dabei wie folgt: Dem doppelten Wehgeschrei mit der Beschreibung der Folge (אֹחִילָה/Ich muss mich winden) in 19a folgen im gleichen Versteil zwei Wehausdrücke, mit dem Ergebnis nicht schweigen zu können (לֹא אַחֲרִישׁ). Der Halbvers 19b trägt die Situation hinzu, in der das Leid ergeht und begründet es zugleich, in dem die Kriegssituation im Land geschildert wird. Die Unheilssituation wird in den persönlichen Beschreibungen des Leidenden weitergeführt (VV.20 – 21). Dabei wird in V.21 die Frage nach dem Ende des Unheils und dem dadurch bedingten Kummer gestellt. Die Verse 20b.21 sind so in Kontext eingebunden, thematisch und sprachlich verwoben, dass eine Beurteilung als sekundär nur unter Hinweis auf die ‚2.fem.sg.-Schicht' zu konstatieren ist, wobei die Verse mit dieser auf gleiche Ebene gesetzt werden. Viel Wahrscheinlicher ist jedoch der umgekehrte Schluss, dass die VV.20b.21 zur Grundschicht der Klage gehören, da sie sich syntaktisch und grammatikalisch nicht abgrenzen lassen, jedoch den Ausgangspunkt der an den Klagen eng anliegenden ‚2.fem.sg.-Schicht' bilden und zu deren Eintragung anregten. Dabei ist zu konstatieren, dass die VV.14.18 den Sinn hatten, den Sprecher der Klage auszuweisen, noch bevor das literarische Ich als Jeremia zu deuten gewesen ist, d.h. vor der Eintragung des weisheitlichen Verses 22, der den Sprecher zum Vertreter des leidenden Volkes erhebt und nur im Hinblick auf die späten Einschreibungstexte der Konfessionen verständlich ist. Weiteren Argumenten hier Jeremia im literarischen Ich zu vermuten, mangelt es nicht nur an namentlichen Belegen in den Kapiteln 2 – 6; 8 – 10, sondern auch an der Tatsache, dass sich der Kontext (Kap.2 – 4) als Dialog zwischen Jahwe und seinem Volk bzw. der Stadt Jerusalem präsentiert. Zudem ähneln die VV.19.20 motivisch den Aussagen in den Threni 1,20b; 2,4.11b, in denen Jerusalem vom Unheil betroffen ist.

---

65 Vgl. Bezzel, Konfessionen, 270.
66 Vgl. Bezzel, Konfessionen, 270 f. Dabei liegt in 4,22 vermutlich eine Synthese beider kollektivierenden Schichten, die Bezzel herausgearbeitet hat, vor, die sich sowohl im Gebrauch weisheitlicher Sprache, als auch in der Zutragung der repräsentativen Vertretung auszeichnet.

1.1.3 Der Grundbestand Jer 4,19 – 22

19   **Mein Leib, mein Leib!**
       Ich muss mich winden,
       [Oh] die Wände meines Herzens,
       Meine Seele ist unruhig in mir,
       ich kann nicht schweigen.
       Denn die Stimme des Horns höre ich, das Geschrei des Krieges.
20   **Zusammenbruch über Zusammenbruch wird ausgerufen.**
       Denn das ganze Land ist verwüstet
       ^bplötzlich verwüstet sind meine Zelte,
       in einem Augenblick meine Zeltdecken.
21   **Wie lange noch muss ich das Feldzeichen**
       sehen und hören die Stimme des Horns?
22   *Denn töricht ist mein Volk und sie kennen mich nicht.*
       Dumme Söhne sind sie, sie sind nicht einsichtig.
        ^bWeise sind sie, Böses zu tun
        und
        Gutes zu tun, wissen sie nicht.

Grundschicht der Klage: VV.19 – 21, (vgl. Klgl 1,20; 2,11)
weisheitlich geprägter Zusatz: V.22, der den Sprecher zum Vertreter des leidenden Volkes erhebt, (vgl. u. a. Jer 5,12; 8,19a.20; 10,(23 – 24).25; 15,11 – 14.16b; 17,12f; 20,13)

1.2 Jeremia 6,9-15

9   So spricht JHWH Zebaot:
    Wie am Weinstock wird man wohl Nachlese halten am Rest Israels.
    Lege deine Hand wie der Winzer an die Ranke.
10 Zu wem soll ich noch reden und warnen, dass sie hören?
    Siehe, unbeschnitten [ist] ihr Ohr und nicht können sie aufmerksam
    zuhören.
    ᵇSiehe, das Wort JHWHs war bei ihnen geworden Hohn, nicht gefällt es
    ihnen.
11 Vom Zorn JHWHs bin ich voll, habe mich vergeblich abgemüht ihn zu-
    rückzuhalten.
    Gieße aus über die Kinder draußen und über den Kreis junge Männer
    ebenso.
    ᵇGleichsam Mann mit Frau werden sie gefangen, der Alte so wie der
    [nicht] voll von Tagen.
12 Ihre Häuser werden zuteilwerden anderen, Felder und Frauen ebenso.
    ᵇDenn ich strecke meine Hand aus über die Bewohner des Landes,
    Spruch JHWHs.
13 Denn von ihrem Kleinsten bis zu ihrem Größten machen sie alle un-
    rechten Gewinn.
    ᵇUnd vom Propheten bis zum Priester, sie alle machen Lüge.
14 Und sie heilen den Bruch meines Volkes leichthin folgendermaßen:
    Friede,
    Friede! Und es gibt keinen Frieden.
15 Sie werden zuschanden, weil sie Greuel verübt haben, doch
    nicht schämen sie sich, ja schämen kennen sie nicht.
    Darum werden sie fallen, wenn es fällt, und die Zeit, da ich sie heim-
    suche, werden sie stürzen,
    spricht JHWH.

1.2.1 Der Text

Kapitel 6 des Jeremiabuches setzt mit einer Reihe imperativischer Sätze ein,
welche durch die Botenformel in V.9 unterbrochen werden und in V.16 mit erneuter
Botenspruchformel fortgeführt werden. Auf diese Weise wird der entsprechende
Abschnitt gerahmt.

Der Abschnitt 6,9 – 15 wird durch die *figura etymologica* יְעוֹלְלוּ עוֹלֵל eingeleitet. Bei יְעוֹלְלוּ (sie halten Nachlese) handelt es sich um eine 3. m. Pl. Impf. Poel der Wurzel עלל. Die vorangestellte Form עוֹלֵל könnte hingegen sowohl Imperativ als auch Inf. abs. desselben Verbs sein. Der Apparat der BHS empfiehlt, die Verbform als Imperativ in Anlehnung an הָשֵׁב des Verses 9b zu lesen, wodurch Jeremia zum Subjekt des Befehls, also Nachlese am Volk zu halten, wird. Dieser Vorschlag ist jedoch aufgrund mangelnder Belege nicht aufrecht zu erhalten. Zudem bleibt trotz dieses Vorschlags mit יְעוֹלְלוּ die 3. m. Pl. Form bestehen, weshalb die Formen des Masoretentextes beizubehalten sind.

In Anlehnung an Mi 3,8 wird im Apparat der BHS vorgeschlagen den Vers 11aα als Folge der Äußerungen von Vers 10a.bβ zu verstehen.[67] Dem gegenüber über-setzt die LXX חֲמַת יְהוָה mit τὸν θυμόν μου (hebr. חֲמָתִי)[68] und suggeriert damit, dass es sich in V.11 um eine Gottesrede handelt. Mit gleicher Intention übersetzt die Septuaginta in V.11aβ auch שְׁפֹךְ mit ἐκχεῶ[69] einer 1. Person Futur und führt die Gottesrede bis V.15 fort.[70] Hierdurch wird deutlich, dass die Frage nach dem Sprecher von Vers 11 unterschiedlich beantwortet werden kann. Die Antwort scheint dabei mit Blick auf Vers 15 zu erfolgen. Das dortige פְּקַדְתִּים (ich suche sie heim, 1. Sg. Perf.), soll nach dem Apparat der BHS zu פְּקֻדָּתָם (ihrer Heimsuchung) konjiziert werden. Bei dieser Nominalform handelt es sich um eine Angleichung an den Text in Jer 8,12, der פְּקֻדָּתָם bietet. Der Vorschlag des textkritischen Appa-rates stützt sich dabei auf Textzeugen wie die Minuskelhandschrift 46, sowie den Übersetzungen von Vulgata und Septuaginta. In letzterer steht für das hebräische פְּקַדְתִּים in Jer 6,15, ἐπισκοπῆς αὐτῶν (ihrer Prüfung). Sowohl in 6,15 als auch in 8,12 schließt die Aussage mit אָמַר יְהוָה und ist somit als Gottesrede gekennzeichnet. Das bedeutet, dass es nahe liegt, ab dem Imperativ 11aβ bis Vers 15 Gottesrede an-zunehmen. Die Änderung von פְּקַדְתִּים zu פְּקֻדָּתָם ist folglich unnötig, da die erste Person von פְּקַדְתִּים in der Gottesrede stehen bleiben kann. Gott äußert sich schließlich in erster Person. Die Septuaginta bietet hier ein Beispiel dafür, dass die griechische Übersetzung dazu neigt, das Jahwebild zu mildern.[71] Jahwe sagt nicht, dass er sein Volk eigenständig heimsuchen wird, sondern es wird gesagt, dass das Volk zugrunde geht. Wer dabei die Exekutive ist, bleibt ungenannt.

---

67 Im Apparat der BHS wird vorgeschlagen statt וְאֵת besser וַאֲנִי zu lesen, denn in Mi 3,8 heißt es: „אָנֹכִי מָלֵאתִי כֹחַ אֶת־רוּחַ יְהוָה (Ich bin mit Kraft erfüllt durch den Geist JHWHs)".
68 Übersetzung: „mein Zorn."
69 Das entspräche hebräisch der Form שְׁפֹךְ.
70 Mit MᴄKᴀɴᴇ, Jeremia I, 144.
71 Vgl. Kʀᴀᴜꜱ, LXX deutsch, 2723.2748 – 2749.

Eine weitere textkritische Bemerkung betrifft das Ende von Vers 11. Hier wird vorgeschlagen vor עַם־מְלֵא יָמִים (voll von Tagen)[72] die Negation לֹא zu setzen. Dieser Vorschlag scheint berechtigt, nimmt man an, dass זָקֵן (Alte) und לֹא מְלֵא יָמִים (die nicht voll von Tagen)[73] als antonyme Ausdrücke verstanden werden sollen.[74] Eine Möglichkeit den Text ohne das Einfügen der Negation zu deuten, bietet William McKane in seinem Jeremia-Kommentar. Er interpretiert die Wendung מְלֵא יָמִים (die voll von Tagen) als Äquivalent zu der Wendung סוֹד בַּחוּרִים (Kreis jünger Männer), welche sich kurz zuvor in Vers 6,11 findet und übersetzt „a ‚club‘ of old men."[75]

Weitere textkritische Bemerkungen betreffen die Abhängigkeit von 6,12a-15a und 8,10 – 12. So wird vorgeschlagen שָׂדוֹת וְנָשִׁים יַחְדָּו (Felder und Frauen beisammen) an שְׂדוֹתֵיהֶם לְיוֹרְשִׁים (eure Feldern zu Enteignern/anderen Besitzern) von Jer 8,10 anzugleichen. Dieser Vorschlag wird jedoch von keiner hebräischen Handschrift belegt und ist daher nicht anzunehmen.

Viele hebräische Handschriften, die Septuaginta nach Origines und die nach Symmachus, Peschitta, Targum und Vulgata ergänzen עַמִּי, um das vorangestellte בַּת (Jer 6,14) in Angleichung an 8,11 zu ‚Tochter meines Volkes‘ zu ändern. Meines Erachtens ist diese Angleichung an Jer 8,11.21 für den Text in Jer 6,14 trotz äußerer Beleglage nicht vorzunehmen, da die formelhafte Wendung בַּת־עַמִּי (Jer 4,11; 6,26; 8,11.19.21–23; 9,6; 14,17) geradezu charakteristisch für die Klage in Jer 8 ist und vermutlich in Jer 6,14 eine Vorstufe des Materials geboten wird, in der diese Formulierung noch nicht zum Text gehörte.

1.2.2 Literarkritik und Redaktionsgeschichte

Die literarkritische Untersuchung soll im Hinblick auf zwei Problemstellungen erfolgen. Zum einen hinsichtlich der Schwierigkeit des dialogisch gestalteten Stückes, dass nicht immer klar abgegrenzt werden kann, ob Jahwe oder Jeremia spricht. Zum anderen zeigt sich in 6,12–15 eine Parallele zu 8,10–12, deren Abhängigkeitsverhältnis es zu ermitteln gilt.

Der Abschnitt 6,9–15 weist insgesamt drei Formeln auf, die strukturierend bestimmte Aussagen als Jahwe-Rede zu kennzeichnen versuchen. In V.9a ist zu-

---

72 Vgl. FABRY, מָלֵא, 878. Es handelt sich um eine Zeitraumangabe, „[...] für jedermann kommt der Augenblick, wo seine Tage voll sind [...]", vgl. 2 Sam 7,12; 1 Chr 17,11; Ex 23,26. Die Formel unterstreicht das bevorstehende Unheil, vgl. Klgl 4,18.

73 Diese in der hebräischen Bibel einmalige Wendung ist mesopotamisch mehrfach bezeugt. Siehe AHw, 597 und CAD M 1, 173.

74 Vgl. u. a. Klgl 2,11 und Jer 31,13 dort finden sich ähnliche, paarweise Nennungen.

75 McKANE, Jeremiah I, 146.

nächst eine, um das Attribut צְבָאוֹת ergänzte, Botenspruchformel zu finden, die rahmend in gekürzter Form als אָמַר יְהוָה den Abschnitt abschließend, in V.15 wieder verwendet wird. Dazwischen findet sich in V.12b eine Jahwespruchformel. Es handelt sich dabei um die einzige Formel, die eine Aussage in 1. Ps. Sg. mit Jahwe in Verbindung bringt. Während die anderen beiden im Zusammenhang mit Aussagen über das Volk stehen. Dass an diesem Text gearbeitet wurde, zeigen indes nicht nur die unterschiedlichen Formeln, sondern auch die variierenden Themen, die in den Versen geäußert werden.

Die einleitende Botenspruchformel kennzeichnet V.9 als Gottesrede. So gilt zwar der Sprecher als eindeutig identifiziert, nicht aber der Angesprochene.

Möchte man die Pluralform יְעוֹלְלוּ in 6,9aβ nun gerade nicht als ‚man' und somit als allgemeine Aussage verstehen, stellt sich die Frage, wer mit dem Plural angesprochen werden soll. Es gilt zu klären, ob am Rest Israels Nachlese gehalten werden soll oder am Volk, um den Rest mittels Nachlese zu generieren. Es fehlt an der Stelle eine Präposition, um die genaue Aussage des Satzes festzumachen. Für H. Bezzel hängt die Deutung der Satzaussage eng mit der Pluralform יְעוֹלְלוּ (sie halten Nachlese) zusammen.[76] Er vermutet darin den Marker für das Subjekt des Satzes.[77] Er schlägt vor, den Plural mit der Nennung von שְׁאֵרִית יִשְׂרָאֵל zu klären und es zum Subjekt zu machen.[78] Das bedeutet, dass der Rest Israels nicht das Objekt des Satzes, sondern das eigentliche Subjekt ist, welches nachträglich durch die Eintragung am Satzende benannt wird. Sieht man folglich mit B. Duhm und u. a. H. Bezzel u. a. V.9a als Nachtrag an, setzt der Text mit V.9b,[79] einer Metapher aus dem Weinbau ein.[80] Die Glosse (V.9a) hat die Funktion, so H. Bezzel, den Imperativ zu

---

76 Vgl. BEZZEL, Konfessionen, 171 f.

77 Vgl. BEZZEL, Konfessionen, 171 f.

78 Gewöhnlich wird שְׁאֵרִית יִשְׂרָאֵל als Objekt zu עוֹלֵל יְעוֹלְלוּ verstanden, wodurch unklar bleibt, ob Nachlese am Rest Israels durchgeführt wird, d. h. dass der Rest einfach nur verkleinert oder anhand bestimmter Kriterien aussortiert wird. Vgl. u. a. RUDOLPH, Jeremia 42–45. SCHMIDT, Jeremia1, 159–161. FISCHER, Jer 1–25, 266 f. BEZZEL, Konfessionen, 272, hier wird auch Zeph 13,3 als Parallelstelle für die Bezeugung von שְׁאֵרִית יִשְׂרָאֵל als Subjekt angeführt. Gegen WANKE, Jeremia 1, 80. Er versteht den Auftrag zur Nachlese, als an den Propheten gerichtet.

79 Vgl. BEZZEL, Konfessionen, 272.

80 Das Nomen סַלְסִלּוֹת ist ein Hapax legomenon, dessen Etymologie ungesichert ist. Vgl. GESENIUS, 890. Laut Gesenius handelt es sich um eine singuläre Bildung, die vielleicht mit dem akk. *sussullu* (Kasten) [AHw 1063 f.] oder dem ja סַלְסִלָּא (hoch hängender Zweig) zusammenhängt und im Kontext von 6,9 als Reben oder Ranken übersetzt werden kann. Die Übersetzung folgt Stellen wie Ez 15,2.6; 17,7.8., 19,10; Jer 2,21; 48,32, in denen zwar ein anderes Vokabular für Reben und Ranken verwendet wird, inhaltlich aber ein deutlich nahestehender Bezug vorhanden ist. Durchaus denkbar ist eine Verwandtschaft mit dem hebräischen סַל, akk. *sallu*, einem Korb zum Ernten, siehe GESENIUS, 888. Vgl. Gen 40, 16–18, Ex 29,3.23.32; Lev 8,2.26.31; Num 6,15.17.19; Jdc 6,19. Diese Annahme der Verwandtschaft mit סַל (Korb) korreliert mit der Übertragung der Sept-

Beginn von 9b zu erklären und das Bild von der Weinlese auf den Rest Israels auszuweiten.[81] In Jer 6,9b wendet sich Jahwe imperativisch eindeutig an eine Person und nicht an eine Gruppe. Die angesprochene Person wird dabei zumeist mit dem Propheten Jeremia gleichgesetzt.[82] Bevor der Vers 9a bezugnehmend vor den nachfolgenden Vers 9b trat, erklärte sich der Imperativ aus 12b heraus und wurde bereits mittels Jahwespruchformel als dessen Befehl charakterisiert.[83] Das Ausstrecken Jahwes Hand gegen die Bewohner in Vers 12 ist unmittelbar mit dem Befehl des Anlegens der Hand an die Ranke verbunden, inhaltlich gleichermaßen wie durch den Gebrauch des Lexems יָד (Hand). Die Grundschicht des Abschnittes 6,9 – 15 beginnt, hierin ist H. Bezzel zu folgen, in Jer 6,9b. Es handelt sich bei dem Abschnitt im Ursprung um eine Aufforderung zur Zeichenhandlung, deren Deutung in Vers 12b erfolgt.[84] Der Vers benennt Gott als Initiator der Auslese, der im Ausstrecken seiner Hand das Unheil der Bevölkerung beschließt.

Die Metapher aus dem Weinbau (Jer 6, 9) ist im Jeremiabuch nicht singulär, sie wird in Jer 8,13 um die der Feigen ergänzt. Jahwe wirkt in diesem Vers selbst als der Winzer, der in Jer 6 der Prophet, dem Befehl Jahwes nach, sein soll. So heißt es in Jer 8,13: „[...] so sind keine Trauben am Weinstock, keine Feigen am Feigenbaum, das Laub ist welk." Sowohl die Weinmetapher als auch die des Feigenbaums werden im Hinblick auf die Beschreibung des שְׁאֵרִית יִשְׂרָאֵל (Restes Israels) gebraucht und über Textbelege wie Jer 5,17; 8,13; 15,9 und 24,8 miteinander in Verbindung gebracht. Dabei bleibt dieser bis auf Jer 24,8 ungenannt und ist im vorliegenden Abschnitt erst in letzter Stufe (9a) eingetragen wurden.[85]

An V.9b schließt auf der Ebene des Endtextes V.10a an. Jeremia soll wie ein Winzer Hand anlegen und die Mittel der Wahl zur Auslese scheinen reden (אֲדַבְּרָה)

---

uaginta, die סַלְסִלּוֹת mit κάρταλλος (Korb) wiedergibt und den Vers insgesamt übersetzt mit: „Kehrt um wie der Pflücker zu seinem Korb!" Vgl. Jer 49,14 – 16 und 9 – 10. So auch WANKE, Jeremia 1, 80.
81 Vgl. BEZZEL, Konfessionen, 272. Sieht 6,9a als späte Ergänzung, die den Rest Israels mit Winzermetapher von 6,9b zusammenbringt.
82 Vgl. u. a. RUDOLPH, Jeremia, 44. SCHMIDT, Jeremia 1, 160. MCKANE, Jeremia I, 144. FISCHER, Jer 1 – 25, 266f, mit Konjunktiv: Es könnte Jeremia sein.
83 Vgl. BEZZEL, Konfessionen, 271 – 274. Bezzel ist zuzustimmen, dass V.9a mit der Botenspruchformel nachträgt, was die Einschreibungen nun verdecken, den ursprünglichen Zusammenhang von 19b.12a als Befehl zur Zeichenhandlung. Vgl. Jes 9,16.20; 10,4; Jer 15,7; 51,25; Ez 6,14.
84 Vgl. BEZZEL, Konfessionen, 272f. Zudem weist die Metapher vom Weinbau inhaltliche Bezüge zur Zeichenhandlung vom Weinkrug Jer 13 auf, bei der alle Bewohner und Landesobersten von Trunkenheit erfüllt sind und dann zerschmettert werden. Das Bild der Feigen wird zudem im Jeremiabuch aufgegriffen, um zwischen der Gola und dem Volk im Land zu differenzieren. Es handelt sich dabei um die Geschichte der beiden Feigenkörbe in Jer 24,1 – 8. Zu den Zeichenhandlungen, vgl. LEVIN, Wort Jahwes, 265.
85 Vgl. BEZZEL, Konfessionen, 274.

und warnen (וְאָעִידָה) zu sein, so suggeriert es Jer 6,10a. Dabei wird die dortige Klage des Sprechers oft als Grundbestand des Textes verstanden.[86] Jeremia hat offenbar schon ausgeführt was verlangt wurde, denn er fragt in 10a, zu wem er noch Reden und wen er Warnen solle und klagt, dass ihm kein Gehör geschenkt wird. Der Halbvers erweckt in seiner Aussage den Anschein, dass es der Sprecher bereits versucht hat und zwar nicht im Sinne von Reden bzw. Warnen um das Schlechte auszusortieren, wie ein Winzer die Trauben an der Rebe (9b), sondern in der Absicht, dass sein Volk ihm Gehör schenke und sich wieder zu Gott hinwenden solle. Der Vers 6,10a spielt damit auf die Möglichkeit der Umkehr an. Diese wird in Jer 6,8 noch von Gott selbst offeriert und es war offenbar die Aufgabe Jeremias sie dem Volk als Möglichkeit kundzutun (10a). Allerdings ist der Vers 10a im jetzigen Kontext die Antwort auf den Imperativ aus 6,9b. Es ist eine vergebene Antwort, weil Jeremia, insofern er der Sprecher ist, keinen Sinn mehr darin sieht auszu-lesen. Er ist gescheitert. Die Begründung, die folgt, weist mit הִנֵּה Gott auf das Offensichtliche hin: Das Wort Jahwes, welches Jeremia zu verkünden versucht hatte, findet kein Gehör. Es handelt sich bei V.10a um keinen direkten Schuld-aufweis, weil das Volk nicht aktiv gegen Jahwe handelt. Es wird vielmehr be-hauptet, sie können (לֹא יוּכְלוּ) wegen unbeschnittener Ohren (עֲרֵלָה אָזְנָם) nicht gehorchen (לְהַקְשִׁיב). Dennoch ist Jeremia hier ein „(abgelehnter) Umkehrpredi-ger"[87] und das macht ihn zornig (V.11a). Behält man das חֲמַת יְהוָה (Zorn Jahwes) von MT unverändert bei, erscheint offensichtlich, dass Jahwe selbst nicht der Sprecher von Vers 11aα sein kann.[88] Es ist der Prophet, der nicht nur das Wort Gottes in 6,10b, sondern auch den göttlichen Zorn aufgenommen hat,[89] und nun Jahwe befiehlt, diesen auszuschütten.[90] Diese Deutung basiert auf Jer 10,25, wo der Imperativ שְׁפֹךְ eindeutig vom Propheten an den HERRN ergeht.[91] Im Prinzip handelt es sich in V.11a um die gleiche Syntax wie in Vers 9: Einer Aussage folgt ein

---

86 Vgl. u. a. LEVIN, Verheißung, 153. Levin sieht den Grundbestand des Kapitels in den Versen 1-*10.a.11b.12a.13a.

87 BEZZEL, Konfessionen, 274. Vgl. Jer 18,11; 25,5ff; 26,2f; 35,15; 36,2f.

88 Vgl. WANKE, Jeremia 1, 80. Er versteht die Verse 11aβ.12a als, in einen Befehl gekleidete, Un-heilsankündigung. Der Prophet soll den, in ihm angestauten, heiligen, Zorn freien Lauf lassen.

89 Vgl. WANKE, Jeremia 1, 80: „Dass der Prophet des Zorns Jahwes voll ist, stellt ihn auf dessen Seite."

90 Vgl. McKANE, Jeremiah I, 146. WANKE, Jeremia 1, 80. Wanke meint, dass der Abschnitt als Begründung der Unheilsansage von Jer 6 diene und diese unterbreche. Dass der Prophet es ist, der von Zorn erfüllt ist, widerspricht der Übersetzung der LXX, die Jahwe als Sprecher des Verses bietet.

91 Vgl. DUHM, Jeremia, XI. Er übersetzt: „Und von der Glut Jahwes bin ich voll. Suche vergebens auszuhalten. Muss es ausgiessen auf das Kind der Gasse, den Kreis der Jünglinge." Er versteht שְׁפֹךְ als Inf.abs. Jeremia selbst kann das nicht wollen.

Imperativ ohne Sprecherwechsel, nur ist es hier der Prophet, der zu Wort kommt.[92] Der Sprecher wird zum Leidgeplagten darüber, dass seine Verkündigung ungehört bleibt und bittet bei Jahwe um Bestrafung. Die Bitte eines, über sein Leid klagenden, Sprechers ähnelt den Bitten in den Jer 17,18; 18,21.22a. In den Konfessionen (Jer 17,14 – 18; 18,18 – 23) ist es ein aufgrund seiner Unheilsverkündigung Verfolgter, der in 17,18 zunächst seinen Peinigern und in 18,21.22a dem ganzen Volk wünscht, was seine Botschaft verheißt: Zerstörung.[93] Die Klage und Bitte des leidenden Umkehrpredigers folgt auf die Zeichenhandlung als Antwort darauf, warum deren Ausführung, die Auslese, nicht mehr möglich ist.

Mit 6,12 beginnt der Parallelabschnitt zu 8,10 – 12. Genauer betrachtet bilden 6,12 und 8,10a jedoch nur sinngemäße Entlehnungen und keine wörtlichen Übernahmen. So vereint Jer 8,10, was in 6,12a.13 noch voneinander getrennt ist und sich auf unterschiedlichen Fortschreibungsebenen befindet. Folglich kann davon ausgegangen werden, dass die Eintragung in Jer 8 bereits auf den Bestand in 6,9 – 15 zurückgreifen kann.[94]

Die Verse 6,13 – 15 und 8,10b-12 gleichen sich beinahe wörtlich. Der Vers 6,12a schließt sich, über den Gebrauch von Nifal mit Perf. cons. in singulärer Verwendung der Wurzel סָבַב, als die das Imperf. aufgreifende Zeitstufe an Vers 11b an. Damit bezieht sich auch das Possessivum von 12a בָּתֵּיהֶם (ihre Häuser) auf die in 11b genannten Gruppen von Frauen und Männern, Jungen und Alten. Die Eintragung von 11b.12a erklärt, wie sich die Auslese von V.9b am Weinstock vollzieht.[95] H. Bezzel vermutet daher in den Versen 11b.12a die erste Eintragung nach V.9aαb.12b.[96] Dieser Beobachtung ist zuzustimmen und darin zu ergänzen, dass hier die Unheilssituation (Jer 4,6 – 8.12f; 5,15 – 17; 6,22 – 26 und 8,16) geschildert wird, die in der Zeichenhandlung als Auftrag an Jeremia formuliert wird. Jeremia wird mit V.9b zum Werkzeug Gottes bestellt. Beide, sowohl der Prophet als auch die Verwüster, die die Städte Judas zerstören, agieren unter Jahwes Weisung, metaphorisch durch die Beschreibung als Winzer zum Ausdruck gebracht. Meines Erachtens beginnt die Parallele zwischen Jer 6 und 8 bereits in Jer 6,9 und nicht erst in 6,12. So wird in Jer 8,13 gesagt, dass Jahwe solche bestellt, die das Volk

---

92 Dies ist auch die Vergleichsgrundlage der Änderung in der LXX. Die griechische Übersetzung der Septuaginta führt die Gottesrede von 6,9 weiter. Sie liest daher statt אֵת חֲמַת יְהוָה מָלֵאתִי (Vom Zorn Jahwes war ich voll) καὶ τὸν θυμόν μου ἔπλησα (Und [das Maß] meines Grimmes war voll).
93 Vgl. Bezzel, Konfessionen, 205 – 208.
94 Vgl. Bezzel, Konfessionen, 274.
95 Vgl. Bezzel, Konfessionen, 273.
96 Vgl. Bezzel, Konfessionen, 273 f.

verheeren werden und dass אֵין עֲנָבִים בַּגֶּפֶן (keine Trauben [mehr] am Weinstock) sind, wenn Jahwe eine Menge heimsucht (פְּקַדְתִּים vgl. Jer 6,15; 8,12). Die von Gott geschickten Verwüster fungieren demnach als Winzer (בֹּצְרִים).[97] Der Text von 6,9 – 15 wird in 8,10 – 13 neu aufgenommen und in Erweiterung der Weinbau-Metapher um die der Feigen ergänzt und auf Jahwe als Sender der Verwüstung bezogen.

In Jer 6,9 – 15 ist es der Prophet, der wie ein Winzer agiert, wenn er die Hand an die Ranke legen soll (9b). Die Metaphern beziehen sich auf den Zustand eines Volkes, das von Krieg und Verwüstung heimgesucht wird. Und diese Situation wird mit den VV.11b.12a eingetragen. Mittels Aufgriff des „Schreiberzusatzes"[98] יַחְדָּו (ebenso, vgl. 6,11a.12b) und der Nennung von Personengruppen, die von der Zerstörungswut Gottes getroffen werden, bilden sie den Ausgangspunkt der Eintragung von 10a.11a als ihr nachfolgender Stufe. Der Wunsch des Sprechers (11ab) basiert auf dem, was bereits eingetreten ist (11b.12a) und wird auch dementsprechend formuliert, indem in 11aβb allumfassend in Gegensatzpaaren die genannt werden, die vom Unheil getroffen werden. Dabei greift 11aβ Elemente der Klage von Jer 9,20 auf, welche wohl selbst zum ältesten Klagebestand des Jeremiabuches gehört und ursprünglich Jer 10,19 – 25 vorausging,[99] und gestaltet damit den Zorneswunsch des elegischen Sprechers von V.10a. Die Doppelungen von Personengruppen (VV.11aβ.b.12a) erinnern an Beschreibungen aus den Unheilsschilderungen der Threni (vgl. Klgl 2,11.21). In den Klageliedern sind es die Kinder (עוֹלֵל) und Säuglinge (יוֹנֵק), die auf den Stadtplätzen zugrunde gehen (עמף II, Nif. Inf. cstr. vgl. Klgl 2,11). Junge (נַעַר) und Greis (זָקֵן) liegen auf der Erde (Klgl 2,21). Dagegen sind es Mann (אִישׁ) und Frau (אִשָּׁה), Alt (זָקֵן) und Jung (מָלֵא יָמִים/לֹא מָלֵא יָמִים / nicht voller Tage), die in Jer 6,11b gefangen werden und die Kinder draußen (עוֹלֵל בַּחוּץ) und jungen Männer (בַּחוּר) über die sich der Zorn Jahwes ergießen soll (11aβ). Die Motive liegen auf gleicher Ebene.

Mit den Versen 11b.12.13 – 15 sind alle in den Blick genommen: Kinder, Alte, Klein und Groß, Männer und Frauen, Priester und Propheten, Häuser und Felder.[100]

Der Eintrag 6,13 – 15 hängt eng mit der sekundären Begründung 10b zusammen, die sinngemäß an Jer 8,9 erinnert. Denn während 11b.12a den Zustand im

---

97 Vgl. Jer 49,9 stellt eine Parallele dar, allerdings in Bezug auf die Bewohner in Dedan, aber im Zusammenhang mit der Verwendung עֹלֵלוֹת (Nachlese), die nach den Winzern nicht mehr übrig bleibt. In Jer 8,13 heißt es bereits, dass Gott Menschen bestellen will, das Volk zu verheeren. **98** Vgl. DUHM, Jeremia, 69. **99** Vgl. LEVIN, Verheißung, 153 f, Anm 22. WISCHNOWSKY, Zion, 84 f. DUHM, Jeremia, 104. WANKE, Jeremia 1, 116. **100** Vgl. FISCHER, Jer 1–25, 270, versteht die Wendung ‚Vom Kleinsten bis zum Größten', die 11-mal im AT belegt ist, darunter 6-mal in Jeremia, als Ausgangspunkt umfassender Unheilsprophetie.

Land wiedergeben, vermitteln 10b.13a die Ursache und somit eine Beschreibung der Schuld des Volkes, durch welche das Land verheert wurde.[101] Das Vergehen besteht darin, dass das ganze Volk vom Kleinsten bis Größten unrechten Gewinn[102] und Lüge machen. Dabei handelt es sich um eine nachträgliche Deutung des Untergangs, indem die Schuld für diesen benannt wird.

Obwohl die Wendung מִקְּטַנָּם וְעַד־גְּדוֹלָם (von ihrem Kleinsten bis zu ihrem Größten) die Gesamtheit des Volkes einbezieht, werden die Kultpersonen durch die Angabe וּמִנָּבִיא וְעַד־כֹּהֵן (vom Propheten bis zum Priester) in 13b gesondert erwähnt.[103] Die Thematik um die Priester und Propheten und deren Lügen wird später in Jer 23; 27– 29 aufgegriffen und um die Frage erweitert, wie wahre und falsche Prophetie zu unterscheiden und zu bestimmen seien.[104] Diese kultische Gruppe der Priester und Propheten wird für den שֶׁבֶר (Bruch) zwischen Volk und Gott verantwortlich gemacht. Die Verse 6,13f und 8,10f nennen die diesbezügliche Ursache: Die Propheten und Priester erzählen Lügen (שֶׁקֶר). Lügen, die ihrerseits darin bestehen, Frieden (שָׁלוֹם)[105] zu verheißen, obwohl Krieg und Vernichtung im Land herrschen.

Unklar ist wer mit dem Plural in 6,15 bzw. 8,12 gemeint ist. Wird darin lediglich die Gruppe der Priester und Propheten angesprochen oder ist das gesamte Volk gemeint?

Einen Hinweis auf die Beantwortung dieses Problems liefert die bereits diskutierte Form פְּקַדְתִּים‪־‬ bzw. פְּקַדְתָּם [106] der Verse 6,15 und 8,12.[107] Wie bereits in der Textkritik dargestellt wurde, ist der Gebrauch der 1. Person Perfekt (Jer 6,15) für

---

101 Vgl. WANKE, Jeremia 1, 81

102 Vgl. KELLERMANN, בצע, 735. Kellermann hält fest, dass die Gewinnsucht gemeint ist, denn in der Weisheitsliteratur ist die Jagd nach Gewinn lebensbedrohlich. Vgl. Spr 1,19;15,27; 28,16.

103 Vgl. Jer 5,14; Zeph 3,4. Hier werden die Priester beschuldigt das Heiligtum zu schänden und das Gesetz zu missachten, die Propheten seien treulose Männer. Interessanterweise wird über den Rest Israels in der Heilsverheißung am Ende des Kapitels Zeph 3 ausgesagt, diese Gruppe würde keine Lüge mehr reden und kein Unrecht tun. Der Rest konstituiert sich also aus dem Gegensatz zum, an der Zerstörung schuldigen, Volk.

104 Vgl. Kapitel 4.1.2.

105 Vgl. STENDEBACH, שָׁלוֹם, 34 – 36. Der Ausdruck שָׁלוֹם bedeutet in diesem Kontext Freiheit von Kriegsnot (12,12; 25,37; 30,5). Im Rahmen einer vielleicht aus dtr Kreisen stammenden Volksklage in Jer 14,19 bedeutet es Freiheit von feindlicher Bedrohung im Hinblick auf Vers 21, die aber auch Zuwendung JHWHs impliziert und das Aufrechterhalten des Bundes. Vgl. Jer 8,15.

106 Das Nomen פְּקֻדָּה kann einen positiven (Ps 80.15; 106,4; 65,10) und häufiger einen negativen Aspekt haben. Hier ist es definitiv ein negativer, Sünde und Schuld sollen gerächt werden, vgl. Jer 5,9; 6,6 (explizit Jerusalem als Stadt); 9,8.24; 14,10; 21,14; 23,2; 25,12 (Babel); 27,8 (Babel); 29,32; 30,20; 32,5; 36,31; 44,13; 46,25; 49,8.19; 50,18.47.52 (Babel); 51,27 (Babel) Klgl 4,22.

107 Offenbar neigt die Textvariante in Jer 6 zum Gebrauch von mātrēs lēctiōnum. Die Formen lauten: 6,14: וַיְרַפְּאוּ mit 8,11: וַיְרַפִּוּ; 6,15: יֵבֹשׁוּ גַם־הַכְּלִים mit יָבֹשׁוּ וְהִכָּלְמוּ גַם־הַכְלָם in Jer 8,12.

beide Überlieferungskontexte (6,13 – 15 und 8,10 – 12) wahrscheinlicher.[108] Die Aussage des Textes ist dann, dass Jahwe sein eigenes Volk heimsuchen wird. Diese Deutung deckt sich mit der Aussage in 8,13. Darin äußert sich der Gott Israels in Bezug auf die Maßnahmen, die er an seinem Volk vollbringen wird weitaus gewaltbereiter als in 8,12. Der Vers lautet übersetzt: „Wegnehmen, wegraffen werde ich sie, spricht JHWH." Mit dem Beschluss Jahwes sein Volk heimzusuchen (פקד) wird dann in einem folgenden Schritt, die Schuld auch zur Klage in V.10a nachgetragen. Mit 10b wird das Volk, das in 10a nicht fähig war zu hören, nun aktiv schuldig.[109] Das Wort Gottes wurde gehört, allerdings nicht befolgt, ja sogar zu Hohn (חֶרְפָּה) ist es geworden. Diese Eintragung unterstreicht die Ablehnung des Volkes (V.10a.11) und mit dem Wort Jahwes wird auch dessen prophetischer Verkünder zurückgewiesen.[110] Bei dem Halbvers 10b handelt es sich um einen Einschub, der Jer 20,8 aufgreift.[111]

Zusammenfassung

Es bleibt an dieser Stelle festzuhalten, dass die Grundschicht des Textes Jer 6,9 – 15 nicht in der Klage selbst liegt, sondern in einer Aufforderung zur Zeichenhandlung (V.9b.12b). Die Texte der Zeichenhandlungen schlossen C. Levin zufolge bereits früh an die Texte um den ‚Feind aus dem Norden' an.[112] Sie stellen diesbezüglich eine Art Fortführung dar, bei der eine prophetische Gestalt auftritt, die vorher nicht genannt wird: Jeremia. Dabei fehlt zwar jedwede Nennung Jeremias, da aber das Gegenüber von Jahwe direkt angesprochen und zu Handlungen befehligt wird, konstatiert C. Levin, dass hier „erstmals der Prophet als handelnde Person" begegne.[113]

Der zeichenhaften Aufforderung zu Nachlese am Weinstock (VV.9b.12b) folgen in einem weiteren Schritt der Textentstehung die VV.11b.12a, die die Situation eintragen, in der sich eine Auslese in der Realität vollzieht. Dabei handelt es sich um Darstellungen des Zustandes im Land, der Gefangennahme der Bewohner und Verteilung ihres Habs und Gutes. Die in diesen Halbversen (11b.12a) genannten

---

108 Vgl. Kapitel 1.2.1.
109 Die Anklage erinnert an Zeph 3,1 f, wo ebenfalls an das Volk appelliert wird, es habe nicht auf Jahwe vertraut und keine Zurechtweisung angenommen. Vgl. BOASE, Fulfilment, 102, die beide Texte in die gleiche Zeit (6. Jh. v. Chr.) verortet.
110 Vgl. BEZZEL, Konfessionen, 274.
111 Vgl. BEZZEL, Konfessionen, 274. Er sieht in 10b eine Ergänzung, die der „kollektiv-exemplarischen" Fortschreibungsschicht nahe steht.
112 Vgl. LEVIN, Wort Jahwes, 265.
113 Vgl. LEVIN, Wort Jahwes, 265.277.

Gegensatzpaare erinnern an jene, die sich in den Unheilsbeschreibungen von Klgl 2,11.21 finden, d. h. in Zusammenhang von Berichten über zerstörte Städte auftauchen.

In Aufgriff eines „Schreiberzusatzes" [114] und unter Verwendung von Klageelementen aus Jer 9,20 schließen sich die Verse 10a.11a an 6,11b.12 an. Im Hinblick auf die bereits beschriebene Situation im Land, bleibt dem Sprecher dieser Verse, der in 9b.12a zur Zeichenhandlung befehligt wurde, nur die Frage, zu wem er noch reden und wen er noch warnen solle. Der Wunsch des Sprechers Jahwes Zorn auszugießen, basiert auf dem was bereits geschehen ist und benennt dabei zugleich die Ursache für das Unheil: den göttlichen Grimm. Ganz in Anlehnung an den Kontext (V.11b.12a) werden dabei Gegensatzpaare benannt, über die sich dieser ergießen soll. Der Sprecher selbst erscheint, mit den Worten H. Bezzels, als „(abgelehnter) Umkehrprediger".[115] Die Schuld des Volkes liegt dabei jedoch nicht nur in der Ablehnung dieses Umkehrrufers (10a.11a), sondern auch des Propheten (10b). Zudem wird das Volk darin schuldig, dass sie ‚unrechten Gewinn' (בֹּצֵעַ בָּצַע) machen und auf ihre Propheten und Priester, die lügen, trauen (VV.13–15). Mit diesen Einträgen wird ihre Sünde, die zum Unheil durch Jahwe führt, benannt. Wohl auf letzter Stufe der Textentstehung wird der Zeichenhandlung in 9b der Rest Israels, der selbst Nachlese betreiben soll, hinzugefügt (V.9a). Dabei liegt wahrscheinlich schon eine Textstufe im Jeremiabuch vor, die diesen Rest Israels besonders in den Blick nimmt und eine, dem Unheil nachfolgende, heilvolle Zeit verheißt.[116]

---

114 Vgl. Duhm, Jeremia, 69.
115 Bezzel, Konfessionen, 274.
116 Vgl. Jer 30–33. Pohlmann, Studien, 183–197.

1.2.3 Der Grundbestand Jer 6,9–15

9   So spricht JHWH Zebaot:

Wie am Weinstock wird man wohl Nachlese halten am Rest Israels.

ᵇLege deine Hand wie der Winzer an die Ranke.

10   *Zu wem soll ich noch reden und warnen, dass sie hören?*

Siehe, unbeschnitten [ist] ihr Ohr und nicht können sie aufmerksam zuhören.

ᵇ`Siehe, das Wort JHWHs war bei ihnen geworden Hohn, nicht gefällt es ihnen.`

11   *Vom Zorn JHWHs bin ich voll, habe mich vergeblich abgemüht ihn zurückzuhalten.*

Gieße aus über die Kinder draußen und über den Kreis junger Männer ebenso.

ᵇGleichsam Mann mit Frau werden sie gefangen, der Alte so wie der nicht voll von Tagen.

12   Ihre Häuser werden zuteilwerden anderen, Felder und Frauen ebenso.

ᵇDenn ich strecke meine Hand aus über die Bewohner des Landes, Spruch JHWHs.

13   `Denn von ihrem Kleinsten bis zu ihrem Größten machen sie alle unrechten Gewinn.`

ᵇ`Und vom Propheten bis zum Priester, sie alle machen Lüge.`

14   `Und sie heilen den Bruch meines Volkes leichthin folgendermaßen: Friede, Friede! Und es gibt keinen Frieden.`

15   `Sie werden zuschanden, weil sie Greuel verübt haben doch nicht schämen sie sich, ja schämen kennen sie nicht.`

`Darum werden sie fallen, wenn es fällt und die Zeit, da ich sie heimsuche, werden sie stürzen,`

`spricht JHWH.`

Grundschicht: VV.9b.12b, Aufforderung zur Zeichenhandlung und deren Deutung

    klagende Schilderungen: VV.11b.12a, (vgl. Klgl 2,11.21)

        abgelehnter Umkehrprediger: VV.10a.11a, (vgl. u. a. Jer 9,20; 17,18; 18,11.21.22a; 25,5–7; 26,2f)

            `Schuldeintrag: VV.13–15, (vgl. Jer 5,31; 8,10b–12; 23,11)`

                Eintragung: V.10b, (vgl. Jer 20,8b)

                    späte Ergänzung: V.9a, Rest Israels in Verbindung zur Winzermetapher

1.3 Jeremia 8,18-23

18 Von Herzen bin ich betrübt, in mir [ist] Kummer
In mir mein Herz [ist] krank.

19 Siehe, die Stimme des Schreis der Tochter meines Volkes aus dem Land weit und breit:
„Ist JHWH nicht auf dem Zion oder ist sein König nicht darin?"
[b]Warum haben sie mich wütend gemacht durch ihre Bilder und Nichtigkeiten aus fremdem Land?

20 Vorübergegangen ist die Ernte, beendet der Sommer.
[b]Wir sind nicht gerettet.

21 Über den Bruch der Tochter meines Volkes bin ich zerbrochen.
[b]Ich trauere· Entsetzen hat mich überwältigt.

22 Ist denn kein Balsam in Gilead, kein Heiler dort?
[b]Ja, warum steigt nicht auf die Heilung der Tochter meines Volkes?

23 Wer gibt meinen Haupt Wasser und meinen Augen eine Quelle der Tränen?
[b]Ich beweine Tag und Nacht die Erschlagenen der Tochter meines Volkes.

1.3.1 Der Text

Der vorherige Abschnitt Jer 8,14 – 17 endet mit der „Jahwespruchformel", welche sich hier in ihrem häufigsten Gebrauch, nämlich als Abschluss einer Jahwe-Rede präsentiert.[117] Vers 23 stellt das Ende von Kapitel 8 dar, nachdem Kapitel 9 mit einer Frage neu einsetzt, wodurch der Text als eigenständiges Textstück betrachtet werden kann. Kapitel 8 handelt zu Beginn von der ausbleibenden Umkehr Jerusalems zu ihrem Gott und der damit verbundenen Strafe durch das Unheil, das aus dem Norden kommt und das Land zerstört. In Jeremia 8,18 kommt (scheinbar) der Prophet selbst zu Wort und klagt über die Zerstörung seines Volkes durch den sogenannten ‚Feind aus dem Norden'.[118] Die Klage umfasst die Vers 8,18 – 23 und folgt auf 8,14 – 17. Es handelt sich in Jer 8,14 – 17 um einen Abschnitt, der Elemente von Jer 4,5 – 6,26 aufnimmt und damit auf den ‚Feind aus dem Norden' anspielt. Jer 8,14 – 17 dient als Einleitung für die Klage.

---

117 Vgl. RENDTORFF, neum, 28. REVENTLOW, Liturgie, 190, er bemerkt den sinn- und gattungsmäßigen Zusammenhang der VV.14 – 23. Mit Vers 14 sieht er deutlich eine neue Gattungseinheit beginnen.

118 In Jeremia 4 – 10 wird ein Unheil angekündigt, das als Beben oder als Volk bezeichnet wird und von Norden her eintrifft. Vgl. Jer 6,1.22; 10,22. Vgl. SCHMIDT, Jeremia 1, 124 f.

Die Klage setzt mit מַבְלִיגִיתִי ein. Die Übersetzung dieses Wortes gestaltet sich insofern schwierig, da die Form keiner hebräischen Wurzel eindeutig zugewiesen werden kann. Der gesamte Vers 18 lautet übersetzt wie folgt: „מַבְלִיגִיתִי, in mir [ist] Kummer. In mir [ist] mein Herz krank." Bei מַבְלִיגִיתִי handelt es sich um ein *Hapax legomenon*, für das bisher verschiedene Lösungen zur Lesung vorgeschlagen wurden. Diese sollen nun besprochen und anschließend bewertet werden. Zudem soll im Rahmen der Textkritik zu 8,18 – 23 eine neue Lesart vorgestellt werden. Dabei wird zunächst angeführt werden, was die einschlägigen hebräischen Wörterbücher unter dem Eintrag מַבְלִיגִיתִי bieten.[119]

Schlägt man unter מַבְלִיגִיתִי nach, wird man sowohl im HALAT als auch im Gesenius fündig und jeweils auf unterschiedliche Lesungsmöglichkeiten hingewiesen. Im HALAT wird vorgeschlagen, das Wort als מִבְּלִי גֵהָה (ohne heilen)[120] aufzulösen. Dieser Vorschlag basiert auf den Angaben des textkritischen Apparates der BHS. Zur Form מַבְלִיגִיתִי des Masoretentextes gibt es darin Hinweise auf Lesarten anderer Handschriften und Übersetzungen. Der textkritische Apparat gibt an, dass mit Targum und manchen hebräischen Handschriften das Wort in מבלי גיתי aufzuteilen und als מִבְּלִי גֵהַת (ohne Heilen) zu lesen sei. Die griechische Übersetzung der Septuaginta stützt diese Lesung, da sie für מַבְלִיגִיתִי ἀνίατα (unheilbar) anbietet. Allerdings gehört für die LXX das Wort zu Jer 8,17 und nicht zu Vers 18. Im Gesenius in der 18. Auflage wird man hingegen auf zwei Möglichkeiten für die Herkunft des Wortes verwiesen. Zum einen wird, ähnlich der Übersetzung des HALAT, auf eine von גהה (heilen) stammende Form referiert, die jedoch an der Stelle des Wörterbucheintrags nicht näher erläutert wird. Zum anderen könne die vorliegende Form auf der Wurzel בלג (heiter sein) basieren, welche sich hier als Partizip Hifil mit Suffix präsentiert. Zur Untermauerung dieser Annahme wird an gleicher Stelle im Wörterbuch auf einen Text aus Qumran hingewiesen.[121] Diese Vermutung kommt auch Aquilas griechischer Übersetzung gleich. Dieser versteht מבליגיתי als Nomen, dass mit „meine Fröhlichkeit" zu übersetzen ist.[122] Auch die Vulgata deutet מבליגיתי als Nominalform, allerdings mit völlig anderer Bedeutung. Sie bietet als Übertragung *dolor meus* (mein Schmerz) an. Symmachus und Targum offerieren Lesungen, hinter denen sich die Annahme verbirgt, dass es sich bei

---

119 Folgende Wörterbücher werden verwendet: KOEHLER, Ludwig/BAUMGARNER, Walter (Hg. Walter Baumgartner, Benedikt Hartmann, Johan Jakob Stamm), Hebräisches und Aramäisches Lexikon zum Alten Testament. 3. Auflage, (2 Bde.), Leiden/Boston 2004. GESENIUS, Wilhelm (Hg. MEYER, Rudolph/DONNER, Herbert), Hebräisches und Aramäisches Handwörterbuch über das Alte Testament, 18. Auflage, Gesamtausgabe, Berlin 2013.
120 Vgl. HALAT, 514. Die Übersetzung wäre dann etwa: „ohne Heilen".
121 Dieser wird im Verlauf der Analyse noch besprochen.
122 Vgl. MCKANE, Jeremiah I, 194.

מבליגיתי um eine Verbalform der Wurzel לעג (spotten) handelt. Während Targum mit מְלַעֲגֵי eine Pluralform angibt,[123] ist χλευάζω (spotten) des Symmachus singularisch zu übersetzen.[124]

Die Peschitta bietet eine weitere Erklärung an und beginnt den Vers unmittelbar mit ܒܠܐ (verbraucht sein).[125] Hierbei handelt es sich um eine Ableitung der aramäischen Wurzel, ܒܠ, welcher das hebräische בלה [126] entspricht.[127]

Es wird auf diese Überlieferungen zurückzukommen sein, wenn es im Weiteren darum geht, was einzelne Exegeten daraus für Rückschlüsse für die Lesung von מַבְלִיגִיתִי zogen.

Zuvor jedoch ist es lohnenswert einen Text aus Qumran zu besprechen, auf welchen man verwiesen wird, wenn man im Gesenius unter מַבְלִיגִיתִי nachschlägt. Der Qumran-Text 4Q 429 enthält eine dem Konsonantenbestand von מַבְלִיגִיתִי vergleichbare Form.[128] Es handelt sich dabei um den Begriff מבלגות bzw. מבלגית. In dem Text 4Q 429 bzw. 4QHod^c 1.3.[129] klagt ein Individuum über die Bosheit einer Gruppe, die nicht näher benannt wird. Dabei wird diese Gemeinschaft mit giftspritzenden Schlangen verglichen, die bei einem Knecht, vermutlich spricht hier der Beter selbst in 3. Person von sich, einen unheilbaren Schmerz hinterlassen.[130] Im Passus, in dem die Gruppe beschrieben und mit Schlangen verglichen wird, findet sich der Begriff מבלגות bzw. מבלגית. In DJD 29 wird vorgeschlagen dieses Wort als Abstraktum Singular oder Plural der Wurzel בלג zu verstehen.[131] Die Grundbedeutung der Wurzel ist ‚heiter sein‘. Allerdings schlägt Elisha Qimron vor die Wurzel an dieser Stelle anders zu übersetzen: So wird erklärt, dass בלג eine Wurzel sei, welche „[...] strength, strength of food (poison, bitterness) and strength of emotion [...]"[132] beschreiben könne.[133] Das Wort מבלגות kommt in 4QHod^c 1.3₁₀· in einer Constructus-Verbindung mit פתנים (Schlangen) vor. Eine Zeile zuvor gibt es

---

123 Vgl. HAYWARD, Targum, 74: „18. Because they mocked before the prophets who prophesy to them [...]."

124 Vgl. McKANE, Jeremiah I, 194.

125 „Ich bin verbraucht [von Kummer]." Vgl. COSTAZ, Dictionnaire, 30 f.

126 Vgl. HALAT, 127.

127 Siehe WAARD, Handbook, 38.

128 Der Text gehört zu einer Reihe von Schriften, die in DJD 29 als Parallelen zu den ‚Hymns of the Teacher' in 1QH behandelt werden. Vgl. CHAZON, DJD 29, 179.

129 Vgl. STEGEMANN, DJD 40, 176–186, der Paralleltext 1QH^a XIII.

130 Vgl. CHAZON, DJD 29, 186.

131 Vgl. CHAZON, DJD 29, 187.

132 Vgl. CHAZON, DJD 29, 187.

133 Vgl. STEGEMANN, DJD, 40, 176. Hier wird vermerkt, dass die Idee בלג als eine Wurzel zu deuten, die „[...] strength, strength of food (poison, bitterness)[...]" ausdrücken kann, von Elisha Qimron stammt.

ebenfalls eine solche Constructus-Verbindung, die dazu herangezogen wird, um מבלגות פתנים zu übersetzen. Dies ist insofern möglich, da sie als ein dieser Wendung äquivalenter Ausdruck verstanden wird. Es handelt sich dabei um die Formulierung חמת תנינים (Schlangengift).

Zusammengefasst kann konstatiert werden, dass מבלגות in 4QHod^c 1.3$_{10}$. als Form der Wurzel בלג mit der Bedeutung „strength of food (poison, bitterness)"[134] verstanden wird und in der vorliegenden Wendung מבלגות פתנים in Anlehnung an חמת תנינים (Schlangengift) wie folgt zu übersetzen ist: „[...] poison of cobras [...]."[135] Im Kommentar zu diesem Qumrantext wird zudem darauf hingewiesen, die Wurzel בלג zur Deutung von מַבְלִיגִיתִי, das im MT in Jer 8,18 steht, zu nutzen und eine gemeinsame Herkunft beider Formen anzunehmen. Der Grund dieser Vermutung besteht in der inhaltlichen Nähe von 4Q 429,2,10 und Jer 8,17, also dem Vers der Jer 8,18 vorausgeht. In Jeremia 8,17 heißt es nämlich wie folgt: „Denn siehe, ich sende unter euch Schlangen, Vipern, gegen die es keine Beschwörung gibt; und sie werden euch beißen, spricht der HERR." Wie in 4Q 429,10,2 ist also auch hier die Rede von giftigen Schlangen. Gleichermaßen wird behauptet, dass es gegen sie keinen Zauber, keine Beschwörung gäbe. Es ist folglich richtig, dass sich die Texte inhaltlich ähneln. Somit erscheint auch die Hypothese berechtigt, dass die schwierigen Formen von מבלגות in 4Q 429 und von מַבְלִיגִיתִי in Jeremia 8,18 miteinander in Verbindung zu setzen sind. Es muss allerdings darauf hingewiesen werden, dass מַבְלִיגִיתִי in MT eben nicht am Ende von dem inhaltlich zum Qumran-Text verwandten Vers 17 steht, sondern zu Beginn von Jer 8,18. Zur Verdeutlichung dieses Zusammenhangs ist der Masoretentext beider Verse nochmals in der Übersetzung angegeben. Dort heißt es: „[17]Denn siehe, ich sende unter euch Schlangen, Vipern, gegen die es keine Beschwörung gibt; und sie werden euch beißen, spricht der HERR. [18] מַבְלִיגִיתִי Kummer [ist] in mir, mein Herz [ist] krank."

Die These, מַבְלִיגִיתִי anhand der in Qumran vorkommenden Form מבלגות zu lösen, schließt folglich die Annahme ein, dass מַבְלִיגִיתִי ursprünglich zu Vers 17 zählte und die Jahwespruchformel sekundär als Abtrennung eingefügt ist.[136]

Bei näherer Betrachtung stellen sich jedoch die inhaltlichen Gemeinsamkeiten von 4QHod^c 1.3 und Jer 8,17 als von oberflächlicher Natur dar. Demnach muss ein kritischer Vergleich beider Texte auch den jeweiligen Unterschieden Rechnung tragen. Erstens besteht zwischen beiden Quellen eine erhebliche zeitliche Differenz. Während der Text aus Jeremia wohl aus der Zeit zwischen dem 6.–4. Jh. v. Chr. stammt, ist 4Q 429 in einen Zeitraum vom 1. Jh. v. Chr.–1. Jh. n. Chr. zu

---

134 Vgl. CHAZON, DJD 29, 187.
135 Vgl. CHAZON, DJD 29, 186.
136 Vgl. McKANE, Jeremiah I, 190.194. RUDOLPH, Jeremia, 62.

datieren.[137] Des Weiteren ist die inhaltliche Nähe der Texte nur bedingt zu konstatieren. So wird in Qumran das Verhalten einer Gruppe gegenüber einem Individuum mit Schlangen verglichen, was zu „incurable pain and a malignant affliction [in the innerads of] your [sc. Jahwe's?] servant"[138] führte. Im Jeremiatext von V.17 wird im Kontext einer Unheilsbeschreibung gesagt, dass die Giftschlangen zur Strafe des Volkes (V.8,14) gesandt werden. Darauf folgt die Klage in 8,18 – 23. Es könnte also sein, dass die Qumran-Überlieferung hier deutet, was in Jer 8,14 – 23 noch nicht ausgesagt wird,[139] dass der Schmerz des Individuums, das klagt, durch das Verhalten des Volkes ausgelöst wird. Ein dritter Punkt ist, dass keine lexikalische Nähe zwischen dem Qumran- und Jeremiatext besteht. So werden zwar in beiden Passagen jeweils zwei Termini für Schlangenarten verwendet, jedoch gibt es keine Übereinstimmung der gebrauchten Bezeichnungen zwischen den Texten. In 4Q 429 liegen die Termini תַּנִּים (Seeschlange, Schlange, Drachen)[140] und פֶּתֶן (Otter)[141] vor, in Jeremia 8,17 hingegen נָחָשׁ (Schlange) und צֶפַע (Giftschlange, Natter). Ebenso wird die Wendung, dass es gegen die Schlangen keine Beschwörung gibt, jeweils unterschiedlich zum Ausdruck gebracht. So lautet die Formulierung in 4Q 429 °[חב]ר[142]לאין hingegen in Jeremia 8,17 אֵין־לָהֶם לַחַשׁ.[143]

Da weder eine zeitliche Nähe zwischen den beiden Passagen besteht, noch ein Bezug im Hinblick auf das Vokabularium, kann die Annahme, dass gerade zwischen מבלגות und מבליגיתי eine sprachliche Beziehung existiere, nur schwer geltend gemacht werden. Zudem erklärt sich die Form מַבְלִיגִיתִי nicht unmittelbar von מבלגות aus 4Q 429,10,2 bzw. umgekehrt. Das Yod zwischen ל und ג ist nicht von der Wurzel בלג her erklärbar, auch nicht unter Annahme einer Nominalbildung. So führt auch das Dictionary of Classical Hebrew die Einträge מַבְלִגָה, als Status absolutus zu מבלגות und מַבְלִיגִיתִי als getrennte Einträge auf, wobei ersteres als „cunning simile"[144] und letzteres als „cheerfulness"[145] übersetzt werden.

Als Fazit ergibt sich, dass sich der Text aus Qumran zur Lösung von מַבְלִיגִיתִי als ungeeignet erweist. Daher sollen im Folgenden die von Qumran unabhängigen, meist rezipierten Lösungsversuche der Exegeten näher analysiert werden. Dabei

---

137 Vgl. CHAZON, DJD 29, 180.
138 Vgl. CHAZON, DJD 29, 186.
139 BEZZEL, mündlich.
140 In 4Q 429, Z.9: Plural: תניני.
141 In 4Q 429, Z.10, Plural: פתנים.
142 Die Form stammt von חֶבֶר, Beschwörung (selten).
143 Die Form stammt von לַחַשׁ, Beschwörer, Beschwörung.
144 Vgl. DCH, 127.
145 Vgl. DCH, 127.

ist es notwendig auf die genannten Übersetzungen wie Septuaginta und Peschitta zurückzukommen.

B. Duhm hält in seinem Jeremia-Kommentar aus dem Jahr 1901 fest: „Das erste Wort in der ersten Strophe **18 19**[a], מַבְלִיגִיתִי, ist unverständlich."[146] Ernest W. Nicholson und K.-F. Pohlmann schließen sich an und deklarieren das Wort als wegen „Textverderbnis"[147] unübersetzbar.[148] Friedrich Giesebrecht deutet mit MT die Form מַבְלִיגִיתִי zunächst als Abstraktum mit Suffix der ersten Person Singular, welches sich von der Wurzel בלג (heiter sein) herleitet.[149] F. Giesebrecht übersetzt Jer 8,18 daher wie folgt: „Wo finde ich Erheiterung beim Kummer, (da) in mir sich mein Herz!"[150] Dieser Deutung folgt in jüngster Zeit auch Georg Fischer in seinem Jeremia-Kommentar von 2005.[151] Er übersetzt: „Meine Erheiterung über Kummer, auf mir mein Herz ist krank."[152]

Den Vorschlag מַבְלִיגִיתִי mit Blick auf das Neutrum Plural der LXX ἀνίατα (unheilbar) zu trennen, brachte Johann David Michaelis bereits 1793.[153] Duhm folgt dieser Idee und schlägt vor מִבְלִי גֵהָה (ohne heilen) zu lesen.[154] Wilhelm Rudolph schlägt daraufhin die Lesart מִבְּלִי גֵהֹת (ohne Heilen) vor,[155] welcher später auch William McKane folgt.[156] Während jedoch W. Rudolph und W. McKane sich veranlasst sehen die Jahwespruchformel am Ende von Vers 17 zu elidieren und מִבְּלִי גֵהֹת anzuschließen,[157] entscheiden sich B. Duhm und in Folge auch Werner H. Schmidt, es bei Vers 18 zu belassen.[158]

Aus der bisherigen Betrachtung ergibt sich nun folgendes Bild: Das *Hapax legomenon* מַבְלִיגִיתִי wurde bisher auf zwei Wurzeln zurückgeführt. Zum einen schlug man vor, die Form als Nominalform der Wurzel בלג (heiter sein) zu lesen.

---

146 DUHM, Jeremia, 92.
147 Vgl. POHLMANN, Ferne, 162.
148 Vgl. NICHOLSON, Jeremiah, 89. Vgl. POHLMANN, Ferne, 162.
149 Vgl. Textkritik, S.29 f. In Aquilas griechischer Übersetzung des Alten Testamentes versteht man מבליגיתי als Nomen, das mit ‚meine Fröhlichkeit' zu übersetzen ist.
150 Vgl. GIESEBRECHT, Jeremia, 55. GIESEBRECHT, Jeremia 2, 56: „Wo finde ich Erheiterung?"
151 Vgl. FISCHER; Jer 1–25, 341.343.
152 Vgl. FISCHER; Jer 1–25, 341.343.
153 Vgl. MICHAELIS, Observationes, 83.
154 Vgl. DUHM, Jeremia, 92.
155 Vgl. RUDOLPH, Jeremia, 62.
156 Vgl. McKANE, Jeremiah I, 194.
157 Vgl. McKANE, Jeremiah I, 190.194. RUDOLPH, Jeremia, 62.
158 Vgl. DUHM, Jeremia, 92. Duhm übersetzt: „Unheilbar ist bei mir Kummer, Mir ist das Herz krank, [...]." Schmidt hingegen übeträgt: „unheilbar steigt Kummer in mir auf [...]." Er übersetzt hier עֲלֵי als Verbform von עלה ohne diese Übertragung näher zu erläutern. Vgl. SCHMIDT, Jer 1–25, 200, Anm. 51.

Zum anderen wurde der Konsonantenbestand des Wortes als מִבְּלִי גְהֹת (ohne Heilen) aufgeteilt.

Das Verbum גהה (heilen) ist kein sehr häufig belegtes Wort und alttestamentlich lediglich zweimal, in Hos 5,13 und Prov 17,22, jeweils in unterschiedlichen Formen zu finden.[159] Die Kombination von מִבְּלִי als מִן und בְּלִי in der Übersetzung ‚ohne' ist hingegen mehrfach belegt.[160] Das bedeutet, dass der Vorschlag einer separierten Lesung מִבְּלִי גְהֹת auf im Alten Testament belegten Formen basiert. Daher scheint sie als gerechtfertigt. Die Zweiteilung von מַבְלִיגִיתִי weist aber auch Schwierigkeiten auf: Erstens ist die Form גִיתִי nicht die reguläre Infinitivform von גהה und muss daher zu גְהֹת konjiziert werden. Folglich kommt der Vorschlag nicht aus, ohne zugleich eine erhebliche Veränderung des Konsonantenbestandes anzunehmen. Zweitens ist der Infinitiv גְהֹת in der Hebräischen Bibel nicht belegt. Drittens wirkt auch die Übersetzung ‚ohne Heilung bzw. unheilbar' im Kontext, gleich ob man מַבְלִיגִיתִי zu Vers 17 zählt oder zu Vers 18, ungelenk, nachgestellt und aufgesetzt.

Der erste Vorschlag מַבְלִיגִיתִי als Ableitung der Wurzel בלג (heiter sein) zu verstehen, weist ebenso ein Problem auf, da die These mit einer nicht gebräuchlichen Nominalbildung operiert und zudem Unklarheit besteht, was mit Erheiterung in diesem Kontext gemeint sein soll.

An dieser Stelle ist es aufschlussreich auf den Vorschlag der Peschitta zurückzublicken, da dieser die Grundlage für den folgenden, eigenen Übersetzungsvorschlag bildet. Die syrische Übersetzung der Peschitta bietet nämlich noch eine weitere als die bisher angeführten Erklärungen an, indem sie den Vers in Jer 8,18 unmittelbar mit ܒܠܝ beginnt,[161] d. h. einer Ableitung der aramäischen Wurzel ܒܠ, der hebräisch בלה (verbraucht sein) entspricht.[162] Diese Übertragung eröffnet die Möglichkeit, dass sich hinter מַבְלִיגִיתִי eine finite Verbform verbirgt.[163] Dem-

---

159 Prov. 17, 22, גֵּהָה (Nomen, fem. sg. abs.); Hos 5,13, יִגְהֶה, (Impf. 3.m.Sg.Qal).

160 Vgl. Dtn 9,28; Jes 5,13; Jer 2,15; 9,9 – 11; Klgl 1,4; Ez 14,15; 34,5; Zeph 3,6; Hi 4,11.20.6,6.24,7 f.21,19; Hos 4,6.

161 „Ich bin verbraucht [von Kummer]." Vgl. COSTAZ, Dictionnaire, 30 f.

162 Vgl. HAYWARD, Handbook, 38.

163 Es muss an dieser Stelle darauf hingewiesen werden, dass GIESEBRECHT, Jeremia, 55 im Kommentar zu Vers 18 bereits 1894 schrieb: „Ebenso wenig befriedigt מִבְּלִי יַגִּיתִי עָלַי „ohne dass ich betrübte, kommt über mich Schmerz", da hier gar nicht von Feinden des Proph. die Rede war." Das ist meines Wissens der einzige Beleg dafür, יַגִּיתִי als eine Verbform der ersten Person Singular zu verstehen. Giesebrecht führt das an der Stelle nicht weiter aus und diese Idee wurde aufgrund der Abwertung durch Giesebrecht selbst in der weiterführenden Forschung ignoriert. Giesebrecht übersetzt hier in Vergangenheitsform und muss für seinen Vorschlag eine Haplographie des Yods zwischen ל und ג annehmen.

gemäß wird auch im Folgenden als Grundannahme vorausgesetzt, das *Hapax legomenon* מַבְלִיגִיתִי, wie es in MT steht, bei Vers 18 zu belassen.

Der hier vorgebrachte Ansatz einer Lesung von מַבְלִיגִיתִי beginnt mit einem Blick auf das Wort יָגוֹן (Kummer) von Vers 18a. Das Lexem ist in der hebräischen Bibel verhältnismäßig häufig belegt.[164] Oft kommt es in Doppelung mit einem sinnverwandten Wort vor.[165] Das zum Nomen יָגוֹן zugehörige Verbum יגה (betrübt sein) ist ein Terminus, der vor allem in den Klageliedern zu finden ist.[166] Eine Verwandtschaft des Verses 18 zu den Klageliedern kann angenommen werden, da die Wendung לִבִּי דַוָּי von Jeremia 8,18b lediglich hier und in Klgl 1,22 begegnet.[167] Geht man davon aus, dass der gesamte Vers 18 inhaltlich eng mit den Threni in Verbindung steht, kann man diese Annahme nutzen, um das Konglomerat מַבְלִיגִיתִי aufzulösen. Aufgrund der Tatsache, dass die Form מַבְלִיגִיתִי im Kontext des Nomens יָגוֹן (Kummer) bzw. des dazugehörigen Verbs יגה (bekümmert/betrübt sein) auftritt, scheint folgende Deutung möglich: Die Wurzel יגה kommt im Kontext mit einem ähnlichen Konsonantenbestand, wie er mit מַבְלִיגִיתִי vorliegt, zweimal vor, nämlich in Ps 13,3 und Klgl 3,33. In Psalm 13,3[168] lautet die Wendung יָגוֹן בִּלְבָבִי (in meinem Herzen Kummer) und in Klgl 3,33[169] מִלִּבּוֹ וַיַּגֶּה (von Herzen betrübt). In diesen beiden Texten, sowie in Jer 8,18b, spielt das Nomen לֵב (Herz) eine wichtige Rolle: Es verleiht den vorliegenden Klagen einen emotionalen Charakter.[170] In Klgl 3,33 kommt das Hauptwort לֵב mit der Präposition מִן vor לֵב vor, die sich in Kombination mit diesem Nomen lediglich zehnmal im gesamten Alten Testament findet.[171]

Unter Berücksichtigung der Lesart der Peschitta und den eben genannten Parallelen (Ps 13,3; Klgl 3,33) ergibt sich nun der folgende Vorschlag einer neuen

---

164 Vgl. Gen 42, 38; 44, 31; Est 9,22; Ps 13,3; 31,11; 107,39; 116,3; Jes 35, 10; 51,11; Jer 8,18; 20,18; 31,13; 45,3; Ez 23,33.

165 Vgl. Ps 107,39 (רָעָה וְיָגוֹן); Ps 116,3 (צָרָה וְיָגוֹן); Jes 35,10; 51,11 (יָגוֹן וַאֲנָחָה); Jer 20,18 (עָמָל וְיָגוֹן), Ez 23,33 (וְיָגוֹן תִּמְּלֵאי).

166 Vgl. Klgl 1,4.5.12; 3,32 und 3,33 Vgl. daneben 2 Sam 20,13; Hi 19,2; Jes 51,53; Zef 3,18.

167 So lautet Klgl 1,22b: כִּי־רַבּוֹת אַנְחֹתַי וְלִבִּי דַוָּי (Denn zahlreich sind meine Seufzer und mein Herz ist krank). Ähnlich und auch in Bezug auf das Herz, vgl. Jes 1,5. Damit sind alle Vorkommen des Adjektives דַוָּי bezeugt.

168 Psalm 13,3: עַד־אָנָה אָשִׁית עֵצוֹת בְּנַפְשִׁי יָגוֹן בִּלְבָבִי יוֹמָם עַד־אָנָה יָרוּם אֹיְבִי עָלָי. (Bis wann soll ich Sorgen hegen in meiner Seele, Kummer in meinem Herzen bei Tage? Bis wann soll sich mein Feind über mich erheben?)

169 Klgl 3,33: כִּי לֹא עִנָּה מִלִּבּוֹ וַיַּגֶּה בְּנֵי־אִישׁ (Denn nicht von Herzen demütigt und betrübt er die Menschenkinder).

170 Vgl. GESENIUS, 590, 2.b. Das Herz ist Sitz der Empfindungen, Gefühle, Affekte, sowie seelischen Regungen.

171 Belege für מִן vor ל finden sich in Num 24,13; 16,18; Neh 6,8; Hi 8,10; Hld 11,10; 2 Kön 9,24; Ez 13,2.17; 1 Kön 12,33 und Jes 59,13. In Letzterem findet sich die Form auch in Verbindung mit einem vom Konsonantenbestand her ähnlichen Verbum הגה.

Lesart von מַבְלִיגִיתִי. Es ist meines Erachtens davon auszugehen, dass das vorliegende *Hapax legomenon* aus einer Verbindung von מִן vor לֵב, wie in Klgl 3,33, sowie aus einer ersten Person Singular besteht, wie sie auch die Peschitta vorschlägt. Allerdings wird das Verb nicht als von der Wurzel בלה (verbraucht sein) kommend angesehen, sondern auf יגה (betrübt sein) zurückgeführt. Dabei handelt es sich um die Verbform der 1. Person Singular Piel im Perfekt.[172] Das heißt, dass statt der Form מַבְלִיגִיתִי nun Folgendes zu lesen ist: מִלֵּב יִגֵּיתִי,[173] was wiederum mit „von Herzen bin ich betrübt" übersetzt werden kann. Gegenüber den bisher veranschlagten Deutungen zu מַבְלִיגִיתִי bietet die vorgeschlagene Lesart einen entscheidenden Vorteil.

So vermag die Deutung מִלֵּב יִגֵּיתִי, den in MT vorliegenden Konsonantenbestand beinahe unverändert zu belassen. Schließlich wird lediglich angenommen, dass eine Metathese der Konsonanten ל und ב vorliegt.[174] Das Verb יגה ist im Piel häufig belegt und auch die Verwendung der Präposition von מִן vor לֵב findet sich in anderen Texten der hebräischen Bibel wieder, welche dazu inhaltlich mit Jer 8,18 korrespondieren.[175] Die veranschlagte Perfektform יִגֵּיתִי schließt zudem direkt an jene von Jer 8,16a.21–22 an, insofern man Vers 17 als Einschub beurteilt. B. Duhm hielt in seinem Kommentar von 1901 bereits fest: „Ob **17** noch zu dem Gedicht gehört, ist mir zweifelhaft, da das Gedicht selber die Rede des Volkes ist; [...]."[176] Ebenso urteilte K.-F. Pohlmann, dass der Vers „zusatzverdächtig"[177] sei. Henning Graf Reventlow denkt bei diesem Vers (Jer, 8,17) an ein eingeschobenes Wortspiel, in dem der ‚Feind aus dem Norden' (צָפוֹן) anhand einer Metapher mit Schlangen (צִפְעֹנִים) verglichen wird.[178] Indes bleibt der Vers als schwierig zu beurteilen. Sicher ist, dass er, als Jahwerede gekennzeichnet, den Lesefluss stört. Abschließend sei hier die Übersetzung von Jer 8,18 geboten, nach der so eben vorgestellten neuen Lesart: „Von Herzen bin ich betrübt, in mir [ist] Kummer. In mir mein Herz [ist] krank."

Weiterhin als problematisch für die Auslegung des Abschnitts 8,18–23 ist die Doppelung von עָלַי anzusehen. Der Apparat der BHS schlägt vor עָלַי als עָלָה oder

---

172 Siehe MAYER, Grammatik, 212 [332].

173 Es sei kurz darauf verwiesen, dass eine Deutung מִבֵּל יִגֵּיתִי, „vom Herrn bin ich verstoßen/ geschlagen" mit Perf. Qal, 1.Sg. von יגה₂ (schlagen, stoßen), ebenso legitim wäre. Vgl. GESENIUS, 435. Da aber בֵּל im AT lediglich für die Bezeichnung des babylonischen Gottes Marduk als Bēl verwendet wird, kann diese Annahme nicht gerechtfertigt werden, es sei denn durch den Beweis einer mesopotamischen, literarischen Vorlage. Zu den Belegen für בֵּל vgl. GESENIUS, 150 f.

174 Siehe Tov, Textkritik, 206 f.

175 Vgl. Ps 13,3 und Klgl 3,33.

176 Vgl. DUHM, Jeremia, 91.

177 Vgl. POHLMANN, Ferne, 161.

178 Vgl. REVENTLOW, Liturgie, 193, Anm. 318. So auch BEZZEL, Konfessionen, 277, Anm. 75.

יַעֲלֶה zu lesen und das zweite עָלַי so umzustellen, dass es dieser Form folgt.[179] Hieraus wäre folgende Übersetzung abzuleiten: „מַבְלִיגִיתִי stieg/steigt auf mich." Diese Konjektur erweist sich allerdings als wenig zielführend und erfolgt nur unter der Annahme einer Nominalform für מַבְלִיגִיתִי. Zudem ist die Form עָלַי ausreichend belegt und erläutert. So zum Beispiel in Gen 49,22 oder Hi 29,4. Es handelt sich dabei um einen poetischen Constructus mit Hinweis auf den ursprünglichen altkanaanäischen Auslaut.[180]

1.3.2 Literarkritik und Redaktionsgeschichte

Der vorliegende Text Jer 8,18 – 23 folgt auf den Abschnitt 8,14 – 17. Dabei bilden die VV.14 – 15 eine Volksklage über das von Gott gesandte Unheil, das in V.17 mittels Gottesrede bestätigt wird. Die Volksklage wird in 14,19 – 22 wiederholt (Vgl. 8,15; 14,19aβ) und um ein Sündenbekenntnis erweitert. Der Vers 16 greift Elemente von 4,5 – 6,26 auf und spielt damit wiederholt auf den ‚Feind aus dem Norden' an.[181] Der Abschnitt 8,14 – 17, mit Volksklage und Unheilsdrohung bzw. -beschluss, dient der Klage als Einleitung. Ihren Anschluss hat die Klage Jer 8,18 – 23 wohl ursprünglich in Jer 9,9, das terminologisch und motivisch an die Texte von 8,18 – 23 und 10,19 – 22 erinnert bzw. diesen vorausgreift.[182]

Die Klage selbst scheint, grammatikalisch gesehen, die Rede einer einzelnen Person zu sein.[183] So finden sich Aussagen in 1. Ps. Sg., zudem verweisen auch die

---

179 Vgl. McKANE, Jeremiah I, 194. REVENTLOW, Liturgie, 190. McKane will das erste עָלַי zu עלה oder zu יעלה ändern, es folglich als Verbform verstehen. Jedoch erfolgt der Hinweis, dass der Text auch ohne diese Änderung verständlich wäre. Reventlow bemerkt die unsichere Stellung des Athnach, was er auf eine Unsicherheit der Masoreten mit dem Vers zurückführt. V.19, so Reventlow, sei nach Jes 33,17 zu belassen: „Im Lande weit und breit", 19b darf nicht gestrichen werden.
180 Siehe dazu MEYER, Grammatik, 179 [299].
181 Vgl. WISCHNOWSKY, Zion, 73 f. Er versteht V.20 als Volksklage auf Ebene 8,14 – 16 und 19b als Glosse. POHLMANN; Ferne, 163 f. WANKE, Jeremia 1, 101 – 103. Beide übersetzten in Anlehnung an Jes 33, 17,im Land weit und breit'. Beide halten Vers 19a und 20 für Nachträge derselben Hand. Die Übersetzung der LXX (aus fernen Land), wäre Stimme aus Exil, vgl. McKANE, Jeremiah I, 195.
182 Vgl. WISCHNOWSKY, Zion, 82. Jer 9,9 schließt in der Terminologie nahtlos an die bisherigen Klagen an, vgl. Klgl 2,11 f.19.20 f.
183 Vgl. BEZZEL, Konfessionen, 275. Von Rad rechnet den Text sogar zur Gruppe der Konfessionen, vgl. VON RAD, Konfessionen, 227 f. CARROLL, Jeremiah, 235, sieht als Sprecher wieder die Stadt an, in Realität muss es aber der Priester oder der Prophet gesprochen haben, daher sehen viele Jeremia als Sprecher an, so Carroll in Hinweis auf Jer 30,12 – 14; 31,15. LUNDBOM, Jeremiah 1, 529. Versteht den Text, in Anlehnung an den Targum, aus einem Mix der Stimmen des Propheten (V.18.19c), der Stadt (V.21) und des Volkes (V.19a).

im Text Jer 8,18 – 23 befindlichen allgemein gehaltenen Aussagen über das Volk mit dem Possessivum 1. Sg. auf eine ganz bestimmte Person.

Es handelt sich zwar folglich um einen einzigen Redner, dieser ist als solcher allerdings nicht leicht zu identifizieren, da sich die Aussagen inhaltlich nur schwer mit einer alleinigen Person zusammen bringen lassen. Bei der Analyse von V.18 findet sich die Zustandsbeschreibung eines Individuums, das verzweifelt ist und über Schmerzen klagt.[184] In aller Regel wird dieses Individuum in Anlehnung an den gedachten Sprecher von 8,4a.6a als Jeremia gedeutet, der in Kap. 8 das Gotteswort übermittelt.[185] Dabei wird Jeremia selbst in 4 – 10 namentlich nicht genannt, lediglich durch Botenspruchformel (8,4) wird eine 1. Ps. Sg. angesprochen.

Der Vers 8,18 setzt mit einem *Hapax legomenon* ein, dessen Bedeutung bereits in der Textkritik erläutert wurde:[186] Die Form מַבְלִיגִיתִי ist als מֵלֵב יְגִיתִי zu lesen, was mit „von Herzen bin ich betrübt" übersetzt werden kann. Dabei leitet sich die Verbform יְגִיתִי von יגה (betrübt sein) ab. Das Verb יגה scheint in der Häufigkeit seines Vorkommens ein den Klageliedern eigener Terminus zu sein.[187] So ist Jer 8,18b sprachlich und motivisch eng mit Klgl 1,22 verbunden,[188] da beide Verse die Aussage enthalten, dass das Herz des leidenden Individuums krank sei.

V.19 lenkt den Blick in einen andere Richtung, nämlich in die der בַּת־עַמִּי (Tochter meines Volkes).[189] Das Individuum aus V.18 selbst, so scheint es, verweist

---

184 Vgl. WANKE, Jeremia 1, 101 f. Wanke versteht die Verse in 8,18 – 23 als Ausdruck körperlichen Leidens wie in 4,19 und Klgl 1,22b. Die Ursache dafür ist der Zusammenbruch seines, des Propheten, Volkes und die Folgen des Krieges, genannt in 4,20; 6,1 durch den angekündigten Feind aus dem Norden.

185 Vgl. SCHMIDT, Jeremia 1, 133, Anm. 39: Für Schmidt liegt es aufgrund des Kontexts, wie im Hinblick auf die Ausdrucksweise näher, das klagende ‚Ich' statt auf die Stadt Jerusalem (vgl. 10,19 f von Volk oder von der Stadt) auf den Propheten zu beziehen 8,18 – 23. WANKE, Jeremia 1, 102. Für ihn ähneln Kummer und Schmerz des Propheten in V. 23 denen in 4,19 – 21. Hier wie dort hat die Klage keinen ausdrücklichen Adressaten, Jahwe ist nicht angesprochen, es ist die reine Klage des Propheten. REVENTLOW, Liturgisches Ich, 189 – 191. Er erklärt den Abschnitt von der liturgischen Funktion Jeremias her, der in der öffentlichen Klageliturgie auch die Stimme des Volkes in 8,19a.20 übernimmt. WISCHNOWSKY, Zion, 76. Dieser urteilt, dass hier der Kummer des Propheten bis an dessen Herz dringt. Gegen CARROLL, Jeremiah, 235 und DOBBS-ALLSOPP, Weep, 139. Beide hören in Jer 8,18 – 23 die Stadt klagen.

186 Siehe Kapitel 1.3.1.

187 Belege in Klgl 1,4.5.12; 3,32 und 3,33, außerhalb davon nur: 2 Sam 20,13; Hi 19,2; Jes 51,53; Zef 3,18.

188 Vgl. auch Jes 1,5, womit alle Vorkommen des Adjektives דַּוָּי genannt sind.

189 Es handelt sich um einen Terminus, der sich fast ausschließlich in Jer und Klgl findet. Vgl. Jes 22,4; Jer 4,11; 6,26; 8,11.19.21 – 23; 9,6; 14,17; Klgl 2,11; 3,48; 4,3, 6,10. Generell zeichnen die Belege ein negatives Bild der בַּת־עַמִּי. Es geht fast ausschließlich um Trauer, Klage, Verwüstung und den Untergang. Ähnlich verhält es sich mit den ‚Tochter-Zion'-Belegen in Jer 4,31; Klgl 2,1.4.8.10.13.18; 4,22.

auf die בַּת־עַמִּי die aus einem ‚fernen Land' ruft. Folgt man der Deutung von W. McKane bezieht sich der Sprecher dabei auf die Stimme einer Gruppe aus dem Exil.[190] Die Deutung mit Jes 33,17 „aus dem Land weit und breit" ist jedoch die wahrscheinlichere.[191] Die בַּת־עַמִּי kommt hier zu Wort und erinnert Jahwe an den Zion, ihre Heimat. Es wird dabei die Gottesferne beklagt.[192]

In der darauffolgenden Aussage 19b kommt Gott mit einer Gegenfrage zu Wort, die den Vorwurf des Götzendienstes enthält und diesen als Ursache für das Gericht, d. h. die Eroberung und das Verschwinden der Gottheit, nennt. Gott kann aufgrund dieser Verfehlungen nicht anders, als das Gericht kommen zu lassen, auch wenn es ihm, wie aufgrund der Frageformel מַדּוּעַ (warum?) deutlich wird, schwerfällt. Damit erfolgt die Ablehnung der Klage. Sie ist nicht im Stande Gottes Herz zu erweichen. Der Einschub von V.19b erklärt sich vermutlich aus dem älteren Anschluss an die Klage in Jer 9,1 – 5 heraus, in dem weitere Vorwürfe als Gründe für das Gottesgericht angeführt werden.[193] Dabei erfolgt auch dort, in Jer 9,6, eine durch ein Fragepronomen אֵיךְ (wie?) gestaltete Gottesantwort, in der Jahwe erklärt, dass er das Gericht nicht abwenden könne, selbst, so vermittelt der Text den Eindruck, wenn er es wollen würde.

An die Frage von 19a Jahwe schließt folglich nicht etwa 19b an, sondern der Vers 20, die Feststellung nach einem Jahr nicht gerettet zu sein.[194] Gesprochen wird dies ebenso durch ein Kollektiv in 1.Pl., wie in 19a. Jahwe selbst greift hierbei nicht ein. Es ist vielmehr die Rede einer Gruppe, welche ihrer Motivik nach an die Volksklagen in Jer 8,14b.15; 14,19 – 22 erinnert und hier in die Individualklage eingetragen wird.[195] Die Klage wird mit der Fortschreibung der VV.19a.20 zu der

---

190 Vgl. McKane, Jeremiah I, 195. Pohlmann, Krise, 55 f. Pohlmann ist sicher, dass die Verse 19aβ; Ez 8,12; (= Ez 9,9) die Vorstellung der Absenz Jahwes enthalten, der nicht mehr in einer schützenden Fürsorge präsent ist. Dahinter steckt die Praxis der Assyrer Götterstatuen zu deportieren. Rudnig, Gegenwart, 282 f, versteht Jer 8,19 daher als Ausdruck des Reflexionsprozesses nach 587/6 v.Chr.

191 Vgl. Bezzel, Konfessionen, 275, versteht den V.19 als kleine Volksklage und vergleicht ihn mit Jer 14,19 – 22, Duhm, Jeremia, 92. Pohlmann, Ferne, 163 f.

192 Vgl. Dobbs-Allsopp, Weep, 141. Der Vers „[...] may reflect the divine abandonment theme [...]".

193 Vgl. Bezzel, Konfessionen, 276. Vgl. Werner, Jer 1 – 25, 107. Für Werner ist Vers 19b die Anklage Jahwes, deren Vokabular dtr geprägt ist. Er beurteilt den ganzen Vers als nachdtr Glosse, so auch Wanke, Jeremia 1, 102.

194 Die Tatsache, dass die Ernte vorbei ist oder warum sie beendet ist, begründet nachträglich Jer 5,17 und wird später in 50,16 aufgegriffen, die Zerstörung wird zu dieser Zeit einsetzen.

195 Vgl. Bezzel, Konfessionen, 276. Bezzel versteht die Verse 19a.20 als kollektivierte Prophetenklage in Verbindung mit dem Volksklagestück 8,14b.15 und 14,19 – 22. Die Nähe zur Volksklage in 14 besteht in der Form des Sündenbekenntnisses (Vgl. 14,7.20) und dem Gebrauch Wassermetaphorik, so Bezzel. Er versteht die 8,19a.20 auf selber Ebene wie 8,14b.15.

dichtesten Beleglage der בַּת־עַמִּי, so Fischer.[196] Sie wird in fünf Versen viermal erwähnt. Mit der Eintragung der Kollektivklage in die Einzelklage wird der Sprecher, der in 8,18.21–23 über sein Leid und den Zustand seines Volkes klagt, selbst zur deren Stimme im Leid.[197]

Der Sprecher repräsentiert die בַּת־עַמִּי in der Klage (VV.19a.20) und leidet aufgrund deren Zusammenbruchs in 8,18.21–23. Der Terminus בַּת־עַמִּי findet sich bis auf den Beleg in Jes 22,4 ausschließlich in Jeremia und den Klagliedern. Jes 22,4 steht sprachlich in enger Verbindung zu Jer 8,21.[198] Auch dort weint der Kläger bitterlich über die Verwüstung der Tochter seines Volkes, jedoch wird statt der Wurzel שבר (Bruch) aus 8,21, die aus Jer 4,20 bekannte, synonyme Wurzel שדד gebraucht. In 8,21 kommt wiederum das Ich als Sprecher zu Wort. Im Spiel mit der Ambiguität der Wurzel שבר wird dabei die Verbundenheit des klagenden Individuums mit dem Volk zum Ausdruck gebracht.[199] So wird in 4,6, wo der Untergang durch den vom Norden kommenden Feind angekündigt wird und in der Klage in 4,20, שבר genutzt, um den unheilvollen Zustand im Land zu beschreiben. Über die feste Verbindung שֶׁבֶר בַּת־עַמִּי (Bruch der Tochter meines Volkes)[200] wird der Zustand auf das Volk bezogen. In Bezug auf das Individuum findet sich die Wurzel in 8,21 und 10,19. Somit korrespondiert hier in 8,21 der Zusammenbruch des Individuums mit dem der Stadt und seiner Bewohner.[201]

Der Folgevers 22 zeigt eine ganz ähnliche Verbindung des Klägers mit seinem Volk wie die VV.18.21. Die Frage nach der Heilung[202] für das kranke Herz des In-

---

196 Vgl. FISCHER, Jer 1–25, 345.

197 Vgl. BEZZEL, Konfessionen, 276.

198 Vgl. Jes 22,4. BOASE, Fulfilment, 57 f. Datiert die Jes-Stelle ins 8. Jh. v. Chr. und versteht den Text als frühe Passage der Personifikation Jerusalems.

199 Vgl. FISCHER, Jer 1–25, 347. DOBBS-ALLSOPP, Weep, 139, sieht in Vers 21 in Klgl 2,11 denselben Poeten. KNIPPING, שֶׁבֶר, 1028–1031. Die Wurzel שבר findet 15mal als Substantiv im AT. Nur einmal wird ausgesagt, Gott selbst sei zerbrochen, in Jer 8,21. Vgl. Klgl 3,4. Im Zusammenhang mit Heilen und Wunden begegnet die Wurzel in Jer 6,14; 8,11; Klgl 2,13. Als körperliche Verletzung findet sie sich in Jer 10,19; 14,17; 30,12. Die Tendenz, שבר von Israel auszusagen, bestätigt sich auch durch den Gebrauch der Genitivverbindung ‚Zusammenbruch der (Tochter) meins Volkes' in Jer 6,14, 8,11.21; Jes 30,26; Kl 2,11; 3,48; 4,10.

200 Vgl. Jer 8,11.21; Klgl 2,11; 3,48. Damit sind alle Belege erfasst.

201 Vgl. WISCHNOWSKY, Zion, 76. SCHMIDT, Jeremia 1, 201.

202 Das Nomen אֲרֻכָה findet sich in Jer 30,17 (Heilung für Zion); 33,6 (Heilung für Jerusalem). In Jer 6,14; 8,11; 15,18, 30,17 geht es um die Heilung (רָפָא) des שבר und anderer Wunden. In Jer 51,8 wird Babel geheilt. Nach Jer 51,9 besteht zwar die Absicht Babel zu heilen, aber das wird nicht geschehen. In Klgl 2,13 wird gefragt, wer den שבר der Tochter Zion zu heilen vermag. Die Frage nach dem Balsam (צֳרִי) in Gilead und der ausbleibenden Heilung findet sich auch in Jer 51,8: Jeweils soll der Balsam (צֳרִי), der Heilung der angesprochenen Stadt dienen, kein anderer Sprecher findet Bezug, keine 1. Person oder Beter, geschweige denn Jeremia.

dividuums (V.18) wird in Vers 22b wiederum auf die בַּת־עַמִּי bezogen. Durch das emphatisch gebrauchte כִּי am Anfang der Frage von V.22b entsteht der Eindruck einer gewissen Überraschung des Sprechers über die ausbleibende Heilung. Wird Zion in Jeremia 30,17 Heilung gewährt, ist ihr Schicksal hier beschlossen. Das Volk weiß jedoch bereits in 8,14 und 8,17, dass ihnen giftiges Wasser (Jer 8,14) und Giftschlagen (Jer 8,17) von Jahwe zur Strafe ihrer Sünde gesandt werden. Jahwe heilt nicht, er vergiftet, er muss es tun, denn sie haben ihn verworfen (Jer 8,19b; 9,1–5). Die Volksklage in 14,19, die Jer 8,15 aufgreift, fragt wiederholt nach dem Grund Jahwes Unheilssendung für die es keine Heilung gibt.[203] Ebenso wie Jeremia in 8,22b nach der scheinbar ausbleibenden Heilung fragt, beklagt auch dort das Volk, dass es Heilung für sie nicht geben wird.[204]

In der vorliegenden Klage bleiben dem Kläger nur die Trauer und die Bitte darum, für die ausbleibende Genesung genügend Tränen zu haben. Die metaphorische Frage in V.23 scheint auf der Basis von vergleichbaren Texten in Jer 9,17; 14,17, Klgl 1,2.16; 2,11.18; 3,48.54 besser verständlich. Was beweint wird, ist die sichtbare Zerstörung, die vor den Augen des Leidenden noch kein Ende gefunden hat. In Jer 9,17 f. wird die Klage aus Jerusalem kommend beschrieben und unter Aufgriff der Trauer um die Verwüstung (שדד Pual, V.18), den dortigen Klagefrauen in den Mund gelegt. Die Stadt selbst beweint ihr Schicksal in Klgl 1,2; 2,11.18.[205]

Der Schmerz des Individuums der vorliegenden Klage gipfelt im Beweinen der Erschlagenen in V.23. Der Vers beschreibt das eingetroffene Unheil. Jer 8,23 wird innerhalb von Jeremia in 14,17 rezipiert.[206] Dabei beginnt in 14,17 nicht ursprünglich eine Gottklage,[207] so ist doch nicht wie in 14,10.11.13–14–15 direkt gesagt, dass Jahwe zu Jeremia spricht, sondern es ergeht der Befehl zu klagen.[208] Mit וְאָמַרְתָּ אֲלֵיהֶם אֶת־הַדָּבָר הַזֶּה (Und Du sollst sprechen zu ihnen dieses Wort),[209] dem Aufgriff von 8,23 in 14,17, sowie der in 14,17 f folgenden Beschreibung, dass die בַּת־עַמִּי mit ‚großem Bruch' (שֶׁבֶר) und ‚schmerzender Wunde' (מַכָּה נַחְלָה) gebrochen ist (שבר Nif.), dass vom Schwert-Durchbohrte und Hunger die Stadt einnehmen,

---

203 Vgl. BEZZEL, Konfessionen, 277.
204 Vgl. Jer 14,19.
205 Vgl. KAISER, Klagelieder, 117–119.134–136.
206 Vgl. POHLMANN, Ferne, 166. Pohlmann versteht den Abschnitt 14,17–19 als verbesserte Neuauflage von 8,18–21.23. Die in Jer 8,23 beweinten Erschlagenen finden sich auch bei Jer 25,33 und in Bezug auf Babel in 51,4.47.49.52. Es handelt sich dabei um Schilderungen nach kriegerischen Übergriffen im Land.
207 Vgl. BEZZEL, Konfessionen, 107.
208 Vgl. MEYER, Grammatik, 54 [396]. Selbständiges Perf. cons. kann für Imperf., Juss. und Imp. stehen, so Meyer. BOASE, Fulfilment, 69.
209 Die Formel findet sich im Jeremiabuch nur noch in Jer 13,12, allerdings ergänzt um eine Botenspruchfomel, die es nochmals direkt als Gottesrede benennt.

wird eine Klage geäußert, die das Ausmaß der Katastrophe beschreibt. In der darauffolgenden Volksklage 14,19 – 22 wird der HERR angefleht dieses Unheil zu beenden. Und er würde es gern (Jer 9,6; 8,19b), doch er kann es nicht und so folgt mit 15,1 das Verbot der Fürbitte. Doch ergibt dieses Interdikt nur Sinn, wenn Fürbitte zuvor getan wurde bzw. sie als Mittel zur Erweichung Jahwes Herzens, d. h. zur Beendigung des Unheils zur Verfügung steht. Meiner Meinung nach wurde die Fürbitte nicht durch den Eintrag der Volksklage in VV.19 – 22 vollzogen, sondern, gefordert durch den Herrn selbst in 14,17 f. Die Klage (14,17 f) mit ihren Unheilsbeschreibungen hat die Aufgabe Gott umzustimmen und er befehligt sie selbst.[210] Doch da das Unglück eingetroffen ist, bleibt nichts als deren Wirkung zur Fürbitte zu untersagen (Jer 15,1). H. Bezzel hält fest: „[...] wie auf die Volksklage von 14,19 – 22 das definitive Fürbittenverbot von 15,1 folgt, so ist auch hier die Stimme Gottes, die in V.19b eingetragen wird, ablehnend. [...] Die Abfolge von 8,14 – 9,5 erscheint nun als zweifache Klage des sein Volk repräsentierenden Jeremia, deren beide Teile jeweils in einer Antwort JHWHs zurückgewiesen werden [...]."[211]

Zusammenfassung

Die Klage in Jer 8,18 – 23 weißt durch den gehäuften Gebrauch der Wendung בַּת־עַמִּי (Tochter meines Volkes) eine enge Verbindung des Sprechers mit dem leidenden Volk auf. Der Abschnitt besteht in der Grundschicht aus den VV.18.21 – 23 und schildert, wie in 4,19 – 21, ein leidendes Individuum, wobei die Ursache des physischen Schmerzes in der Unheilssituation des Volkes begründet ist. Das kranke Herz des Individuums (Jer 8,18; vgl. Klgl 1,22) korrespondiert dabei mit dem Bruch der בַּת־עַמִּי (Jer 8,21, vgl. Jer 14,17 f.). Der ‚Bruch' (שֶׁבֶר) der in 4,20 auf die Verwüstung im Land referiert, wird hier auf das Volk bezogen. Der Kläger ist nicht nur Beweiner seines Landes, sondern Teil und Vertreter der בַּת־עַמִּי. Die Frage nach dem Ende des Unheils bzw. dem Eintritt der Heilung wird dabei vom Kontext beantwortet: Jahwe sendet Gift (Vgl. Jer 8,14.17) nicht heilenden Balsam (Jer 8,22). Mit der Eintragung der Kollektiv-Stimme in den VV.19a.20 ist die Klage auf der Ebene des vorliegenden Endtextes nun Volksklage (vgl. 8,14b.15; 14,19 – 22), erhoben von einem leidenden Individuum, der das Kollektiv repräsentiert. Der Grund, warum die Klage bei Gott die Wirkung dessen Herz zu erweichen und die Heilung einzuleiten verfehlt, wird mit der Eintragung der göttlichen Stimme in 19b genannt. Jahwe ist wütend, er muss seinem Zorn freien Lauf lassen und er hat es

---

210 Vgl. Zur Funktion der Fürbitte in Zusammenhang mit Klagen siehe Kapitel 3, besonders 3.1.2.
211 BEZZEL, Konfessionen, 276 f.

den Schilderungen (VV.21–23) nach bereits getan, weil das Volk den Götzendienst seiner Alleinverehrung vorzieht. Die Klage wird mit dieser Stufe als wirkungslos abgelehnt. Der Kläger, Jeremia, wird auch hier nicht genannt. Sicher bleibt nur, dass er mit seinem betrübten, kranken Herzen, das die Erschlagenen beweint, Gottes Herz nicht beruhigen kann.

1.3.3 Der Grundbestand Jer 8,18 – 23

18 Von Herzen bin ich betrübt, in mir [ist] Kummer
   ^bIn mir mein Herz [ist] krank.

19 *Siehe, die Stimme des Schreis der Tochter meines Volkes aus dem Land*
   weit und breit:
   „Ist JHWH nicht auf dem Zion oder ist sein König nicht darin?"
   ^bWarum haben sie mich wütend gemacht durch ihre Bilder und
   Nichtigkeiten aus fremdem Land?

20 *Vorübergegangen ist die Ernte, beendet der Sommer.*
   ^b*Wir sind nicht gerettet.*

21 Über den Bruch der Tochter meines Volkes bin ich zerbrochen.
   ^bIch trauere, Entsetzen hat mich überwältigt.

22 Ist denn kein Balsam in Gilead, kein Heiler dort?
   ^bJa, warum steigt nicht auf die Heilung der Tochter meines Volkes?

23 Wer gibt meinen Haupt Wasser und meinen Augen eine Quelle der Tränen?
   ^bIch beweine Tag und Nacht die Erschlagenen der Tochter meines Volkes.

Grundschicht der Klage: VV.18.21–23, (vgl. Klgl 1,2.16.22; 2,11.18; 3,48.54)
Jeremia als Repräsentant des Volkes: VV.19a.20, (vgl. Jer 4,22; 8,14b.15;
10,25 14,19.22)
Stimme Gottes: V.19b, (vgl. u. a. Jer 10,15)

1.4 Jeremia 10,₁₉₋₂₅

19 Wehe mir wegen meines Zusammenbruchs, schmerzend ist meine Wunde.
ᵇIch aber sprach: Ja, das [ist] eine Krankheit, und ich trage sie.

20 Mein Zelt ist zerstört und alle meine Stricke sind zerrissen.
ᵇMeine Kinder sind von mir weggezogen und sind nicht mehr. Da ist niemand
der noch ausspannt mein Zelt und befestigt meine Zeltdecken.

21 Denn dumm sind die Hirten und JHWH haben sie nicht befragt.
ᵇDarum verstehen sie nicht und ihre ganze Herde hat sich zerstreut.

22 Der Klang einer Nachricht, siehe sie kommt.
Und ein großes Beben vom Land des Nordens
ᵇsetzt die Städte Judas zur Einöde, Wohnung der Schakale.

23 Ich habe erkannt, JHWH, dass nicht dem Menschen sein Weg [ist],
ᵇfür niemanden ist [es], der [ihn] geht, [selbst] seinen Schritt zu bestimmen.

24 Weise mich, JHWH, doch beim Gesetz zurecht, ᵇnicht bei deinem Zorn, dass
Du mich nicht aufreibst.

25 Gieße aus deinen Grimm über die Nationen, die Dich nicht kennen und über
die Geschlechter, die deinen Namen nicht rufen.
ᵇDenn sie haben gefressen Jakob, sie haben ihn gefressen und ihn
vernichtet und seinen Weideplatz öde gemacht.

1.4.1 Der Text

Der Text Jer 10,19 – 25 setzte mit „Wehe mir" ein.[212] Daran schließt sich eine Leidensschilderung, gesprochen in 1. Ps. Sg, an.

Die meisten Bibel-Übersetzungen übertragen חֳלִי von Vers 19b suffigiert und übersetzen „meine Krankheit", hebräisch entspräche dem חָלְיִי. Jedoch ist diese Form in keiner der hebräischen Handschriften belegt. Daher ist חֳלִי ohne Suffix beizubehalten.[213]

Des Weiteren übersetzt LXX יְצָאֻנִי aus V.20b mit καὶ τὰ πρόβατά μου (und meine Schafe). Die griechische Übersetzung versteht somit וְצֹאנִי als Ergänzung zu בָּנַי, und somit folglich sinnbezogen auf die Hirtenthematik des folgenden Verses 21. Dabei handelt es sich um eine freie, deutende Übertragung der LXX.

---

212 Zur Abgrenzung nach Gattungsmerkmalen vgl. Reventlow, Liturgie, 196.
213 Vgl. Reventlow, Liturgie, 197. Das Wort חֳלִי muss ohne Suffix der ersten Person stehen bleiben.

Ferner empfiehlt der Apparat der BHS statt יְדַעְתִּי in Vers 23a, unter Annahme einer Dittographie, יָדַעְתָּ zu lesen und somit Jahwe zum Subjekt des Erkennens zu machen.[214] Dieser Annahme mangelt es allerdings an der Bestätigung durch einen Textzeugen. Im textkritischen Apparat wird bzgl. des Verses 23b auf eine Glättung hingewiesen, diese ist durch hebräische Handschriften, die Septuaginta, die Peschitta, eine Ausgabe des Targums, sowie die Vulgata belegt. Dabei wird statt לֹא, in Vers 23b, eine Lesung וְלֹא als verbindendes Element vorgeschlagen. Diese Textglättung zeigt, dass die syntaktische Beziehung von V.23b zu V.23a nicht eindeutig ist. So ist 23b zu 23a nicht ergänzend gedacht, wie die Lesung וְלֹא es lösen will, sondern als erklärender Kausalsatz. Der Vers erläutert, was in V.23a gemeint ist, wenn es heißt, dass des Menschen Weg dem Menschen nicht gehöre. Es beutetet ferner, dass der Mensch auf dem Weg seines Lebens keinen seiner Schritte selbst zu bestimmen hat.

Weitere textkritische Vermerke betreffen die Abhängigkeit von Vers 25 zu Psalm 79,6.7.[215] So wird empfohlen מַמְלָכוֹת (Königsherrschaft) statt מִשְׁפָּחוֹת (Geschlechter) zu lesen und וַאֲכָלֻהוּ als Dittographie zu tilgen. Diese Änderungen führen zu einer Textangleichung von 10,25 an die Verse 6 und 7 von Ps 79. Der Vorschlag statt מִשְׁפָּחוֹת (Geschlechter) מַמְלָכוֹת (Königsherrschaft) zu lesen, ist durch manche hebräische Handschriften, die Septuaginta Übersetzung nach Marchalianus, die Altlateinische Übersetzung, sowie durch den Targum gestützt. Alle genannten versuchen dabei, durch freie Übertragung die Bedeutung des MT besser zu erfassen.[216] Der Vorschlag zur Tilgung von וַאֲכָלֻהוּ ist weder durch hebräische Zeugen noch durch Übersetzungen belegt. Der Text wartet, ebenso wie Jer 6,9 – 15, mit Fragen hinsichtlich des Sprechers einiger Verse auf und weist zudem auch inhaltliche Bezüge zu Jer 4,19 – 22 auf.

1.4.2 Literarkritik und Redaktionsgeschichte

Der Komplex in Kapitel 10 bildet das Ende der Klagen um die Thematik ‚Feind aus dem Norden'. Der Zyklus in 8 – 10* korrespondiert hierbei mit dem in 4 – 6*.[217]

---

214 Vgl. REVENTLOW, Liturgie, 198. Die Änderung in eine 2. Ps. ist eine reine Auslegungsfrage.
215 Dabei bietet der Psalm wohl die ursprüngliche Version, vgl. BEZZEL, Konfessionen, 281. Gegen FISCHER, Jer 1–25, 395.
216 Vgl. HAYWARD, Targum, 47.
217 Vgl. WISCHNOWSKY, Zion, 84 f. Wischnowksy sieht in 10,22 das Ende einer Klagesammlung (8,18 – 23*; 9,9; 9,16 – 21*; 10,17 – 21*), die ursprünglich von zwei Unheilsansagen gerahmt wurde. Die Texte 8,14 – 16: und 10,22 beinhalten das Thema vom Feind aus dem Norden und korrespondieren mit 4 – 6*. Dabei klagt die Stadt als Mutter, vgl. Jer 6,26 und Klgl 1,20; 2,18 f; Mi 1,16.

Ebenso wie in Kapitel 4 dient der, der Klage vorangestellte, Vers 17 dazu, den Sprecher der Klage einzuleiten bzw. diesen auszuweisen. Während in Jer 10,18 ein Gerichtswort die Einleitung zur Klage unterbricht, weißt V.17 wiederum Jerusalem als Sprecherin von 10,19 – 25 aus.[218] Es folgen u. a. B. Duhm und M. Wischnowsky der Annahme, dass der vorliegende Text ursprünglich an 9,18 – 21* anschloss.[219] Diese Vermutung basiert auf der Tatsache, dass der Text inhaltlich die zu beklagende Situation im Lande wiedergibt. Die Zerstörung der Städte und Leichen auf dem Feld werden genannt. Zudem wird in Vers 18 mit der Wendung נְהִי נִשְׁמַע מִצִּיּוֹן (ein Klagelied aus Zion ist zu hören) auf eine Klage hingewiesen, wie sie 10,19 – 25 bietet.

Die Grundschicht der Klage bilden zunächst V.19a und 20. Der Sprecher beklagt seinen Zusammenbruch (שֶׁבֶר) und seine Wunde (מַכָּה). Innerhalb des Jeremiabuches und des gesamten Alten Testaments ist 10,19 die einzige Stelle, an der שבר mit dem Suffix der ersten Person Singular vorkommt und sich scheinbar auf eine physische Äußerung bezieht,[220] da 19aβ ergänzend fortfährt, von einer kranken Wunde zu berichten. Während das Lexem שֶׁבֶר bereits in den Texten von 6,14 und 8,21 sowie im Hinblick auf Jer 14,17 besprochen wurde, erscheint mit מַכָּה ein neuer Terminus, der das Unheil beschreibt. Ebenso wie in der Klage in 14,17 enthalten, dient er der Beschreibung der unheilvollen Situation, der Zerstörung Jerusalems, welche der Konfessionenbeter, basierend auf Jer 8,18.21 – 23; 10,19, in Jer 15,18 am eigenen Leib verspürt.[221]

Der Vers 19b ist sekundär an Vers 19a angetragen. Er suggeriert ein Bekenntnis zum Unheil. Der Beter nimmt sich dessen an und greift in Aufnahme an 6,7 die Krankheit Jerusalems als eigene auf, die er jetzt zu tragen hat. Man könnte sagen, er repräsentiert durch den Eintrag von 19b nun das leidende Volk. Die Klage wird hierin mit Blick auf den Konfessionenbeter ergänzt, welcher nun Jerusalems Krankheit trägt. In Jer 6,7 ist Jerusalem als diejenige angesprochen, in deren Inneren Leid herrscht, wo Wunden und Krankheit vor Jahwes Angesicht sind. Der Vers liegt, wie Jer 4,14.18; 10,17, auf Ebene der ‚2.sg.fem.-Schicht'. Er sagt gleiches aus: Die Stadt trägt Schuld und ist deswegen der Zerstörung geweiht. Dabei wird Jerusalem direkt angesprochen. In dem Vers (6,7) wird die schmerzende Wunde

---

218 CARROLL, Jeremiah, 261.
219 Vgl. WISCHNOWSKY, Zion, 84 f. DUHM, Jeremia, 104. SCHMIDT, Jeremia 1, 222 f. WANKE, Jeremia 1, 116. Für Wanke folgt der Einschaltung 10,1 – 16 in V.17 – 25 eine Zusammenstellung von Sprüchen, die ähnlich 8,14 – 9,21* Unheilsankündigungen und Klagen enthalten.
220 Das Lemma שבר steht konkret für das Zerbrechen von Gegenständen. Es wird zudem verwendet, um das Zerbrechen von Körperteilen zu beschreiben und kann dabei allgemein für Krankheiten stehen. Vgl. KNIPPING, שָׁבַר, 1028 – 1031, vgl. Jer 4,20; 8,21; 14,17; 20,12.15 und Klgl 3,4.
221 Vgl. BEZZEL, Konfessionen, 278.

(חלה מַכָּה, Nif.) des Individuums (Jer 10,19) und des Volkes (Jer 14,17; (30,12)) zu ‚eine(r) Wunde (מַכָּה) und eine(r) Krankheit (חֱלִי)‘ aufgeteilt, welche in Jerusalem zu sehen sind. In einem weiteren Schritt wird diese Krankheit (חֱלִי) dann in 10,19b aufgegriffen und als die, die zu tragen sei, bejaht. Terminologisch gelingt die Einschreibung, indem das Nomen (חֱלִי) einen Bezug zum Partizip aus 19a (חלה, Nif. Part.) herstellt. Mit der direkten Aufnahme des Nomens חֱלִי aus Jer 6,7 erklärt sich auch das Fehlen eines Suffixes 1. Ps. Sg., das hier zu erwarten wäre.[222] Es ist die Krankheit des Volkes, die der Beter trägt, nicht seine eigene. Wie in Jer 15,18 die Wunde aus 10,19a zur Gestaltung der Konfession verwendet wird, dient nun 19b dazu, die Klage in 10,19 – 25 mit diesem Beter zu identifizieren.[223]

Der Vers 10,20 steht Jer 4,20b inhaltlich und grammatikalisch nahe. Jeweils wird vom Sprecher gesagt, dass die Zelte und deren Zubehör, in 4,20 die Zeltdecken und in 10,20 die Stricke und Zeltdecken, zerstört wurden. Die Verwendung des Possessivums der ersten Person in Bezug auf die Zelte findet sich in beiden Versen und veranlasst beispielsweise H. Bezzel dazu, die Verse von der Grundschicht abzutrennen.[224] Der Grund dafür wurde bereits bei der Diskussion um 4,20 angeführt.[225] Nimmt man Jeremia oder Jahwe als Sprecher der Klage an, scheint die Wahl des Possessivums fragwürdig. Würde Jahwe oder der Prophet in der Klage von seinen Zelten sprechen? Vertretern der These, Jeremia komme hier zu Wort,[226] bleibt lediglich die bereits für 4,20 aufgeführte Begründung, dass der Prophet sich hiermit intensiv mit seinem Volk identifiziere. Mittels dieser These wird für Zugehörigkeit des Verses 4,20b bzw. 10,20 zur Grundschicht plädiert.[227]

Es scheint indes einfacher, hinter der Formulierung eine Sprecherin, die Stadt oder das Land zu vermuten. Befürworter dieser Annahme, dass es sich hier um Jerusalem handelt,[228] welche hier als zerstörte Stadt zu Wort kommt, nutzen zur Untermauerung ihrer Annahme den Hinweis aus Vers 10,17. Dort heißt es: „Raffe dein Gepäck von der Erde zusammen, die du in der Belagerung sitzt!" Meines Erachtens ist diese Vermutung im Hinblick auf die Motivik und mit Blick auf V.17 die wahrscheinlichere.[229] Bei diesem Vers handelt es sich, ebenso wie bei den, der

---

222 Vgl. Kapitel 1.4.1.

223 Vgl. McKane, Jeremiah I, 231. Fischer, Jer 1– 25, 391. Wie der Gottesknecht in Jes 53,4 die Krankheit (חֱלִי) für andere trägt, ist es der Konfessionenbeter in Jeremia.

224 Vgl. Bezzel, Konfessionen, 279. Er beurteilt, ebenso wie in 4,20, den Vers als zur ‚2.fem.Sg.-Schicht' zugehörig.

225 Vgl. Kapitel 1.1.2.

226 Vgl. u. a. Duhm, Jeremia, 104. Er versteht Jeremia als Sprecher aufgrund der Ähnlichkeit zu 4,19 – 21.

227 Vgl. u. a. Duhm, Jeremia, 104. Wanke, Jeremia 1, 64. Werner, Jer 1– 25, 75.

228 Vgl. Fischer, Jer 1– 25, Jeremia, 391. Dobbs-Allsopp, Weep, 140. Wischnowsky, Zion, 84 f.

229 Vgl. Dobbs-Allsopp, Weep, 140.

Klage in 4,19 – 21 vorangestellten, Versen 4,14.18, um nachträglich zur Grundschicht der Klage hinzugefügte Verse, die den Zweck haben, den Sprecher zu benennen und am Beginn der Eintragung der sog. ‚2.sg.fem.-Schicht' stehen.[230] Kapitel 10 beginnt mit der Schilderung der Sünde des Volkes, die gemäß den Versen 1– 16 in der Anfertigung und Anbetung von Götzen besteht. Es handelt sich dabei um eine aus dem Deuteronomium bekannte Thematik, die inhaltlich in keiner Verbindung zu den Texten um den ‚Feind aus dem Norden' steht. Diese Texte wurden von W. Thiel als dtr gekennzeichnet und verdienen sich einer oder mehreren späteren Redaktionen, die das ganze Jeremiabuch betreffen.[231] Die Verse 17 und 18 unterscheiden sich dahingehend vom vorherigen Kontext, dass sie keinen Bezug zur Thematik um die Götzen aufweisen, sondern versuchen, den Sprecher der Klage auszuweisen. Dabei verweist der Eintrag von V.17 auf eine Ebene, auf der der vorliegende Abschnitt noch direkt an 9,18 – 21* anschloss, noch bevor die Götzenthematik-Einschreibung stattgefunden hat.

Bei der Klage von 10,19a-20 handelt es sich um die in 9,18 genannte נְהִי (Wehklage) aus Zion, der durch den vorgeschalteten Vers 17 ein Sprecher zugewiesen wird, nämlich die in Belagerung befindliche Stadt selbst. Der V.17 ist inhaltlich eng mit 10,20 verbunden. Es liegt nahe, dass das singuläre Wort für Gepäck כִּנְעָה ein Hyperonym für die in 10,20 genannten Zelte und Zeltdecken darstellt. Zudem ähnelt 10,20 den Aussagen in 4,20b und Klgl 2,4, in denen Zions Zelte es sind, über die sich der Zorn Jahwes ergießt. Dadurch wird Zion selbst zur klagenden Gestalt.[232] Erst in einem weiteren redaktionellen Schritt traten 9,22 – 25 und die Thematik um die Götzen in 10,1– 6 hinzu. Jer 10,18 schließt mittels Verwendung der Botenspruchformel aus 10,2 direkt an den Abschnitt 10,1– 16 an und wurde an Vers 17 angeschlossen, um Jahwes Rede fortzuführen. Dadurch wird Gott zum Sprecher der Klage erhoben und der Verweis auf Jerusalem (V.17) geschwächt bzw. aufgehoben.

Vers 21 steht der Aussage von Jer 4,22 inhaltlich nahe und wird ebenso wie dort mittels Konjunktion כִּי angeschlossen. Hier wird die Dummheit jedoch nicht, wie in 4,22, auf das gesamte Volk bezogen, sondern auf die Hirten, die gemäß Jer 23,1 f die Führer des Volkes seien.[233] Die Eintragung der Hirtenthematik verdankt sich

---

230 Vgl. LEVIN, Verheißung, 156 f. Er rechnet den V. 10,17 zwar nicht dazu, dieser fügt sich aber genau wie 4,14.18 inhaltlich und thematisch in die postulierte ‚2.sg.fem.-Schicht' ein.
231 Vgl. THIEL, dtr Redaktion I, 33 – 41.
232 Vgl. WISCHNOWSKY, Zion, 84 f. Klagende ist die Stadt Jerusalem. Die Klage schließt an V.17 an und korrespondiert in der Form mit der Klage von 8,18 – 23*, so Wischnowsky.
233 Vgl. SCHMIDT, Jeremia 1, 223. WANKE, Jeremia 1, 116. Wanke erkennt V.21 als „interpretierende Erweiterung der Klage". Vgl. Jer 23,2; 25,34 – 36.

vermutlich einem Bezug zu den Zelten und Zeltdecken (V.20).[234] Der Grund für den Zusammenbruch, welcher das Volk trifft, ist jedoch in beiden Versen identisch. Das Volk und dessen Führer kennen und suchen Jahwe nicht, sie haben sich von ihm abgewandt. Die Dummheit der Hirten widerspricht dabei der Aussage Jahwes aus Jer 3,15, in der er es war, der die Hirten als weise Führer über sein Volk einsetzte. Die Hoffnung Jahwes wurde enttäuscht, worauf der Zusammenbruch des Volkes folgt. Der Einschub V.21 verdient sich einer späteren Redaktion als der Grundtext und trat in einem Stadium dem Text hinzu, bei dem Jahwe bereits durch Vers 18 als Sprecher gekennzeichnet war. Da Jahwe selbst es war, der die Hirten über sein Volk befahl (Jer 3,15), ist nun auch er es, der unter ihrer Dummheit schmerzhaft leidet (Jer 10,19.20). Dabei liegt ihr Unvermögen darin, dass sie ihrem Gott nicht folgten.

Vers 22 enthält die Nachricht über das Jerusalem bevorstehende Ende. Ferner handelt es sich bei diesem Vers um die Weiterführung der Unheilsbeschreibung der VV.19.a.20, der die Ursache für die beschriebene Wunde und den Zusammenbruch benennt. Es ist eine Schilderung der Folgen durch den ‚Feind aus dem Norden'.[235] Mit der Wendung מְעוֹן תַּנִּים (Wohnung der Schakale), die hier als Apposition zu שְׁמָמָה (Einöde) steht, wird ein karges Gelände beschrieben, das nach einer Zerstörung für den Menschen unbewohnbar geworden ist. Lediglich wilde Tiere vermögen sich darin aufzuhalten. Durch den Vers 22aα wird das Gesagte zur Ankündigung und die Destruktionsbeschreibungen in die Zukunft versetzt. Damit ist der Vers 22aα als nachgetragen zu identifizieren. Dass die Städte Judas zur Einöde ohne Bewohner gemacht werden und Jerusalem zerstört wird, wird dann in Vers 9,10 aufgegriffen und als von Jahwe kommend und durch ihn angekündigt klassifiziert. Dieser Vers (Jer 9,10) schließt an die Schilderungen über die Klagen im Land 9,7–9 an und bezieht diese, als Ankündigung von Jahwes Gericht, auf Jerusalem. Das Zurechtweisen Jerusalems in 6,8 war somit vergebens. Nun werden die Städte Judas zur Einöde gemacht, in der lediglich Klagen erklingen werden.[236] Das ‚Land des Nordens' scheint dabei eine Art ‚Allzweckwaffe' Jahwes gegen alle Nationen geworden zu sein. Insbesondere scheint dies gegen jene der Fall zu sein,

---

234 Vgl. BEZZEL, Konfessionen, 179. Er sieht einen Zusammenhang in der Wurzel für Zeltdecken (יְרִיעָה), die irrtümlicherweise mit der Wurzel רעה in Verbindung gebracht wird und somit zur Eintragung der Hirtenthematik führte, ihm ist zu folgen.
235 Vgl. PREUSS, מְעוֹן, 1027–1029. Weitere Belege, die zur Beschreibung von unbewohnbarem Land dienen, finden sich in 9,10; 49,33 und 51,37. Die Belege von 10,22; 49,33 und 51,37 seien, so Preuß, von Jeremia 9,10 abhängig und damit jünger und sekundär. Lediglich in Jer 9,10; 14,6 und Mi 1,8 dürften auch frühere Belege zu finden sein, so Preuß. Der einzige nicht formelhafte Beleg im Jeremiabuch findet sich im Tiervergleich in Jer 14,1–6, sowie außerhalb des Prophetenbuches in dem Volksklagelied Ps 44,10–27.
236 Vgl. Jer 9,6–9.16–21*.

die ihn nicht kennen und nicht suchen.[237] So geschieht es auch mit Babel in Jer 51,37.

Vers 23 ist eine weisheitlich geprägte Erkenntnis, die ihren Ursprung in Prov 16,9 und 20,24 hat und in Zusammenhang mit Vers 24 den Beter als weisen, gerechten Leidenden kennzeichnet.[238] Das Individuum aus Vers 24 fürchtet nach dem Zorn Gottes gerichtet zu werden. Der Wunsch nicht אַל־בְּאַפְּךָ (beim Zorn) verurteilt zu werden, findet sich ebenso in Ps 6,2 und 38,2. Diese Klagelieder des Einzelnen weisen auch inhaltlich enge Bezüge zum Text aus Jer 10,19–25 auf. So schildert der Beter seine Krankheit als körperliches Leiden, welches in enger Verbindung mit der Bedrohung durch Feinde steht.[239] Die eigentliche Ursache der Krankheit ist aber in Jahwes Zorn gegenüber dem Beter bedingt, so auch in Ps 38. Hier werden Erkrankung und der Überfall durch Feinde als Jahwes Strafe für eine begangene Sünde dargestellt.[240] Der Ursprung der Krankheit liegt somit direkt bei Jahwe.[241] Die Sünde des Beters bleibt dabei ungenannt. Nur an den Auswirkungen seiner Krankheit, an der in 10,19.20.22 geschilderten Situation, sowie der Verwüstung des Landes erkennt er, dass ihn Jahwes Wut getroffen hat. Im Wissen, dass der Auslöser der Krankheit in einer begangenen Sünde begründet liegt, bittet der Beter von 10,24 f. Jahwe um Milde, ihn eben nicht bei seinem Zorn (אַף), sondern durch das Gesetz zurechtzuweisen (יַסְּרֵנִי בְמִשְׁפָּט).[242] Der Beter wird ein exemplarisch Leidender, der bei maßvoller Züchtigung, d.h. angemessener, gerechter Strafe, fähig ist, Lehren daraus zu ziehen.[243] Dabei erinnert dieser gerechte

---

237 Vgl. Jer 4,22; 10,21.25.

238 Vgl. Bezzel, Konfessionen, 279 f. Bezzel sieht hier eine Fortschreibung, die er auch für die Konfessionen konstatiert und als „kollektiv-exemplarisch" bezeichnet. Fischer, Jer 1–25, 394. Die Parallele zu dieser Stelle sieht Fischer in Ps 119,75. Schmidt, Jeremia 1, 223 f. Carroll, Jeremiah, 263. Carroll bemerkt, dass der Sprecher anonym ist und meistens als Gemeinschaft der Stadt, die ihr Schicksal beweint, verstanden wird, vgl. Jer 4,19–20; 8,18–9,1. Wilke, Gebete, 14, sie versteht die Klagen in 4–10 generell nicht als Gebete, einzig die Verse 10,23–25 seien als solche zu bezeichnen.

239 Vgl. Mowinckel, worship, 6 f.

240 Vgl. Mowinckel, worship, 2.

241 Vgl. Mowinckel, worship, 2.

242 Vgl. Ps 7,7; 94,14. Wilke, Gebet, 16.

243 Vgl. Bezzel, Konfessionen, 280. Bezzel sieht in den VV.23–24 eine redaktionelle Bearbeitungsschicht, die er auch für die Konfessionen ermittelt, die sog. „kollektiv-exemplarische". Wanke, Jeremia 1, 118. Wanke bemerkt die Nähe des Gebetes V.23–24 zu Klagliedern des Psalter 6,2; 38,2. Fischer, Jer 1–25, 394 f. Fischer konstatiert, dass die Bitte um Züchtigung, Gottes Auftrag aus 6,8 aufnimmt.

Leidende bereits an die Konfessionen und deren Fortschreibungen.[244] Somit wird die vorliegende Klage auf Ebene der Endtextgestalt, durch die Eintragung der VV.23–24, dem Konfessionensprecher zugewiesen. Die Bitte um Milde in V.24 betrifft jedoch nur den Beter selbst. Seine Sünde soll durch das Gesetz gerichtet werden, die Völker aber, die den HERRN nicht kennen, soll der ganze Grimm (חֵמָה) Jahwes treffen.

Der Vers 25 unterbricht den Sprecher, der eben noch eine maßvolle Strafe forderte und die Bestimmungen Jahwes kennt (V.23, יָדַעְתִּי יְהוָה). Er befiehlt, in Aufgriff von Jer 6,11, Jahwe, seinen Zorn vollends auszuschütten.[245] Dieser soll nun die Nationen treffen, die Jahwe nicht kennen (לֹא־יְדָעוּךָ)[246] Vers 25 hat somit einen anderen Charakter als die VV.23–24 und ist als weitere Ergänzung zu verstehen.[247] Der Befehl an Jahwe seinen Grimm auszugießen, erfolgt gleichermaßen wie in Jer 6,11 und Ps 79,6.[248] Während in 6,11 das eigene Volk angesprochen zu sein scheint, sind hier alle Nationen,[249] also jene fremden, die Jakob, d. h. das Gottesvolk, gefressen, vernichtet und den Weideplatz öde gemacht (שׁמם Hif. Perf.) haben, gemeint.[250] Ihr Vergehen begründet sich jedoch nicht, wie in 6,11 dargelegt, in der Unkenntnis über Jahwe und dessen fehlende Verehrung, sondern dadurch, dass sie das Gottesvolk verzehrt haben (10,25b). Sie sind schuld daran, dass die Städte Judas nun eine Einöde (vgl. V.22, שְׁמָמָה) sind, in der nur noch wilde Tiere hausen können. In der Eintragung von V.25 hört man die Stimme Israels, die bittet aus der Hand der Zerstörer befreit zu werden. Dabei soll diesen das Gericht Jahwes ebenso zuteil werden, damit es für Israel ein Ende hat (vgl. Jer 30,11; 46,28).[251] H. Bezzel

---

244 Vgl. BEZZEL, Konfessionen, 282–283.286–289. Dieser konstatiert zwei Arten der Fortschreibung, die „kollektiv-exemplarische" und die „kollektiv-repräsentative" für die Konfessionen, die auch an die Klagen in 4–10 angetragen wurden.

245 Vgl. SCHMIDT, Jeremia 1, 224. Es handelt sich Schmidt zufolge bei dem Abschnitt um die Frage nach dem gerechten Gericht, einerseits gg. das eigene Volk (6,11) und andererseits gg. die Verursacher (V.25). Damit bildet es nach Schmidt ein Gegenstück zu Jer 29,7 und dem Gebet in Jer 16, (19-)21. Vgl. auch Jer 3,17.

246 Vgl. BEZZEL, Konfessionen, 280.

247 Vgl. BEZZEL, Konfessionen, 280.

248 Vgl. BEZZEL, Konfessionen, 281. Bezzel sieht das Original in Ps, 79,6 f, da die Aussage in 10,25 metrisch geglättet erscheint. Die formelle Heimat des Stückes vermutet er in der Volksklage. Durch den jüngeren Nachtrag ab V.23 f wird Jeremia Repräsentant des Volkes, wie auch in den Konfessionen.

249 Vgl. Jer 2,4; 5,20; 30,7.10, sowie Jer 30,10 (Gola).

250 Vgl. WERNER, Jer 1–25, 122. Werner hält fest, dass in V.23 die gleichen Gedanken anklingen wie in Jer 9,24–25. Diese Gedanken lassen vorab an die Fremdvölkersprüche der Kapitel 46–51 denken. Vgl. ähnlich, WANKE, Jeremia 1, 118.

251 Vgl. BEZZEL, Konfessionen, 281.

urteilt folgerichtig, dass der Beter der Klage durch diese Einschreibung zum Repräsentanten wird, der mit der Stimme des Volkes spricht.[252]

Zusammenfassung

Die Grundschicht der Klage bilden die Verse 10,19a.20.22aβ.b. Sie enthalten, ebenso wie Jer 4,19 – 21 und 8,18 – 21.23, eine Leidensbeschreibung mit Unheilschilderung als Grund für die Klage. Dabei wird in Jer 10,19 zusammengeführt, was die Klagen zuvor so direkt nicht vermögen. Der Zusammenbruch des Volkes (שֶׁבֶר, vgl. Jer 4,20; 8,21) wird wörtlich auf das Individuum übertragen und in Verbindung mit seinem physischen Leid gebracht. Der Beter greift mit Eintragung von 19b die Krankheit Jerusalems (vgl. Jer 6,7) als die auf, die er zu tragen hat. Er repräsentiert sein Volk im Unheil. Jer 10,20 wiederholt inhaltlich was bereits in 4,20b beschrieben ist, dass alle Zelte und deren Zubehör zerstört sind. Gleichermaßen wie in 4,20b muss auch hier nicht konstatiert werden, dass Jeremia sich intensiv mit seinem Volk identifiziere, wenn er von ‚meinen Zelten‘ spricht, um den Vers zum Grundbestand der Klage zu rechnen. Der Befund, dass Jeremia namentlich in 2 – 6; 8 – 10 ungenannt ist, bleibt bestehen. Zudem offeriert der Kontext, wie in Jer 4,14.18, mit einem Hinweis auf das klagende Ich (vgl. Jer 10,17). Es handelt sich dabei um einen Einschreibungsvers, der auf eine textliche Ebene hinweist, bei der Jer 10,19 – 25 direkt an 9,18 – 21* anschloss und Jerusalem als Sprecherin ausweist. Die Beschreibung des zerstörten Landes, das vom Feind aus dem Norden verwüstet wurde, wird durch 22aα nachträglich als Ankündigung gestaltet.

Im Anschluss an die Zeltbeschreibungen wird mit V.21, der die Hirtenthematik aus Jer 3,15 und 23,1 aufgreift, die Schuld des Volkes am Unheil in Jer 10,19 – 25 eintragen.

Die VV.23 – 24 weisen einen weisheitlich geprägten Sprachgebrauch auf und führen dazu den Sprecher der Klage im Hinblick auf den Konfessionenbeter zu deuten. Der Sprecher der VV.23 – 24 schließt sich der Bestrafung, die das Volk für seine Sünden (vgl. Jer 10,1 – 16.21) verdient, mit ein, bittet jedoch dafür um eine maßvolle Strafe und nicht um eine des göttlichen Zorns, sowie es bei der Verwüstung des Landes zutrifft (vgl. u. a. Jer 4,8.26; 10,10; 12,13; 15,14; 23,19 f). Vers 25 trägt im inhaltlichen Aufgriff von V.24 den Befehl an Gott hinzu, seinen Zorn, d. h.

---

252 Vgl. BEZZEL, Konfessionen, 281. Bezzel bezeichnet das als „kollektiv-repräsentative" Fortschreibung. Die LXX gleicht den Numerus in V.24 an V. 25 und lässt auch dort das Volk sprechen. Vers 24 wird von der LXX ausgeweitet auf das Volk, indem deren Übersetzer beide Verbformen des Verses mit dem Suffix der ersten Person Plural statt Singular versieht. Die Lesungen sind יַסְּרֵנוּ statt יַסְּרֵנִי und תְּמְעַטֵנוּ statt תַּמְעִטֵנִי. Nicht der Sprecher, sondern das ganze Volk fleht um Züchtigung Jahwes durch das Gesetz.

die Zerstörung, über Fremdnationen zu ergießen. Dabei greift dieser Vers sowohl die Unheilsschilderungen aus Vers 22 auf, als auch die Pastoralthematik des Vers 21. Die Städte Judas sind zur Einöde (vgl. V.22, שְׁמָמָה), einer Wohnung für wilde Tiere geworden und schuld daran sind die Fremdnationen. Sie haben den Weideplatz Jakobs öde gemacht (V.25, שמם Hif.). In einer weiteren Stufe wird der Sprecher der Klage somit zum Repräsentanten des unter der Verwüstung leidenden Volkes. Dabei liegt der Fokus, anders als in 19b, nicht im Mittragen, sondern in der Abwendung des Unheils vom eigenen Volk, auf die an der Vernichtung schuldigen Nationen.

1.4.3 Der Grundbestand Jer 10,19 – 25

19 Wehe mir wegen meines Zusammenbruchs, schmerzend ist meine Wunde.
ᵇIch aber sprach: Ja, das [ist] eine Krankheit, und ich trage sie.
20 Mein Zelt ist zerstört und alle meine Stricke sind zerrissen.
bMeine Kinder sind von mir weggezogen und sind nicht mehr. Da ist niemand der noch ausspannt mein Zelt und befestigt meine Zeltdecken.
21 DENN DUMM SIND DIE HIRTEN UND JHWH HABEN SIE NICHT BEFRAGT.
ᴮDARUM VERSTEHEN SIE NICHT UND IHRE GANZE HERDE HAT SICH ZERSTREUT.
22 Der Klang einer Nachricht, siehe sie kommt.

Und ein großes Beben vom Land des Nordens
bsetzt die Städte Judas zur Einöde, Wohnung der Schakale.
23 Ich habe erkannt, JHWH, dass nicht dem Menschen sein Weg [ist],
für niemanden ist [es], der [ihn] geht, [selbst] seinen Schritt zu bestimmen.
24 Weise mich, JHWH, doch beim Gesetz zurecht, ᵇnicht bei deinem Zorn,
dass Du mich nicht aufreibst.
25 Gieße aus deinen Grimm über die Nationen, die Dich nicht kennen und über die Geschlechter, die deinen Namen nicht rufen.
ᵇDenn sie haben gefressen Jakob, sie haben ihn gefressen und ihn vernichtet und seinen Weideplatz öde gemacht.

Grundschicht: VV.19a.20.22aβ.b, (vgl. Jer 4,20; 6,7; 8,18.21–23; 14,17; 15,18)
Eintrag Ankündigung: V.22aα, (vgl. Jer 9,10)
EINSCHUB: V.21, (VGL. JER 3,15; 23,1)
Konfessionen-Jeremia als Repräsentant des leidenden Volkes: V.19b, (vgl. Jer 6,7; 15,18)
Weisheitliche Ergänzung: VV.23.24, (vgl. u. a. Prov. 16,9; 18,20a; 20,2.8a.12; Jer 17,10)
Jeremia Repräsentant Israels: V.25, (vgl. Ps 79,6f.; Jer 4,22; (6,10a.11a); 8,19a.20; (17,18; 18,11.21.22a); Klgl 2,2)

1.5 Ergebnisse

Die Klagen in Jeremia 4,19 – 21; 6,9 – 15, 8,18 – 23 und 10,19 – 25 wurden in diesem Kapitel hinsichtlich der Frage nach dem Sprecher und ihrer literarischen Entstehung untersucht.

Es konnte gezeigt werden, dass die Grundschichten der Klagen in 4, 8 und 10 einen identischen Aufbau aufweisen. So leitet eine Schmerzensbeschreibung in 1. Ps. Sg. (4,19a; 8,18; 10,19a) die Texte ein, welche dann durch Unheilsbeschreibungen der Situation im Land (4,19b-21; 8,21 – 23; 10,20.22aβ.b), die das Leiden erklären, weitergeführt werden. Der Abschnitt Jer 6,9 – 15, welcher sich im Grundbestand aus einer Zeichenhandlung mit Deutewort (VV.9b.12b) konstituiert, gleicht den Klagen in folgender Hinsicht: So ergeht der Befehl zu der zeichenhaften Handlung, die Hand wie ein Winzer an die Ranke zu legen, in einer, durch den Eintrag von 11b.12a beschriebenen, unheilvollen Situation. Dabei wird die Realität der vorliegenden Verwüstung, die in den Klagen bedauert wird, mittels Zeichenhandlung als eben deren Ausführung gedeutet. Die in 6,11b.12a genannten gegensätzlichen Personengruppen, die von der Zerstörung betroffen sind, ähneln jenen der Schilderungen in Klgl 2,11.21. Auch die Grundschichten der Klagetexte weisen motivische und sprachliche Bezüge zu den Threni auf, d. h. zu einer Literatur, in der man sich mit der Zerstörungserfahrung von Städten auseinandersetzt.

Überdies erwies es sich, dass die Vermutung, die u. a. P. Volz äußerte, dass in den Klagen die Stadt zu Wort kommt, zunächst näher liegt, als den Propheten im literarischen Ich zu sehen. Die Klagen enthalten in der Grundschicht Unheilsbeschreibungen, die keinen an- oder verkündenden, d. h. prophetischen, Charakter haben.[253] Daher sind sie auch im Folgenden nicht mit der altorientalisch-prophetischen Überlieferung zu vergleichen, sondern mit den Klagetraditionen.

Die Klagen in 4, 8 und 10 befinden sich ferner in einem Kontext, der sich vor allem in den Kapiteln 2 – 4 maßgeblich als Dialog zwischen Gott und seiner Stadt bzw. seinem Volk gestaltet. Jeremia bleibt in den Kapitel 2 – 6; 8 – 10 ungenannt. Im Hinblick auf die Problematik um das Possessivum der 1. Ps. Sg. in den Versen 4,20b; 10,20 konnte gezeigt werden, dass die Schilderungen im Grundbestand der Texte, als Ausgangspunkt zu Eintragung der sog. ,2.sg.fem.-Schicht' zu konstatieren sind. Diese Schicht der redaktionellen Bearbeitung hat vermutlich zeitnah an die Klagen angeschlossen. Sie hat den Zweck den Sprecher, der aus den Texten selbst nicht hervorgeht, zu benennen, sowie die Klagen auf den Kontext von 587/6 v.Chr., d. h. die Zerstörung Jerusalems, hin zu aktualisieren.

---

253 Gegen Ahuis, der die Klagen als „Seherklagen" bezeichnet, vgl. AHUIS, Gerichtsprophet, 167.

Doch ist auch B. Duhms Einschätzung in 4, 6, 8 und 10 Jeremia als „Held [...] im Leiden" zu hören und die Texte den Konfessionen anheim zu stellen nicht grundsätzlich falsch. So wurden die Texte gezielt redaktionell bearbeitet, um genau diese Einschätzung bei dem Leser des vorliegenden Endtextes zu erzeugen. H. Bezzel benennt, in seiner Untersuchung der Konfessionen, die redaktionellen Bearbeitungen ihrer Absicht nach. So konstatiert er für die Konfessionen eine „kollektiv-exemplarische" und eine „kollektiv-repräsentative" Fortschreibungsschicht, welche sich auch in den Texten 4, 6, 8 und 10 finden lassen.[254] Es konnte in Anlehnung an die Arbeiten von H. Bezzel gezeigt werden, dass durch die Einschreibungstexte in den Klagen, der Sprecher als leidender Gerechter gezeichnet wird (Jer 10,23 f), oder direkt zum Repräsentanten seines leidenden Volkes erhoben wird (Jer 4,22; 8,19a.20; 10,25). Zudem wird mit Jer 6,10b ein Vers aus der Konfessionengrundschicht (20,8) aufgegriffen, um die dortige Klage (6,10a.11a) ebenso dem Leser als vom Konfessionen-Jeremia her zu präsentieren. Eine wechselseitige Einschreibung findet sich zwischen der Konfession in Jer 15,10 – 21 und der Klage in 10,19 – 25. So wird in 15,18 die Wunde aus 10,19b auf den dortigen Beter bezogen und durch die Eintragung in 10,19b zurück auf diesen verwiesen, um auch diese Klage zu dessen Worten zu erheben. Zwar sind diese, auf die Konfessionen bezogenen Einschreibungen später zu verorten, als die der ‚2.sg.fem.-Schicht', die sich direkt aus den Klagen erklären. Auf der Ebene des Endtextes sind sie aber unmittelbarer in ihr poetisches Umfeld eingetragen. Sie benennen nicht den Kläger, sie legen den vorliegenden Text direkt in den Mund desjenigen, der darin gehört werden will. Es ist nun deutlich, warum u.a. B. Duhm Jeremia in den Klagen sprechen hört: Es ist so gewollt.

Jedoch sollte nicht unerwähnt bleiben, dass auch die Konfessionen, bis auf die in Kap. 18, selbst nicht direkt mit der namentlichen Nennung Jeremias einhergehen. Mit R. P. Carroll ist folglich festzuhalten: „It is the redactional framework which attributes the poems to Jeremiah; [...] It is a dogma of Jeremiah studies that the prophet is the poet of the tradition."[255]

---

254 Vgl. Bezzel, Konfessionen, 269 – 283.
255 Carroll, Jeremiah, 47.

Kapitel 2: Die Jeremia-Texte im altorientalischen Kontext

2.1 Altorientalische Klagegattungen im Vergleich

Das Phänomen der Klage ist kein spezifisch biblisches. Der Schmerz über die Zerstörung der Heimat spiegelt sich in einer Vielzahl literarischer Quellen aus Israel, Mesopotamien und Ägypten wider, die hier je kurz vorgestellt und in den Blick genommen werden sollen. Ziel ist es dem Leser einen Überblick über die Welt der Klagetraditionen zu vermitteln, in der die biblischen Texte, wie auch die zu behandelnden jeremianischen, ihren Entstehungsort haben.

Ein Vergleich der biblischen Texte mit denen aus deren altorientalischem Umfeld geht stets von der Grundannahme aus, dass die zu vergleichenden Texte aufgrund bestimmter Eigenschaften auch zu einer Gegenüberstellung berechtigen. Die grundsätzliche Ähnlichkeit der hier zu vergleichenden Texte liegt zunächst in ihrem Inhalt. Sie alle handeln von unheilvollen Situationen, in denen die Zerstörung des Landes beklagt wird. Dem Inhalt nach folglich zur Komparation berechtigt, unterscheiden sich die vorzustellenden Klage-Gattungen in ihrer vorliegenden Überlieferungsform erheblich voneinander. Nicht nur in synchroner Betrachtung ist in Mesopotamien zwischen liturgischer und nicht-liturgischer Klage zu unterscheiden, auch diachron muss differenziert werden. So besteht ein entscheidender und stets zu berücksichtigender Unterschied darin, dass seitens Mesopotamien und Ägypten lehrhafte, zweckdienliche Narrationen, sowie liturgisch-kultische Texte vorliegen, während es sich bei den biblischen, jeremianischen Schriften um Traditionsliteratur handelt, die vor allem im Gesamtkomplex ihrer Überlieferung zu verstehen sind.

Die komparative Methode zwischen der alttestamentlichen Literatur und der mesopotamischen und ägyptischen ist in der alttestamentlichen Forschung etabliert.[1] Ihre Anwendung wird in diesem Kapitel unter der Zielstellung verfolgt, die jeremianischen Texte ihren Motiven und Themen nach in die Welt der Klageliteratur des Alten Orients einzuordnen.

Eine solche Einordnung der Themen und Motive wie sie in diesem Kapitel angestrebt wird, unternahm Frederick William Dobbs-Allsopp bereits 1993, nicht nur für das Buch der Threni, sondern auch die hier zu untersuchenden, jere-

---

1 Vgl. TALMON, Method, 320–356.

DOI 10.1515/9783110543377-003

mianischen Texte.[2] Er bietet in dieser Hinsicht die bisher ausführlichste Untersuchung zwischen dem biblischen und mesopotamischen Material. Sein Vorgehen orientiert sich an neun Merkmalen, die er miteinander vergleicht und wie folgt benennt: 1) Subject and Mood, 2) Structure and Poetic Technique, 3) Divine Abandonment, 4) Assignement of Responsibility, 5) The Divine Agent of Destruction, 6) Destruction, 7) The Weeping Goddess, 8) Lamentation und 9) Restoration of the City and Return of the Gods.[3] Hinsichtlich dieser Charakteristiken vergleicht er die Texte der Klagelieder, sowie die der Fremdvölkersprüche und der Orakel gegen die eigene Nation, die in den Prophetenbüchern vorkommen, mit denen der mesopotamischen Stadtklagen und kultischen Klagen der Balaĝ und Eršema.

F. W. Dobbs-Allsopp kommt in seiner Arbeit zu dem Schluss, dass alle Merkmale auch im Buch der Threni vorhanden sind, jedoch in einer eigenen, israelitischen Ausprägung vorliegen.[4] Die Threni reflektieren nicht nur Themen aus den Stadtklagen, sondern sind das Werk einer eigenen Tradition, oder wie Ulrich Berges es in seinem Threni-Kommentar bemerkt: „[...] fehlte es dem biblischen Israel bei aller Teilhabe am gemeinsamen kulturellen Erbe des fruchtbaren Halbmondes nie an eigenständiger literarischer Kraft und Phantasie."[5] F. W. Dobbs-Allsopp postuliert auf Basis seiner Untersuchungen eine eigene Stadtklagetradition in Israel im 6. Jh. v. Chr., die sich auf Basis eines heuristischen Modells der Stadtklage besser verstehen lässt.[6] Das Buch der Klagelieder stellt dabei das einzige Exemplar der israelitischen Untergangsklage dar, das vollständig erhalten ist. F. W. Dobbs-Allsopps Argumente für seine These einer Gattung Stadtklage eigener israelitischer Ausprägung sind zum einen, dass ohne diese Annahme der Eigenschöpfung, die Ausprägungsunterschiede der Merkmale, die er untersuchte, nicht erklärt werden können. Nur mittels der Theorie literarischer Abhängigkeit ist die Verbreitung von Klagetexten mit ihren sprachlichen Eigenheiten im AT nicht zu erklären, so F. W. Dobbs-Allsopp.[7] Zum anderen erklärt die Theorie der „native citylament genre in Israel"[8] die Vielzahl der unterschiedlichen Bilder und Motive, die in denen von ihm untersuchten Texten zu Tage treten, wie den göttlichen Krieger,

---

2 DOBBS-ALLSOPP, Frederick William, Weep, O Daughter of Zion. A Study of the City-Lament Genre in the Hebrew Bible, BibOr 44, Rom 1993. Er führt einen umfassenden Vergleich der Gattung Stadtklage mit den Orakeln gegen Fremdvölker (97–133) und denen gegen Israel und Juda (134–153), sowie den Psalmen (154–156) durch.
3 Vgl. DOBBS-ALLSOPP, Weep, 30.
4 Vgl. DOBBS-ALLSOPP, Weep, 157.
5 BERGES, Klagelieder, 51.
6 Vgl. DOBBS-ALLSOPP, Weep, 157f.
7 Vgl. DOBBS-ALLSOPP, Weep, 157–163.
8 Vgl. DOBBS-ALLSOPP, Weep, 157.

den Tag JHWHs, Israels Sünde als Bruch des Bundes und das Qina-Metrum.[9] Er hält in seiner Zusammenfassung aber auch noch einmal die Gemeinsamkeiten der untersuchten Texte zu den Stadtklagen Mesopotamiens (18. Jh. v. Chr.) fest, wie beispielsweise die Berichte über Plünderungen von Städten und Heiligtümern, das Anhäufen von Leichen, die Einnistung wilder Tiere, sowie die Adaption des Motives der weinenden Göttin.[10] F. W. Dobbs-Allsopp ist sicher, dass es Möglichkeiten und Zeiten des kulturellen Einflusses Mesopotamiens auf Israel gab, sei es in assyrischer Zeit oder babylonischer, hält sich aber in der Beschreibung der Art des Einflusses zurück und hält fest: „[...], the question of the Mesopotamian and Israelite genre's closer connection must remain open [...]."[11] Es gibt keine schriftliche Evidenz für eine solche Einflussnahme, jedoch gelingt es F. W. Dobb-Allsopp seine These hinsichtlich einer eigenen Stadtklagetradition für Israel/Juda plausibel darzustellen.

Einen anderen Ansatz des Vergleichs zwischen den mesopotamischen Klagen und den hier zu behandelnden Jeremiatexten bietet Marc Wischnowsky mit seiner 2001 erschienenen Monographie: „Tochter Zion. Aufnahme und Überwindung der Stadtklage in den Prophetenschriften des Alten Testaments". Wie es der Titel vermuten lässt, postuliert er eine vorexilische Gerichtsprophetie, die sich das Motiv der personifizierten Göttin zu Eigen macht, um das zuvor angekündigte Unheil auszudrücken.[12] Die Überlieferungsbrücke zwischen den Elementen der Stadtklage und den jeremianischen Texten schafft auch er, ebenso wie F. W. Dobbs-Allsopp, über die liturgischen Klagen der Balaĝ und Eršema. Die Grundannahme einer einheitlichen vorexilischen Unheilsprophetie, die sich Elementen mesopotamischer Gattungen bedient, ist meines Erachtens falsch. Nicht nur, dass die Texte keineswegs einheitlich sind, es erscheint auch nicht plausibel, dass heterogene, im Charakter ankündigende, prophetische Texte, deren literarische Entstehung nachweislich vielschichtig ist, klagende Elemente verwenden, um diese (unausgereifte) Prophetie zu illustrieren. Viel näher liegt der umgekehrte Schluss, nämlich dass Klagen über eine eingetroffene Zerstörung die Basis für eine (literarische) Prophetie bilden, die dieses Unheil vermeintlich zuvor ankündigte.[13] Zudem erklärt sich allein aus dem Element der Personifizierung, das M. Wischnowsky in den Mittelpunkt seiner Untersuchung stellt, nicht die Gattungsaufnahme per se, wie er sie postuliert. Ebenso lässt sich auch die Anrede und Anklage Jerusalems als treulose Ehebrecherin (vgl. Jer 2) nicht aus den Klagen Mesopo-

---

9 Vgl. Dobbs-Allsopp, Weep, 63.157 f.
10 Vgl. Dobbs-Allsopp, Weep, 167–182.
11 Vgl. Dobbs-Allsopp, Weep, 159.
12 Vgl. Wischnowsky, Zion, 3.88 f.178–181.
13 Vgl. Kapitel 4.1.1.

tamiens ableiten. Zudem lässt M. Wischnowsky im Unklaren wie, wenn die Aufnahme der Personifikation aus der mesopotamischen Klagenliteratur für ihn erst mit Beginn des 6. Jh. v. Chr. in Israel einsetzt, man dann mit einem heuristischen Modell der Stadtklage arbeiten kann, dass nur altbabylonisch (18. Jh. v. Chr.) belegt ist. Allein die Brücke über die liturgischen Klagen zu schlagen, ohne nähere Begründung, reicht kaum aus.

In diesem Kapitel sollen daher zunächst bekannte altorientalische Klagegattungen vorgestellt werden, um deren eigenen Charakter aufzuzeigen. Erst in einem weiteren Schritt folgt der Vergleich von Themen und Motiven mit den Jeremia-Klagen. Dabei ist ein Ziel des Kapitels, ein besseres Verständnis des Sprechers der Klagen in Jer 4, 6, 8 und 10 erhalten zu können. Um ein sachgemäßes Verständnis des Charakters der Klagen in Jeremia zu bekommen, sind eine Gegenüberstellung, sowie eine Kontextuierung in die altorientalische Umwelt unabdingbar. Dabei ist es sinnvoll sich auf Texte zu konzentrieren, die als ungefähre Zeitgenossen der jeremianischen Klagen anzuführen sind.

Setzt man für das Jeremiabuch einen groben Entstehungszeitraum vom 6.–4. Jh. v. Chr. an, eignet sich der Vergleich hinsichtlich des Kulturkontaktes vor allem mit Mesopotamien und Ägypten. Dabei ist das Korpus der aus Mesopotamien überlieferten Texte um ein vielfaches zahlreicher als das aus Ägypten. Das liegt nicht zuletzt an den verwendeten Schriftträgern. So sind die in Mesopotamien verwendeten Tontafeln weitaus beständiger und widerstandsfähiger als das in Juda, Israel und Ägypten genutzte Papyrus und Pergament, das sich schnell zersetzen und bei feindlichen Überfällen und Zerstörungen, durch bspw. Brände, leicht vernichtet werden konnte.

Die Auswahl der mesopotamischen Klagen beschränkt sich dabei auf die bereits erwähnten Texte der Stadtklagen, sowie den kultischen Klagen des Klagepriesters. Dessen liturgische Klagetexte eignen sich nicht nur dahingehend zum Vergleich, dass sie zu der Stadtklageliteratur inhaltliche Bezüge aufweisen und als Überlieferungsbrücke zwischen den mesopotamischen und biblischen Texten angeführt werden, sondern auch in Bezug darauf, dass sie sich einem einzigen Vorträger im Kult, dem gala (akk. *kalû*/Klagepriester), zuweisen lassen. Dieser Aspekt ist dahingehend zu berücksichtigen, wenn es um die Frage geht, welche Funktion Jeremia, literarisch oder historisch, inne hatte, siehe Kap. 4 der vorliegenden Arbeit. Daher soll der *kalû* auch als Person und hinsichtlich seines kultischen Amts betrachtet werden. Das Repertoire des mesopotamischen Klagepriesters umfasst vor allem vier Hauptgattungen: Balaĝ, Eršema, Eršaḫuĝa und Šu'ila. Diese sollen im Folgenden einzeln vorgestellt und im Hinblick auf gemeinsame Motive und Themen mit den Jeremia-Texten verglichen werden. Ziel des Abschnitts ist zu untersuchen, ob sich die Motive und Themen von Jer 4–10 in die Sprachwelt der Klagegattungen ihres altorientalischen Umfeldes eingliedern bzw.

sich aus ihnen speisen. Es sei zu bestimmen, wie das Verhältnis definiert werden kann. Dabei wird nicht nur ein sprachlich-inhaltlicher Vergleich stattfinden, sondern auch nach den textinternen und kontextrelevanten Funktionen der einzelnen Abschnitte gefragt werden.

Vor jedem Vergleich steht nicht nur die Frage nach der Vergleichbarkeit, welche bereits diskutiert wurde, sondern auch nach der Möglichkeit des Einflusses. Daher wird das Kapitel mit einer Untersuchung zu möglichen Kulturkontakten beginnen, woraufhin die Vorstellung der Einzelgattungen folgt. Es schließt sich der Vergleich zwischen den altorientalischen Klagetexten und den jeremianischen an. Dabei wird, auch aufgrund der unterschiedlichen Überlieferungsformen, die Rede über literarische Abhängigkeiten vermieden werden. Die Annahme von kulturellen Kontakten und damit von Möglichkeiten, die zum Kontakt mit textlichem Klage-Gut geführt haben könnten, soll jedoch untersucht werden. Den Abschluss bildet daher die Einordnung der angeführten Vergleichstexte in ihren jeweiligen Überlieferungskontext, mit Rückblick auf Kontaktphasen zwischen den Kulturen. Auf Basis der Theorie gemeinsamer sog. „culture patterns", die gerade durch kulturelle Einflüsse bedingt werden, können Gemeinsamkeiten zwischen den Klagegattungen erforscht und plausibel gemacht werden.[14]

2.2 Die Frage nach der Überlieferung

Geschichte wird von Siegern geschrieben, und weder Israel noch Juda waren Sieger. Sie schrieben ihre Geschichte, und damit ist die Bibel in ihrer Grundtendenz einzigartig, aus der Perspektive der Verlierer. Sie mussten deuten, erklären und theologisieren, warum es ihr Schicksal war unter ständiger Fremdherrschaft zu leben.

Dass Juda und Israel unter assyrischer (734–622 v. Chr. Vasall), ägyptischer (609–605 v. Chr. Vasallenstaat), babylonischer (605–539 v. Chr. Vasallenstaat, Provinz ca. 587–539 v. Chr.), persischer (539–332 v. Chr. Provinz) und griechisch-hellenistischer (332–63 v. Chr.) Herrschaft und somit unweigerlich auch unter einem gewissen Einfluss standen, kann nicht bezweifelt werden.[15] Wie dieser Einfluss jedoch – vor allem was religiöse Belange betrifft – aussah, ist ungewiss. Eine Beurteilung beruht in jedem Falle auf Indizienbeweisen und Analogie-

---

14 In Übersetzung lauter der Terminus ‚kulturelle Verhaltensmuster' und meint solche, die entweder in jeder Kultur oder in Kulturen ähnlicher Strukturen und Zeiten begegnen.
15 Vgl. DOBBS-ALLSOPP, Weep, 158.

schlüssen, da im AT keine Anweisungen für Rituale und direkte Hinweise auf einen kultischen Einfluss der Besatzer vorhanden sind und auch in den assyrischen und babylonischen Inschriften Juda und Israel nicht in Bezug auf durchgeführte religionspolitische Maßnahmen genannt werden. Dennoch hat es, das ist allein auf Basis der Fremdherrschaft unbestreitbar, Kulturkontakt gegeben und man ist daher berechtigt zu fragen, wie dieser ausgesehen haben mag.

Mordechai Cogan und Hermann Spieckermann unterscheiden über den Status der Herrschaft mit den Termini: Vasall, Vasallenstaat und Provinz.[16] Sie urteilen jedoch über den Umfang und die Aussagekraft der benutzen Quellen zum religionspolitischen Einfluss äußerst unterschiedlich.[17]

M. Cogan beschreibt das System, das mit Tiglatpileser III. (745–728 v.Chr.) eingeführt und danach weiter verwendet worden ist, als Dreifach-System der Einschränkung politischer Unabhängigkeit. Dabei ist der erste Schritt der Unterwerfung eine Vasallen-Beziehung, mit der Bedingung jährlicher Tributzahlungen, sowie der Rekrutierung von Einwohnern für das assyrische Heer.[18] Gab es Rebellionen, wurden Deportationen durch die Großmacht durchgeführt. Diese trafen insbesondere den aufständischen König und dessen Gefolge. Es folgte die Neubesetzung des Königamtes durch die Großmacht, das Gebiet wurde zum Vasallenstaat, das Territorium reduziert.[19] Folgten weitere Widerstände gegen die Besatzer, konnte die Vasallität in einen Provinzstatus umgewandelt werden. Dies hätte die Eingliederung in das assyrische Reich und somit den Verlust der Eigenständigkeit zur Folge gehabt. Für H. Spieckermann gibt es zwischen Vasallen und Provinzen keinen Unterschied, alle eroberten Gebiete der assyrischen Hegemonie wurden gezwungen, assyrischen Göttern zu huldigen.[20] Doch schon John Bright, wie M. Cogan auch, bemerken, dass es keine direkten Hinweise in den Quellen gibt, dass es solche religionspolitischen Maßnahmen gegeben hat.[21] Kein assyrischer Text sagt, dass die Besiegten aufgefordert worden seien, assyrischen Göttern zu dienen.[22]

---

16 Vgl. Cogan, Hegemony, 406.

17 Dabei ist Spieckermann der Maximalist, der jede Art der Religionsausübung Mesopotamiens auch in Israel verstanden wissen will und Cogan der Minimalist, der festhält, dass die Quellen keine expliziten Hinweise enthalten. Obwohl zwar ein Einfluss vermutet werden kann, kann nichts über die tatsächlichen Auswirkungen gesagt werden. Vgl. Spieckermann, Juda, 369–372. Cogan, Hegemony, 412–414.

18 Vgl. Cogan, Hegemony, 406.

19 Vgl. Cogan, Hegemony, 406.

20 Vgl. Spieckermann, Juda, 371.

21 Vgl. Cogan, Hegemony, 404. Bright, History, 276.312.

22 Vgl. Cogan, Hegemony, 412.

Die Quellen, die H. Spieckermann, M. Cogan und weitere für ihre Untersuchung nach einem assyrischen Einfluss auf die Religion der Unterdrückten verwenden, sind identisch. Neben den biblischen Textstellen in 2 Kön 16,10 – 16; 21,6 – 7[23] werden neuassyrische Königsinschriften und die Vasalleneide (*adê*-Verträge) Asarhaddons[24] bemüht, um Aussagen über religionspolitische Maßnahmen zu treffen.

De facto enthält keine der Quellen konkrete Angaben zu solchen Maßnahmen in Juda und Israel, welche zudem nur am Rande erwähnt werden,[25] und es sind auch keine eigens mit Juda geschlossen *adê*- Verträge überliefert.

Jedoch muss festgehalten werden, dass die Grundabsicht dieser Texte nicht in der Schilderung des assyrischen Einflusses auf die eroberten Gebiete liegt, sondern darin, im Falle der Königsinschriften die Ruhmestaten und übermäßig großen Zahlen der Besiegten zu nennen, folglich Herrscher-propagandistisch zu sein, und im Falle der *adê*-Verträge, politische Angelegenheiten zu regeln, nicht religiöse. Diese Verträge enthalten keine Hinweise auf kultische Einflüsse und oktroyierte Maßnahmen hinsichtlich kultischer Belange.[26] H. Spieckermann bemüht zudem weitere assyrische Texte und Gattungen.[27] Man kann jedoch zusammenfassend sagen, dass die Resultate seiner Untersuchungen ausschließlich auf Analogien beruhen. Er hält fest: „Fragt man abschließend, was aus der ass[yrischen] Ritual- und Gebetssphäre auch in eroberten Gebieten im Westen des Reiches Anwendung gefunden haben mag, [...] ist allemal wahrscheinlich, daß der für die private Frömmigkeit der Assyrer unverzichtbare Kult mit den dazugehörigen Gebeten und Ritualen in allen Teilen des ass[yrischen] Reiches, wo auch immer sich Assyrer aufhielten, an geeigneten Orten ausgeübt worden ist."[28] H. Spieckermann kann seine Annahme zwar nicht durch Textbelege beweisen, vermag es aber dennoch sie plausibel zu machen.

Wie verhält es sich aber konkret im Hinblick auf die Klageliteratur?

Im Bewusstsein, dass es sich um Indizienbeweise handelt, seien dennoch zwei Hinweise auf die Durchführung von Ritualen außerhalb des mesopotami-

---

23 Mit COGAN, Hegemony, 409, konstatiert, dass 2 Kön 16 nicht im Sinne eines assyrischen Kulthergangs zu interpretieren sei. Damit widerspricht er SPIECKERMANN, Juda, 362 – 65.
24 Vgl. COGAN, Hegemony, 406.
25 Vgl. RÖLLIG, neo-assyrian Period, 40. Unter Tiglatpileser ist das Königreich Juda tributpflichtig. Vgl. ORACC: Tiglath-pileser III: I annexed to Assyria Bīt-Ḫumria (Israel), (Tiglath-pileser III 21, 1'), so auch in Tiglath-pileser III 22, 1'; 42, 5'b; 42, 15'b; 44, 17'; 49, r 3; 49, r 9; 50, r 3.
26 Vgl. COGAN, Hegemony, 408 f.
27 Vgl. SPIECKERMANN, Juda: Orakel und Extispizin, 236 – 256, Himmelsbeobachtungen und astronomische Omina, 257 – 273, Hermerologie und Menologie 273 – 281, Gebet und Ritual 281 – 295, Prophetie, 295 – 303.
28 SPIECKERMANN, Juda, 292.

schen Kernlandes angeführt, die in diesen Zusammenhang von Bedeutung sein könnten. Es handelt sich dabei um Kriegsrituale und um Rituale für Grenzstelen, die möglicherweise die Rezitation von Klagegebeten beinhalteten.

Mit dem Terminus ‚Kriegsrituale' werden Bräuche bezeichnet, die für den König bei Angriff des Feindes durchgeführt werden, um die Zusicherung des göttlichen Beistandes einzufordern.[29] Es sind nur wenige dieser Kriegsrituale aus Mesopotamien überliefert. So bearbeitet Moshe Elat in einem Aufsatz von 1982 die Texte PBS 1/2 106; SpTU I, 12, K.3457+ K.8195+ K.10632, K.6207+ K.226[30]: Bei den letzteren, beginnend mit K.3457, handelt es sich um neuassyrische Tafeln aus Ninive.[31] In dem Text K.3457+ K.8195+ K.10632, der mit: „Wenn ein Angriff eines Feindes droht, [...]"[32] beginnt, werden zur Durchführung des Rituals auch die Rezitation von Eršaḫuĝas, Eršemas und Balaĝ-Klagen genannt.[33] Dabei wird auch ein Balaĝ vorgetragen, das Lied **a-me amaš-a-na**, das auch aus dem Aššur des 1. Jt. bekannt ist und im dortigen *dīk bīti* (Erwachen des Tempels-)Ritual aufgeführt wurde. Das gesamte Kriegsritual ist Aufgabe des *kalû* (Klagepriesters).[34] Die genannten Klage-Gattungen gehören zu dessen Repertoire und stellen die hiesigen, mesopotamischen Vergleichstexte für die jeremianischen dar. Ein weiteres, fragmentarisches Kriegsritual ist von Walter Mayer bearbeitet und von Daniel Schwemer hinsichtlich der magischen Aspekte untersucht wurden.[35] D. Schwemer stellt fest, dass auch divinatorische Verfahren zur Abwendung eines feindlichen Angriffes durchgeführt wurden.[36] Dabei wird das Übel des Königs, dass unweigerlich vorhanden sein muss, wenn die Götter einen Angriff durch Feinde zulassen, auf eine ‚Materie' übertragen.[37] Ein Gefäß mit königlichen Haaren oder eine Jungfrau, mit der der König zuvor geschlafen hatte, können beispielsweise dazu verwendet werden.[38] Diese ‚Materie' wird dann an die Grenzen zum Feindesland gestellt, um

---

29 Vgl. SCHWEMER, Witchcraft, 29.

30 CDLI P396383 (K.6207+ K.6225); P334926 (K.226), je nA Ninve.

31 CDLI P395028 (K.3457+ K.8195+ K.10632, nA Ninive).

32 Vgl. ELAT, Kriegsrituale, 15.

33 Ein Balaĝ wird hier aufgrund des, für das Gebet: „Der Wildstier in seiner Hürde" benutzten, Terminus ÉR (taqribtu), sowie der Bezeichnung a-me amaš-a-na angenommen. Vgl. CLAM, 152–174. LINSSEN, Uruk, 75.

34 Vgl. ELAT, Kriegsrituale, 15 f. Z. 14'A-B: „Ritualhandlungen in der Hand des kalû, Geheimnis der Kultsängerschaft."

35 Vgl. SCHWEMER, Witchcraft, 29. MAYER, Königsritual, 145–164. ELAT, Kriegsrituale, 5–25.

36 Vgl. SCHWEMER, Witchcraft, 29–31.

37 Vgl. SCHWEMER, Witchcraft, 31.

38 Vgl. SCHWEMER, Witchcraft, 31.

das Übel an den Feind zurück zu senden.[39] Auch hierbei erfolgt am Ende des Rituals die Angabe zur Rezitation von Eršaḫuĝa-Gebeten.

Nun scheint es durchaus denkbar, dass diese Rituale gegen Feinde, bei denen Lieder des *kalû* aufgeführt werden, auch auf den lang andauernden Feldzügen und bei fortwährender Besatzung durchgeführt wurden. Die Tatsache, dass Kultpersonen den König und sein Gefolge auf seinen Kriegszügen begleiteten, legen nicht nur assyrische Reliefs, wie die von Sanherib aus Ninive nahe, in denen Lagerdarstellungen mit Opfertischen und Priestern gezeigt werden,[40] sondern auch der assyrische Brauch Grenzstelen an der Peripherie des Reiches zu errichten.

Die Ausdehnung des neuassyrischen Reiches wurde durch Grenzinschriften markiert. Es handelt sich dabei um aufrechte Stelen oder Felsreliefs, Königsmonumente, die die Eroberung eines Territoriums und dessen von da an beginnende Zugehörigkeit zum assyrischen Reich besiegeln.[41] Einige dieser Monumente sind bis heute erhalten. Von anderen haben wir Kenntnis durch schriftliche Referenzen auf die Standbilder, zumeist in neuassyrischen Königsinschriften. In einem Aufsatz von 2007 untersucht Ann Shafer den rituellen Kontext dieser Monumente und stellt fest, dass um deren Errichtung nicht nur Prozessionen stattfanden, sondern auch Opfergaben dargebracht wurden.[42] Inwieweit Kult am Monument über den Initiationsritus hinaus vollzogen wurde, ist schwer zu sagen. A. Shafer kann jedoch feststellen, dass das Kultbild, Königsmonument, als Ort für Zeremonien und Rituale betrachtet wurde.[43] Dadurch kann man konstatieren, dass assyrische Rituale auch außerhalb des Kernlandes durchgeführt wurden. Von den kultischen Klagen des *kalû* (Klagepriesters) ist bekannt, dass sie auch während Götterstatue-Prozessionen aufgeführt wurden. Es wäre daher denkbar, dass es auch bei den Grenzstatuen/Königsstatuen zu solchen Aufführungen kam. Beweise dafür gibt es jedoch nicht. A. Shafers Dissertation zum Thema der Grenzstelen kann eine weite Verbreitung der Monumente aufzeigen, die von Westen bis nach Ägypten, Gaza und eben auch Syrien und Israel reicht.[44]

Hält man die Aufführung von Kriegsritualen und Prozessionsritualen außerhalb des assyrischen Kernlandes und unter Verwendung von kultischen Klagen für plausibel, könnte hier eine anfängliche Kontaktphase zwischen der mesopotamischen Klageliteratur und dem Beginn einer solchen in Israel liegen. Immerhin ist die Erfahrung der Eroberung und Zerstörung, die in Klagen thematisiert wird,

---

39 Vgl. SCHWEMER, Witchcraft, 31.
40 Vgl. BARNETT, Sculptures, Pl. LX. LAYARD, Monuments 2, Pl.24
41 Vgl. Eine Dissertation zum Thema erfolgte von Ann Shafer. Siehe SHAFER, Empire.
42 Vgl. SHAFER, Ritual, 140.
43 Vgl. SHAFER, Ritual, 141.
44 Vgl. SHAFER, Empire, 359ff., Fig. 1.

Anlass zur Entstehung der Texte und Israel hatte durch die assyrische Eroberung Grund zur Verarbeitung solcher Erlebnisse.

Eine weitere Kontaktphase zwischen mesopotamischer, israelitischer und judäischer Kultur erfolgte mit der Eroberung Israels durch die Babylonier im 6. Jh. v. Chr. Während die Besatzungsperiode der Assyrer (732–604 v. Chr.) nach anfänglichen Zerstörungen und Deportationen auch einen Aufschwung der Kultur mit sich brachte, gingen die Babylonier deutlich destruktiver vor. Sie investierten nicht in Projekte der Peripherie, verstanden sie dem Reich nicht als zugehörig, sondern konzentrierten sich eher auf Ausbeutung und Tributzahlungen.[45] Jerusalem wurde durch die Eroberung der Babylonier schwer in Mitleidenschaft gezogen, das belegen archäologische Untersuchungen, vor allem der Oberstadt.[46] Dass Juda jedoch während der Exilszeit besiedelt war und auch als Gesellschaft vollständig weiter funktionierte, kann Hans M. Barstad in seiner Monographie „Myth of the empty land" nachweisen.[47] Er kann zeigen, dass ökonomisch wichtige Städte wie Gibeon und Mizpa zu der Zeit intakt waren und wirtschaftlich florierten.[48] Die Gesellschaft konstituierte sich auch weiterhin aus Bauern, Händlern, Handwerkern, Schreibern, Propheten und Priestern, verantwortlich sicher auch für die Abfassung des Threni-Buches.[49] Dabei stellt sich die Frage: Auf welche Klagetradition und kultischen Texten konnten die Schreiber in Juda zu dieser Zeit zurückgreifen, um die Katastrophe der Zerstörung Jerusalems zu verarbeiten?

Scheint zwar ein Kontakt bereits in neuassyrischer Zeit mit der Klagetradition der Mesopotamier per Indizienbeweis wahrscheinlich, ist zu fragen, wie der Kult in Juda zur Zeit des 1. Tempels aussah. Christoph Uehlinger und Othmar Keel zeigen in ihrer Monographie „Göttinnen, Götter und Gottessymbole",[50] dass Israel nicht nur polytheistisch, sondern auch ikonisch verehrte. Im Nimrud Prisma Sargons II (721–705 v. Chr.), in dem die Eroberung des Nordreiches beschrieben wird, heißt es: u_3 DINGIR.MEŠ(*ilāni*) *ti-ik-li-šu₂-un šal-la[ti-iš]* (und die Götter, auf die sie trauten, als Beute). Diese Aussage ist nur sinnvoll, wenn hiermit Kultbilder gemeint sind, die aus den Tempeln deportiert wurden, folglich eine Praxis, die so-

---

45 Vgl. BERGES, Klagelieder, 70 f. VANDERHOOFT, Neo-babylonian, 109.
46 Vgl. BERGES, Klagelieder, 70 f. SHTERN, Babylonian, 340 f.
47 Vgl. BARSTAD, Empty, 69–70. BARSTAD, Challenges, 6–14.
48 Vgl. BARSTAD, Empty, 69–70.
49 Vgl. BERGES, Klagelieder, 72. DOBBS-ALLSOPP, Linguistic, 34–36.
50 KEEL, Othmar u. a. (Hg.), Göttinnen, Götter und Gottessymbole. Neue Erkenntnisse zur Religionsgeschichte Kanaans und Israels aufgrund bislang unerschlossener ikonographischer Quellen, QD 134, Göttingen ³1995.

wohl für die assyrische, als auch babylonische Zeit ausreichend belegt ist.[51] Zudem wird gesagt, dass Einwohner Israels in Assyrien und Leute aus bisher eroberten Gebieten in Israel angesiedelt wurden, was sicher zu einer kulturellen und kultischen Bandbreite an Göttern und Kulten führte.[52] Scheinen indes für Israel unter assyrischer Herrschaft sichere Belege zu existieren, dass sich der Kult sowohl anthropomorph, ikonisch als auch polytheistisch gestaltete, ist dies für Juda nur per Analogie zu erschließen.

In dem Band „The Image and the Book"[53] diskutieren Herbert Niehr und C. Uehlinger die Möglichkeit der Existenz eines Jahwe-Kultbildes im ersten Jerusalemer Tempel. Es ist sehr wahrscheinlich, dass vor einem solchen ähnliche Rituale und Kulthandlungen wie im gesamten altorientalischen Raum vollzogen wurden. Die Kultstatue ist wichtige Basis aller religiösen Handlungen im Alten Orient. Sie ist die irdische Präsenz der Gottheit.[54] Eine Kultstatue wird gewaschen, ernährt und gekleidet.[55] So verhält es sich beispielsweise in Mesopotamien, Anatolien und Ugarit.[56] Alle Kulthandlungen sind im Gegenüber mit dem Gott, d. h. der Statue, ausgerichtet. Die Klagen der Göttinnen, ihre Heimat verlassen zu haben, wie sie in den Stadtklagen und Balaĝs vorkommen, basieren auf der realen Praxis der kriegerischen Kultbild-Deportation und Zerstörung dieser.[57] Zudem führt der *kalû* (Klagepriester) seine kultischen Lieder in der Regel vor der Gottesstatue auf, oft auch im Zusammenhang mit deren Prozessionen und Ritualen zu deren Restaurierung.[58]

Ein Dienst am Gott im Tempel ist gemäß altorientalischer Vorstellung nicht ohne eine Kultstatue denkbar. Der Tempel ist das Haus, in dem die Gottheit wohnt. Phönizische und aramäische Inschriften belegen, dass auch dort nach dem Bau oder der Restauration eines Tempels Götterstatuen errichtet wurden.[59] Zwar gibt es keine primären Hinweise auf eine Jahwe-Statue im Jerusalemer Tempel, doch vermögen sowohl H. Niehr, als auch C. Uehlinger anhand biblischer Hinweise und externer Belege von Nachbarstaaten, anschaulich plausibel zu machen, dass eine solche existierte.[60] Diese wäre jedoch mit der Zerstörung des Jerusalemer Tempels

---

51 Vgl. LÖHNERT, Göttinnenklagen, 39 f. MAYER, Heiligtumszerstörungen, 1–22.
52 Vgl. BECKING, Polytheism, 159 f.
53 VAN DER TOORN, The Image and the Book. Iconic Cults, Aniconism, and the Rise of Book Religion in Israel and the Ancient Near East, Leuven 1997.
54 Vgl. NIEHR, Statue, 77 f.
55 Vgl. u. a. MAUL, Opfer, 75–86.
56 Vgl. NIEHR, Statue, 76
57 Vgl. LÖHNERT, Göttinnenklagen, 39 f.
58 Vgl. GABBAY, Content, 103.
59 Vgl. NIEHR, Statue, 78.
60 Vgl. NIEHR, Statue, 79–85. UEHLINGER, Cult Statuary, 139.

durch die Babylonier entweder deportiert oder vernichtet worden.[61] Dennoch ist es wahrscheinlich, dass auch im Juda des ersten Tempels verschiedene religiöse Praktiken in Bezug auf eine Gottesstatue vollzogen wurden.

Manfred Krebernik äußert: „Klageriten waren in der altorientalischen Welt weit verbreitet, so dürfte auch die Vision des zwischen 592 und 571 in Babylonien wirkenden Propheten Ezechiel (8,14), in der er Frauen am Jerusalemer Tempel um Tammuz weinen sah, reale Hintergründe gehabt haben."[62]

Anhand der genannten Beobachtungen zu Kontaktphasen, Kriegsritualen und Grenzstelen, sowie der Möglichkeit einer Statue, um die herum auch Klagetexte aufgeführt werden konnten, wird der Eindruck erweckt, dass es trotz weniger Sicherheiten begründete Anhaltspunkte gibt, die es wahrscheinlich machen, dass kultische Klagen den Weg aus Mesopotamien in die Besatzungszonen der herrschenden Mächte fanden.

2.3 Klagen in Mesopotamien

Die moderne Gattungsbezeichnung ‚Klage' fasst betreffende Texte nach inhaltlichen Kriterien zusammen. Es gibt kein mesopotamisches Äquivalent für diesen Oberbegriff. Klagen im Alten Orient gehören weitestgehend zu den Gebeten und bilden als solche einen vielgestaltigen, umfangreichen Textkorpus. Jedoch finden sich Klagen nicht nur als eigenständige kultische Schriften, sondern auch in anderen literarischen Texten des Alten Orients.[63] Für die Gebete gibt es altorientalische Gattungsbezeichnungen, die sie einer Gruppe zugehörig ausweisen, wie en$_2$ (Beschwörung), *tāmītu* (Beschworenes, Anfragebeantwortung), *ikribu* (Gebet, Bezeichnung auch für bestimmte Gebete des *āšipu*),[64] er$_2$ (bestimmte Form der Klage, Fürbittgebet)[65] oder Gattungsnamen wie Šu'ila, Eršaḫuĝa, Eršema, Balaĝ. Dem gegenüber stehen moderne Benennungen, die sich in der Forschung eingebürgert haben. Zu nennen sind die Klasse der Beschwörungsgebete bzw. Gebetsbeschwörungen oder Königsgebete.[66]

---

61 Vgl. UEHLINGER, Cult Statuary, 152–155. MAYER, Heiligtumszerstörungen, 1–22.
62 KREBERNIK, Mythen, 116.
63 Die Definition von „literarischen Texten" erfolgt nach TINNEY, Tablets, 577. Vgl. CUNNINGHAM, Analysing, 351–352.
64 Vgl. LENZI, prayers, 46.
65 Vgl. GABBAY, Eršema, 5.9.106 f. Gegen KRECHER, Klagelied, 3.
66 Vgl. LENZI, prayers, 23.

Die meisten Texte stammen aus babylonischen Privathäusern aus Nippur und Ur. Zudem liegen Texte aus Isin, Uruk und Larsa, sowie den Städten Sippar, Babylon und Kiš vor.[67]

Die kultischen Klagen Mesopotamiens sind aus der altbabylonischen Zeit (ca. 1900–1600 v. Chr.), sowie dem 1. Jt. v. Chr. überliefert[68] Sie gehören zu einem Großteil der sumerischen Literatur an. Am Ende des 2. und im gesamten 1. Jt. v. Chr. wurde vielfach die Literatur Mesopotamiens in Tempeln und Palästen gesammelt und ediert. Das bekannteste Beispiel einer solchen Sammlung stellt die Assurbanipal Bibliothek in Ninive dar.[69] Diese auch redaktionellen Prozesse dauerten bis in die persische und seleukidische Zeit an, vor allem was die liturgische Literatur, und somit auch die Klagen betrifft.[70] Für das 1. Jahrtausend liegen zahlreiche kultische Klagen vor, deren rituelle Verwendung anhand von Ritualtexten genau bestimmt werden kann. Das Korpus kultischer Klagen des 1. Jt. v. Chr. umfasst tausende Manuskripte. Der jüngste schriftliche Beleg reicht bis in die Seleukidenzeit und stammt vermutlich aus dem Jahr 84 oder 81 v. Chr.[71] Dass die babylonische Kultur in hellenistische Zeit fortgeführt wurde, beweisen zahlreiche Ritualtexte aus dieser Zeit. So konnte M. J. H. Linssen nachweisen, dass die Städte Uruk, Babylon, Nippur, Larsa, Ur, Borsippa, Kutha und Kiš kultisch prosperierten.[72]

Allein dieser kurze Überblick zeigt, dass sich die Tradition der Klagen über eine Zeitspanne von 2000 Jahren belegen lässt. Die folgende Betrachtung bezieht sich aufgrund der eben dargestellten Beleglage vor allem auf die aB-Zeit und das 1. Jt. v. Chr., da fast ausschließlich aus diesen Perioden Texte erhalten sind.[73]

Die Klagen Mesopotamiens sind in Sumerisch verfasst.[74] Diese Sprache fungierte in altbabylonischer Zeit primär als literarische Sprache und für Texte liturgischer Anlässe, welche auch im 1. Jt. weiter in Sumerisch tradiert wurden. Es lässt sich nun hinsichtlich der Verwendung des sumerischen Dialektes eine Unterscheidung bei den Klagetexten im Alten Mesopotamien treffen: So unterscheidet die sumerische Sprache zwei Dialekte, das Emesal und das Emegir.

---

67 Vgl. MICHALOWSKI, Overview, 2282.

68 Vgl. LÖHNERT, Sonne, 12.89. Bisher sind wenige Ausnahmen aus der Zeit dazwischen bekannt, bspw. vom Balaĝ utu-gin$_7$ e$_3$-ta sind mA (1400–1000 v. Chr.) Texte bekannt. Dabei ist nicht auszuschließen, dass im Laufe der nächsten Jahre noch mehr Tafeln aus dieser Zeit als Klagen identifiziert werden. Denn es handelt sich sicher um eine durchgängige Tradition.

69 Vgl. MICHALOWSKI Overview, 2288.

70 Vgl. MICHALOWSKI Overview, 2289.

71 Vgl. LÖHNERT, Manipulating, 402.

72 Vgl. LINSSEN, Uruk, 1.

73 Vgl. KRECHER, Kultlyrik, 28. Vgl. zudem Anm. 68 dieses Kapitels.

74 Vgl. u. a. MICHALOWSKI, Overview, 2279. CLAM, 11.

Die meisten Klagetexte sind in einem Dialekt des Sumerischen verfasst, der als Emesal (wtl. feine Sprache) bezeichnet wird. Er unterscheidet sich vom Hauptdialekt Emegir (wtl. einheimische Sprache) durch die Verwendung von dem Dialekt eigenen Begriffen und Phonemen. Aufgrund der Schreibung Eme-sal, das Zeichen ‚sal' kann gelesen als MUNUS logographisch für ‚Frau' stehen, galt das Emesal lange als Frauensprache und somit als Soziolekt. Dieser Zuweisung entspricht die Tatsache, dass der Dialekt in literarischen Texten von weiblichen Sprechern genutzt wird.[75] Diese Meinung ist inzwischen revidiert. Das Zeichen ‚sal' ist in der Verbindung mit ‚eme' (Zunge, Sprache) nicht als ‚Frau' sondern als ‚fein' zu übersetzen.[76] Zudem kann durch die Verwendung des Emesal wohl auch zum Ausdruck gebracht werden, dass der Text in der Tonlage höher gesprochen werden soll.[77]

Hinsichtlich der dialektalen Verwendung kann unterschieden werden zwischen Klagen, die rein in Emesal geschrieben sind, die teilweise in Emesal und Emegir geschrieben sind, wie die Stadtklagen, Gattungen, deren Textzeugen sowohl in Emegir als auch in Emesal vorliegen, als auch solche, die lediglich in Emegir verfasst sind.[78] Die kultischen Klagen, die ausschließlich in Emesal formuliert sind, gehören zum Repertoire einer bestimmten Kultperson, dem gala (sum.)/*kalû* (akk.) (Klagesänger).[79] Daher finden sich für die Klagen die Bezeichnungen, kultische, rituelle oder Emesal-Klagen. Es handelt sich um religiöse Texte ohne historische Bezüge.[80] Zu diesen Emesalliedern gehören die Gattung Balaĝ (Harfen-/Trommel[-lied]), Eršema (Träne der Kesselpauke) und Eršaḫunĝa (Träne der Herzberuhigung), sowie die im 1. Jt. v.Chr. entstandene Gattung der sumerischen Šu'ila (Handerhebungsgebet).[81] Das zentrale Motiv ist die Angst vor göttlicher Abwendung. Diese Furcht wird dadurch verarbeitet, dass der Gott, an den sich das Gebet richtet, durch dessen Aufführung besänftigt wird. In der Regel richten sich die Kultlieder dabei an eine Gottheit.[82]

---

75 Vgl. SHEHATA, Musiker, 83 f. LÖHNERT, Sonne, 6.
76 Vgl. u.a. LÖHNERT, Emesal, 210. CECCARELLI, Wort, 224–226, hält das Emesal für eine „sekundäre Sakralsprache".
77 Vgl. SHEHATA, Musiker, 84.
78 Vgl. Kapitel 2.3.5.
79 Vgl. LÖHNERT, Manipulating, 406 hält es trotz weniger Belege für eindeutig, dass Klagen immer professionell vom *kalû* gesungen wurden. LÖHNERT, Sonne, 4, sowie Kapitel 2.3.2.
80 Vgl. LÖHNERT, Sonne, 5.
81 Vgl. LÖHNERT, Sonne, 5. Zur Unterscheidung zwischen akkadischen und sumerischen Šu'ila, siehe Kapitel 2.3.5.
82 Vgl. LÖHNERT, Sonne, 7 f.

Neben der Zuweisung der Texte zum Vorträger-Repertoire lassen sich altorientalische Klagen genauso hinsichtlich ihres Objektes, den Begünstigten des Gebetes, in zwei Gruppen unterteilen. Zum einen gibt es Klagen, die zugunsten eines Individuums erfolgen, zum anderen solche, die ein Kollektiv als Objekt haben.[83] Gebete an den persönlichen Gott, wie Šu'ilas und Eršaḫunĝas, gehören zur ersten Kategorie.

Die als ‚Stadtklagen' bekannten Texte, sowie die Gattungen Balaĝ und Eršema gehören zu der Kategorie der Kollektivklagen. In diesen Klagen führt die Abwesenheit oder Abwendung einer Gottheit zur Katastrophe und Verheerung des ganzen Landes.[84]

Für die Menschen des Alten Orients war die Balance zwischen göttlicher und irdischer Welt existenziell. Göttliche Ungunst, erzielt durch menschliche Verfehlungen, hatte katastrophale Auswirkungen für ein Individuum selbst in Form von Krankheiten oder materiellem Verlust, oder für das ganze Volk eines Landes, das der Zerstörung preisgegeben wird. Die Klagen sind im Alten Mesopotamien eines der wichtigsten Mittel zur Interaktion mit der göttlichen Welt.[85] Sie bilden nicht nur die anhaltende Angst vor göttlicher Abwendung und Abwesenheit ab, sie kommen auch in Situationen zur Aufführung, in der die Balance zwischen Göttern und Menschen nicht rückhaltlos gewährleistet ist.[86] Ihre kulturelle und kultische Bedeutung spiegelt sich in ihrer Verbreitung in Zeit und Raum über 2000 Jahre hinweg in Babylonien und Assyrien wider.

Im Folgenden werden die Stadtklagen und die vier Hauptgattungen der kultischen Klagen des *kalû* in Struktur, Inhalt, Aufbau, sowie in bzgl. ihres kultischen Kontexts vorgestellt. Dabe erfolgt ein erster Blick auf die Stadtklageliteratur, sowie vergleichbaren literarischen Werken aus Ägypten. Bevor danach die liturgischen, mesopotamischen Klagen eine Vorstellung erfahren, erfolgt eine Ausführung zur Person und dem kultischen Amt des Klagepriesters.

2.3.1 Stadtklageliteratur

Es gibt fünf altorientalische Kompositionen, die als Stadtklagen[87] oder Städteklagen (CL)[88] in der Forschungsliteratur bekannt sind: Die Klage über Sumer und

---

83 Vgl. LÖHNERT, Manipulating, 405.
84 Vgl. LÖHNERT, Sonne, 8 f.
85 Vgl. LÖHNERT, Manipulating, 402.
86 Vgl. LÖHNERT, Manipulating, 402.
87 Vgl. KRECHER, RLA, 1–6. Joachim Krecher trifft in seinem RLA-Artikel zu den Klagen in Mesopotamien die Unterscheidung zwischen historischen, literarischen, kultischen und persönli-

Ur (LSUr), die Klage über die Zerstörung von Ur (LU), die Urukklage (LW), die Eriduklage (LE) und die Nippurklage (NL).[89] Die genannte Reihenfolge basiert auf der anzunehmenden chronologischen Entstehung der Texte.[90] Dabei sind nur drei der Kompositionen nahezu komplett rekonstruierbar, die Klagen LSUr, LU, LN.[91]

Die Gattungsbezeichnung ‚Stadtklage' ist eine moderne inhaltliche Bezeichnung. Die Texte selbst tragen keine Gattungsunterschrift, wie etwa kultische Klagen sie haben.[92] Dem Eindruck nach beschreiben diese fünf Kompositionen jeweils ein historisches Ereignis, die Zerstörung einer Stadt, weswegen man sie auch als historische Klagen bezeichnet hat.[93] Sie sind eng verbunden mit den geschichtlichen und politischen Ereignissen des 3. und 2. Jt. v.Chr., die sie zum Inhalt haben.[94] Ähnlich den kultischen Klagen, die ganz in Emesal verfasst sind, sind es die Klagen LU und LN teilweise, d. h. beschränkt auf die Sprech-Abschnitte von Stadtgöttinnen, sowie der Stadt selbst.[95] Die erzählenden Abschnitte sind jedoch in Emegir, dem sumerischen Hauptdialekt, geschrieben. Die Texte LSUr, LE und LW sind ausschließlich in diesem verfasst.[96]

Die Stadtklagen sind zwischen 323 und 519 Zeilen lang und wie die kultischen Balaĝs in sogenannte kirugus eingeteilt, auf die die sogenannten ĝišgiĝals, die Antiphone oder Gegenreden, folgen.[97] Das sumerische ki-ru-gu$_2$ bedeutet wörtlich: „Ort des Gegenübertretens".[98] Dabei handelt sich um liturgische Abschnitte, die Unterbrechungen wie einen Sprecherwechsel oder kultische Handlungen im Ritual markieren.[99] Dennoch gibt es keine Informationen darüber, in welchem

---

chen Klagen. Indes ist es in der heutigen Forschung üblich, lediglich zwischen literarischen, kultischen und persönlichen Klagen zu unterscheiden, da bekannt ist, dass aus den sog. historischen Klagen nur bedingt historisch zuverlässige Daten zu gewinnen sind. Es handelt sich um ideologische Werke aus der Zeit nach den in ihnen beschrieben Ereignissen. Zum Korpus der als historische bzw. literarische Klagen bezeichneten Texte gehören auch die als „Stadtklagen" bekannten Zeugnisse. Vgl. auch LÖHNERT, Sonne, 7.

88 Oft auch als CL (City laments) abgekürzt.

89 Abkürzungen nach COOPER, Genre, 39. SAMET, Lamentation, 8. Die Abkürzungen folgen den englischen Bezeichnungen der Klagen als Lament.

90 Vgl. COOPER, Genre, 39 f. MICHALOWSKI, Lamentation, 5.

91 Vgl. MICHALOWSKI, Lamentation, 5.

92 Vgl. SAMET, Lamentation, 12 f.

93 Vgl. KRECHER, Klagelied, 1 f.

94 Vgl. LÖHNERT, Manipulating, 404.

95 Vgl. LÖHNERT, Manipulating, 404.

96 Vgl. HALLO, Origins, 225.

97 Vgl. TINNEY, Nippur Lament, 21. SAMET, Lamentation, 3.

98 Vgl. SHEHATA, Musiker, 250.

99 Vgl. LÖHNERT, Manipualting, 413.

Kontext die Stadtklagen aufgeführt wurden.[100] Das jüngste Manuskript einer Stadtklage datiert in die Regierungszeit Ammiṣaduqas (1646–1626 v.Chr.) und gehört zur Urklage. Damit endet die Überlieferung dieser Gattung.[101] Städteklagen bleiben ihrer Beleglage zufolge auf die altbabylonische Zeit begrenzt. Mit kultischen Klagen wie den Balaĝs und Eršemas teilen sie sich die Beschreibungen zerstörter Städte und Tempel. Da Stadtklagen jedoch keine Litaneien, stereotype Reihen von Göttern und Städten, bieten, galten sie oft als literarische Vorläufer der späteren kultischen Klagen der Gattungen Balaĝ und Eršema.[102] Diese Meinung ließ sich inzwischen widerlegen. So sind die kultischen Klagen wohl älter und dienten den Stadtklagen als Vorlage, die Klage auf ein bestimmtes historisches Ereignis zu münzen und die kultische Klage literarisch weiterzuentwickeln.[103] Das Genre der Stadtklagen hat seine Vorläufer jedoch vermutlich nicht nur in den kultischen Klagen, die aller Wahrscheinlichkeit nach seit dem 3. Jt. v.Chr. existieren, sondern auch in zwei literarischen Texten, die als Irikaginaklage und der Fluch von Akkade (CA)[104] bezeichnet werden.[105]

Die Irikagina-Inschrift stammt aus dem 24. Jh. v. Chr und enthält wohl den ältesten Beleg einer Klage.[106] Irikagina, der Herrscher von Lagaš, beklagt darin die Zerstörung seines Reiches und der Heiligtümer, verursacht durch den damaligen Herrscher Ummas, Lugalzagesi.[107] Irikagina ist der neunte und finale König der Dynastie von Lagaš (ca. 2350 v.Chr.).[108] Vermutlich in seinem siebten Regierungsjahr verlor er die Stadt Lagaš und darauffolgend den ganzen Staat, bis lediglich die Stadt Girsu übrig blieb.[109] Die Inschrift Ukg 16[110] berichtet, in litaneiartigen Aufzählungen der vernichteten Städte und Heiligtümer, von den Zerstörungstaten Lugalzagesis.[111] Seine Taten werden dabei wie folgt geschildert:

---

100 Vgl. LÖHNERT, Manipulating, 411.

101 Vgl. LÖHNERT, Manipulating, 405. SAMET, Lamentation, 9.

102 Vgl. COOPER, Genre, 43. CLAM, 34–44. WISCHNOWSKY, Zion, 34–40.

103 Vgl. SAMET, Lamentation, 13. COOPER, Genre, 42f. GABBAY, Eršema, 20. Gegen, KRECHER, Klagelied, 3.

104 Das Kürzel CA bezieht sich auf die englische Bezeichnung ‚Curse of Agade'.

105 Vgl. die Klage Irikaginas als Vorläufer, MICHALOWSKI, Lamentation, 8. HALLO, Origins, 224. Vgl. die CA als Vorgänger, COOPER, Genre, 39f.

106 Vgl. LÖHNERT, Manipulating, 403. MICHALOWSKI, Lamentation, 8. Gegen COOPER, Genre, 39. Mit BAUER, frühdynastische Zeit, 490.

107 Die Lesungen für den Namen Irikagina sind zahlreich. So finden sich die Formen IriKAgina, Urukagina und Uruinimgina. Zur Diskussion um die Schreibweise des Namens, siehe BAUER, frühdynastische Zeit, 475f.

108 Vgl. BAUER, frühdynastische Zeit, 475.

109 Vgl. BAUER, frühdynastische Zeit, 477f.

110 Vgl. STEIBLE, Weihinschriften, 333–336.

111 Vgl. MICHALOWSKI, Lamentation, 8.

Ukg 16. (AO 4162), Z.1/3 – 4/4:

Z.1/3 izi ba-šum$_2$ „hat Feuer gelegt"
Z.1/9 šu bi$_2$-bad „hat geplündert"
Z.2/9 ba-ta-keš$_2$-keš$_2$ „hat zusammengerafft"
Z.4/4 i$_3$-gul-gul[112] „hat alles zerstört"

Lugalzagesi scheint laut Abfolge der genannten Städte aus nordwestlicher Richtung eingedrungen und weiter nach Süden vorgegangen zu sein.[113] Die genannten Zeilen, sowie die Schlussfeststellung, dass die Zerstörung durch Lugalzagesi eine Sünde darstelle, führten dazu, den Text als Klage auszuweisen.

Ob diese Schilderung der Kriegsereignisse allerdings als Vorläufer der Stadtklagen gesehen werden darf, ist fragwürdig.[114] So ähneln sich das Vokabular und die Phrasen nicht, lediglich inhaltlich gibt es Bezüge, indem die Zerstörung von Städten und Heiligtümern beschrieben wird. Die in der Irikaginaklage enthaltenen Litaneien könnten auf einen kultischen Kontext im präsargonischen Lagaš hinweisen, sicher belegt ist dies aber keineswegs und als Indiz für eine solche Annahme unzureichend.[115]

Ein weiterer Text, der als Vorläufer der Gattung Stadtklage gewertet wird, ist die Dichtung *Fluch über Akkade*.[116] Es handelt sich dabei um die Geschichte des Aufstieges und Niedergangs des ersten großen mesopotamischen Imperiums, dem Reich von Akkade (ca. 2350 – 2200 v. Chr.). Der Text ist in ursprünglich 281 Zeilen erhalten. Er ist nicht in kirugus unterteilt.[117] Bis auf ein Exemplar aus Ur stammen alle Textbelege aus Nippur.[118] Die Entstehung des Textes fällt aller Wahrscheinlichkeit nach in die Ur-III-Zeit.[119] Die Tafeln und Tafelfragmente sind mehrheitlich altbabylonisch, lediglich sechs Fragmente stammen aus der Ur-III- Zeit.[120]

Die Dichtung beginnt mit einer Schilderung des Aufstieges des Reiches unter Sargon von Akkade. Enlil, das Oberhaupt des sumerischen Pantheons, führte diesen zum Sieg über die südbabylonischen Städte Kiš und Uruk und zur Oberherrschaft über ganz Mesopotamien.[121] Unter der Herrschaft Narām-Sîns, des

---

112 Vgl. STEIBLE, Weihinschriften, 334 f.
113 Vgl. BAUER, frühdynastische Zeit, 489.
114 Mit BAUER, frühdynastische Zeit, 490.
115 Vgl. COOPER, Genre, 43.
116 Vgl. MICHALOWSKI, Lamentation, 8.
117 Vgl. TINNEY, Nippur Lament, 35.
118 Vgl. ETCSL 2.1.5.
119 Vgl. COOPER, CA, 11 f.
120 Vgl. COOPER, CA, 11. Derzeit sind nach Zählung von ETCSL 102 Manuskripte bekannt, die fast alle aus dem altbabylonischen Nippur stammen.
121 Vgl. COOPER, CA, 5.

Enkels Sargons,[122] kommt es zum Umbruch. Inana wendet sich gegen ihr Volk, vermutlich aus Vernachlässigung ihres Kultes zugunsten des Enlilkultes oder weil Enlil den Bau eines neuen Heiligtumes für die Göttin untersagt. Jedoch bleiben die genauen Gründe ihres Zornes unbekannt, da die entsprechenden Zeilen fehlen.[123] Inana, die Kriegsgöttin, greift zu den Waffen und richtet sie gegen ihre Stadt Akkad. Narām-Sîn sieht das Ende seines Reiches in einem Traum voraus und fällt daraufhin in eine siebenjährige Lethargie. Nach diesen sieben Jahren veranstaltet er ein Eingeweideomen mit der Anfrage, ob er das Ekur, das Enlil-Heiligtum in Nippur, erneuern dürfe.[124] Das Orakel bringt nicht das erhoffte Ergebnis, aus Wut zieht Narām-Sîn daraufhin nach Nippur ein, plündert und überfällt die Stadt, inklusive des Enlil-Tempels. Enlil, zornig über die Zerstörung seines Heiligtums, lässt daraufhin das Bergvolk der Gutäer in Babylonien eindringen und übergibt ihnen das Land. Hunger und Not im ganzen Land sind groß. Wer den Gutäereinfall überlebt, klagt und trauert Tag und Nacht.[125]

Die großen Götter (*ilū rabûti*) versuchen Enlils Herz zu besänftigen, indem sie die Stadt Akkad mit einem Fluch belegen, der die Zerstörung der Stadt bewirken soll. Schuld am Unglück Akkads ist Narām-Sîn, der mit der Verfehlung gegen das Ekur sein ganzes Land ins Verderben schickte. Die Dichtung endet mit dem Bericht über die eingetretene Zerstörung und einem Lobpreis auf die Göttin Inana dafür, dass Akkad vernichtet ist.[126]

Der Text bietet eine Menge Vokabular, das zur Beschreibung eines staatlichen Zusammenbruchs, der Zerstörung von Städten und Tempeln dient, wie es sich auch in den Stadtklagen und kultischen Klagen findet.[127]

CA:

149.   ud te-eš dug$_4$-ga kalam teš$_2$-a ĝar-ra
150.   a-ma-ru zig$_3$-ga gaba-šu-ĝar nu-tuku[128]

Ü: Der tosende Sturm, der die Gesamtheit des Landes unterwirft, die steigende Flut, der nichts entgegengestellt werden kann.

---

122 Vgl. COOPER, CA, 5.
123 Dabei handelt es sich lediglich um Vermutungen, denn die entscheidenden Zeilen, die die Ursache für Inanas Gewalt gegen Akkad enthalten (Z. 55 – 59), sind nicht erhalten. Vgl. FALKEN-STEIN, Fluch, 47. COOPER, CA, 5.
124 Vgl. FALKENSTEIN, Fluch, 47.
125 ETCSL 2.1.5., Z. 149 – 175.
126 Vgl. FALKENSTEIN, Fluch, 46. COOPER, CA, 5.
127 Vgl. COOPER, CA, 11.
128 ETCSL 2.1.5.

Balaĝ: e-lum gud-sumun₂ (Ehrfürchtiger, wilder Stier)[129]

  b+93 a-ma-ru na-nam kur al-gul-gul
  b+94 u₃-mu-un-e e-ne-eĝ₃-ĝa₃-ni a-ma-[ru na-nam]
  b+95 šag₄-bi e-lum-e a-ma-ru na-[nam]
Ü: Eine Flut ist er wahrlich. Das Land ist zerstört. Das Wort des Herrn ist wahrlich eine Flut. Das Herz des Gewichtigen ist wahrlich eine Flut.

Obwohl Falkenstein sich aufgrund des verwendeten Vokabulars veranlasst sah, den Text als Klage zu bezeichnen.[130] So handelt es sich wohl eher um ein politisch-religiöses Literaturwerk, das ein historisches Ereignis interpretiert.[131] Dennoch nahm man angesichts der klagenden Passagen an, dass es sich bei diesem Text um einen Vorläufer für die Stadtklagen handeln könnte.[132] Jedoch liegt vielmehr eine sprachliche statt einer literarischen Verbindung vor.

 Stephanie Dalley beschäftigt sich in einem Aufsatz von 2005 mit der ‚Sprache der Zerstörung'.[133] Sie untersucht darin das Vokabular, das zur Beschreibung der Destruktion von Städten genutzt wurde. S. Dalley stellt dabei nicht nur fest, dass die Beschreibungen der Zerstörung von Städten nicht immer wörtlich zu nehmen sind, sondern sich aus einem Fundus an Vokabular speisen, das traditionell aus der Klageliteratur stammt.[134] Beim Vergleich zwischen Beschreibungen von Städteverwüstungen und archäologischen Evidenzen, über Jahrhunderte hinweg, kommt sie zu dem Ergebnis, dass es einen archetypischen Grundstock an Sprache gab, der für jede literarische Fixierung einer städtischen Vernichtung genutzt werden konnte.[135] Zu denen, im Fundus enthaltenen, Motiven gehören Beschreibungen von Feindhorden, Plagen, sowie dem Sturm und der Flut als Akteure der Zerstörung.[136] Dieser Fundus findet sich eben auch im *Fluch über Akkade* genau wie in den Stadtklagen, die nun einzeln vorgestellt werden.

 Die Klage über Sumer und Ur (LSUr) ist anhand von ca. 60 Manuskripten rekonstruiert,[137] die allesamt in die aB-Zeit datieren, vermutlich geschrieben zu den Regierungszeiten Rīm-Sîns II von Larsa (ca. 1740 v. Chr.) und Samsu-ilunas von

---

129 Vgl. CLAM, 272.277.
130 Vgl. FALKENSTEIN, SAHG, 187 f.
131 Vgl. COOPER, CA, 8.
132 Vgl. MICHALOWSKI, Lamentation, 12.
133 DALLEY, Stephanie, The Language of Destruction and Its Interpretation, BaghM 36 (2005), 275–285.
134 Vgl. DALLEY, Destruction, 276.
135 Vgl. DALLEY, Destruction, 280.
136 Vgl. DALLEY, Destruction, 280. SAMET, Lamentation, 14.
137 Vgl. MICHALOWSKI, Lamentation, 16, er zählt noch 47, ETCSL 2.2.3. aktuell 59 Manuskripte.

Babylon (1749–1738 v. Chr.).[138] Die Tafeln und Fragmente stammen zum Großteil aus Nippur und Ur, eines aus Larsa und zwei Texte sind unbekannter Herkunft.[139] Die Tafeln aus Larsa wurden in einem Nebenraum des Ebabbar Tempels ausgegraben. Die Mehrzahl der Tafeln ist einkolumnig und gehört zu den sog. Imgida-Tafeln (Langtafeln).[140] Einige Manuskripte, die aus Nippur stammen, wurden im sog. Haus F gefunden. Auch sind Manuskripte aus der #1 Broad-Street in Ur überliefert. Beide Fundorte überliefern Texte der Schreiberausbildung.[141] Ein Vergleich der Textzeugen hat ergeben, dass sich die Texte der LSUr in Nippur und Ur hinsichtlich der Existenz einiger Zeilen unterscheiden, manchmal wurden sogar bewusst Zeilen freigelassen, vermutlich weil der Schreiber wusste, dass an der Stelle etwas zu ergänzen ist.[142] Sowohl in Ur als auch in Nippur ist dieser Umstand belegt.

Die Komposition besteht aus fünf kirugus, liturgischen Einheiten, mit insgesamt 519 Zeilen unterschiedlichen Inhaltes. Im ersten kirugu wird das ganze Land Sumer inklusive seiner Hauptstadt Ur betrachtet. Das göttliche Recht der Hegemonie über Land, König und Leute wird betont, sowie die Klage durch die Schilderung der göttlichen Absicht, das Land mit seinen Bewohnern zu zerstören, eingeleitet. Der zweite Abschnitt hat den Weg der Zerstörung zum Inhalt, der im Norden mit den Städten Kiš und Kazallu beginnt und sich weiter gen Süden ausdehnt. Die Vernichtung selbst wird als Sturm (sum. ud) bezeichnet. Das Hauptthema ist neben der Zerstörung, der Auszug der Gottheiten aus ihren Tempeln, sowie die Klage der Stadtgöttinnen. Die Vernichtung von Ur, der Landeshauptstadt Sumers, ist Thema des dritten Abschnitts. Detailliert werden einzelne Kriegshandlungen geschildert. Die Hauptgottheit von Ur, Nanna, kommt zu Wort und richtet ein Gebet an Enlil mit der Bitte um Restitution der Stadt und Vergebung der Sünden. Es folgt im vierten kirugu die Antwort Enlils, der seine und die Entscheidung der großen Götter rechtfertigt. Ur müsse fallen, eine neue Dynastie solle anbrechen. Die Klage über Sumer und Ur (LSUr) ist die einzige Klage, die eine explizite Begründung für die Zerstörung nennt. Die Zeit Urs sei gekommen, die Frist der *ilāni rabûti* (großen Götter) erreicht.[143]

Die Schilderung des letzten Angriffs auf die Stadt, sowie ein wiederholtes Bittgesuch Nannas beschließen den Abschnitt. In der Antiphone sind Klagen aus der Stadt zu hören. Den Abschluss der Klage bildet ein Gegenüber von Zerstörung

---

138 Vgl. Michalowski, Lamentation, 16.
139 Vgl. Michalowski, Lamentation, 16. CDLI P469682; P345792.
140 Vgl. Tinney, Tablets, 582f.
141 Vgl. Delnero, Inana und Ebiḫ, 144. Delnero, Literature and Identity, 18.
142 Vgl. Michalowski, Lamentation, 19.
143 Vgl. Samet, Lamentation, 4.

und Hoffnung. Zum einen ist das Murren in der Stadt zu hören, sie ist also nicht völlig zerstört. Zum anderen werden positive Dinge genannt, die sich im Land Sumer ereignen. Die Rede ist von Restaurationsplänen und dem Dementi von Entscheidungen, die im ersten kirugu geschildert wurden. Es handelt sich um die Schilderung einer heilvollen Aussicht für die Zukunft von Land und Stadt, in der auch die Stadtgottheiten zurückkehren.[144]

Die Klage über die Zerstörung von Ur ist zuletzt von Nili Samet (2014) publiziert worden, zuvor in vollständiger Transliteration und Übersetzung von Willem H. Ph. Römer im Jahr 2004. Die LU ist die einzige der fünf Stadtklagen, die mit ihren elf kirugus und 438 Zeilen vollständig rekonstruiert werden kann.[145] Dazu dienten nicht weniger als ca. 100 Manuskripte.[146] Mehr als 80 % Prozent dieser Textzeugen stammen aus Nippur, sechs aus Ur, drei aus Kiš und sechs sind unbekannter Herkunft. Kein Textzeuge datiert jünger als in die aB-Zeit. Ebenso wie die Klage LSUr beschreibt die LU den Untergang des Ur-III-Reiches (ca. 2004 v. Chr.). Das ist gleichzeitig der Terminus *post quem* der Entstehung. W. H. Römer deutet die im letzten kirugu geäußerte Bitte um Restauration als Hinweis, dass der Text zu einer Zeit entstand, in der der Wiederaufbau real bereits begonnen hat. Th. Jacobsen datiert die Entstehung der Klage nicht später als in die Regierungszeit Lipit-Ištars (1934–1924 v. Chr.), unter welchem die Restauration vollendet war.[147] Verantwortlich für den Untergang der dritten Dynastie von Ur sind die, von P. Steinkeller als irānische Volksstämme der Šimaš und Elamiten identifizierten, in kirugu sechs genannten, feindlichen Gruppen.[148] In der Klage, wie auch in den anderen Stadtklagen, wird die Zerstörung als vernichtender Sturmwind beschrieben. M.W. Green hat bereits 1978 in einem Artikel festgehalten, dass „Troops are described in terms of storms or floods".[149]

Die Klage handelt von der Abwesenheit der Gottheiten, sowie dem Wehgeschrei der Stadtgöttin über die Zerstörung ihrer Stadt durch den vernichtenden Sturm.

Die Einleitung der LU bildet eine lange Litanei mit Beschreibungen verlassener Städte und Heiligtümer, die metaphorisch als Rinderstall (tur₃) und Schafhürde (amaš) bezeichnet werden. Im zweiten kirugu folgt die Beschreibung über die Verwüstung der Stadt Ur inklusive des Nannaheiligtums Ekišnuĝal und wei-

---

144 Vgl. Samet, Lamentation, 4.
145 Vgl. Samet, Lamentation, 14.
146 Vgl. Die aktuelle Zählung bei ETCSL 2.2.2. liegt bei 94 Manuskripten.
147 Vgl. Jacobsen, Review, 221.223.
148 Vgl. Steinkeller, identity, 197 f. Römer, Ur, 4.
149 Green, Eridu Lament, 144.

terer Heiligtümer, um welche Klage veranstaltet wird.[150] In den kirugus drei und vier äußert Ningal, die städtische Schutzgöttin, eine Klage an ihren Ehemann Nanna, Urs Stadtgott. Die Klage in Emesal berichtet über das traurige Schicksal und enthält eine Beschreibung des ruinösen Sturmes, der ihre Stadt traf. Dabei werden auch Ningals Bemühungen, die Stadt zu schützen, angeführt. Ihre Klage mündet in einer Bitte zu den großen Göttern, von der Zerstörung abzulassen.[151] Die Bitte verfehlt ihr Ziel. Mit kirugu fünf folgt der Bericht über Urs völlige Zerstörung. Feinde aus dem Irān werden in kirugu sechs genannt, namentlich Elamiten und Šimaškier (Z.244), die Ur vernichtet haben. Ningal ist geflohen. Es folgt mit kirugu sieben eine weitere Klage in Emesal, diesmal ist die Göttin außerhalb der Stadt, sie selbst ist Exilierte und Gedemütigte. Ab kirugu acht ist ein Stimmungswechsel zu verzeichnen. Der Sprecher beklagt das Schicksal der Göttin Ningal und ihres Heiligtums, der Vorwurf, sie habe ihre Stadt im Stich gelassen, wird geäußert.[152] Die Göttin wird um Rückkehr angefleht. Der Wunsch, dass der Sturm vorbei gehe und nie wieder komme, wird in einem Gebet an den Mondgott Nanna in den kirugus neun und zehn zentral. Nanna soll sich diesem Wunsch beugen und die Hoffnung auf Restauration bestätigen (kirugu elf). Jedes kirugu für sich stellt eine literarische geschlossene Einheit mit einem eigenen Thema dar.[153]

Die dritte Stadtklage, die Urukklage (LW), ist in ca. 20 Manuskripten erhalten, die alle in die altbabylonische Zeit datieren.[154] Die Entstehung der Komposition ist vermutlich weitaus eher zu verorten. So enthält das letzte kirugu den Namen des Königs Išme-Dagan von Isin (1953 – 1935), der die Klage vor Inana vorbringt, Göttin von Uruk, als Teile eines Opferrituals.[155] Auf den Fall des Königreiches von Ur folgte eine Zeit der Restaurierung und politischen Neuordnung.[156] Das beinhaltete auch den Wiederaufbau von Städten, sowie die Stabilisierung politischer Verhältnisse. Die LW bestand ursprünglich aus zwölf kirugus, lediglich sechs, die kirugus eins bis fünf und zwölf, sind erhalten.[157] Sie beginnt mit einer mythologischen Einleitung, die von der göttlichen Entscheidung über die Zerstörung der Menschheit informiert.[158] Die Götter erschaffen daraufhin Monster, die Unruhe in Uruk verursachen. Das zweite kirugu berichtet vom Chaos der städtischen Zer-

---

150 Vgl. Römer, Ur, 1.
151 Vgl. Römer, Ur, 1.
152 Vgl. Römer, Ur, 2.
153 Vgl. Samet, Lamentation, 14.
154 Vgl. Die aktuelle Zählung nach ETCSL 2.2.5. beträgt 23 Manuskripte. Green, Uruk Lament, 255f.
155 Vgl. Samet, Lamentation, 6 – 7.
156 Vgl. Green, Uruk Lament, 253.
157 Vgl. Green, Uruk Lament, 254. Samet, Lamentation, 12. Tinney, Nippur Lament, 30.
158 Vgl. Green, Uruk Lament, 253.

störung. Dabei richtet sich der Blick wieder zurück auf die göttliche Entscheidung und eine Beschreibung der von oben gesandten Monster. Es folgt im vierten kirugu ein Bericht vom Angriff feindlicher Truppen, beschrieben als Sintflut gegen Sumer und Akkad, die Stadt Ur und Kullab. Das kirugu fünf enthält eine Schilderung der finalen Zerstörung, das Land Sumer liegt in Ruinen. Ein Königsgebet Išme-Dagans im zwölften kirugu bildet den Abschluss der Komposition. Das Gebet wird im Rahmen einer Bankett-Szene im Inana-Heiligtum in Uruk, dem Tempel Eanna, erbracht. Der König steht als Geliebter, Königspriester und demütiger Beter vor der Göttin, um sie um Vermittlung zu den großen Göttern zu bitten. Dazu präsentiert er die Klage als Opfer für die Götter, dass sich deren Gemüt der Stadt und seinen Bewohnern wieder zuwende.[159]

Für die Rekonstruktion der Eriduklage liegen lediglich ca. zwölf altbabylonische Manuskripte vor.[160] Der Text der Klage ist dadurch nur auszugsweise wiederherzustellen. Erhalten ist, dass die Klage einen Angriff gegen die Stadt Eridu enthält, woher auch ihre Bezeichnung stammt. Wie auch in den anderen Stadtklagen sind die Heiligtümer der Schutzgottheiten betroffen, in diesem Fall die von Damgalnunna und Enki. Ursache ist, wie in allen fünf Klagen, ein zerstörerischer Sturm. Die Klage ist aufgrund fehlender textueller Hinweise nur schwer chronologisch einzuordnen, indirekte Hinweise aus anderen Quellen lassen eine Entstehungszeit zu den Regierungszeiten Išme-Dagans oder Nūr-Adads von Larsa (1865–1850 v. Chr.) vermuten.[161]

Die insgesamt ca. 70 Manuskripte der Nippurklage (LN) stammen aus Nippur, Sippar und eines ist unbekannter Herkunft.[162] Sie alle datieren in die altbabylonische Zeit. Der Text der Klage ist in 323 Zeilen und zwölf kirugus überliefert. Die Nippurklage ist Teil damaliger Königspräsentation des Herrschers von Isin, der als Freund und Geliebter der Götter dargestellt ist.[163] Der Text ist vermutlich während der Regierungszeit Išme-Dagans (1953–1935 v. Chr.) entstanden.[164] Es verwundert daher nicht, dass lediglich das erste Stück der Komposition von der Klage über die

---

159 Vgl. Green, Uruk Lament, 254.
160 Vgl. ETCSL 2.2.6., nach aktueller Zählung sind es 11 Manuskripte, vgl. Aufsatz von Peled, Eridu-Klage, der ein weiteres Manuskript vorstellt.
161 Vgl. Green, Eridu, 128–130. Es gibt eine Išme-Dagan Hymne, die in Terminologie und Inhalt dem Klagetext nahesteht. Jedoch baute Nūr-Adad in Eridu einen Tempel für Enki, was Anlass zur Rezitation eines solchen Textes geboten haben könnte. Diese letztere Annahme basiert dabei auf der Vermutung einer kultischen Verwendung des Textes. Daher, und weil keine weiteren sumerischen Kompostionen bekannt sind, die Nūr-Adad zuzuordnen sind, ist die erste Annahme jedoch die wahrscheinlichere.
162 Vgl. ETCSL 2.2.4. nach aktueller Zählung sind es 67 Manuskripte.
163 Vgl. Tinney, Nippur Lament, 1.
164 Vgl. Tinney, Nippur Lament, 1.

Zerstörung Nippurs berichtet, der zweite längere Part sich jedoch im Stil einer Königshymne präsentiert und von der Rückkehr der Gottheit in seinem Tempel, welcher von Išme-Dagan wiederhergestellt wurde, berichtet.[165] Die ersten drei kirugus zeichnen ein Bild der städtischen Vernichtung. Die Perspektive der Schilderung entspricht dabei der von Menschen, die mit den Auswirkungen der Vernichtung und den dadurch aufgeworfenen Fragen zu kämpfen haben. Im vierten kirugu kommt die Stadt selbst zu Wort, in kirugu fünf ein Erzähler. Allesamt beginnen die kirugus eins bis fünf mit Klagen über das bittere Schicksal.[166] Zwischen den einzelnen kirugus gibt es starke terminologische Beziehungen, so wiederholen sich die Begriffe šag̃₄-ne-ša₄ (Mitleid) und arḫuš (Gnade, Erbarmen).[167] Die kirugus sechs bis zehn bieten in Variation Berichte über Enlils Versprechen Nippur zu restaurieren, was, zumindest in Teilen, bereits in Sumer und Akkad erfüllt sei. Es folgen in indirekter Rede Äußerungen der Stadt, die zu kirugu vier parallel sind.[168] Kirugu elf berichtet über das Schicksal der Bevölkerung, das sich nun wieder ins Positive verkehrt. Im abschließenden zwölften Abschnitt wird ein Ritual für Enlil beschrieben und er und die Königsherrschaft Išme-Dagans werden gepriesen.

Es ist Folgendes festzuhalten: Alle Textzeugen der Stadtklagen datieren in die aB-Zeit und kein Manuskript ist jünger als das 17. Jhd. v. Chr.[169] Alle Kompositionen entstanden womöglich im ersten Jahrhundert nach dem Ende des Ur-III-Reiches, welches sie zum Thema haben.[170] Die LSUr und LU wurden vermutlich schon zur Zeit des ersten Königs der, auf die Ur-III-Zeit folgenden, Isin-Dynastie verfasst, folglich zur Zeit Išbi-Erras (ca. 2017–1983 v. Chr.).[171] Die Klagen LW und LN datieren wahrscheinlich in die Zeit Išme-Dagans (1953–1935 v. Chr.).[172] Sie sind auf der Grundlage der LSUr und LU entstanden. Da zu Išme-Dagans Regierungszeit keine Zerstörung Nippurs oder Uruks bekannt ist, kann man mit Sicherheit sagen, dass sie nicht dem Zweck eines historischen Berichts dienten. Die Klage von Eridu lehnt an LSUR und LU an und ist wohl zwischen LW und LN entstanden. Die LE enthält nicht den Namen Išme-Dagans und berichtet größtenteils von der Zerstörung. Eine

---

165 Vgl. Samet, Lamentation, 6–7. Tinney, Nippur Lament, 24.
166 Vgl. Tinney, Nippur Lament, 28.
167 Vgl. Tinney, Nippur Lament, 28.
168 Vgl. Tinney, Nippur Lament, 28. Kirugu 7, 187–88//Kirugu 4, 117–135.
169 Vgl. Tinney, Nippur Lament, 47. Samet, Lamentation, 9. Dabei handelt es sich jedoch um eine logische, aber nicht beweisbare Vermutung. Sicher ist jedoch, dass in der Zeit Šamšu-ilunas (1749–1712 v. Chr.) zahlreiche Literaturwerke entstanden, die eben auch die Zeit der Zerstörung reflektieren.
170 Vgl. Tinney, Nippur Lament, 47.
171 Vgl. Samet, Lamentation, 6–9.
172 Vgl. Samet, Lamentation, 6–9.

Datierung ist aufgrund des wenigen Materials schwierig.[173] In jedem Falle ist festzuhalten, dass es sich nicht um historische Dokumente handelt, sondern um literarische Texte.

Stadtklagen können dabei, ähnlich den altbabylonischen Hymnen, als propagandistische Werke zur Legitimierung des neuen Herrschers gegolten haben.[174] Zwar berichten sie von der Zerstörung der Städte, dem Verlassen der Stadtgottheiten, dem göttlichen Zorn gegenüber Menschen, sind aber zugleich auch voll der Hoffnung mit der Unterstützung des Königs den Tempel und die Stadt wiederaufzubauen und damit die Rückkehr der Gottheiten zu bewirken.[175]

Alle Stadtklagen, mit Ausnahme der LSUR, die nur mit einer Bitte um Restauration ohne Ritualangabe schließt,[176] enthalten in ihren Schlussabschnitten Hinweise auf Rituale, in die teilweise auch der König involviert ist.[177] Dass Stadtklagen aus kultischen Klagen bzw. im Umfeld dieser entstanden sind, gilt heute als gesichert. Jeremy A. Black vermutet, dass rituelle Klagen zunächst mündlich tradiert wurden, und erst inspiriert durch den Zusammenfall Südbabyloniens, in aB-Zeit niedergeschrieben wurden, als Teile der südbabylonischen Bevölkerung im Norden siedelten.[178] Damit führt er einen möglichen Grund dafür an, dass es für die kultischen Klagen des *kalû* (Klagepriester) keinen älteren Textzeugen als aus der aB-Zeit gibt. Die Bestimmung einer kultischen Verwendung der Stadtklagen ist eine umstrittene Frage. In keinem der genannten Texte gibt es genaue Angaben zu deren ursprünglichen Gebrauch, wer sie verfasste oder wann und wo aufführte.[179] N. Samet sieht den Grund dafür, dass nichts über den kultischen *Sitz im Leben* (SiL) der Klagen bekannt ist darin, dass sie nie im täglichen Kult zur Aufführung kamen.[180] Sie verweist dabei auf den Sachverhalt, dass die CL keine Litaneien enthalten.[181] Die Klagen LU, LW, LE und LN enthalten Ritualbeschreibungen, in denen ein Mann (lu₂) eine Klage (er₂) aufführt und ein Gebet (siskur, a-ra-zu) vor dem Stadtgott rezitiert, in der Absicht, das Herz des Gottes zu besänftigen, um die Wiederherstellung von Stadt und Land zu erzielen.[182] Spätere

---

173 Vgl. Samet, Lamentation, 6–9.
174 Vgl. Green, Uruk Lament, 253. Tinney, Nippur Lament, 46.62.
175 Vgl. Green, Uruk Lament, 253.
176 Vgl. Samet, Lamentation, 11.
177 Vgl. Samet, Lamentation, 9–12. Tinney, Nippur Lament, 23.
178 Vgl. Black, Emesal, 31.33.
179 Vgl. Tinney, Nippur Lament, 23.
180 Vgl. Samet, Lamentation, 9–12.
181 Vgl. Samet, Lamentation, 12–13. Gabbay, Eršema, 148–151.
182 Vgl. Samet, Lamentation, 12–13. LN, Z.305–07: „Er (Išme-Dagan) betet zu ihm (Enlil) und huldigt ihm! Wenn er die Klage begonnen hat und das Gebet gesprochen, Fürst aller Länder, mit Öl, wie süßen Sirup, seine Haut schmierte er damit ein (w. machte). Sein Gebet wurde erhört, er

Parallelen zeigen, dass mit ‚Mann des Gebetes' entsprechend kultischen Klagen und aB-Verwaltungstexten der *kalû* (Klagepriester) gemeint ist.[183] Ist die Annahme N. Samets zutreffend, dass in diesen Beschreibungen der SiL der Stadtklagen selbst enthalten ist, kann für die Klagen ein kultischer Gebrauch rekonstruiert werden.[184] Der Inhalt der eben genannten Abschnitte führte einige Forscher wie E. Cohen und W.W. Hallo zur Annahme, dass die Rezitation der Texte während des Wiederaufbaus der Tempel stattfand.[185] Th. Jacobsen geht weiter und bemerkt die inhaltliche und formale Ähnlichkeit zu den kultischen Balaĝs,[186] wodurch auch seine rituelle Beurteilung der Klagen ausfällt, die er ähnlich zu denen der Balaĝs verortet.[187] Die Annahme basiert zudem auf der Tatsache, dass Stadtklagen wie Balaĝs in kirugus unterteilt sind.[188] W.H. Römer hält Äußerungen zum kultischen SiL für verfrüht, nimmt aber ebenso eine Beziehung zu den Balaĝ-Klagen an und argumentiert, dass ein ähnlicher kultischer Kontext bestünde.[189] Balaĝs werden im täglichen Kult, i.d.R. vor der Götterstatue, zu bspw. Prozessionen und Tempelerneuerungen gesungen und von kultischen Handlungen begleitet. Auf dieser Vermutung basierend, nimmt auch H.-J. Kraus für die Threni an, die Klagelieder

---

(Enlil) schaute auf ihn, Išme-Dagan, dessen Worte ihm (Enlil) Freude bereiten." LW, (Segment F), Z. 21–27: „[...] in deinem E-ĝipar in Uruk, als demütiger Mann, der deine Füße ergriffen hat, als Frommer, der um deine Hoheit erfahren hat, brachte er eine Klage als Gebet, [dem] Herrn [...]. Darüber, was mit in Sumer und Akkad passiert ist, was er in Uruk, in dem kranken Platz, [er] mit den eigenen Augen gesehen hat, mögen die fachkundigen Sänger darüber ihre Lieder singen." LU, Z. 430–431: „Der persönliche Gott von jemandem bringt dir ein Begrüßungsgeschenk, der Bittsteller spricht ein Gebet zu Dir. Nanna, der Du Mitleid hast mit dem Land, Herr Ašimbabbar, der zu deinem Herzen spricht. Nanna, nachdem Du die Sünde des Mannes freigesprochen hast, möge dein Herz sich [ihm gegenüber] beruhigen. Er schaut wohlwollend auf den Mann, der mit seiner Opfergabe vor ihm steht. Nanna, Du, dessen eindringlicher Blick die Eingeweide durchforscht. Mögen die Menschen, die unter dem zerstörerischen Sturm gelitten haben, rein sein vor Dir. Mögen die Herzen der Leute, die im Land wohnen, rein sein vor Dir. Nanna, mögest Du in deiner restaurierten Stadt angebetet werden."
183 Vgl. GABBAY, Eršema, 140.
184 Vgl. GREEN, Eridu Lament, 156–57.
185 Vgl. CLAM, 38 f. HALLO, Origins, 224.
186 Es stimmen die Struktur der Klage über LSUR und LU mit den kultischen Klagen stark überein, sogar ein sog. Herzberuhigungsabschnitt ist enthalten, mit der Bitte um göttliche Rückkehr, vgl. SAMET, Lamentation, 9–12.
187 Vgl. JACOBSEN, Review, 219–224.
188 Vgl. HALLO, Origins, 224. Er schreibt weiter, dass die historischen Anspielungen sie für einen täglichen, rituellen Gebrauch ungeeignet machen, wodurch sie auf den einmaligen kultischen Akt beschränkt bleiben.
189 Vgl. RÖMER, Ur, 5.

seien in den Trümmern der heiligen Stätte gesungen wurden.[190] Jedoch lässt sich keine der vorgeschlagenen rituellen Kontextuierungen nach derzeitigem Stand beweisen. Da die Stadtklagen keine Gattungsbezeichnung aufweisen, ist es schwierig, sie mit den, in diesen Abschnitten genannten, Termini wie er$_2$-sizkur (w. Träne des Gebetes) oder gi-ra-num$_2$ (Klage, Klagezeremonie) in Verbindung zu bringen.[191] Äußerungen über ihre rituelle Verwendung bleiben somit rein spekulativ.

Jedoch lässt sich nachweisen, zu welchem Zweck eine Vielzahl der vorliegenden Manuskripte gedient hat. Paul Delneros Untersuchungen zufolge kann man zum einen mit Sicherheit sagen, dass die Kompositionen als zu einer Gruppe von Texten zugehörig verstanden wurden.[192] Das zeigen drei altbabylonische Kataloge, in denen die Klagen anhand ihrer Incipits gelistet und gemeinsam gruppiert werden.[193] Dabei führen der Louvre-Katalog (AO.5393) und der Nippur-Katalog (UM 29 – 15 – 155) die Klagen LU, LN, LSUr gemeinsam auf.[194] Zum anderen kann P. Delnero eindeutig nachweisen, dass die Stadtklagentexte zum Schreibercurriculum gehörten und in deren Kreis zirkulierten.[195] In Nippur und Ur wurden zahlreiche Manuskripte gefunden und nicht zuletzt ist eine disproportionale Anzahl an Duplikaten ein Indikator für die Beurteilung als Lehrtext, so P.Delnero.[196] So haben Textzeugen aus dem Haus F in Nippur LSUr, LU und LN zahlreiche Duplikate in der #1Broad-Street in Ur.[197] Beide Fundorte überliefern Texte der Schreiberausbildung und zeigen dabei lokale Unterschiede in der Qualität der Schreiber hinsichtlich der Grammatik und Schreibweisen einzelner Worte und ganzer Sätze.[198] So weist Nippur eine deutlich geringere Fehlerquote auf als die Kopien von Ur.[199]

---

190 Vgl. KRAUS, Threni, 355. Er konstatiert, dass Stadtklagen ohne Tempel auskommen müssen und historische Ereignisse berichten, die quasi als Legitimierung dienen, dass Tempel aufgrund der Zerstörung nicht mehr vorhanden sind.

191 Vgl. TINNEY, Nippur-Lament, 21 f. Vgl. DELNERO, Untranslatable, 7. Den Mangel einer Gattungsunterschrift nutzt Delnero ebenso zur Begründung seiner Zuordnung der Texte zum Schreibercurriculum, wie die Vielzahl ihrer Manuskripte.

192 Vgl. DELNERO, Catalogues, 53. Dabei ist Delnero darin zuzustimmen, dass die Natur der Gruppierung unklar bleibt.

193 Vgl. TINNEY, Nippur-Lament, 22. Vgl. SAMET, Lamentation, 13. DELNERO, Catalogues, 49.

194 Vgl. TINNEY, Nippur-Lament, 22. Vgl. AO.5393, Col ii, Z. 4 – 7. CDLI, P345372. ETCSL 0.2.04, ein altbabylonischer Katalog aus Ur, Ausgrabungsnummer: U 17900 h, Rev. Z.19 f. DELNERO, Catalogues, 32.

195 Vgl. DELNERO, Literature and Identity, 18.

196 Vgl. DELNERO, Untranslatable, 6.

197 Vgl. DELNERO, Inana and Ebih, 144.

198 Vgl. DELNERO, Literature and Identity, 30 – 32.

199 Vgl. DELNERO, Literature and Identity, 31 f.

Exkurs: Die Klagen Ägyptens

Als eine weitere Besatzungsmacht Israels und Judas hat wohl auch die ägyptische Kultur Einfluss auf diese Gebiete gehabt. Die Klageliteratur Ägyptens beschränkt sich auf wenige überlieferte Werke. Diese sollen hier als Exkurs betrachtet werden, da sie als vorliegende Literaturwerke, es handelt sich nicht um kultisch verwendete Texte, auch auf eine gattungsspezifische Verwandtschaft mit der Stadtklageliteratur hin befragt werden sollen.

Die Themen Schmerz und Klage in Bezug auf Zerstörungserfahrungen finden sich in der ägyptischen Überlieferung in der sog. ‚pessimistischen Literatur‘.[200] Diese stammt aus dem Mittleren Reich (ca. 2137–1781 v. Chr.). Sie beschäftigt sich mit der Unheilserfahrung an sich und als gesellschaftliche Erfahrung.[201] Zu dieser Literatur gehören die *Prophezeiung des Neferti*, die *Admonitions*, die *Klagen des Chacheperre-seneb*, das *Gespräch eines Lebensmüden mit seiner Seele* und der Text des *Beredten Bauern*.[202] Im Hinblick auf die Verarbeitung von Zerstörungserfahrungen in Bezug auf ein Land oder eine Stadt, sind vor allem die *Prophezeiung des Neferti* sowie die *Admonitions* von Bedeutung.

Bei der *Prophezeiung des Neferti* handelt es sich um Erzählungen eines Propheten, die als Klagen gestaltet sind und deren Rahmenhandlung am Hofe Snofrus spielt.[203] Der überlieferte Text besteht aus zwei Hauptteilen, einer Rahmenerzählung und einem Korpus von Prophetensprüchen, wobei die Klage in Stil und Form in den Abschnitten 48.54–55 vertreten ist.[204] Der Text beginnt in den Abschnitten 1–19 mit einem Bericht über die Berufung des Propheten.[205] Es folgt ein Korpus an Sprüchen, die sich in die Abschnitte Selbstaufforderung, Unheilsweissagungen und Heilsweissagungen unterteilen lassen.[206] Die Rede des Propheten beginnt mit einer Anrede an dessen eigenes Herz, das zur Klage aufgerufen wird.[207] Den Aufforderungen an das eigene Herz sind unregelmäßig Begründungen angefügt, die mit *mk* (siehe) beginnen und denen Schilderungen des herrschenden Chaos folgen.[208] Befestigungen sind von Feinden durchbrochen, die ins Land eindringen. Das Land selbst ist im Elend. Den Unheilsschilderungen folgen Heilsweissagungen, die sich in Umfang, Aufbau, Form und Sprache auffallend

---

200 Vgl. KUCHAREK, Osirisklage, 21.
201 Vgl. KUCHAREK, Osirisklage, 21.24.
202 Vgl. JUNGE, Klagen, 275.
203 Vgl. JUNGE, Klagen, 276.
204 Vgl. BLUMENTHAL, Neferti, 2.9.
205 Vgl. BLUMENTHAL, Neferti, 2.
206 Vgl. BLUMENTHAL, Neferti, 2.
207 Vgl. BLUMENTHAL, Neferti, 2.
208 Vgl. BLUMENTHAL, Neferti, 2f.

vom vorhergehenden Kontext unterscheiden, weswegen man sich in der Forschung einig ist, dass der Text nicht aus einem Guss sein kann.[209] Zudem ist sicher, dass der Text nicht aus der Zeit der Rahmenerzählung, d. h. z. Z. Königs Snofrus (2670 – 2620 v. Chr.) stammt, sondern es sich um *vaticina ex eventu* handelt.[210] Der Text selbst ist vermutlich in der Zeit Königs Amenemhet I. (ca. 1994 – 1965 v. Chr.) entstanden[211] und stellt, so Friedrich Junge, einen Krönungstext dar.[212] Wahrscheinlich hat der Text, ähnlich der sumerischen Nippurklage (LN), der Verherrlichung des Königs und der Werbung um dessen Legitimation zur Herrschaft gedient.[213]

Die mittelägyptischen *Admonitions* berichten, analog den mesopotamischen Stadtklagen, von Feinden, die eindringen und das Land zerstören.[214] Zudem wird in diesen Mahnungen von einer Chaos-Zeit, in der die Ordnung gestört ist und die sozialen Verhältnisse umgekrempelt sind, berichtet.[215] Es gibt lediglich einen Textzeugen, auf dem die Mahnworte enthalten sind, den Papyrus pLeiden I 344 recto.[216] Er ist in zwei Monographien bearbeitet worden. Die ältere Textausgabe bietet Alan H. Gardiner, eine neuere mit Kommentar ist von Wolfgang Helck.[217] Der Text ist insgesamt sehr fragmentarisch erhalten, ein unbestimmbar großer Abschnitt der Einleitung sowie der Schluss fehlen, ab der Hälfte gibt es große Textlücken.[218] Der Papyrus datiert vermutlich ins Ende des Mittleren Reiches (2. bis Mitte 1. Jt. v. Chr.) und ist ebenso wie die *Prophezeiung des Neferti ex eventu* verfasst.[219] Beziehungsweise konstatiert Miriam Lichtheim, dass es sich bei den *Admonitions* um ein Werk handle, dass sich literarisch mit dem Topos der „national distress" beschäftigt.[220] Joachim F. Quack untersucht in seinem Aufsatz

---

209 Vgl. Blumenthal, Neferti, 12.
210 Vgl. Blumenthal, Neferti, 13.
211 Vgl. Blumenthal, Neferti, 13. Junge, Klagen, 276.
212 Vgl. Junge, Klagen, 281.
213 Vgl. Blumenthal, Neferti, 22.
214 Quack, Admonitions, 345, Anm. 1, stellt fest, dass die Bezeichnung Admonitions fehlerhaft ist, aber verwendet werden kann, da sie sich in der Forschung eingebürgert hat. Andere Bezeichnungen für die Texte sind Mahnworte eines Weisen oder Mahnworte des Ipuwer. Vgl. Junge, Welt der Klagen, 275.
215 Vgl. Junge, Welt der Klagen, 275.282.
216 Vgl. Quack, Admonitions, 345.
217 Gardiner, Alan H., The Admonitions of an Egyptian Sage, Hildesheim 1969. Helck, Wolfgang, Die ‚Admonitions' Pap. Leiden I 344 recto, KÄT 11, Wiesbaden 1995.
218 Vgl. Quack, Admonitions, 345.
219 Vgl. Junge, Klagen 276. Quack, Admonitions, 353. Quack datiert die Klagen in die Zeit der 11./12. Dynastie oder in die der 13./17. Dynastie, welche jeweils ein Kontrastbild zu den sog. Zwischenzeiten zeichnen.
220 Lichtheim, Egyptian Literature, 135.

„Klage über die Zerstörung Ägyptens"[221] die *Admonitions* hinsichtlich ihrer Parallelen mit den mesopotamischen Stadtklagen. Ziel der Untersuchung ist es zu klären, ob die Texte einer gemeinsamen Gattung zuzuweisen sind.[222] Seine Ergebnisse seien hier kurz zusammengefasst. Zum einen weisen nach J. F. Quack beide Gattungen ein „Sonst-Jetzt-Schema"[223] auf. Dabei wird der frühere Zustand im Land mit dem jetzigen, schlechten, verglichen.[224] Zum anderen stellt er die Theologie der Texte gegenüber und bezieht sich dabei auf den Vorwurf an Gott. Was sich im zentralen Bereich der *Admonitions* als Kritik am Verhalten der Gottheit findet, begegnet nach J. F. Quack auch in den Aussagen gegenüber Ningal, der der beklagenswerte Zustand von Ur zum Vorwurf gemacht wird.[225] Er sieht in beiden Fällen eine Kritik an der Gottheit, die das Unheil zugelassen hat.[226] Als dritten gemeinsamen Punkt nennt Quack „das gute Ende".[227] Hier muss er spekulieren, da, wie bereits erwähnt, die Schlusszeilen der *Admonitions* fehlen. Die Stadtklagen enthalten in ihren Schlusspassagen ein Bild des Wiederaufbaus und der Hoffnung auf eine gute Zukunft.[228] J. F. Quack sieht die Möglichkeit für solch einen Schluss auch bei den *Admonitions*. Er führt dabei Abschnitt 13,9 – 14,5 auf, in dem auch wünschenswerte Zustände beschrieben werden, bemerkt jedoch, dass die Bedeutung der Passage für das Textverständnis der *Admonitions* insgesamt schwierig zu bewerten sei.[229] J. F. Quack fasst zusammen, dass die mesopotamischen Stadtklagen dem Verständnis der *Admonitions* dienen können, und sie gemeinsame, auch gattungsmäßige Grundtendenzen aufweisen.[230] Die Entstehungszeit und der historische Hintergrund der Mahnworte bleiben aber unsicher.[231]

Insgesamt bleibt ist festzuhalten, dass die spärlich überlieferte, ägyptische Klageliteratur soweit feststellbar, einige Parallelen zur mesopotamischen auf-

---

221 QUACK, Joachim Friedrich, Die Klage über die Zerstörung Ägyptens. Versuch einer Neudeutung der ‚Admonitions' im Vergleich zu den altorientalischen Stadtklagen, in: *Ana šadî Labnāni lū allik*: Beiträge zu altorientalischen und mittelmeerischen Kulturen, hg.v. B. Pontgratz-Leisten/W. Röllig, Kevelaer/Neukirchen-Vluyn 1997, 345 – 354.
222 Vgl. QUACK, Admonitions, 346.349. DOBBS-ALLSOPP, Weep, 160.
223 QUACK, Admonitions, 347 f.
224 Vgl. QUACK, Admonitions, 348. Er nennt die Parallelen zwischen den Adm. Z.2,4 f; 4,4; 7,9; 7,11.13 f. und LSUr, ETCSL 2.2.3., Z. 351.335; LU, ETCSL 2.2.2., Z.273.280.
225 Vgl. QUACK, Admonitions, 350. 8. Kirugu der Klag von Ur. LU, Z.374 – 376; LSUR, Z.341: Sîn wendet sich an seinen Vater mit der Frage, wie er das zulassen konnte.
226 Vgl. QUACK, Admonitions, 351.
227 Vgl. QUACK, Admonitions, 351.
228 Vgl. LSUr, Z.498 f.512 – 515; LU, Z.423 f, NL, Z.270 – 273.287 – 290; LE, Z.305.
229 Vgl. QUACK, Admonitions, 351.
230 Vgl. QUACK, Admonitions, 353.
231 Vgl. QUACK, Admonitions, 353.

weist. Zum einen wird das Thema der städtischen Zerstörung in eigenständigen Werken literarisch weiter verarbeitet. Zum anderen können solche Literaturwerke dazu gedient haben, einen bestimmen König zu legitimieren. Eine Besonderheit der ägyptischen *Prophezeiung des Neferti* liegt zudem darin, dass die Thematik der Klage als Weissagung eines Propheten gestaltet ist.

2.3.2 Rolle und Repertoire eines Klagesängers (*kalû*/gala) im Alten Orient

Der *kalû* (sum. gala/Klagepriester) ist sowohl als Person als auch hinsichtlich seines kultischen Amts eine interessante Figur des Alten Orients. Die Kunst des Klagepriesters, die *kalûtu*, besteht aus verschiedenen Klagegattungen, die bei unterschiedlichen Ritualen zur Anwendung kommen. Die vier Hauptgattungen des Repertoirs sollen im Einzelnen vorgestellt werden. Der Katalog IVR 53+, der die Liturgie für den gala listet, zählt 57 Balaĝ-Kompostionen, ca. 80 Eršemas und Ritualeršemas, sowie 47 Šu'ilas.[232] Der Katalog stammt aus der Bibliothek Assurbanipals (668–627 v.Chr.).[233] Ebenfalls zum Repertoire des gala gehören die Gattungen Eršaneša, Širnamšub und Širnamgala.[234] Allerdings sind lediglich die vier Gattungen, die den Großteil dessen Repertoire bilden, d.h. Balaĝ, Eršema, Eršahuĝa und Šu'ila, Gegenstand der folgenden Betrachtung und als Vergleichsmaterial zu den jeremianischen Texten dienlich.

Das sumerische Wort gala, akkadisch *kalû,* wird meist mit ‚Klagepriester‘ oder ‚Klagesänger‘ übersetzt.[235] In jedem Fall handelt es sich dabei um ein liturgisches Amt. Der *kalû* hat in Mesopotamien ein festes Tempelamt inne, seine Funktion ist seit Ur-III-Zeit belegt (2100–2000 v.Chr.).[236] Bei dem Begriff gala handelt es sich um ein Wort, das mittels zweier Zeichen geschrieben wird, den Zeichen UŠ und KU. Die jeweilige Bedeutung der einzelnen Zeichen führte in der Forschung zu der Meinung, dass es sich bei den *kalû* um homosexuelle Priester oder Personen zweideutigen Geschlechts handle.[237] Das Zeichen UŠ, auch als GIŠ gelesen, wird logographisch verwendet für Penis, KU für Anus, was als Hinweis auf eine mögliche Homosexualität gedeutet wurde.[238] Was die Zeichenkombination UŠ.KU

---

232 Vgl. CLAM, 19.
233 Vgl. CLAM, 19.
234 Siehe. u.a. SHEHATA, Musiker, 247–291. LÖHNERT, Sonne, 11–21.
235 Vgl. u.a. LÖHNERT, Sonne, 61.
236 Vgl. SHEHATA, Musiker, 56.
237 Vgl. zuletzt GABBAY, Third gender, 49–56.
238 Vgl. GABBAY, Third gender, 49. SHEHATA, Musiker, 55.

ursprünglich bedeutete, ist bisher ungeklärt.[239] Zuletzt versuchte sich Uri Gabbay in einem Artikel von 2008 einer Deutung des Begriffs gala.[240] Er leite die akkadische Form *kalû* von der semitischen Wurzel kl' ab, was ‚beide' meint und sich seiner Ansicht nach auf die physischen Merkmale des Priesters beziehe, d. h. auf dessen zweideutiges Geschlecht.[241] Dabei verweist er auf das akkadische Nomen *kulu'u*, das von derselben Wurzel stamme und Eunuch oder Kastrat bedeutet. Ob allerdings zwischen beiden Nominalformen wirklich eine etymologische Verwandtschaft besteht und ob diese dann Auskunft über das Geschlecht des *kalû* geben kann, darf bezweifelt werden.[242] Dahlia Shehata hat indes die Beurteilung des Klagepriesters als Homosexuellen, Transvestit oder Hermaphrodit noch einmal überblicksweise auf die dahinterliegenden Problemstellungen und Begründungen untersucht.[243] Dabei stellt sie fest, dass die Beurteilung des *kalû* nicht nur auf der Schreibung des Begriffes basiert, sondern auch auf der Verwendung des Emesal-Dialektes für dessen Repertoire,[244] sowie der mythologischen Darstellung des Priesters als „Grenzgänger".[245] D. Shehata hält fest, dass es für die altbabylonische Zeit keinerlei Hinweise auf ein besonderes oder verändertes Geschlecht gebe.[246] Zudem finden sich altbabylonische Belege, die Auskunft darüber geben, dass gala-Priester Familien hatten, Lehrlinge in ihr Haus aufnahmen und Kinder adoptierten.[247] Sicher belegt ist dabei nicht, dass alle Kinder von gala-Priestern adoptiert waren, sodass nicht ausgeschlossen werden kann, dass diese auch eigene Kinder hatten. Genaue Hinweise auf deren Geschlecht und Sexualität gibt es nicht, die Frage kann nicht final beantwortet werden. Sicher ist jedoch, dass es im Alten Orient Hermaphroditen, Kastraten und Eunuchen im kultischen Bereich

---

239 Vgl. SHEHATA, Musiker, 55.

240 The Akkadian word for 'Third Gender'. The *kalû* (gala) once again, in: Proceedings of the 51st Rencontre Assyriologique Internationale held at The Oriental Institute of The University of Chicago, July 18–22, 2005, hg.v. R. D. Biggs/J. Myers/M. Roth, Chicago/Illinois 2008, 47–54.

241 Vgl. GABBAY, Third gender, 51.

242 Vgl. SHEHATA, Musiker, 86.

243 Vgl. SHEHATA, Musiker, 82f. ZIEGLER, Music, 300. Sieht die Annahme, dass *kalû* Kastraten oder Hermaphroditen waren, als widerlegt an. SHEHATA, Gesangsrepertoire, 172.

244 Falkenstein und Cooper vertreten die These, dass das Repertoire der gala ursprünglich von Frauen gesungen wurde. Vgl. FALKENSTEIN, SAHG, 29: „Sicher ist dagegen, daß durchweg im Emesal abgefaßte Gattungen wie zum Beispiel erschemma-Lieder wenigstens ursprünglich von Priesterinnen oder Sängerinnen vorgetragen worden sind." COOPER, Genre, 41–45, weist nach, dass für das dritte Jahrtausend der Beruf des gala auch für Frauen belegt ist. Jedoch bilden diese Belege eine Ausnahme, mit Beginn der altbabylonischen Zeit (19. Jh. v.Chr.) beziehen sich alle Belege des Berufes auf Männer.

245 Vgl. SHEHATA, Musiker, 82f.

246 Vgl. SHEHATA, Musiker, 88.

247 Vgl. SHEHATA, Musiker, 88. ZIEGLER, Music, 300.

gab,[248] jedoch weiß man nicht, ob eine solche Neigung den *kalû* nicht lediglich aufgrund ihrer Aufgabe des Singens von Emesalklagen zugedichtet wurde.[249]

Die Erschaffung des *kalû* als kultisches Amt wird in dem sumerischen Mythos *Inanas Gang zu Unterwelt* (akk. *Ištars Höllenfahrt*), sowie in einem Balaĝ für Inana berichtet.[250] Wie des Menschen Schöpfung geht auch die des gala auf den Gott Enki zurück. In einer ätiologischen Passage des Mythos wird berichtet, wozu der gala tur-ra (der kleine gala) erschaffen wird. Die Erzählung von Inanas Gang zur Unterwelt handelt vom Bestreben der Göttin Inana, ihren Machtbereich auf die Unterwelt auszudehnen. Jedoch scheitert sie und wird als Tote in der Unterwelt gefangen gehalten. Da Inana aber auf der Erde gebraucht wird, als Verantwortliche für Liebe und Fruchtbarkeit unabdingbar ist, leitet der Gott Enki eine Rettungsaktion ein. Aus dem Dreck seiner Fingernägel erschafft er zwei neue Wesen, zum einen den gala tur-ra, zum anderen den kur-ĝar-ra, einen weiteren Kultdiener der Inana.[251] Zusammen sollen sie Inana zum Leben erwecken und aus der Unterwelt befreien.[252] Dazu überwinden sie die Grenzen von Lebens- und Unterwelt und vermitteln zwischen der Unterweltsgöttin und Inana. Beide werden als Klageexperten ausgewiesen.[253] Sie versuchen das Vertrauen der Unterweltsgöttin und Schwester Inanas, Ereškigal, damit zu gewinnen, dass sie deren Klagen bestätigen.

Inanas Gang zur Unterwelt, 236–239:

236: u-u$_8$-a šag$_4$-ĝu$_{10}$ dug$_4$-ga-ni
237: kuš$_2$-u$_3$-me-en nin-me a šag$_4$-zu [dug$_4$]-ga-<zu>-ne-[ne]
238: u-u$_8$]-a bar-ĝu$_{10}$ dug$_4$-ga-ni
239: kuš$_2$-u$_3$-me-en nin-me a bar-zu [dug$_4$]-ga-<zu>-ne-[ne][254]

Ü: Auf ihren Ausspruch: ‚Oh mein Herz!' sagt ihr ‚Du bist besorgt unsere Herrin: Oh dein Herz!' Auf ihren Ausspruch: ‚Oh mein Inneres!' sagt ihr ‚Du bist besorgt unsere Herrin: Oh dein Inneres!'

---

248 Vgl. SHEHATA, Musiker, 87.
249 Vgl. K. Lämmerhirt mdl. Es zeigen Sprüche, wie die Gruppe SP 2.97–106, dass die *kalû* unter den Gelehrten nicht unbedingt beliebt waren. Sie haben wohl als eingebildet und oppurtunistisch gegolten. So heißt es in SP 2,97, nach ALSTER, Proverbs, 65: „For a lamentation priest, a field lies close to a house." In SP 2,100 nach ALSTER, Proverbs, 65, heißt es: „A lamentation priest wiped his anus and said, I must not stir up that which belongs to the Queen of Heaven (i. e. Inanna), my lady."
250 Vgl. KRAMER, gala, 1–9, BM 29616.
251 ETCSL 1.4.1., Z.224.
252 ETCSL 1.4.1., Z.226–294.
253 ETCSL 1.4.1., Z.263–272.282–289.
254 ETCSL 1.4.1., Z.236–239.

Die Klageerwiderungen verfolgen die Absicht, das Herz der Ereškigal zu besänftigen. In den darauffolgenden Zeilen fragt die Unterweltsgöttin nach der Natur der beiden Wesen, die weder Götter noch Sterbliche zu sein scheinen. Doch bleibt die Antwort aus.

Der zweite Beleg zur Funktion und Erschaffung des gala, das Balaĝ-Lied BM 296161, datiert in die altbabylonische Zeit, ist in Emesal verfasst und wurde erstmals von Samuel Noah Kramer 1981 publiziert.[255] In der Litanei zu Beginn des Textes wird Inana angerufen:

Z.1: šag$_4$-zu ta am$_3$-ir an ki ta kuš$_2$-u$_3$
Ü: „Was bekümmert dein Herz? Himmel und Erde, was sind sie in Sorge?"[256]

Die Göttin scheint sich in einem Besorgnis erregenden Zustand zu befinden. Diese Situation sorgt auch Enki, denn der Göttin Stimmung scheint eine Gefahr für die Menschen zu bergen. Um diese Gefahr abzuwenden, erschafft Enki den gala. Zweck seiner Erschaffung ist, das von Inana ausgehende Übel abzuwenden und ihr Herz zu besänftigen.[257] Zur Erfüllung dieser Aufgabe werden ihm zwei Instrumente, die lilis- und die ub-Trommel gegeben, [258] sowie Klagelieder, die das Herz beruhigen sollen. Aus den Bezeichnungen der Lieder geht hervor, dass es sich um Eršemas handelt, eine der Hauptgattungen, die zum Repertoire des *kalû* gehören.[259]

Der Klagepriester wird in den beiden angeführten Texten als jemand beschrieben, der von Enki geschaffen wird, Grenzen zwischen den Welten überschreiten kann und zwischen Göttern bzw. Gott und Menschen vermittelt, indem er fähig ist, die Herzen der Götter, vor allem das der Inana, zu beruhigen.[260]

Der *kalû* definiert sich nicht über seine Person, sondern über seine Aufgabe und Funktion im Kult als Grenzgänger und Mittler. Diese Funktion steht in engem Zusammenhang mit dem Emesal-Gesang, der durch eine hohe Intonierung offenbar gut als Kult und Vortragssprache geeignet war, um sich an die Götter zu wenden und auf deren Gehör zu hoffen.[261] Die Priesterklasse der *kalû* ist sicher erst seit der Ur-III-Zeit belegt, sie werden in Tempelrationenlisten aufgeführt.[262] Zudem

---

255 KRAMER, Samuel Noah, BM 29616. Fashioning of the gala, AcSu 3 (1981), 1–9.
256 KRAMER, gala, 1.
257 Vgl. SHEHATA, Musiker, 67.
258 Vgl. SHEHATA, Musiker, 97.
259 Vgl. SHEHATA, Musiker, 68.
260 Vgl. SHEHATA, Musiker, 71f.
261 Vgl. SHEHATA, Musiker, 88.
262 Vgl. SHEHATA, Gesangsrepertoire, 172.

ist bekannt, dass der gala im 3. Jt. v. Chr. an Beerdigungszeremonien teilnahm.[263] Der mythologische Bericht zur Entstehung des Berufes gala gibt Auskunft über Funktion und Rolle im Kult. So ist die wichtigste Aufgabe des *kalû* die, zu der er geschaffen wurde, die Herzberuhigung der Götter zu erwirken, um Unheil abzuwenden.[264] Nach altorientalischer Vorstellung gelingt ihm das durch die Aufführung von Klagen. Der Gesang wird dabei instrumental unterstützt. Als Instrumente, die die Klagen des *kalû* begleiten, sind nach frühestem Beleg die Balaĝ-Trommel,[265] die šem$_3$-Trommel (akk. *ḫalḫallat(um)*), die ub$_3$-und die lilis-Trommel,[266] sowie für das 1. Jt. v. Chr. hinzukommend die Instrumente me-ze$_2$ und a$_2$-la$_2$ bekannt. Dabei handelt es sich ausschließlich um Perkussionsinstrumente und Membranophone.[267] Der *kalû* ist der Mittler zwischen dem Bittsteller (Volk) und den Göttern. Er ist der, der die Herzen der Götter mit Klagen besänftigt, der mu-lu er$_2$ šag$_4$ ḫuĝ-e.[268] Durch die suggerierte Intransparenz seines Geschlechtes kann er die Mittlerolle zwischen göttlicher und irdischer Sphäre einnehmen.[269]

Ritualtexte und literarische Texte informieren über den kultischen Einsatz der Klagepriester. Der älteste Ritualbeleg findet sich im Ištarritual A.3165 aus der altbabylonischen Stadt Mari.[270] Darin wird berichtet, wie ein gala ein Eršema an Enlil vorbringt.[271] Dabei begleitet er sich selbst mit einer *ḫalḫallatum*(šem$_3$)-Trommel. Ein gala-Chor steht ihm gegenüber.[272] Für das 1. Jt. v. Chr. informieren Ritualtexte, die die Incipits der zu singenden kultischen Klagen enthalten, über den Gebrauch der Gattungen im Kult.[273]

Kultische Anlässe, zu denen der Klagepriester in Aktion trat, waren Situationen, in denen der göttliche Beistand und das Wohlwollen gegenüber den Menschen als gefährdet betrachtet wurden. Es handelt sich dabei in erster Linie um Götterprozessionen und Bautätigkeiten an Heiligtümern. Bei beiden Anlässen fand ein Ortwechsel der Götterstatuen statt, den personifizierten irdischen Formen der Götter, deren unversehrte Rückkehr in dieser Situation nicht unbedingt gesichert war. Weitere Anlässe waren Restaurationsarbeiten am Tempel oder am

---

263 Vgl. Cohen, Hymnology, 4.
264 Vgl. Shehata, Musiker, 89.
265 Vgl. Shehata, Musiker, 73.
266 Vgl. Gabbay, Eršema, 99. Die ub$_3$-Trommel immitiert die schreiende Göttin, sowie das Klopfen der Brust als Ausdrucks des Leidens.
267 Vgl. Shehata, Musiker, 73.
268 Vgl. Gabbay, Eršema, 50.
269 Vgl. Gabbay, Eršema, 50.
270 Vgl. Cohen, Hymnology 4. CLAM, 13. Krecher, Kultlyrik, 18.
271 Vgl. u. a. Shehata, Musiker, 76.
272 Vgl. Shehata, Musiker, 77.
273 Vgl. Gabbay, Eršema, 100. Krecher, Klagelied, 3.

Kultbild, Mondfinsternisse, rituelle Reinigungen, Königsrituale, sowie Riten zur Abwehr von Feinden.[274] Jeweils sind die genannten Ereignisse als sogenannte Übergangsriten zu bezeichnen.[275] Damit sind instabile Situationen gemeint, bei denen die Gunst der Götter nicht bindend gewährleistet ist. Der *kalû* hat dabei die Aufgabe, deren Herzen für den Fall einer Störung zwischen göttlicher und menschlicher Sphäre präventiv zu beruhigen und die Götter nicht zürnen zu lassen.[276] Rituelle Handlungen begleiten die Klageaufführungen des gala.[277] Sicher übernahm der Priester dabei auch selbst einige.[278] Die Gabe von Opfern und Libationen sind dabei die häufigsten kultischen Begleithandlungen.[279] Für das 1. Jt. v. Chr. ist bekannt, dass während der Rituale auch der Wechsel von Kleidung als Kulthandlung möglich war.[280] Wohl sind auch das Brustschlagen und die Selbstkasteiung, durchgeführt durch den Klagepriester, nicht ausgeschlossen.[281] Sie alle dienen dazu, das Ritual in seiner Wirkung zu unterstützen.

Die Emesalklagen des *kalû* waren fester Bestandteil täglicher Zeremonien, dabei beginnt und endet ein kultischer Tag mit dem Sonnenaufgang.[282] Der reguläre Ort der Aufführung, besonders für Balaĝ und Eršema, waren der Tempel, das Tor des Tempels, der Tempelhof, der Palast und der Friedhof.[283] U. Gabbay weist zudem in einem Aufsatz zur Untersuchung zwischen dem Inhalt der aufgeführten Balaĝs und Eršemas und den Ritualen darauf hin, dass die Klagen vor der Götterstatue erbracht wurden.[284] Er stellt außerdem fest, dass Inhalt und Ritual nicht bindend zusammenhängen müssen, wohl aber z. T. bestimmte Balaĝs für die Aufführung zu einer bestimmten Tages-und Nachtzeit gewählt wurden.[285] Zweck der Rezitation der Emesalklagen und deren musikalischen Begleitung sind identisch, sie zielen als präventive Maßnahme darauf, die Herzen der Götter zu beruhigen.[286]

---

274 Vgl. SHEHATA, Musiker, 90. AMBOS, Baurituale, 10.12.
275 Vgl. SHEHATA, Musiker, 90.
276 Vgl. SHEHATA, Musiker, 90.
277 Vgl. SHEHATA, Musiker, 90.
278 Vgl. SHEHATA, Musiker, 97, nach Shehata vermutlich zumindest Rauchopfer und Libationen.
279 Vgl. GABBAY, Eršema, 120.
280 Vgl. GABBAY, Eršema, 117.
281 Vgl. GABBAY, Eršema, 177 f.
282 Vgl. LINSSEN, Uruk, 25.
283 Vgl. GABBAY, Eršema, 125 f.
284 Vgl. GABBAY, Content, 1. Vgl. Jer 15,1.
285 Vgl. GABBAY, Content, 2 – 6.
286 Vgl. GABBAY, Eršema, 150.

Mittels ihres Inhalts erinnern sie an eine immer herrschende potenzielle Gefahr der Zerstörung durch den Zorn der Götter.[287] Durch das Hinweisen auf die Zerstörung und deren Folgen, soll ein erneutes Eintreten dieser vermieden werden.

Viele Kopien der Emesalkultlieder verraten, dass sie Eigentum und Kopien der gala-Priester waren.[288] Für das erste Jahrtausend gilt, dass die *kalû* selbst die Schreiber und Kopisten ihrer Texte waren. Das geht deutlich aus den erhaltenen Kolophonen hervor.[289] Zudem sind aus neubabylonischen (ca. 626–539 v.Chr.) Kolophonen Bezeichnungen für die Ausbildungsstadien der *kalû*-Sänger erhalten.[290] Sie zeigen, dass die Tafeln dieser jungen, auszubildenden Klagesänger das Eigentum des Vaters, ebenso *kalû*, waren, was darauf schließen lässt, dass es sich um einen Beruf handelt, der vom Vater an den Sohn weitergeben wurde.[291] Aus einem Balaĝ-Katalog und der Tafel CBS 4575 ist bekannt,[292] dass Texte auch zwischen urbanen Zentren ausgetauscht wurden und sich viele Lehrlinge damit beschäftigten, Texte zu kopieren und zu interpretieren.[293] Dies auch für die aB-Zeit zu bekräftigen, scheint indes schwierig, da es dafür keine eindeutigen Belege gibt.[294]

Die Theologie, die sich in den Emesalkultliedern spiegelt, ist dabei stets die Folgende: Sie zeigen nicht nur, dass die Macht der Götter (besonders An und Enlils) groß ist, sondern dass sie auch zerstörerisch ist.[295] Während in den Eršaḫuĝas die persönliche Sünde und menschliche Verfehlungen Schuld am Unglück des Einzelnen sind, spiegeln die kultischen und die Stadtklagen keine solche Schuld(-theologie) wider. Die Verwüstung des Landes wird nicht auf Verfehlungen des Volkes zurückgeführt.[296] Der Grund für das zerstörerische Wort der Götter, welches als Sturm beschrieben zum Akteur der Zerstörung wird, bleibt ungenannt, ja gar verschleiert, und weder Priester noch Wahrsager haben eine Einsicht darin.[297] Doch zeigen die Texte der kultischen Klagen noch eine andere Theologie. Sie zeigen, dass der Mensch durch kultische Handlungen und Gebete Einfluss auf die

---

287 Vgl. GABBAY, Eršema, 150 f.
288 Vgl. CLAM, 13.
289 Vgl. GABBAY, Eršema, 154.
290 Vgl. LÖHNERT, Manipulating, 407.
291 Vgl. LÖHNERT, Manipulating, 408.
292 CUNES 50–07–013.
293 Vgl. GADOTTI, Exchange, 72–76.
294 Vgl. GABBAY, Eršema, 154.
295 Vgl. GABBAY, Eršema, 22.
296 Vgl. GABBAY, Eršema, 30.
297 Vgl. GABBAY, Eršema, 24. Als Ursache ist lediglich der (unbegründete) Zorn der Götter genannt.

Stimmung der Gottheit haben kann und der *kalû* ist dafür verantwortlich, diese zum Guten zu wenden.

2.3.3 Balaĝ und Eršema

Die immer noch grundlegende Edition der bis 1988 bekannten Balaĝ-Gebete stellt die zweibändige Ausgabe von Mark E. Cohen, abgekürzt CLAM, dar.[298] Ihr zur Ergänzung folgten mehrere Aufsätze über einzelne Textvertreter.[299]

Die Klagegattung Balaĝ ist nach dem Instrument benannt, welches die Texte bei den Aufführungen begleitet. Es handelt sich dabei um die Gattung mit den längsten Texten im Bereich der Emesalkultlieder.[300] Die Gebetsgattung ist von der altbabylonischen (2. Jt. v.Chr.) bis seleukidischen (2.–1. Jh. v.Chr.) Zeit belegt.[301] Dabei ist ein Balaĝ-Gebet mit dem Incipit **uru₂ am₃-me-er-ra-bi** (Stadt, die geplündert worden ist) konstant über die Zeit hinweg kultisch verwendet wurden.[302]

Die Texte der Balaĝs sind ihrem Inhalt nach als Klagen zu charakterisieren, gemäß antiker Terminologie werden sie oft als Gebete (šud₃) bezeichnet.[303] Im 1. Jt. v.Chr. referieren Ritualtexte auf diese Gattung zudem als ÉR/*takribtu* (Fürbittgebete).[304] Sie sind in kirugus unterteilt und in Emesal, der kultische Vortragssprache,[305] verfasst. Die aB Textzeugen können bis zu 65 kirugus aufweisen und 570 Zeilen enthalten.[306] Die kirugus sind in der Regel nummeriert oder durch Trennlinien unterschieden. Sie stehen für eine Pause im Ritual, in der eine

---

298 COHEN, Mark E., The Canonical Lamentations of Ancient Mesopotamia, (2 Bde.), Potomac 1988.
299 Vgl. u. a. GABBAY, Uri/WASSERMANN, Nathan, Literatures in Contact. The Balaĝ úru àm-ma-ir-ra-bi and its Akkadian Translation UET 6.2, 403, JCS 57 (2005), 69–84. A-še-er Gi₆-ta. A Balaĝ of Inana, ASJ 7 (1985), 12–87. CAVIGNEAUX, Antoine, Sur le balag Uruamma'irabi et le Rituel de Mari, NABU (1998), no.43. GABBAY, Uri/MIRELMAN, Sam, Two Summary tablets of Balaĝ-Compositions with Performative Indications from Late-Babylonian Ur, ZA 101 (2011), 274–293. MIRELMAN, Sam, Birds, Balaĝs, and Snakes (K.4206+), JSC 67 (2015), 169–186. SCHMIDT, Karin Stella, Die balaĝ-Kompositionen uru₂-ḫul-a-ke₄ an die Göttinnen Inana und Gula. Zweisprachige Texte des 1. Jt.s v.Chr. und ihre Vorläufer, Diss. Phil. Freiburg im Breisgau 2003.
300 Vgl. SHEHATA, Musiker, 247.
301 Vgl. CLAM, 23f.
302 Vgl. CLAM, 28.31 Bereits in einem altbabylonischen Mari-Ritual wird es rezitiert und ist auf Manuskripten bis in die neuassyrische Zeit hinein belegt.
303 Vgl. GABBAY, Eršema, 5.
304 Vgl. GABBAY, Eršema, 5.9.106f. Gegen KRECHER, Klagelied, 3.
305 Vgl. SHEHATA, Musiker, 249. GABBAY, Eršema, 5. LÖHNERT, Sonne, 41.
306 Vgl. LÖHNERT, Sonne, 41.

mögliche Ritualhandlung vollzogen wird.[307] Zumeist enthalten die Texte auch narrative Elemente.[308]

Einem kirugu kann mitunter ein gišgal (Gegengesang) folgen. Die Gebete werden gesungen und von Instrumenten begleitet.[309] Im 1. Jt. v.Chr. werden die Balaĝ-Kompositionen zu einem Kanon zusammengefasst, wobei auch ein Großteil der altbabylonischen Lieder integriert wird.[310] Der Katalog IVR 53+ nennt die Incipits von 57 verschiedenen Balaĝ-Gebeten.[311]

Inhaltlich ähneln die Klagelieder den Stadtklagen. Zumeist werden klagende, weibliche Gottheiten beschrieben oder kommen selbst zu Wort, wobei sie die Zerstörung von ihren Tempeln und Städten bedauern, sowie ihre dadurch bedingte Heimatlosigkeit.[312] Männliche Gottheiten hingegen treten entweder als Helden auf oder es wird deren zerstörerische Kraft gepriesen. Die Obergottheit Enlil wird dabei zumeist als vernichtender Wind, der die Zerstörung bewirkt, aktiv.[313]

Balaĝ-Klagen wurden im 1. Jt. v.Chr. bei Restaurierungsarbeiten an Tempeln, dem Auszug einer Gottheit, Arbeiten an der Götterstatue, sowie Mundwaschungszeremonien und speziellen Anlässen wie Neujahrsprozessionen vorgetragen.[314] Es handelt sich dabei um Anlässe, die die Gefahr bergen, dass ein Gott in Form seiner Statue nicht zurückkehrt oder Schaden nimmt und damit den Zorn der Gottheit auslöst.[315] Balaĝs dienen im regelmäßigen Kult der konstanten Besänftigung der Götter und Sicherung gegenüber göttlicher Willkür.[316]

Eine weitere Hauptgattung der *kalûtu* (Kunst des Klagepriesters) ist die der Eršemas. Im 1. Jt. v.Chr. wurden diese oft den Balaĝ-Klage angeschlossen, was dazu berechtigt, sie hier unter einem gemeinsamen Punkt zu behandeln. Die wich-

---

307 Vgl. LÖHNERT, Sonne, 41.
308 Vgl. SHEHATA, Musiker, 248.
309 Vgl. SHEHATA, Musiker, 250.
310 Vgl. SHEHATA, Musiker, 248.
311 Vgl. CLAM, 19.
312 Vgl. GABBAY, Eršema, 5. Das Hauptthema ist die Offenbarung Gottes, die zur Zerstörung im Land führt und die Klage der Göttin über ihre zerstörte Stadt und den Tempel. In Mesopotamien kennt man nur die Klage der Göttin, männliche Gottheiten werden eher als die Zerstörungsmacht gezeichnet.
313 Vgl. SHEHATA, Musiker, 248.
314 Vgl. LÖHNERT, Sonne, 56.
315 Vgl. LÖHNERT, Sonne, 56.
316 Vgl. COHEN, Hymnology, 49. LÖHNERT, Sonne, 58.

tigsten Textausgaben zu den Eršemas bieten zum einen M. E. Cohen und für die Texte des 1. Jt. v. Chr. die Dissertation von U. Gabbay, sowie einzelne Ausätze.[317] Ebenso wie bei den Balaĝ-Liedern leitet sich auch die Gattungsbezeichnung der Eršemas von einem Instrument, in dem Falle der šem$_3$-Trommel, ab.[318] Eršemas sind seit aB-Zeit überliefert. Die altbabylonischen Textvertreter stammen aus Nippur, Sippar und Kiš. Sie tragen die Formel ‚er$_2$-šem$_5$-ma des/r (f)GN (und (f)GN)' als Unterschrift.[319] Die Länge der Gebete reicht von 30 – 120 Zeilen.[320] Sie sind nicht in liturgische Abschnitte unterteilt, enthalten jedoch oft ‚Versatzstücke', die bei Balaĝ-Kompositionen als kirugu-Einheit wiederzufinden sind.[321] Inhaltlich können altbabylonische Eršemas mythologisch narrative Elemente enthalten, Klagen über Zerstörungen, sowie hymnisch-preisende Abschnitte.[322] Sie wenden sich jeweils an bestimmte Götter und beginnen mit einer Litanei aus Städten und Gebäuden.[323]

Die Eršemas des 1. Jt. v. Chr. sind unter Zuhilfenahme von Trennlinien in bis zu drei Abschnitte unterteilt – im Gegensatz zu den einteiligen altbabylonischen –[324] und umfassen nie mehr als eine Tafel.[325] Dabei bildet der letzte Abschnitt der Gebete zumeist die so genannte Herzberuhigungseinheit (HBE).[326] Dieser gehört mit dem 1. Jt. v. Chr. fest zum Bestandteil der Eršemas und entstand wahrscheinlich aus der Verbindung der Gebete mit den Balaĝ-Klagen heraus, welche in diesem Jahrtausend stattfand.[327] Denn die Balaĝs weisen bereits aB ähnliche Formulierungen auf, wie sie in den HBE der Eršemas zu finden sind.[328]

---

317 Vgl. u. a. Cohen, Mark E., Sumerian Hymnology. The Ersemma, Cincinnati 1981. Gabbay, Uri, The Sumero-Akkadian Prayer 'Eršema'. A Philological and Religious Analysis, Diss Phil. Jerusalem/Heidelberg 2010. Gabbay, Uri, The Eršema Prayers of the First MillenniumBC, HES 2, Wiesbaden 2015. (Gabbay, Eršema 2) (veränderte Druckversion der Dissertation). Behrens, Hermann, CBS 6894. Ein Eršemma für Dumuzi?, in: dumu-e$_2$-dub-ba-a. Studies in honor of Åke W. Sjöberg, hg. u. a. v. H. Behrens, Philadelphia 1989, 29 – 31. Farber, Walter, Singing an eršemma for the Damaged Statue of a God, ZA 93 (2003), 208 – 213. Maul, Stefan M., ‚Wenn der Held (zum Kampfe) auszieht…'. Ein Ninurta-Eršemma, Or 60 (1991), 312 – 334.
318 Vgl. Gabbay, Eršema, 6.
319 Vgl. Shehata, Musiker, 284.
320 Vgl. Shehata, Musiker, 284. Löhnert, Scribes, 425.
321 Vgl. Shehata, Musiker, 284.
322 Vgl. Cohen, Hymnology, 20.
323 Vgl. Cohen, Hymnology, 27.
324 Vgl. Cohen, Hymnology, 21.
325 Vgl. Gabbay, Eršema, 6.
326 Vgl. Cohen, Hymnology, 21.
327 Vgl. Cohen, Hymnology, 24 – 27.
328 Vgl. Cohen, Hymnology, 24.

Eršema-Gebete werden im 1. Jt. in zwei Klassen unterschieden: Eršemas, die mit Balaĝs kombiniert, im Ritual verwendet werden und unabhängige Eršemas, die auch als Ritual-Eršemas (kidudû-Eršemas) bezeichnet werden.[329] Beide werden ihrer Unterschrift nach als Eršema ausgewiesen. Dabei unterscheiden sie sich vor allem darin, dass die an Balaĝ gebundenen Eršema-Gebete eine HBE enthalten, die Ritual-Eršemas nicht.[330]

Wie im Falle der Balaĝs verweist das Mari Ritual A.3165 auf die Aufführung von altbabylonischen Eršemas unter Begleitung der *ḫalḫallatu(m)*-Trommel.[331] Für das 1. Jt. v. Chr. steht fest, dass Eršemas bei Tempelgründungen und -wiederaufbauten gesungen werden, während sie von Ritualhandlungen wie Opfergaben und Libationen begleitet werden.[332] Sie dienen, wie die Balaĝs, zur Besänftigung der Götter in den unsicheren Zeiten.[333] Die kidudû-Eršemas waren für bestimmte Tage jedes Monats vorgesehen.[334]

Es bleibt festzuhalten, dass Eršemas klar strukturierte Gebilde von ein bis drei Einheiten sind, während Balaĝs aus beliebigen Abschnitten und Versatzstücken zusammengesetzt sein können, die inhaltlich voneinander unabhängig sind.[335] Liturgische Texte in Emesal, wie Eršemas und Balaĝs, enthalten einen beschränkten Umfang von wiederkehrenden Bildern. Dazu gehören die Zerstörung des Schafspferchs und seines Hirten, verlassene Ruinenhügel, sowie das Bild der Mutter, die um Ihr Kind weint.[336] Auch teilen sie sich gemeinsame Bilder mit den Stadtklagen, wie die Bilder der Zerstörung des Rinderstalls und der Schafhürde, die metaphorisch für Städte, Gebäude und Tempel stehen. Die Göttin klagt und beweint ihren Rinderstall, sie selbst ist als Kuh dargestellt, die Stadt und ihre Einwohner als junge Tiere oder Schafherde, der stürmende Gott ist vergleichbar mit einem wilden Stier.[337]

Balaĝs und Eršemas sind inhaltlich und rituell eng miteinander verbunden, sie teilen sich gemeinsame Zeilen, Passagen und Abschnitte und handeln von den Folgen der Götteroffenbarung in Form der Zerstörung, die sie beklagen.[338] Eršemas wurden im 1. Jt. v. Chr. als Anhang zu den Balaĝ-Klagen gesungen.[339] Balaĝs und

---

329 Vgl. GABBAY, Eršema, 6.
330 Vgl. GABBAY, Eršema, 7.
331 Vgl. SHEHATA, Musiker, 285. DURAND, Rituels, 52–58.
332 Vgl. COHEN, Hymnology, 48.
333 Vgl. COHEN, Hymnology, 48.
334 Vgl. COHEN, Hymnology, 50.
335 Vgl. COHEN, Hymnology, 37.
336 Vgl. JAQUES, Bußgebete, 5.
337 Vgl. GABBAY, Eršema, 14 f.
338 Vgl. GABBAY, Eršema, 9.
339 Vgl. COHEN, Hymnology, 104.

Eršemas wurden zweimal pro Tag kultisch aufgeführt, zu Sonnenauf- und untergang.[340]

Die Funktion beider Klagegattungen liegt darin, das Herz der in diesen Liedern angesprochenen Gottheit zu beruhigen.[341] Der Wunsch der Herzberuhigung basiert auf der altorientalischen Vorstellung, dass zornige, trauernde und heimatlose Gottheiten eine Gefahr für die weltliche Ordnung sind und in der Folge Unheil über die Menschen kommen lassen.[342] Balaĝs und Eršemas gehören zur Kunst des *kalû*, der *kalûtu*, und werden auch in Kombination vorgetragen.[343] Das ist sowohl für die altbabylonische Zeit aus dem Ištar-Ritual in Mari bekannt, als auch für das 1. Jt. v. Chr. nachgewiesen.[344]

2.3.4 Eršaḫuĝas

Stefan M. Mauls Dissertation bietet die bisher umfangreichste Monographie zu den Herzberuhigungsklagen, den Eršaḫuĝas (EH).[345] Die EH sind neben den Balaĝs und Eršemas die dritte große Gattung von Gebeten, die in Emesal verfasst sind.[346] Die altbabylonischen Vertreter beschränken sich auf neun Belege, die mehrheitlich aus Sippar stammen.[347] Die Textzeugen des 1. Jt. v. Chr. kommen zum Großteil aus der Assurbanipal-Bibliothek in Ninive, vereinzelt aus Assur, Babylon, Nippur und Uruk. Aus einem Katalog des 1. Jt. v. Chr. sind insgesamt 130 Eršaḫuĝas mit ihren Stichzeilen für die Nutzung durch den *kalû* bekannt.[348]

Die Subskriptbezeichnung er$_2$-šag$_4$-ḫun-ga$_2$ bedeutet wörtlich „Klage der Herzberuhigung".[349] Diese Gattung gehört nach Ritualtexten des 1. Jt. zur *kalûtu*

---

340 Vgl. GABBAY, Eršema, 102.

341 Vgl. SHEHATA, Musiker, 248.

342 Vgl. SHEHATA, Musiker, 248. Damit einher geht der Befund, dass Balaĝ-Lieder auch während Namburbi-Ritualen rezitiert wurden, welche divinatorisch vorhergesehenes Unheil abwenden sollen.

343 Vgl. Kapitel 2.3.2.

344 Vgl. SHEHATA, Musiker, 249 f. Im altbabylonischen Ištar-Ritual aus Mari (A.3165) folgt dem Balaĝ uru$_2$ am$_3$-me-er-ra-bi ein Eršema an Enlil.

345 MAUL, Stefan M., 'Herzberuhigungsklagen'. Die sumerisch-akkadischen Eršaḫunga-Gebete, Wiesbaden 1988. Vgl. auch GELLER, Markham J., CT 58, No.70. A Middle Babylonian Eršaḫunga, BSOAS 55 (1992), 528 – 532. MICHALOWSKI, Piotr, On the early history of the ershahunga prayer, JCS 39 (1987), 37–48.

346 Vgl. MAUL, Herzberuhigungsklagen, 1.

347 Vgl. SHEHATA, Musiker, 289.

348 Vgl. MAUL, Herzberuhigungsklagen, 4.56. Insgesamt gibt es acht Kataloge mit Gebetsanfängen aus dem 1. Jt. Sie sind aber nur fragmentarisch erhalten.

349 Vgl. MAUL, Herzberuhigungsklagen, 1.

(Kunst der Klagepriester) und ist zumeist mit akk. Interlinearübersetzung verse-hen.[350] Diese fehlt jedoch häufig bei den einleitenden Litaneien, sowie am Ge-betsende, in Fürbitt-Litanei und Schlussformel.[351] Die stilistisch als Gebete zu bezeichnenden Kompositionen enthalten nur selten narrative Elemente. In ihnen tritt ein Beter in seinem Leid vor seinen Gott, der über dessen wissentliches oder unwissentliches Fehlverhalten erzürnt ist. Den Grund seines Kummers und des Beters Gottesferne führt er auf diese Tatsache zurück.[352] Die Gebete zielen auf die Herzberuhigung und die damit verbundene Abwendung des Übels, in dem sich der Beter aktuell befindet.

Die Schriftträger der EH sind immer einkolumnig, enthalten i. d. R. nur eine Herzberuhigungsklage, die in syntaktische Einheiten, in Halbverse, unterteilt ist.[353] Sie umfassen 22–65 Zeilen,[354] weisen einen einheitlichen Inhalt, Aufbau und gleiche Formulierungen auf, weshalb sich Exemplare eindeutig einer ge-meinsamen Klagegattung zuweisen lassen.[355] Eine Vielzahl von Texten ist im as-syrischen Duktus verfasst, teilweise finden sich auch welche in babylonischem.[356]

Ähnlich den Balaĝs und Eršemas beginnen die Texte mit Litaneien.[357] Sie dienen dazu, die Aufmerksamkeit der angerufenen Gottheiten gegenüber dem Beter zu wecken.[358] In den Litaneien werden die Gottheiten einzeln genannt und mit Epitheta und Hinweisen auf untereinander befindliche verwandtschaftliche Beziehungen oder einen Bezug zu bestimmten Kultstätten angerufen.[359] Diese Einleitung kann dabei einen preisenden/hymnischen, werbenden, bittenden/ wünschenden oder klagenden Charakter haben.[360]

Auf die Einleitungslitaneien folgt die Klage, die als Individualklage be-zeichnet werden kann, da die Aussagen zumeist in 1. Sg. formuliert sind.[361] Die Leidschilderung kann aber auch in 3. Sg. verfasst sein.[362] Dies wird so gedeutet, dass der Priester die Schilderung des Übels für den Beter, den er im Ritual vertritt,

---

350 Vgl. LENZI, prayers, 43 f.
351 Vgl. MAUL, Herzberuhigungsklagen, 2.
352 Vgl. MAUL, Herzberuhigungsklagen, 1.
353 Vgl. MAUL, Herzberuhigungsklagen, 3.
354 Vgl. MAUL, Herzberuhigungsklagen, 3.
355 Vgl. SHEHATA, Musiker,.289 f.
356 Vgl. MAUL, Herzberuhigungsklagen, 3.
357 Vgl. MAUL, Herzberuhigungsklagen, 17.
358 Vgl. MAUL, Herzberuhigungsklagen, 17.
359 Vgl. MAUL, Herzberuhigungsklagen, 17.
360 Im Einzelnen aufgeführt und erklärt bei MAUL, Herzberuhigungsklagen, 18 f.
361 Vgl. MAUL, Herzberuhigungsklagen, 17.
362 Vgl. MAUL, Herzberuhigungsklagen, 19

übernimmt.[363] Die Klagen adressieren an unterschiedliche Gottheiten. Die jüngeren Belege aus dem 1. Jt. v.Chr. führen tlw. auch nur die Wendung „Gott eines Menschen" (diĝir-lu$_2$-u$_{18}$-lu) oder „jeder beliebige Gott" (diĝir-du$_3$-a-bi) an.[364] Obwohl sich der Beter selbst dem Gott gegenüber als „dein Sklave" (*aradka* bzw. *aradki*) bezeichnet, haben die Klagen oft Anklagecharakter, da das Leid als Folge des Gotteszornes gesehen wird.[365] Der Gott kann in 2. oder 3. Sg. angerufen werden.[366] Das Unglück selbst wird eher allgemein geschildert. Nur selten sind Hinweise auf missliche Umstände oder konkrete Feinde enthalten, sodass die EH in vielen Situationen nutzbar waren.[367] Die Symptome des Kummers sind oft konkret beschrieben: Weinen, Stöhnen, Zittern, Schwäche, Schlaflosigkeit, depressive Zustände werden genannt.[368]

Das in der Klage geschilderte Leid soll in der Bitte, die dann folgt, abgewendet bzw. gestoppt werden.[369] Dieser Bittabschnitt wird unter häufiger Verwendung des sog. *aḫulap*-Rufes gestaltet, der so viel bedeutet wie „Es ist genug!"[370] Der angerufene Gott soll das Leid beenden und sich dem Beter wieder zuwenden. Die Bitte nimmt die zentrale Stellung im Gebet ein, die Gottesentfremdung soll unbedingt aufgehoben, das Gebet erhört, Sünden erlassen und Leid weggenommen werden.[371] Überleitend können Preisversprechen anhängen.[372] Daran anschließend folgt eine Litanei von Fürbitten. Diese Fürbitte-Litanei tritt erst bei Textzeugen des 1. Jt. v.Chr. auf und weist strukturelle Ähnlichkeiten mit der ‚heart pacification unit' der Eršemas aus dem 1. Jt. v.Chr. auf.[373] In diesem Gebetsabschnitt werden Gottheiten, die dem angerufenen Gott nahestehen, zur Fürbitte aufgerufen.[374] Selten ist die Fürbitte-Litanei durch eine Bitte um Sündenlösung ersetzt.[375] Auf den Abschnitt der FB folgen fest formulierte Bitten. Eigens der Beter wendet sich dann

---

363 Vgl. MAUL, Herzberuhigungsklagen, 19
364 Vgl. SHEHATA, Musiker, 289.
365 Vgl. MAUL, Herzberuhigungsklagen, 20.
366 Siehe zu den Kommunikationsformen zwischen Beter und Gott, MAUL, Herzberuhigungsklagen, 20.
367 Vgl. MAUL, Herzberuhigungsklagen, 21.
368 Vgl. MAUL, Herzberuhigungsklagen, 21.
369 Vgl. MAUL, Herzberuhigungsklagen, 17.
370 Vgl. SHEHATA, Musiker, 289
371 Vgl. MAUL, Herzberuhigungsklagen, 22.
372 Vgl. MAUL, Herzberuhigungsklagen, 22.
373 Vgl. MAUL, Herzberuhigungsklagen, 15. GABBAY, Eršema, 15–17.
374 Vgl. MAUL, Herzberuhigungsklagen, 23.
375 Vgl. MAUL, Herzberuhigungsklagen, 24.

in der Schlussformel an seinen Gott. Das Gebet schließt mit einer immer einheitlich formulierten ‚Herzberuhigungsformel'.[376]

Entgegen ihrer Charakterisierung als Individualklage gibt es keine Hinweise
auf eine rituelle Anwendung im Privatbereich. EH sind bislang nur für den Gebrauch im offiziellen Kult belegt.[377] Für das 1. Jt. v. Chr. sind Ritualtexte aus Ninive,
Sultantepe und Uruk bezeugt, die die Verwendung der Gebete belegen.[378] Auch in
Korrespondenzen von Assurbanipal und Asarhaddons wird erwähnt, dass Eršaḫuĝas in Ritualen verwendet werden, vor allem in Reinigungsritualen.[379] Sie haben
ihren kultischen Gebrauch im Götterkult und apotropäischen Riten. Eršaḫuĝas
werden zudem bei Reinigungs-, Kriegs-, oder Bauritualen, Götterprozessionen
rezitiert, vom *kalû* oder auch vom König selbst.[380] Die Gebete werden unter der
Annahme, dass alles Leid im Zorn der Götter begründet liegt und daher ihre
Herzen beruhigt werden müssen, damit kein Kummer über die Menschen kommt,
rezitiert.[381] Entgegen den Balaĝs und Eršemas wurden Eršaḫuĝas aller Wahrscheinlichkeit nach nicht gesungen, sondern vorgetragen.[382]

Die Herzberuhigungsklagen sollen segnen, den Einklang zwischen Mensch
und Gott wiederherstellen, die Ordnung des Landes erhalten, sowie dem König als
Garanten des Volkes Wohlergehen sichern.[383] S. M. Maul nimmt an, dass Eršaḫuĝas ursprünglich der Bewältigung persönlichen Leids dienten und erst später
für offizielle kultische Anlässe genutzt wurden.[384] Die individuellen Klagen der EH
enthalten die Vorstellung von der Sünde eines Menschen und bitten den persönlichen Gott um Vergebung.[385] Diese Vorstellung fehlt in den Kollektivklagen.

2.3.5 Šu'ila

Die Šu'ilas (Handerhebungsgebete) gehören ebenfalls zu den Klagegebeten des
Alten Mesopotamiens. Der Terminus ŠU.IL$_2$.LA$_{(2)}$ kommt aus dem sumerischen und
bedeutet „Hand (er)heben" und klassifiziert rituelle Gebete, die sich in drei Ka-

---

376 Vgl. Shehata, Musiker, 289. Maul, Herzberuhigungsklagen, 17. Kapitel 3.1.1.
377 Vgl. Shehata, Musiker, 289. Maul, Herzberuhigungsklagen, 26.
378 Vgl. Maul, Herzberuhigungsklagen, 25 f.
379 Vgl. Maul, Herzberuhigungsklagen, 25 f.
380 Vgl. Shehata, Musiker, 289. Maul, Herzberuhigungsklagen, 28 f. Elat, Kriegsrituale, 39.
381 Vgl. Maul, Herzberuhigungsklagen, 27.
382 Vgl. Shehata, Musiker, 290. Maul, Herzberuhigungsklagen, 25.
383 Vgl. Maul, Herzberuhigungsklagen, 28
384 Vgl. Maul, Herzberuhigungsklagen, 28.
385 Vgl. Löhnert, Manipulating, 405.

tegorien unterteilen lassen.[386] Sie werden dahingehend unterschieden, in welcher Sprache sie verfasst sind und welche Kultperson sie rezitiert.[387] Es gibt die Šu'ila der *āšipūtu* (Kunst des Beschwörers) und die der *kalûtu*, der Kunst des *kalû* (Klagepriesters). Während der *kalû* zuständig ist für die Herzberuhigung von Göttern, die durch das Singen von Klagen und das Aufführen von Fürbitte-Riten erreicht wird, ist der Beschwörer (*āšipu*) für Opfervorbereitungen, die Heilung von Krankheiten und die Versöhnung zwischen Individuen und deren persönlichen Göttern verantwortlich.[388]

Die Šu'ilas des *āšipu* sind entweder in Sumerisch (Emegir) jedoch häufiger in Akkadisch verfasst. Großangelegte Untersuchungen zu dieser Textgruppe stammen von Annette Zgoll und Christopher G. Frechette.[389] Lediglich fünf sumerische Exemplare sind bekannt, deren Rezitation sich auf das sog. Mīspî-Ritual (Mundwaschungsritual) beschränkt. Ihr Umfang reicht von 19 – 47 Zeilen.[390]

Die monolingualen akkadischen Gebete sind umfangreicher bezeugt und unterscheiden sich in Aufbau und ritueller Aufführung grundlegend von den Šu'ilas des *kalû*.[391] Die Gattung der *kalû* Emesal-Šu'ilas und die akkadischen *āšipu*-Šu'ilas unterscheiden sich nicht nur in Aufbau und ritueller Verwendung, sondern auch in ihrer Bezeichnung voneinander. So tragen die *āšipu*-Šu'ilas die Unterschrift: ka-inim-ma šu-il$_2$-la$_{(2)}$ GN-kam$_{(2)}$ (Wortlaut der erhobenen Hand an die Gottheit NN ist es).[392] Emesal Gebete verwenden den Ausdruck ‚ka-inim-ma' nie.[393]

Die Šu'ilas des *kalû* bilden zusammen mit den Balaĝs, den Eršemsa und den Eršaḫuĝas die *kalûtu* (Kunst des Klagepriesters).[394] Diese Gattungen sind es auch, die der Katalog IVR² 53+m listet.[395] Aus diesem Katalog sind insgesamt 47 Incipits

386 Vgl. LENZI, prayers, 25.
387 Vgl. LENZI, prayers, 26.
388 Vgl. LENZI, prayers, 26. FRECHETTE, Hand-lifting, 1–9.
389 FRECHETTE, Christopher G., Mesopotamian Ritual-prayers of 'Hand-lifting' (Akkadian Šuillas). An Investigation of Function in Light of the Idiomatic Meaning of the Rubric, AOAT 379, Münster 2012. ZGOLL, Annette, Die Kunst des Betens. Form und Funktion, Theologie und Psychagogik in babylonisch-assyrischen Handerhebungsgebeten zu Ištar, AOAT 308, Münster 2003.
390 Vgl. LENZI, prayers, 26.
391 Vgl. SHIBATA, Šu'ila, 1.
392 Vgl. SHIBATA, Šu'ila, 22f.
393 Vgl. SHIBATA, Šu'ila, 22f.
394 Vgl. SHIBATA, Šu'ila, 1.
395 Vgl. SHIBATA, Šu'ila, 27f. MAUL, Kultordnung, 255–265. Siehe Kolophon des Typs Asb.Typ o, HUNGER, Kolophone, 102. Der Katalog stammt aus Ninive und führt auf der Vorderseite Balaĝ-Incipits in der linken und Eršema-Incipits in der rechten Spalte auf, die sich aufeinander beziehen. Eben solche zwei Spalten finden sich auf der Rückseite der Tafel, allerdings nehmen sie nicht Bezug zueinander. Sie listen die Incipits von Riten-Eršemas (ÉR.ŠEM.MA.MEŠ KI.DU.DU.MEŠ) und in Kolumne III-IV, die von Šu'ila-Gebeten.

von Šu'ila-Gebeten bekannt, wovon sich 32 an Götter richten und 15 an Göttinnen adressieren.[396] Das heute bekannte Korpus der Gebete ist allerdings größer, als die im Katalog aufgeführten.

Eine grundlegende Untersuchung der *kalû*-Šu'ilas erfolgte mit der Dissertation von Daisuke Shibata, die seitdem als Referenzwerk dieser Emesal-Gebete zu betrachten ist.[397] Die Šu'ila-Gebete sind nach einer rituellen Geste, der Handerhebung, benannt, welche als Geste zur Einleitung einer beginnenden Kommunikation zwischen Gott und Mensch gebraucht wird.[398] Es wird versucht, die Aufmerksamkeit der Gottheit auf den Beter und dessen Bitte zu richten.[399] Die Geste der Handerhebung ist bereits seit aB-Zeit (ca. 1900 – 1600 v.Chr.) belegt.[400]

Neben den 47 aus Ninive bekannten Šu'ilas, gibt es noch Textzeugen aus Assur, Uruk, Kiš und Sippar.[401] Alle bekannten Textzeugen stammen aus dem 1. Jt. v.Chr., aus Assyrien und Babylonien.[402] D. Shibata hält aber fest, dass die Entstehungszeit nicht eindeutig zu bestimmen sei, da es indirekte Hinweise für eine ältere Datierung der Gebete gebe.[403]

Die einzelnen Gebete befinden sich i.d.R. auf einkolumnigen Tontafeln.[404] Wie bei den anderen Emesal-Gebeten des 1. Jt. sind die Gebete mit einer akkadischen Übersetzung versehen, die jedoch zumeist bei den Litaneien fehlt.[405] Zum Teil werden Gebete auf Gottheiten umgedichtet, an die sie sich ursprünglich nicht richteten.[406] Dazu kommen dann meistens auch Ergänzungen in den Litaneien, wie z.B. Ortsnamen, die sich auf den neuen göttlichen Adressaten beziehen.[407] Damit stellen die Šu'ilas ein Unikum unter den EKL dar.

D. Shibata stellt in seiner Arbeit Kriterien heraus, die die Emesalgebete charakterisieren: Sie sind in ihrer eigenen Unterschrift als šu-il$_2$-la($_2$)-kam($_2$)/ke$_4$ (w. das der erhobenen ist es)[408] bezeichnet, sind in Emesal verfasst und werden vom *kalû* vorgetragen.[409]

---

396 Vgl. SHIBATA, Šu'ila, 28.
397 SHIBATA, Daisuke, Die Šui'la-Gebete im Emesal, Diss. Phil. Heidelberg 2006.
398 Vgl. SHIBATA, Šu'ila, 6.13.21
399 Vgl. SHIBATA, Šu'ila, 13. 21.
400 Vgl. SHIBATA, Šu'ila, 20.
401 Vgl. FRECHETTE, Hand-lifting, 3. SHIBATA, Šu'ila, 34.
402 Vgl. SHIBATA, Šu'ila, 37.
403 Vgl. SHIBATA, Šu'ila, 26.
404 Vgl. SHIBATA, Šu'ila, 37.
405 Vgl. SHIBATA, Šu'ila,, 38.
406 Vgl. SHIBATA, Šu'ila, 38 f.
407 Vgl. SHIBATA, Šu'ila, 38.
408 Vgl. SHIBATA, Šu'ila, 5.
409 Vgl. SHIBATA, Šu'ila, 1.

Der durchschnittliche Umfang eines Šu'ila-Gebetes umfasst 35 Zeilen.[410] Die Gebete weisen keinen einheitlichen Aufbau auf, jedoch bestehen strukturelle Ähnlichkeiten.[411] In der Regel beginnen sie mit einer litaneiartigen Einleitung, zunächst mit einem einfach Epitheton im Vokativ, beispielsweise ur-saĝ (Held), gašan (Herrin), umun (Herr).[412] Daran schließen weitere Anrufungen des Adressaten mit Epitheta an. Der für Šu'ila charakteristische zweite Hauptteil besteht aus temporalen Wendungen und einer Fürbitte-Litanei.[413] Bei den assyrischen Textvertretern steht am Ende oft eine Segensbitte für den König, welcher namentlich genannt ist.[414] Einige Textvertreter beinhalten kurze Anweisungen zum Vortrag. Zudem bietet der Inhalt einen Ansatzpunkt.[415] Dazu zählen temporale Wendungen, die den Einzug des adressierten Gottes(-bildes) oder dessen Niedersetzen beschreiben.[416] Als Rezitatoren sind eindeutig die *kalû* oder *kalûmaḫḫu* ausgewiesen.[417] Die Beantwortung der Frage, ob die Šu'ila gesungen wurden, ist umstritten. Es gibt keine eindeutigen Anweisungen zum gesanglichen Vortrag.[418] Hingegen sind die, die Rezitation begleitenden Handlungen gut aus Texten von Uruk bezeugt.[419] Die Hände des Oberklagepriesters wurden gereinigt, wonach er diese zum Gebet erhob, wie es die Bezeichnung Šu'ila vorgibt.[420] Die Rezitation von Šu'ilas ist bspw. für das *Akītu*-Fest, das Neujahrsfest für Marduk in Babylon, bezeugt, wenn die Götterstatue Marduks von der Prozession zurückkehrte.[421] Auch während jährlicher Feste in Assur wurden diese Gebete vorgetragen. Sie werden am Ende von Götterprozessionen aufgeführt, haben dabei die Statue als Adressaten und richten sich inhaltlich auch lediglich an einen Gott.[422] Sie sind somit fester Bestandteil des Empfangsrituales bei der Rückkehr einer Götterstatue am Ende der Prozession.[423] Šu'ilas folgen dabei meist dem Vortrag eines Riten-Erše-mas. Sicher scheint auch, dass der König, zumindest bei den Šu'ilas mit Se-

---

410 Vgl. SHIBATA, Šu'ila, 42.
411 Vgl. SHIBATA, Šu'ila, 43.
412 Vgl. SHIBATA, Šu'ila, 43.
413 Vgl. SHIBATA, Šu'ila, 45.
414 Vgl. SHIBATA, Šu'ila, 49f.
415 Vgl. SHIBATA, Šu'ila, 53.
416 Vgl. SHIBATA, Šu'ila, 53.
417 Vgl. SHIBATA, Šu'ila, 53.
418 Vgl. SHIBATA, Šu'ila, 53.
419 Vgl. SHIBATA, Šu'ila, 54.
420 Vgl. SHIBATA, Šu'ila, 53.
421 Vgl. SHIBATA, Šu'ila, 54.
422 Vgl. SHIBATA, Šu'ila, 56.
423 Vgl. SHIBATA, Šu'ila, 56.

genswünschen für den Herrscher, während deren Rezitation anwesend war.[424] Sie dienen, wie alle vorgestellten Hauptgattungen des *kalû*, der Herzberuhigung des Adressaten.[425] Es ist jedoch auszuschließen, dass sie, wie die Balaĝs und Eršemas, im alltäglichen Kult genutzt wurden.[426]

2.4 Biblische Klagen

Es liegt nahe, die Jeremia-Klagen auch mit ihren biblischen Äquivalenten zu vergleichen. Ausgehend von den Texten der hebräischen Bibel wird in der Forschung für die Klagegattungen des Alten Testaments zwischen der Totenklage bzw. dem Leichenlied, sowie zwischen den Klagen des Einzelnen und den Klagen des Volkes unterschieden.[427] Das Buch der Klagelieder, auch Threni genannt, stellt einen eigenen Komplex dar.

Eine eigenständige, literarisch fixierte Gattung der Klage, die Klage des Einzelnen,[428] konstituiert sich aus festen Elementen, die in Reihenfolge und Vorkommen variieren können: Anrufung, Klage, Bitte, Vertrauensäußerung, Schuld- bzw. Unschuldsbekenntnis und Lob/Lobgelübde.[429] Diese Gattung begegnet im Alten Testament in vielfältiger Form und etwa ein Drittel des Psalters sind ihr zuzuordnen.[430] Zudem tritt sie in Form der Kurzklage in Gen 25,22; 27; Ri 15,18; 21,2f auf und in Prosatexten wie Neh 9 und Esr 9.[431] Inhalt des klagenden Abschnitts ist vor allem die Gottesferne, aus der die Not für den Beter resultiert. Die Klage als konstitutives Element kann hinsichtlich ihres Inhalts dreifach unterschieden werden: Gottklage, Feindklage und Ich-Klage. In der Ich-Klage wird die persönliche Not in ihren Facetten und Ausprägungen geschildert.[432] Die Feind-Klage beinhaltet die Beschreibung der Gegner des Beters, welche für dessen Leiden verantwortlich gemacht werden.[433] In der Gottklage ist es der HERR selbst, der zu Wort kommt und die Entfremdung zum Menschen, zum Beter, beklagt.[434]

---

424 Vgl. SHIBATA, Šu'ila, 59.
425 Vgl. LENZI, prayers, 26. SHIBATA, Šu'ila, 73.
426 Vgl. SHIBATA, Šu'ila, 60.
427 Vgl. BERGES, Klagelieder, 39–45.
428 Vgl. GUNKEL, Einleitung, 2–3.22–31.
429 Vgl. BERGES, Klagelieder 42. GERTZ, Grundinformation, 423. GUNKEL, Einleitung, 2–3.22–31.
430 Vgl. BERGES, Klagelieder, 41. Vgl. Ps 3; 7; 11; 13; 16; 22; 25–28; 69; 88; 102; Klgl 3.
431 Vgl. BERGES, Klagelieder, 42.
432 Vgl. Ps 6; 7–8; 33; Klgl 1,11–12.20; 2,20–22; 3,48f.
433 Vgl. Ps 3;2; 22; 35,21.25; 40,16. Klgl 1,2.3.5.7.10.21–22; 2,16; 3,60–66; 4,18–21; 5,1f.
434 Vgl. BERGES, Klagelieder, 43. Ps 10,1; 22; Klgl 2,1ff; 3,1.13.

Die Klage des Volkes besteht aus denselben Grundelementen wie die Klage des Einzelnen: Anrede, Klage und Bitte.[435] Subjekt der Klage ist ein Kollektiv, weshalb für diese Gattung in der Forschungsliteratur auch die Bezeichnung Kollektivklage zu finden ist. Inhaltlich wird die Zerstörung bzw. der Verlust der Stadt oder des Tempels beweint. Die Volksklage zielt darauf, Jahwe zum Eingreifen für sein Volk zu bewegen, sich diesem wieder zuzuwenden.[436] Als Mittel um die Zuwendung Jahwes zurückzugewinnen, kann dabei ein Rückblick auf Heilszeiten verwendet werden, ein Appell an Jahwe, ein Sündenbekenntnis oder eine Unschuldserklärung, sowie eine zukunftsorientierte Gewissheit, dass Jahwe die Beter erhört und deren Lobgelübde annimmt. [437]

Das Buch der Klagelieder greift die drei genannten Gattungen der Klage auf, bildet jedoch in sich einen Komplex, der einzigartig in der hebräischen Bibel ist.[438] Es handelt sich bei den Threni um eine „Kunstform der alphabetischen Dichtung"[439] im Metrum der Qina. [440]

Wie in den fünf mesopotamischen Stadtklagen wird auch in den Klageliedern die Zerstörung von Städten inklusive deren verheerenden Folgen für das Land und die Bevölkerung beschrieben, was zu einem Vergleich miteinander führte.[441] Inhalt des Buches ist die Klage über die Zerstörung Jerusalems 587 v. Chr. und die daraus resultierende, erschütternde Situation im Land. Dabei beinhalten vor allem die ersten beiden Lieder des Threni-Buches Klagen von der personifizierten Stadt, die ihre Zerstörung bedauert. Das dritte Threnilied hat die Klage einer Person, eines jungen Mannes, zum Inhalt. Das vierte setzte sich mit Thema der Schuld am Unheil auseinander, die vor allem den Propheten und Priestern zugewiesen wird. Im letzten wird die Herrschaft der Feinde geschildert.

Die bereits in der Einleitung zu diesem Kapitel genannten Untersuchungen von F. W. Dobbs-Allsopp und M. Wischnowsky zu den Threni und den mesopotamischen Stadtklagen versäumen jedoch nicht, bei allen Parallelen, die sie herausarbeiten, auch auf den erheblichen zeitlichen Abstand zwischen den biblischen und den mesopotamischen Texten hinzuweisen.[442] Zwischen den Texten

---

435 Vgl. GERTZ, Grundinformation, 424 f. BERGES, Klagelieder, 44. Ps 44; 74; 79; 80; 85; Klg 5.
436 Vgl. GERTZ, Grundinformation, 425.
437 Vgl. GERTZ, Grundinformation, 425.
438 Vgl. BERGES, Klagelieder, 45 f.
439 Vgl. KAISER, Klagelieder, 100.
440 Vgl. KAISER, Klagelieder, 100.
441 Siehe 2.3.1. Mit der Bearbeitung und Übersetzung der altorientalischen Stadtklagen begann die vergleichende Analyse der Beschreibungen des Threni-Buches mit denen der mesopotamischen Klageliteratur. Vgl. zur Forschungsgeschichte DOBBS-ALLSOPP, Weep, 2–10.
442 Vgl. DOBBS-ALLSOPP, Weep, 10–14. WISCHNOWSKY, Tochter Zion, 41–45.

des Threni-Buches, welche vermutlich zum Teil ins 6. Jh. v. Chr. datieren[443] und den Stadtklagen, die lediglich für die aB-Zeit (2. Jt. v. Chr.) belegt sind, liegt eine Differenz von mehr als 1000 Jahren vor. Dieser zeitliche und zudem der geographische Abstand führte einige Ausleger dazu, einen direkten Einfluss der Stadtklagen auf das Buch der Klagelieder zu negieren.[444] Die Skepsis einer zweifelhaften Überlieferungskette lösen bspw. F. W. Dobbs-Allsopp, Michael Emmendörffer und M. Wischnowksy anhand der Balaĝ-Gebetsgattung, die eine durchgängige Tradition bis in das 1. Jt. v. Chr. aufweist.[445]

Die Untersuchung der mesopotamischen Klageliteratur im Hinblick auf die Texte der Klagelieder hat ergeben, dass ohne Zweifel eine motivische Abhängigkeit besteht, die Zufälligkeit ausschließt.[446] Nach F. W. Dobbs-Allsopp handelt es sich jedoch bei den Threni um eine eigene Form der Stadtuntergangsklage, die sich in Israel anhand mesopotamischer Vorbilder konstituierte.[447] Ein für die Arbeit ebenso interessanter Aspekt, wie der Vergleich mit der umliegenden altorientalischen Literatur, ist die traditionelle Zuweisung der Threni zu Jeremia.

Die Bezeichnung des Buches als *Klagelieder Jeremias* speist sich zum einen aus 2 Chr 35,25, zum anderen aus der griechischen Tradition und Übersetzung des hebräischen קינות (Leichenlieder) mit dem griechischen Threnos (θρῆνος, Totenklage). Zudem wird der ‚junge Mann' (גֶּבֶר) aus Klgl 3,1 in der späten rabbinischen Tradition b.Bat. 15a mit Jeremia identifiziert.[448] Des Weiteren weisen die Klgl und einige Jer-Passagen eine enge sprachliche Beziehung auf. Diese sprachliche Nähe gilt als unbestritten,[449] ferner untermauert die eben durchgeführte Untersuchung zu Jer 4–10 den Sachverhalt zusätzlich.[450] Die Tradition, dass Jeremia der Verfasser der Threni sei, blieb bis zu Beginn des 20. Jh. unangefochten. H. Bezzel untersucht in seinem Aufsatz „Man of Constant Sorrow" die Frage: Warum das Buch der Klagelieder zu einem bestimmten Zeitpunkt der Geschichte mit Jeremia in Verbindung gebracht wurde?[451] Er kommt zu dem Ergebnis, dass zahlreiche

---

443 Vgl. BOASE, Fulfilment, 3. DOBBS-ALLSOPP, Linguistic, 1–36, versucht einen linguistischen Beweis zu erbringen.
444 Vgl. DOBBS-ALLSOPP, Linguistic, 4.
445 Vgl. DOBBS-ALLSOPP, Weep, 7.10–29. EMMENDÖRFFER, ferne Gott, 17–39.294. WISCHNOWSKY, Zion, 34–40.
446 Vgl. DOBBS-ALLSOPP, Weep, 157–163. WISCHNOWSKY, Zion, 41–45. BERGES, Klagelieder, 50.
447 Vgl. DOBBS-ALLSOPP, Weep, 157–163.
448 Vgl. KAISER, Klagelider, 98. BEZZEL, Man of Sorrow, 253.
449 Vgl. BERGES, Klagelieder, 35.
450 Vgl. Kapitel 1 der vorliegenden Arbeit.
451 BEZZEL, Hannes, Man of Constant Sorrow. Rereading Jeremiah in Lam 3, in: Jeremiah (Dis)placed. New Directions in Writing/Reading Jeremiah, hg. v. P. Diamond/L. Stulman, LHBOTS 529, New York/London 2011, 253–265.

strukturelle und thematische Parallelen zwischen dem dritten Klagelied und den Konfessionen, auf der Ebene ihrer Endredaktion, bestehen.[452] So stellte bereits Otto Kaiser fest, dass die „jeremianische Verfasserschaft einer Zeit entstammt, in der das Jeremiabuch bereits seine Endredaktion erfahren hatte."[453] Für H. Bezzel steht fest: Der Mann in Klgl 3,27 f, der sein Joch trägt, derselbe ist wie in den Konfessionen in Jer 20,7b.[454]

Durch die Anfügung des dritten Klageliedes, das evidente intertextuelle Bezüge zu den Konfessionen aufweist und sich vermutlich aus demselben poetischen Reservoir und Motiven speist, erscheinen das Lied als Ganzes, sowie die vorherigen, als durch Jeremia gesprochen.[455] Jeremia wird damit zum Vertreter der Frau Zion, die in den ersten beiden Liedern zu Wort kommt.[456] Es zeigt hierin folglich eine ähnliche Entwicklung, wie sie im ersten Kapitel für die Klagen in 4, 6, 8 und 10 analysiert wurde.[457] Der leidende Mensch Jeremia aus Jer 20,14–18 wird im dritten Theni zum „Man of Constant Sorrow", so H. Bezzel.[458] Es gibt folglich eine feste Tradition, die nicht nur die Klagen über die Zerstörung einer Stadt im Jeremiabuch mit einer Gestalt Jeremia verbindet und weiterentwickelt, sondern auch bezüglich des Threni-Buches, als einziges, vollständig vorliegendes Werk der Gattung Stadtklage in Israel.[459]

Zusammenfassung

Insgesamt bleibt aus der Vorstellung der Klagegattungen des Alten Orients festzuhalten, dass es in Mesopotamien zum einen den umfangreichsten Klagen-Korpus gibt, zum anderen dieses die längste Tradition aufweist. Dabei ist zu unterscheiden zwischen literarischen Werken, wie denen der Stadtklagen, und den kultischen Emesalklagen des *kalû* (Klagepriesters). Für die letztgenannten ist eine rituelle Verwendung sowohl altbabylonisch als auch für das 1. Jt. v.Chr. mit Sicherheit nachzuweisen. Dabei enthalten sie im 1. Jt. zumeist akkadische Interlinearübersetzungen.[460] Ebenso wie die Emesalklagen sind auch die Funktion und das Amt des Klagepriesters in Mesopotamien vom 3.–1. Jt. v.Chr. belegt. Ge-

---

452 Vgl. Bezzel, Man of Sorrow, 257.262.
453 Kaiser, Klagelieder, 98.
454 Vgl. Bezzel, Man of Sorrow, 257.
455 Vgl. Bezzel, Man of Sorrow, 258. 264.
456 Vgl. Bezzel, Man of Sorrow, 263.
457 Vgl. Kapitel 1.5.
458 Vgl. Bezzel, Man of Sorrow, 263.
459 Vgl. Dobbs-Allsopp, Weep, 157–163.
460 Anders als es für die Psalmen der Bibel konstatiert werden kann.

meinsam bewirken der *kalû* und seine Emesalkultlieder die göttliche Herzberuhigung im täglichen Kult. Des Weiteren ist festzuhalten, dass die liturgischen
Klagen mit großer Sicherheit den Ausgangspunkt zur Schaffung von literarischen
Werken, wie bspw. den mesopotamischen Stadtklagen, darstellen. Ähnliche literarische Verarbeitungen von Klagetopoi finden sich auch in Ägypten und im alttestamentlichen Buch der Threni. Die vorgestellten Klagen aus Mesopotamien,
Ägypten, Israel und Juda sollen in der folgenden Abbildung veranschaulicht
dargestellt werden:

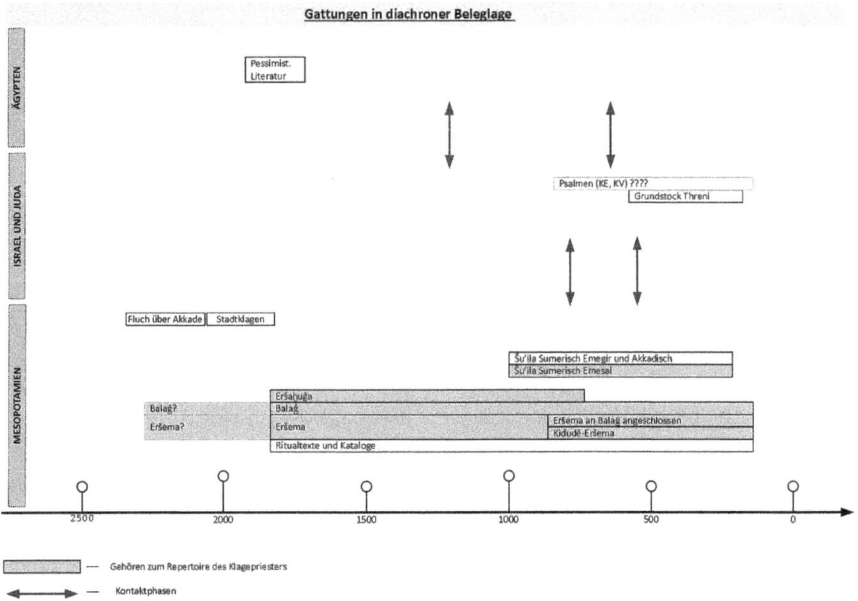

Abbildung 1: Übersicht der altorientalischen Klagen

2.5 Die Einordnung der jeremianischen Texte in den altorientalischen Kontext

Der Vergleich zwischen den Klagen in Jer 4, 6, 8 und 10 mit den überlieferten Klagen aus Ägypten und Mesopotamien erfolgt hinsichtlich der Thematik und Motivik. Dabei liegt der Fokus der Texte, die mit dem jeremianischen verglichen werden, auf den liturgischen Emesalliedern des *kalû*, da diese zum einen auf eine kultische Person begrenzt sind, zum anderen bereits altorientalisch als Ausgangspunkt für Literaturwerke dienen, die sich mit Unheilserfahrungen auseinandersetzen, wie den Stadtklagen.

Als Motiv wird ein „bedeutungstragendes gemeinhin literarisch tradiertes Element" verstanden.[461] Gleiche Motive weisen vor allem innerhalb derselben Gattung immer gleiche oder entsprechende sprachliche Formulierungen auf. Bei Themen ist das nicht zwangsläufig. Ein Thema kann sprachlich unterschiedlich zum Ausdruck gebracht werden, beschreibt aber den gleichen Sachverhalt.[462]

In diesem Abschnitt der Arbeit soll nicht nur ein inhaltlich-sprachlicher Vergleich stattfinden, sondern auch nach den textinternen und kontextrelevanten Funktionen der einzelnen Abschnitte gefragt werden.

Gattungsrelevante Merkmale sollen nur bedingt angeführt werden, da die Texte in Jer 4–10 nicht eindeutig einer bekannten Gattung zuzuordnen sind.

Die Klagen von Jer 4–10 werden nicht wie im ersten Kapitel der Reihenfolge nach behandelt, sondern geordnet nach Themen und Motiven, beginnend mit der Ich-Klage, welche in Jer 4,19; 8,18.21–23 und 10,19 vorkommt. Es folgt das Thema um die Zerstörung von Land und Besitz, sowie der der davon betroffen Personengruppen. Als Überleitung zur Besprechung der Motive dient die Betrachtung eines Stilmittels, nämlich das der Frage nach dem Ende des Unheils. Die Motive vom Eindringen wilder Tiere in die verwüsteten Städte und der Funktion des Kultpersonals in den Unglückzeiten werden darauffolgend betrachtet. Der Vergleich zwischen den Jeremiatexten und den mesopotamischen und ägyptischen Texten schließt mit der Betrachtung zweier Topoi, die in Jer 4–10 die Grundschichten der Klagen ergänzen. Dabei handelt es sich zum einen um den Topos der Rache, zum anderen um weisheitlich geprägte Ergänzungen, die das Unheil deuten. Den Abschluss des Abschnitts bildet die Einordnung der angeführten Vergleichstexte in ihren jeweiligen Überlieferungskontext mit Rückblick auf Kontaktphasen zwischen den Kulturen, die bereits in Kapitel 2.2 erörtert wurden.

---

461 Träger, Literaturwissenschaft, 352.
462 Vgl. Träger, Literaturwissenschaft, 517.

Das Thema der Ich-Klage

Das Element der Ich-Klage wird je, selbst innerhalb einer Klagegattung, unterschiedlich sprachlich zum Ausdruck gebracht, weswegen der Terminus ‚Thema' hier verwendet wird. Es konstituiert sich aus einer persönlichen Schilderung, in der der Schmerz bis ins Innere, bis zum Herzen reicht und dem Individuum nur die Trauer bleibt. Diese Beschreibung trifft für die Verse Jer 4,19; 8,21–23 und 10,19 zu, denn hierin beklagt das Ich eine schmerzende Wunde (10,19), Schmerzen, die bis an die Wände des Herzens dringen (4,19) und es krank und betrübt machen (8,18). Ähnlich herzergreifend sind auch die Klagen der Göttinnen in den Stadtklagen und Balaĝs. Einige Beispiele sollen dies veranschaulichen:

LN, Z.137:

137:     šag$_4$-ĝu$_{10}$ mud-a ba-ni-gel-le-eĝ$_3$-ĝen ba-bir-bir-en sug-ge$_4$ ba-ab-gu$_7$[463]

Ü.:   Mein Herz ist dunkel, ich bin verlassen worden, ich bin zerstreut, ich bin verwüstet.

LW, Z.42:

42:      šag$_4$-ĝu$_{10}$ er$_2$ im-si še$_x$(SIG$_7$)-še$_x$(SIG$_7$) i$_3$-ĝa$_2$-ĝa$_2$[464]

Ü.:   Mein Herz ist gefüllt mit Klage, ich bin verhaftet im Weinen.

Balaĝ: e-ne-eĝ$_3$-ĝa$_3$-ni i-lu i-lu (Sein Word ist eine Klage, eine Klage!), Z.40:

40:      [...] x šag$_4$-ba- ĝu$_{10}$ gig-ga-am$_3$

         [...] *ina ša$_2$-se-e-a lib$_3$-bi ma-ar-uṣ*[465]

Ü.:   [...] durch mein Schreien, mein Herz ist krank.

Balaĝ: utu-gin$_7$ e$_3$-ta (Wie die Sonne tritt heraus!), Kirugu 3, Z.16,

16   i-[... ...m]u-ši-ku$_4$-ku$_4$ [x$^?$]

(S6):

(X1):   e-ne-eĝ$_3$ šag$_4$-ba-na-še$_3$ u$_3$ nu-mu[...][466]

Ü.:   Wegen der Sorge ihres Herzen kommt kein Schlaf zu ihr!

Die Zerstörung des Landes bereitet den Stadtgöttinnen,[467] wie dem Sprecher in Jer 4,19, 8,18 und 10,19 körperliches Leid und ist damit ein den Texten gemeinsames

---

463 ETCSL 2.2.4.
464 ETCSL 2.2.5.
465 CLAM, 189. CDLI P414338 (VAT 314, Babylon, hell.).
466 Löhnert, Sonne, 301.303.
467 Zur Untersuchung des Motivs der Göttinnenklage, vgl. Löhnert, Göttinnenklagen, 39–62.

Thema.[468] Die zitierte Balaĝ-Zeile aus **e-ne-eĝ₃-ĝa₃-ni i-lu i-lu** weist, entgegen derjenigen aus **utu-gin₇ e₃-ta**, eine akkadische Übersetzung auf und ist auf zwei Manuskripten aus dem hellenistischen Babylon belegt.[469] Die Stelle aus **utu-gin₇ e₃-ta** ist lediglich aB und ohne akkadische Interlinearübersetzung bezeugt.[470]

Die angeführten Texte ähneln sich darin, dass sie auf die Herzensnot einer klagenden Person referieren. Allerdings sind die in ihrem Ton doch sehr persönlichen Äußerungen, nur gelegentlich in den Stadtklagen und Balaĝs zu finden. Ein Beispiel aus einer Individualklage der Gattung Eršaḫuĝas zeigt die dortige, ausführliche Darbietung des Themas:

EH 9, Z.17–20:

17 :	IVR, Vs. 18'	su-ĝa₂ ni₂-te-a	ma-al-la-ba
	IVR, Vs. 19'	ina zum-ri-ia	pi₂-rit-tam iš-ku-na
18 :	IVR, Vs. 20'	i-bi₂-bar-ra-ĝa₂	er₂ sa₅-ba
	IVR, Vs. 21'	bur-mi(-)i-ni-ia₂	di-im-tam u₂-ma-al-li
19 :	IVR, Vs 22'	šag₄-mu ur₅-ra-ba	a-še-er sa₅-ba
	IVR., VS. 23'	lib₃-bi ša₂ qi₂-da-a-tim	ta-ni-ḫa u₂-ma-al-li[471]

Ü.:	17	sum.:	der in meinen Körper Schrecken legte,
		akk.:	In meinen Körper legte er mir Schrecken!
	18	sum.:	der meine Iris mit Tränen füllte
		akk.:	Meine Iris füllte er mit Tränen!
	19	sum.:	der mein Herz beugte, (es) mit Mühsal anfüllte,
		akk.:	Mein Herz, das (vor Kummer) gebeugt, ist, füllte er mit Mühsal![472]

Thematisch entsprechen die Jeremia-Klagen deutlich den angeführten Beispielen aus Mesopotamien. Dabei ähnelt die angeführte EH-Passage, die in neuassyrischer Zeit für Ninive belegt ist,[473] vor allem den Aussagen in Jer 8,18–23. Das Weinen um die Erschlagenen und die Zerstörung (vgl. Jer 8,23) findet seine

---

468 Zum Vergleich für weitere Belege biblischer Parallelen und der Stadtgöttinnenklagen bzw. Klagen der personifizierten Stadt, siehe DOBBS-ALLSOPP, Weep, 168.
469 Vgl. CLAM, 186 und CDLI, P414309 (VAT 282+ VAT 1884); P414338 (VAT 314).
470 Vgl. LÖHNERT, Sonne, 89–91.301. 303, S6 (VAT 1337+ VAT 1567, aB Sippar); X1 (AO.7684, aB unbekannt).
471 MAUL, Herzberuhigungsklagen, 113–115.
472 MAUL, Herzberuhigungsklagen, 115.
473 Vgl. MAUL, Herzberuhigungsklagen, 112 (K.1296; K.4974+ K.14695).

Äquivalente zwar auch in den Balaĝ-Klagen, jedoch nur selten als direkte Aussage. Öfter hingegen wird über das Weinen in indirekter Rede gesprochen:

Balaĝ: a-ab-ba ḫu-luḫ-ḫa (Stürmende See), Z.a+2; a+40:

a+2:   i-lu a-e i-lu a-e a-še-er [nu]-uš-gul-e

a+40:   i-lu e$_2$-e i-lu-am$_3$ a- še-er nu-ga-an-gu-u[474]

Ü.:   Eine Klage, Oh! Eine Klage Oh! Wenn ich doch nur das Seufzen zurückhalten könnte. Eine Klage! Es ist eine Klage im Haus! Ich will das Seufzen nicht zurückhalten.

Balaĝ: an-na e-lum-e (Ehrwürdiger im Himmel), Z.a+71,

a+71 :   er$_2$ ge$_{16}$-[le]-em$_3$-ma$_3$-ta er$_2$ nu-mu-ni-[ib-gul-e][475]

Ü.:   Beim Weinen über die Zerstörung, können Tränen nicht zurück gehalten werden.

In den Balaĝs **uru$_2$ am$_3$-me-er-ra-bi**, **^{d}utu-gin$_7$ e$_3$-ta** und **a-še-er ĝi$_6$-ta** wird ebenso erzählt, dass die Stadtgöttin bzw. die Stadt über die Zerstörung trauert.[476] Dabei sind alle Belege, bis auf die aus **an-na e-lum-e** und **a-še-er ĝi$_6$-ta**, nur altbabylonisch und ohne akkadische Übersetzung belegt.[477] Obwohl sich die Passage aus **an-na e-lum-e** auch auf Manuskripten aus hellenistischer Zeit aus Babylon findet, ist **a-še-er ĝi$_6$-ta** das einzige Balaĝ, das den Abschnitt mit akk. Interlineare überliefert, sowohl fürs nA Ninive als auch für das hell. Babylon.[478]

Im Thema mit den mesopotamischen Beispielen übereinstimmend, ähneln die Jeremia-Passagen den bereits im ersten Kapitel angeführten Paralleltexten aus Klgl 1,20.22 und 2,11, in denen die Stadt Jerusalem klagt, sprachlich mehr.[479] So beschreiben die Jeremia-Klagen ebenso wie die der Threni das glühende, schmerzende Innere (מֵעָה Jer 4,19; Klgl 1,20;2,11), das kranke Herz (Jer 8,18; Klgl 1,22) des leidenden Ichs. In den Klageliedern des Alten Testaments, sowie in den angeführten Jeremia-Texten zeigt sich folglich Israels eigener, sprachlicher Cha-

---

474 CLAM, 376.378 – 381 f. CDLI P283781 (BM 132095).
475 CLAM, 208.210. CDLI P414271 (VAT 427).
476 Vgl. CLAM, 210.216.589.722, LÖHNERT, Sonne, 157 f.
477 Vgl. CLAM, 536.589 (AO 6905, NBCT 688). LÖHNERT, Sonne, 89 – 91: S6 (VAT 1337+ VAT 1567); S7 (VAT 1338+ VAT 1406+ VAT 2164+ VAT 1348); S10 (VAT 1438+ VAT 1529+ VAT 1530); S15 (VAT 3702), stammen alle aus ab Sippar und sind ohne akk. Interlineare überliefert.
478 Vgl. CLAM, 208, (VAT 427). 714, Z.b+186. (K.2485 + K.3898 + K.14524 (nA Nininveh); K.11915 + Sm 223 (nA Ninive); (VAT 227 + VAT 310 + VAT 445 + VAT 585 (Babylon, hell.); (VAT 573 (Babylon, hell.).
479 Vgl. Kapitel 1.1.2; 1.3.2.

rakter der Individualklage, der sich in einem anderen Zusammenhang, auch in den Psalmen findet. In einem Klagepsalm, in dem der Beter sich preisend an Jahwe richtet, er möge dessen Feinde strafen, heißt es:

> **Ps 5,2–3:** Höre meine Worte, Jahwe, achte auf mein Seufzen! Vernimm die Stimme meines Schreiens, mein König und mein Gott; denn zu dir bete ich.[480]

In einem anderen Psalm, der stark von Kriegsmetaphorik durchdrungen ist, lautet des Beters Anruf an Gott wie folgt:

> **Ps 55,3–5:** Höre auf mich und antworte mir! Ich laufe umher in meiner Sorge, ich bin in innerer Aufruhr wegen der Stimme des Feindes, vor der Bedrückung des Bösen. Ja, sie wälzen Unheil auf mich und im Wutschnauben beschuldigen sie mich. Mein Herz bebt in meinem Innern und Schrecken des Todes sind auf mich gefallen. Furcht und Zittern kommen zu mir und es hat mich Schaudern bedeckt.

Den Psalmen nahe steht auch die Klage in Jer 8,18–23 und zwar in folgender Hinsicht: Der Passus in Jer 8,18–23 ist deutlicher als Klage des Individuums gestaltet, in Sprache und Ton persönlicher, als die anderen beiden Ich-Klagen, weil in ihr nicht direkt auf die Zerstörung des Landes als Klagegrund verwiesen wird, sondern der Bezug zu den Toten des Krieges und damit zum Volk näher ist bzw. näher erscheint. Das führt F. W. Dobbs-Allsopp dazu, die Klage in 8,18–23 als interne Beobachtung des Poeten anzusehen.[481] Viel stärker wird der Krieg und seine Folgen als Krankheit ohne Heilung beschrieben, ohne ihn dabei explizit zu nennen. Dabei steht Vers 8,18 in enger sprachlicher Verbindung zu Klgl 1,22 und den Psalmen 13,1–3 und 31,11.[482] Dieser Sachverhalt wurde bereits in Kapitel 1 der vorliegenden Arbeit festgestellt und ausgearbeitet.[483]

Wie die Klage Jer 8,18–23 weist auch die in Jer 10,19–25 eigene Charakteristiken auf. Sie besteht in ihrem Grundbestand 10,19a.20 aus denselben Elementen wie die in Jer 4,19–21, einer Ich-Klage und der Beschreibung des verwüsteten Landes und der zerstörten Zelte. Den Zusammenbruch des Landes als kranke Wunde zu beschreiben, ist jedoch eine der Klage eigene Wendung. Die Schilderungen von Krankheiten und Wunden gehören in der mesopotamischen Klageliteratur eher in den Bereich der persönlichen Klagen, wie den Eršaḫuĝas. Dabei finden sich auch in den Eršaḫuĝas Schilderungen von feindlichen Über-

---

480 Vgl. auch Ps 102, 6.
481 Vgl. Dobbs-Allsopp, Weep, 168.
482 Vgl. Kapitel 1.3.2.
483 Vgl. Kapitel 1.3.2.; 1.3.3.; 1.5.

griffen, wodurch Individualklage und Klage über die Zustände im Land verbunden werden. Zwei Beispiele belegen das:

EH 3, Z.21–26:

Ü: „Wie l[ange noch], o Herr, wie lange noch? Der starke Feind hat dein Land zugrunde gerichtet! [....] vernichtete dein Land, [... in ein] fernes [La]nd verstreute er die Leute deines Landes![484]

EH IVR² 19n3, Z.9–13.[485]

Ü.:9f: sum: Als meine Herrin (mich?) gänzlich dem Ruin preisgab
          akk.: Meine Herrin, ich bin sehr dem Ruin verhaftet.

11f: sum: machte mich meine Herrin mit Schwermut? zu einem Kranken!
          akk.: (Meine Herrin, du machtest mich schwermütig? (wörtlich: zu Rauch) und machtest mich zu einem Kranken!

13f: Der starke Feind brachte mich wie ein einzelnes Rohr zum Schwanken.[486]

Dabei ist letzteres nach S. M. Mauls kein EH, sondern evt. ein Eršema.[487] Beide Texte EH 3 (K.5157) und EH IVR² 19n3 (K.4608) stammen aus neuassyrischer Zeit aus Ninive.[488] Der zitierte Passus aus EH 3 ist Teil eines Textabschnittes, der von der Frage nach dem Ende bestimmt ist. Ihm folgen fragmentarisch erhaltene Unheilsbeschreibungen, der durch einen Feind verursachten Zerstörung, sowie eine ausführliche Fürbittlitanei.[489] EH IVR² 19n3 beginnt mit Beschreibungen der feindlichen Verwüstung, woraufhin ebenso die Frage nach dem ‚Wie lange' folgt.[490] Dem angeführten Auszug folgt dann eine kürzere FB-Passage.[491]

So unterschiedlich die angeführten Texte sprachlich sind, so sehr ähneln sie sich thematisch, sowie in der Funktion im Gesamttext und betreffs ihres Kontexts. Die Ich-Klage gehört als festes Element zu den Klagetraditionen und lässt sich als Verarbeitung einer gemeinsamen kulturellen Erfahrung, dem Untergang von

---

484 Vgl. MAUL, Herzberuhigungsklagen, 92.
485 Vgl. MAUL, Herzberuhigungsklagen, 356. Ob es sich bei diesem Text um eine Eršaḫuĝa handelt, ist unsicher, da es nicht als solches ausgewiesen ist, aber diesen hinsichtlich des Klage-Abschnitts ähnelt. Maul zufolge kann es sich bei diesem Text auch um ein Eršema handeln. (Text K.4608). Beiden Abschnitten folgt je eine lange FB-Litanei.
486 Vgl. MAUL, Herzberuhigungsklagen, 355.
487 Vgl. MAUL, Herzberuhigungsklagen, 356. GABBAY, Eršema 2, 264. Auch er hält in seiner Untersuchung der Eršemas fest, dass die Gattungszuweisung von K.4608 unklar bleibt.
488 Vgl. MAUL, Herzberuhigungsklagen, 90.353. CDLI P395917 (K.5157); CDLI P384993 (K.4608).
489 Vgl. MAUL, Herzberuhigungsklagen, 92f..
490 Vgl. MAUL, Herzberuhigungsklagen, 92f.
491 Vgl. MAUL, Herzberuhigungsklagen, 355f.

Städten durch kriegerische Auseinandersetzungen, belegen. So weisen auch ägyptische Texte Ich-Klagen in diesem Zusammenhang auf.

> **Admonitions, A9.5:** Es leidet [mein Herz wegen des Zustandes des Landes].[492]
> **Neferti, Abschnitt IVa-b:** Rege Dich mein Herz das Land zu beweinen.[493]

In den angeführten ägyptischen Beispielen handelt es sich jedoch um Zitate. So äußert sich im Beispiel aus den *Admonitions* der Schwache, der alles verliert, während der Aggressive seinen Besitz noch erhalten kann. Es ist handelt sich bei dem Abschnitt folglich eher um die Lehre wie ein bestimmter Typus an Mensch mit dem Unheil umgeht. Miriam Lichtheim konstatiert in ihrer Textausgabe, dass es sich bei den *Admonitions* um ein Werk handelt, dass sich mit dem Topos der „national distress" beschäftigt, d. h. didaktisch auseinandersetzt.[494] In der *Prophezeiung des Neferti* ist es ein Zitat vom Propheten selbst, das in IVa-b wiedergeben ist. Auch hier steckt eine Weisheit hinter der Aussage, denn es heißt weiter im Text: „denn Schweigen wäre Begünstigung."[495] Das Herz muss demgemäß geradezu das Land betrauern, um das Unheil zum Ausdruck zu bringen, weil es sonst niemand macht.[496] So folgen Beschreibungen über die Unordnung und Vernichtung im Land. Dabei ist, so M. Lichtheim, der weise Neferti fiktional in das Alte Königreich am Hofe Snofrus versetzt, wo er gebeten wird, von der Zukunft zu berichten.[497] Er setzt mit Beschreibungen vom Krieg und Unmut ein, die sich eventuell durch den Antritt Königs Amenemhet I. in Zeiten des Glücks und der Ordnung umwandeln.[498] Es handelt sich M. Lichtheim zufolge um die Verarbeitung eines literarischen Topos, der Ordnung und Unordnung im Reich gegenüberstellt, dabei auf generelle soziale Probleme hinweist und ein Chaos beschreibt, das eintritt, wenn ein König schwach ist.[499] Der Text ist eine Absage an das Alte Königreich.[500]

---

492 HELCK, Admonitions, 5.
493 HELCK, Nfr.ti, 20.
494 Vgl. LICHTHEIM, Egyptian Literature, 135.
495 HELCK, Admonitions, 20.
496 Vgl. HELCK, Nfr.ti, 25, dort heißt es: „Das Land wird zerstört, ohne daß es einen gibt, der darüber nachdenkt, ohne daß es einen gibt, der (davon) spricht, ohne daß es einen gibt, der seine Tränen vergießt."
497 Vgl. LICHTHEIM, Egyptian Literature, 134.
498 Vgl. LICHTHEIM, Egyptian Literature, 134.
499 Vgl. LICHTHEIM, Egyptian Literature, 134.
500 Vgl. LICHTHEIM, Egyptian Literature, 134.

Das Thema der Klage über die Zerstörung von Land und Besitz

Die Verse in Jer 4,20.21; 10,20 beschreiben die Verwüstung im Land und nennen damit den Grund für die Ich-Klage der vorhergehenden Verse. Dadurch sind beide Themen, das der Individualklage und das der Klage um die Zerstörung von Land und Besitz, in Jer untrennbar miteinander verbunden. Die Texte der Stadtklagen, Balags und Eršemas enthalten ebensolche Passagen. Darin lamentiert die Göttin einer Stadt über die Verwüstung ihres Landes und ihrer Besitztümer.[501] Der Monolog der Göttin Ningal, die in der Urklage um ihre Stadt trauert, sowie eine Textstelle der Balags **mu-tin nu-nus dim$_3$-ma** und **^{d}utu-gin$_7$ e$_3$-ta**, sollen als Beispiel für eine thematische Nähe dienen.

LU, Z.127 f, die Göttin trauert darin um ihr zerstörtes Heiligtum Ekišnuĝal:

127: za-lam-ĝar e$_2$ ki-buru$_{14}$ bur$_{12}$-ra-gin$_7$

128: e$_2$ ki-buru$_{14}$ bur$_{12}$-ra-gin$_7$ tum$_9$ šeĝ$_3$-ĝa$_2$ ḫa-ba-an-ĝar[502]

Ü.: wie ein Zelt, eine Hütte am abgerissenen Ernteort, wie eine Hütte am abgerissenen Ernteort, ist es (Ekišnugal) fürwahr dem Regen ausgesetzt.[503]

LU, Z.132:

132: niĝ$_2$-gur$_{11}$ uru$_2$ ĝal$_2$-ĝal$_2$-la-ĝu$_{10}$ sug-ge ḫu-mu-da-ab-gu$_7$[504]

Ü.: Der Morast hat all meinen in der Stadt angesammelten Besitz verschlungen.

LU, Z.288–291, aus der Ningal-Klage:

288: ar$_2$-mur-ra e$_2$-ĝu$_{10}$ ḫa-ba-du$_3$-a uru$_2$-ĝu$_{10}$ ḫa-ba-gul-la

289: nu-nus zid-ĝen uru$_2$-ĝu$_{10}$-ta uru$_2$ kur$_2$ ḫa-ba-ra-du$_3$-du$_3$-a

290: ar$_2$-mur-ra uru$_2$-ĝu$_{10}$ ḫa-ba-du$_3$-a e$_2$-ĝu$_{10}$ ḫa-ba-gul-la

291: ga-ša-an-gal-ĝen uru$_2$-ĝu$_{10}$-ta e$_2$ kur$_2$ ḫa-ba-ra-du$_3$-du$_3$-a[505]

Ü.: Eine gute Frau bin ich, mein Haus ist zu Ruinen gesetzt worden, meine Stadt zerstört ist worden. An der Stelle meiner Stadt ist eine fremde Stadt aufgebaut worden. Eine gute Frau bin ich, meine Stadt ist zu Ruinen ge-

---

501 Vgl. DOBBS-ALLSOPP, Weep, 178. Dobbs-Allsopp listet die Verse als Belege auf, in denen die Göttin bzw. die Stadt um ihre Besitztümer klagt und zählt die Stellen Jer 4,20 und 10,20 zur Klage um zerstörte Heiligtümer, da er das hebräische אֹהֶל (Zelt) in diesem Kontext fälschlicherweise als Umschreibung für das Heiligtum versteht.

502 ETCSL 2.2.2.

503 RÖMER, Ur, 93.

504 ETCSL 2.2.2.

505 ETCSL 2.2.2.

setzt worden, mein Haus ist zerstört worden. An der Stelle meiner Stadt ist ein fremdes Haus gebaut worden.

Balaĝ: mu-tin nu-nus dim$_3$-ma (Schöpfung des Mannes und der Frau), Z.a +11 f:

a+11:   balad-di erim$_3$-ma-ĝu$_{10}$ ur-re-eš ma-al-l[a-mu]
        ina ṣir-ḫi i-šit-ti ana nak-ri it-taš-k[an]
a+12:   bad$_3$-si-bi ba-ra-gul tu^{mušen}-[bi a]m$_3$-nigin-ne$_2$[506]
Ü.:   Klage! Mein Schatzhaus ist den Feinden. Sein Wall ist zerstört, seine Tauben kreisen über ihm.

Balaĝ: ^{d}utu-gin$_7$ e$_3$-ta (Wie die Sonne tritt heraus!), 2.Kirugu, Z.45:
45 (B6): erim$_3$-ma-ĝu$_{10}$ ba-gul uĝ$_3$-bi ba-tu$_{11+}$-be$_2$-[eš][507]
Ü: Mein Schatzhaus ist zerstört, seine Leute sind niedergeworfen!

Balaĝ: ^{d}utu-gin$_7$ e$_3$-ta (Wie die Sonne tritt heraus!), 3.Kirugu, Z.1 – 3:
1 (B3): $^{A\text{-}A}$ gu$_3$ uru$_2$ ḫulu-a-na ^{a} ge$_{17}$-bi DI [am$_3$-me]
         ši-si-it URU-*ša$_2$ ša$_2$ šul-pu-tu$_2$* MIN
2 (B3): $^{A\text{-}A}$ gu$_3$ uru$_2$-a-na gu$_3$ e$_2$-a-na^a ge$_{17}$-bi^e
         MIN URU-*ša$_2$* MIN E$_2$ *ša2* MIN
3 (B3): $^{A\text{-}A}$gu$_3$ ama$_4$-na gu$_3$ irimma^{ma}-na^a ge$_{17}$-bi^e
         MIN *maš-ta-ki-ša$_2$* MIN *i-šit-ti-ša$_2$* MIN[508]
Ü.:   Voll Schmerz stößt sie den Schrei über ihre vernichtete Stadt aus. Voll Schmerz stößt sie den Schrei über ihre Stadt, den Schrei über ihr Haus aus. Voll Schmerz #den Schrei über ihre Gemach, den Schrei über ihr Schatzhaus.[509]

Die Göttinnenklage über die Zerstörung ihrer Stadt steht gleich zu Beginn des Balaĝs **mu-tin nu-nus dim$_3$-ma**, erst danach folgen Schilderungen über die durch Enlil bewirkte Verwüstung und das Flehen an ihn diese zu beenden, sowie weitere Unheilsbeschreibungen und Klagen der Göttin. Dabei bietet nur die Zeile a+11 eine akkadische Interlinear-Übersetzung. Alle Belege, die den Passus enthalten,

---

506 CLAM, 224. CDLI P414312 (VAT 245+ VAT 426+ VAT 1729+ VAT 1792).
507 Vgl. Löhnert, Sonne, 269.272.
508 Vgl. Löhnert, Sonne, 89 – 91.299, B3: (VAT 17+ VAT 593+ VAT 2182) stammt aus Babylon aus dem 1. Jt. v. Chr.
509 Vgl. Löhnert, Sonne, 302.

stammen aus dem 1. Jt. v. Chr. und sind bis in hellenistische Zeit in Babylon belegt.[510]

In Zeile 45 des angeführten Balaĝs ^{d}**utu-gin$_7$ e$_3$-ta** bedauert ebenso die Göttin selbst im zweiten kirugu die Zerstörung der gesamten Stadt, inklusive des Tempels. Dabei wird, so A. Löhnert, in den einleitenden Zeilen dieses kirugus auf die Zerstörung Urs als Topos verwiesen, der einen „Wiedererkennungseffekt erzielte, da er auch in den weitverbreiteten Städteklagen verarbeitet wurde."[511] Mit dem Ausdruck ‚Schatzhaus' (erim$_3$) ist wohl der gesamte „Tempelbau" gemeint.[512] Daher handelt es sich A. Löhnert zufolge bei den ‚Leuten' vermutlich um das Tempelpersonal.[513] Die beiden zitierten Passagen sind in Manuskripten aus dem hellenistischen Babylon belegt, jedoch weist nur die angegebene indirekte Rede eine akkadische Übersetzung auf.[514]

Auch in den Balaĝs **uru$_2$ am$_3$-me-er-ra-bi, a-še-er ĝi$_6$-ta** und **abzu pe-el-la$_2$-am$_3$** wird in litaneiartigen Abschnitten bedauert, was alles von der Zerstörung getroffen wurde.[515] Dabei weisen nur die beiden letztgenannten Passagen akkadische Interlineare und Belege bis in das 1. Jt. v. Chr., für das nA Ninive und hell. Babylon, auf. [516]

Lässt man in Gedanken den Vers 4,20 Revue passieren: „Zusammenbruch über Zusammenbruch wird ausgerufen. Denn das ganze Land ist verwüstet, plötzlich verwüstet sind meine Zelte, in einem Augenblick meine Zeltdecken." So klingen dieselben Umstände, derselbe Zustand des Klägers an. Das Thema in den Texten gleicht sich, entweder sind es die Stadt bzw. deren Ziegelwerk oder Gebäude selbst, die über ihre Zerstörung klagen, oder es wird, wie bspw. im Balaĝ **utu-gin$_7$ e$_3$-ta**, über die Stadtgöttin ausgesagt, dass sie über die Vernichtung ihrer Stadt und ihres Heiligtums klagt.[517] Den angeführten Texten zufolge gehören die

---

510 Siehe CLAM, 224. CDLI P414312 (VAT 245+ VAT 426+ VAT 1729+ VAT 1792; (Babylon, hell.).

511 LÖHNERT, Sonne, 260.

512 LÖHNERT, Sonne, 263.291.

513 Vgl. LÖHNERT, Sonne, 291.

514 Vgl. LÖHNERT, Sonne, 89 – 91.272, Z.45, B6 (VAT 245+ VAT 426+ VAT 1729+ VAT 1792+ 4 Fragmente) stammt aus Babylon aus dem 1. Jt. v. Chr; 299. Z.1 – 3, B3 (VAT 17+ VAT 593+ VAT 2182) stammt ebenso aus Babylon aus dem 1. Jt. v. Chr. CLAM, 224. CDLI, P414312 (VAT 245+ VAT 426+ VAT 1729+ VAT 1792 (Babylon, hell.).

515 Vgl. CLAM, 59.588 – 590.719 – 21.

516 Siehe abzu pe-el-la$_2$-am$_3$ (Z.77 – 81), CLAM 53 f, CDLI P345521 (BM 78175, aB Sippar); P412175 (MMA 86.11.347+ VAT 418+ VAT 424+ VAT 1744+ VAT unnumbered fragment, Babylon hell.); P414322 (VAT 425, Babylon hell.). uru$_2$ am$_3$-me-er-ra-bi, CLAM, 536 – 603. a-še-er ĝi$_6$-ta (Z.a+54 – 75), CLAM 707 f, CDLI P393733 (K.58 nA Ninive); CDLI P399135 (K.11150, nA Ninive); CDLI P414298 (VAT 278, Babylon hell.).

517 Vgl. LÖHNERT, Sonne, 159 f.

Ich-Klage und die Klage über die Zerstörung der Städte, Häuser und Besitztümer zum Motivbestand der altorientalischen literarischen Texte, in denen Katastrophenerfahrungen schriftlich verarbeitet werden.

Das Motiv der vom Unheil betroffenen Personengruppen

In der Bearbeitung der Klagen im ersten Kapitel klang es bereits im Fazit zu 6,9 – 15 an, dass dieser Text trotz seines Charakters als Zeichenhandlung in der Grundschicht, einige klagenden Elemente aufgreift und sie weiter verarbeitet. Die Beschreibungen der Personengruppen, die von der Zerstörung getroffen werden (Jer 6,11b.12a), sowie Ausführungen zu der Rolle und Funktion der Priester und Propheten (Jer 6,13 – 15) sind Themen und Motive, die sich auch in Klagen finden und in Jer 6 aufgegriffen, jedoch theologisch weiterverarbeitet werden. In Jer 6,11b.12a heißt es: „Gleichsam Mann mit Frau werden sie gefangen, der Alte ebenso wie der nicht voll von Tagen. Ihre Häuser werden zuteilwerden anderen, Felder und Frauen ebenso." Mit dieser Nennung soll das Volk in seiner Gesamtheit und Unterschiedlichkeit als Ganzes erfasst werden. Solche Formulierungen sind auch den Klagegattungen des Alten Orients zu finden, so heißt es in den Balaĝs wie folgt:

Balaĝ: am-e bara$_2$-an-na-ra (Für den Stier auf seinem Thronhimmel), Z.f+206 – 209:

f+206   uru$_2$ ama-gan-ĝu$_{10}$ dumu-mu mu-<ni-ib$_2$-be$_2$>
          ina a-li um-mu a-lit-tu ma-ri-mi
f+207   dumu-bàn-da a-a- ĝu$_{10}$ mu-]
          mar-tu$_4$ ṣe-ḫer-tu$_4$ a-bi-mi]
f+208   [e]-sir$_2$-ra [gub-ba mu-un-sar-re-e-ne]
          ša$_2$ ina$_2$ su-qì$_2$ i[z-za-az-zu uš-taḫ-mi-ṭu]
f+209   [tur]-re al-[e$_3$] maḫ-e [al-]
          ṣa-x-[ru i-maḫ-ḫi] ra-bu-u$_2$ [i-maḫ-ḫi][518]
Ü.:   die Stadt, meine Mutter <sagt>: „Mein Kind!", das kleine Kind <sagt>: „Mein Vater!". Sie machten die auf der Straße Stehenden unruhig. Die Jungen werden verrückt, die Alten werden verrückt.

---

518 CLAM, 328 – 329.

Parallelen zu diesen Äußerungen finden sich vor allem in den Balags **mu-tin nu-nus dim₃-ma** und **a-me amaš-a-na**. Die Zeilen sind jeweils mit akkadischer Übersetzung und bis in das 1. Jt. im nA Ninive und hell. Babylon belegt.[519] Ein weiteres Beispiel indem die Betroffenen direkt genannt werden, ist im Balag **uru₂ am₃-me-er-ra-bi** enthalten:

Balag: uru₂ am₃-me-er-ra-bi (die Stadt, die geplündert wurde), Z.9 – 11:

9.   di₄-di₄-la₂-bi gal-gal-Ia₂-bi
10. tur-tur-bi šu-ta du₁₁-ga-bi
11. gal-gal-bi me-ri-ta re₆-a-bi[520]
Ü.: Seine Kleinen, seine Großen, seine Jungen, die umsorgt gewesen waren, seine Großen, die die Straßen durchzogen.

Eine Parallele zu diesem Abschnitt bietet **abzu pe-el-la₂-am₃**, das zudem eine akkadische Interlineare enthält und den Passus, entgegen **uru₂ am₃-me-er-ra-bi**, nicht nur altbabylonisch, sondern auch für das 1. Jt. v. Chr., für das hell. Babylon, belegt.[521] Das Thema der vom Unheil Betroffenen wird in Jer 6,11b.12 nicht nur aufgegriffen, sondern auch mit 11aβ weiterentwickelt und ins Gegenteil verkehrt. Das Volk, die Kinder und jungen Männer sind schuld an der Zerstörung, der Sprecher fordert Jahwe auf, er möge seinen Zorn über diese ergießen. Eine solche Theologie ist den kultischen Emesalklagen fremd. Sie gehört zu einer nachträglichen Interpretation von Zerstörungserfahrungen, sowie dem Prozess Klagen in literarischen Werken weiter zu verarbeiten.

Die Frage nach dem Ende (Stilmittel)

Die Frage nach der Dauer des Kriegsgetöses, wie sie sich in 4,21 findet, ist ein Element von Klagen. Der Gebrauch der Formel עַד־מָתַי (wie lange/bis wann?) ist auch für die Klagen in de Psalmen belegt.[522] Die Frage nach dem Ende des Un-

---

519 Vgl. GABBAY, Eršema 2, 72f. mu-tin nu-nus dim₃-ma, (Z.a+117 – 121), CLAM 228, CDLI P394133 (K.2003+K.3466 nA Ninive); P414312 (VAT 245+ VAT 426+ VAT 1729+ VAT 1792, Babylon, hell.) a-me amaš-a-na, (Z.b+133 – 138), CLAM, 159f, CDLI P414293 (VAT 298+ VAT 1736+ VAT 1748+VAT 1791+ VAT 1825+ VAT 2178 Babylon hell.); CDLI P414347 (VAT 258+ VAT 436+ VAT 1822, Babylon hell.); CDLI P395920 (K.5163+ K.5411, nA Ninive).
520 CLAM 541, CDLI P302741 (NCBT 688).
521 Vgl. abzu pe-el-la₂-am₃, (Z.75 – 80), CLAM 53f. CDLI P345521 (BM 78175, aB Sippar); P414322 (VAT 425, Babylon hell.).
522 Ps 6,4; 74,10; 80,5; 82,2; 90,13; 94,3; vgl. auch, Jer 4,21; 12,4.

glücks ist zudem Bestandteil der Emesal-Klagen und klingt bspw. im Falle der Eršaḫuĝa-Gebete wie folgt: ‚Wie lange noch? Mein ‚Es ist genug' sprich aus!'[523] In den Klagen der Balaĝ finden sich ebenso Formulierungen mit ‚Wie lange noch?':

Balaĝ: abzu pe-el-la₂-am₃, Z.60:

> „[my] possessions are in a storm!" she says feverishly. [...] Enlil, how long will it continue. She says prostrating.[524]

Balaĝ: a-me amaš-a-na, Z.24–29:

> Lord of the nation, Enlil, unfathomable one, how long will your heart not be soothed?
> Father Enlil, who gazes about, how long will your eyes not be tired?
> How long will you keep your head covered with a cloth?
> How long will you keep your neck in (your) lap?
> How long will you keep your mind covered like a reed box?
> Important one, how long will you lean your ear against (your) lap?[525]

Die beiden angeführten Passagen der Balaĝ-Gebete sind je mit akkadischer Interlineare überliefert. Dabei ist der Passus auch auf Manuskripten aus dem hell. Babylon belegt.[526]

Die sprachliche Diskrepanz zwischen dem biblischen Beleg und den mesopotamischen kann durch die Tatsache erklärt werden, dass der Krieg als solcher keine große Rolle spielt, sondern die mesopotamischen Texte auf die göttliche Entscheidung zur Zerstörung referieren und alle Schilderungen in Zusammenhang mit diesem göttlichen Entschluss stehen. So wird nicht gefragt, wann das Kriegsgetöse ein Ende hat (Jer 4,21), sondern wann das Herz Enlils sich beruhigt und wann sein Nacken dem Volk wieder zugewandt sein wird.

---

523 Vgl. Maul, Herzberuhigungsklage, 20–22.
524 CLAM, 60.52: ud-da⁷ niĝ₂-ma-a[l-la] ba-tuš-ù-nam pe[l-la₂-bi] am₃-[me]; akk.: *u₄-ma! ia-ši [...] šak-nu at-ta-áš-ba mi-nu-[u...]*.
525 CLAM, 166.15. Vgl. auch im Balaĝ a-ab-ba ḫu-luḫ-ḫa of Enlil, CLAM, 382.
526 Vgl. a-me amaš-a-na, Z.24–29, CDLI P346289 (UET 6/2 204 rev., nB Ur); CDLI P414346 (VAT 246 Babylon, hell.)

Das Motiv der städtischen Übernahme durch wilde Tiere

Das Thema der feindlichen Invasion begegnet in allen Stadtklagen. F.W. Dobbs-Allsopp listet die Belege,[527] die auch als Parallelen für die jeremianischen Texte zum Feind aus dem Norden herangezogen werden können. Diese Texte in Jer 4,6 – 8.12 f; 5,15 – 17; 6,22 – 26 und 8,16 stehen in einem inhaltlich engen Bezug zum Einschub der Klage in Vers 10,22. Der Vers 22 beschreibt das eindringende Beben von Norden her, das Juda zur Einöde, einer ,Wohnung für Schakale' (מְעוֹן תַּנִּים) macht. In der Klage in Jer 10,22 ist das Motiv sekundär als Ankündigung gestaltet (10aα) und wird in dieser Umgestaltung erneut aufgegriffen in Jer 9,10 und 51,37, womit sämtliche Belege von מְעוֹן תַּנִּים gelistet sind.[528] Der Beschreibung des nahenden Feindes widmen sich auch die genannten jeremianischen Texte, vom Schnauben der Rösser, vom Bogen und Krummschwert einer zerstörerischen Nation ist die Rede. Beschreibungen dieser Art finden sich auch in dem Jer 10 nahestehenden und bereits in Vergleich gestellten Psalm 79.[529] So heißt es in Übersetzung:

> **Ps 79,1 – 3:** Gott! Nationen sind in dein Erbteil gekommen. Sie haben deinen heiligen Tempel verunreinigt. Sie haben Jerusalem zu einem Trümmerhaufen gemacht. Die Leichen deiner Knechte haben sie den Vögeln des Himmels zum Fraße gegeben, das Fleisch deiner Frommen den wilden Tieren des Feldes. Sie haben ihr Blut wie Wasser vergossen rings um Jerusalem, und niemand war da, der begraben hätte.

Die Schilderungen erinnern thematisch an die Beschreibungen des *Fluches von Akkade* und der *Prophezeiung des Neferti*.

> **CA, 155 f:** „Vom weiten Gebirge ließ er sie insgesamt herabkommen, sie die keinem Volk gleichen, [...] Gutäer, ließ Enlil aus dem Bergland herabkommen, wie Heuschrecken die Erde, ihren Armen entging nichts."[530]
> **Neferti, Abschnitt VII:** „[...] die Asiaten sind nach Ägypten hinabgestiegen. Man zerbricht die Grenzsperre, auch wenn eine andere daneben liegt, da die Wache nicht(s) hören kann. Man wird auf die (Sturm)-leiter in der Nacht warten, man wird in die Sperren eintreten und man wird den Schlaf aus den Augen vertreiben."[531]

In den Balaĝ- und Stadtklagen ist eine solch malerische Beschreibung nur dem Sturm zuzuweisen, der sich in Jeremia nur in der beschreibenden Rede über die

---

527 Vgl. Dobbs-Allsopp, Weep, 173.
528 Vgl. Kapitel 1.4.2.
529 Vgl. Ps 37,14 – 17; 57,4 f.
530 Vgl. ETCSL 2.1.5. Falkenstein, Fluch, 70.
531 Helck, Nfr.ti, 32.

Verwüstung als deren Akteur findet.[532] Dennoch führen Feinde und der Sturm Enlils zum gleichen Ergebnis: Das Land wird unbewohnbar für die Menschen. Es wird zur Heimat wilder Tiere. Ob es nun wie in Mesopotamien die Füchse und Schlangen sind, die nach der Verwüstung in den Städten hausen, in Ägypten die Krokodile, die sich am Untergang bereichern oder die Schakale bei Jeremia, die Aussage ist dieselbe: Der Mensch hat sein Zuhause verloren. Der Sturm und die Feinde geben die Stadt den wilden Tieren preis – ein Motiv, das die Erfahrungen einer solchen Katastrophe literarisch beschreibt und vermutlich auf realen Umständen basiert. Dabei ist es innerhalb einer Gattung, wie bspw. in den Balaĝs, identisch formuliert, was die Bezeichnung als Motiv rechtfertigt.

LSUr, Z.145.421 f:
145. muš kur-ra-ke$_4$ ki-nu$_2$ ba-ni-ib-ĝar ki-bal-še$_3$ ba-ab-dug$_4$
421. maš$_2$-anše zid-da gab$_2$-bu-ba gu$_2$-da la$_2$-a-bi
422: ur-saĝ ur-saĝ-e gaz-a-gin$_7$ igi-bi-ta ba-šu$_2$[533]
Ü: Die Schlange der Berge macht dort ihren Schlafplatz, es wurde ein Re-
      bellen-Land.
421 f: Die wilden Tiere lagen rechts und links miteinander verflochten davor, wie
      Helden geschlagen von Helden.

LU, Z.269:
269: i$_7$ uru$_2$-ĝa$_2$-ke$_4$ saḫar ḫa-ba-niĝin$_2$ e$_2$ ka$_5$-a ḫa-ba-an-du$_3$[534]
Ü: In den Kanälen meiner Stadt hat sich fürwahr Erde angesammelt,
      Fuchsbauten sind dort fürwahr gebaut worden.[535]

Balaĝ: ^{d}utu-gin$_7$ e$_3$-ta (Wie die Sonne tritt heraus!), Kirugu n+1, Z.28–30:
28(Ku4): ka$_5$^{a} kuĝ$_2$-bi [m]i-ni-ib$_2$-ur$_4$-ur$_4$-re
          še-le-bu zib-bat-su ⌈im-ta⌉-na-aš-šar
29(Ku4): dar^{mušen}-e gu$_3$-il$_2$ i[m-ta-a]n-de$_2$-de$_2$-e
          it-ti-du-u$_2$ ša$_2$-[-qi$_2$-iš iš-ta-na]-as-si

---

532 Vgl. u. a. am-e bara$_2$-an-na-ra, CLAM, 322.332, CDLI P414280 (VAT 248+ VAT 396, Babylon hell.) LU, ETCSL 2.2.2., 183 f.: „Der Sturmwind, der das Land Sumer vernichtet, brüllt auf Erden, das Volk klagt, der böse Gewittersturm ist wie eine überströmende Flut nicht zu hemmen." Römer, Ur, 95. Vgl. Jer 23,19; 25,32; 30, 23.
533 ETCSL 2.2.3.
534 ETCSL 2.2.2.
535 Römer, Ur, 98. Vgl. ETCSL 2.1.5, Fluch über Akkade, Z.256. Dort ist es als Wunsch für die Zerstörung formuliert.

30(Ku4): šag$_4$-bi lil$_2$-la$_2$-a[m$_3$ bar-bi lil$_2$-l]a$_2$-am$_3$
  lib-ba-šu$_2$ ⌈*zi*⌉-[...]-⌈*qu*⌉- *[ma]*[536]

Ü: Der Fuchs schleift dort seinen Schwanz hin und her, der dar-Vogel ruft mit hoher Stimme daraus! Ihr Inneres ist ein Phantom, [ihr Rand ist ein Phantom].

Der gleiche Ausdruck findet sich in den Balaĝs **uru$_2$-ḫul-a-ke$_4$** der Gula und **a-me amaš-a-na**.[537] Während jedoch die Zeilen aus **^{d}utu-gin$_7$ e$_3$-ta** auch auf Manuskripten des 1. Jt. für das nA Niniveh und das hell. Babylon mit akkadischer Interlineare bezeugt sind,[538] ist der Passus für die beiden anderen Balaĝs ohne akkadische Übersetzung und mehrheitlich auf aB-Belegen überliefert.[539] Was in den Balaĝs Realität ist, wird im CA als Zukunft beschrieben, so heißt es dort in Zeile 257: „Mögen die Füchse der zerstörten Ruinenhügel dort ihre Schwänze hin und her schleifen."[540]

Ein weiteres Beispiel aus der ägyptischen Literatur verdeutlicht die Bedeutung des Motivs in den Klagen.

Adm. B14.12,10:

Ü: „Wahrlich die Krokodile „rülpsen" an dem, was sie erbeutet haben, denn die Menschen kommen von selbst zu ihnen. Verderben ist das für das Land."[541]

Was in den ägyptischen *Admonitions* beschrieben wird, ähnelt den Ausführungen in den Klagen nur bedingt. Denn nicht die Tiere sind es, die im Chaos die Stadt besiedeln, sondern es wird gesagt, dass der Zustand im Land so verheerend ist, dass die Menschen sich selbst den Tieren opfern. So wird erklärt, dass selbst die Kinder davon betroffen sind, B28: „Wahrlich, Groß und Klein <sagen:> Ich wünschte, ich wäre tot. Schon die Kleinkinder sagen: Man hätte (mich) nicht leben

---

536 LÖHNERT, Sonne, 327 f. Das Manuskript Ku4 (K.4613) stammt aus dem nA Ninive.

537 Vgl. CLAM, 132–133, Cohen führt es auch für das Balag ud-dam ki am$_3$-us$_2$ an, jedoch hält Löhnert die Zufügung allein auf Basis von VAT 3421+ VAT3 432 für unzuverlässig, LÖHNERT, Sonne, 314.

538 Vgl. LÖHNERT, Sonne, 89–91. utu-gin$_7$ e$_3$-ta , Ku4 (K.4613 Kunjunjik 1Jt.); B12 (VAT 289+ VAT 428+ VAT 1741 Babylon, 1. Jt. v.Chr.); aB: S3 (CBS 497+ VAT 1334+ VAT 1341+ VAT 1357+ 1Stck aB Sippar), N4 (HS 1453c+ HS 1484+ HS 2520+ HS 2521+ HS 2683+ HS 2851 aB Nippur); N5 (N 4210 aB Nippur).

539 Vgl. TCL 15; VAT 1357; VAT 1334+ VAT 1341+ CBS 497.

540 LÖHNERT, Sonne, 345. Vgl. ETCSL 2.1.5: {ka$_5$} {(1 ms. has instead:) ka$_5$-zu} du$_6$ gul-gul-la-ke$_4$ kun ḫe$_2$-ni-ib-ur$_3$-ur$_3$-re.

541 HELCK, Admonitions, 10.

lassen sollen."[542] Der Tod wird nicht nur als Folge des Unheils beschrieben, sondern auch als Entscheidung derjenigen, die diesem Chaos entkommen wollen.

Das Motiv vom Kultpersonal im Unglück

In Jer 6,13b heißt es: „Und vom Propheten bis zum Priester, sie alle machen Lüge." Es handelt sich hierbei um ein Motiv, das im Verlauf des Jeremiabuches stark theologisch weiterentwickelt wird, seinen Ursprung aber vermutlich in den Klagen hat.[543] Darin kommt es im Hinblick auf die Frage vor, welche Funktion dem Kultpersonal in Zeiten des eingetroffenen Unheils zukommt. Das Motiv findet sich in den Balaĝs, ausgedrückt in drei festen Wendungen, die hier mit allen Paralleltexten angeführt werden.

Balaĝ: ud-dam ki am₃-us₂ (Wie ein Sturm berührt es die Erde), Z.14:

14. e-ne-eĝ₃-ĝa₂-ni a-zu nu-un-tuku šim-mu₂ nu-un-tuku
     a-mat-su ba-ra-a ul i-šu ša-i-la ul i-šu[544]

Ü: Sein Wort hat keinen Opferschauer, keinen Beschwörer.

Die gleiche Formulierung findet sich auch in den Balaĝs **e-lum gud-sumun₂, am-e bara₂-an-na-ra,** einer Version von **a-me amaš-a-na,** sowie **a-gal-gal buru₁₄ su-su.** Dabei ist die Wendung in **am-e bara₂-an-na-ra** dreimal, jedoch ohne akkadische Interlineare, und in **ud-dam ki am₃-us₂** zweimal überliefert, wobei nur einmal mit akkadischer Übersetzung für das hell. Babylon.[545] Im Balaĝ **a-gal-gal buru₁₄ su-su** findet sich ebenso eine akk. Übersetzung auf einem Manuskript aus dem nB Ur.[546] Die anderen Balaĝ-Passagen enthalten keine akk. Interlineare.[547] Wie in 6,13b werden in den genannten Klagen Kultpersonen im Zusammenhang der Zerstörungsbeschreibungen erwähnt und hinsichtlich ihrer Funktion während dieser Unglückszeiten betrachtet.

---

542 HELCK, Admonitions, 17.
543 Vgl. Kapitel 4.1.2.
544 CLAM, 123. CDLI 414105 (Sm. 116, nA Ninive). CDLI P414268 (VAT 269+ VAT 272+ VAT 285+ VAT 417+ VAT 438+ VAT 1774+ VAT1705, Babylon, hell.).
545 Vgl. mit der akk. Interlineare, am-e bara₂-an-na-ra, CDLI P414280 (VAT 248+ VAT 396, Babylon, hell.)
546 Vgl. a-gal-gal buru₁₄ su-su, CLAM 513, CDLI P346288 (UET 6/2 203 rev., U 6321, nB Ur).
547 Vgl. u. a. a-me amaš-a-na *ahû*, CLAM, 531, CDLI P414273 (VAT 218+ VAT 1749+ VAT 1850 Babylon, hell.). e-lum gud-sumun₂, CLAM ,277, P342819 (VAT 607+ VAT 616+ VAT 1353, aB). CDLI P345346 (AO.3924, aB).

Die zitierte Zeile aus dem Balaĝ **ud-dam ki am$_3$-us$_2$** möchte zum Ausdruck bringen, dass das Wort Enlils nicht durch divinatorische Verfahren umzukehren ist. Mit Wort, so zeigen die im Folgenden angeführten weiteren Belege aus dem gleichen Balaĝ, ist dabei der göttliche Entschluss zur Zerstörung gemeint.[548] Wort und Sturm werden als Agenten der Zerstörung oft synonym in den mesopotamischen Klagen verwendet.

Balaĝ: ud-dam ki am$_3$-us$_2$ (Wie ein Sturm berührt es die Erde), Z.25–27.39.44.47:

25. OB: u-[a$_3$ e-ne-eĝ$_3$-ĝa$_2$-ni] u-a$_3$ e-[ne-eĝ$_3$-ĝa$_2$-ni]
    FM: [e-n]e-eĝ$_3$-ĝa$_2$-ni u$_5$-a e-ne-eĝ$_3$-ĝa$_2$-ni
    ša$_2$ ša$_2$-di-i a-mat-su
26. OB: e-Ium-ma u-a$_3$ [e-ne-eĝ$_3$-ĝa$_2$-ni]
    FM: u$_5$-a e-ne-eĝ$_3$-ĝa$_2$-ni e-lum-e u$_5$-a e-ne-eĝ$_3$-ĝa$_2$-ni
27. OB : an-gu-la u$_3$-a
    FM : an-gu-la u$_5$-a
39. OB : e-ne-eĝ$_3$-ĝa$_2$-ni tur$_7$-tur$_7$-bi ši-du kur i$_3$-gul-gul
    FM: e-ne-eĝ$_3$-ĝa$_2$-ni tur-tur-bi ši-di kur-še$_3$ gul-gul-e
    rab-bi-iš ina a-Ia-ki-ša$_2$ ma-a-ta u$_2$-ab-bat
44. e-ne-eĝ$_3$-ĝa$_2$-ni mu-Iu mu-un-gig-gig-ge mu-Iu mu-un-šir$_2$-šir$_2$-re
    ni-ši u$_2$-šam-ra-aṣ ni-ši un-na-aš : u$_2$-ṣar-rap
47. e-ne-eĝ$_3$-ĝa$_2$-ni ud-de$_3$ e$_2$-5-ta 5-am$_3$ ba-ra-ab-e$_3$
    ud$^{!(E)}$-mu É ḫa-an-še-et ḫa-an-še-et u$_2$-še-eš-ṣa-a
Ü: 25–27: (Oh,) sein Wort! Oh, sein Wort! Der Ehrwürdige, Oh, sein Wort! Großer An, Oh!
    39: Sein Wort geht langsam und zerstört die Länder.
    44: Sein Wort macht die Menschen krank, es schwächt die Leute.
    47: Sein Wort, der Sturm, treibt alle fünf eines Hauses von fünfen hinaus.

Die Beschreibung der Funktionen des kultischen Personals zu Zeiten der Destruktion findet in den Balaĝ-Klagen dann noch eine weitere Ausdeutung, die der in Jer 6,13b sehr nahe kommt. Wieder bietet die Klage **ud-dam ki am$_3$-us$_2$** einen Beleg.

---

548 Vgl. CECCARELLI, Wort, 220–223, diskutiert die Frage, ob das Wort Enlils auch als dessen Hypostase betrachtet werden kann. Er kommt jedoch zu keinem endgültigen Schluss darüber.

Balag̃: ud-dam ki am₃-us₂ (Wie ein Sturm berührt es die Erde), Z.35 – 36:

35. FM: e-ne-eĝ₃-ĝa₂-ni a-zu ga-am₃-ma-ga a-zu-bi lul-la
     a-mat-su ana ba-ri-i ib-ba-ab-bal-ma ba-ru-u₂ šu-u₂ is-sa-ra-ar₂

36. FM: e-ne-eĝ₃-ĝa₃-ni šim-mu₂ ga-am₃-ma-ga šim-mu₂-bi lul-la
     ana ša₂-i-li ib-ba-bal-ma ša₂-i-li šu-u₂ is-sa-ra-ar₂[549]

Ü: Ich will sein Wort zu dem Opferschauer bringen, doch dieser Opferschauer lügt. Ich will sein Wort zu dem Deuter bringen, doch dieser Deuter lügt.

Die beiden Passagen aus dem Balag̃ stammen von einem Manuskript aus dem hellenistischen Babylon.[550] Die gleiche Wendung wie in Z.35 f findet sich auch in den Balag̃s **a-na e-lum-e,** ohne akk. Übersetzung, und **a-gal-gal buru₁₄ su-su,** mit akk. Interlineare.[551]

Die genannten Passagen verweisen je auf divinatorische Verfahren. Mit den angeführten Sätzen, dass „sein Wort keinen Opferschauer, keinen Beschwörer hat" und jeder Opferschauer und Deuter, der es deuten will, lügt, wird Folgendes zum Ausdruck gebracht: Wer nach eingetroffener Katastrophe versucht, dieses zu deuten oder nach einem Zeichen zu suchen, dass das Unheil hätte vorhergesagt, der lügt. Denn den Grund einer göttlichen Entscheidung zu erforschen, obliegt keinem Kultbeamten, erst recht nicht nach deren Eintreten.

Anders formuliert heißt es in einem EH-Fragment:

EH n88, IVR² 22n2:

8'f: Der Opferschaupriester kann ihm durch die Opferschau nicht den rechten Weg weisen.

14'f: Der Beschwörungspriester kann ihm durch die Beschwörung nicht besänftigen.[552]

Emesalklagen beschreiben, im Unterschied zu divinatorischen Omen, kein Ereignis, das aufgrund von Zeichen, die gedeutet werden, eintreten wird, sondern berichten von einem bereits eingetroffenen Unheil.[553] Dabei ist es nicht von Be-

---

549 CLAM, 124. CDLI P414366 (BM 99265, nA); CDLI P398038 (K.9316, nA Ninive); CDLI P414269 (VAT 247+ VAT 1815, Babylon, hell.); CDLI P414268 (VAT 269+ VAT 272+ VAT 285+ VAT 417+ VAT 438+ VAT 1774+ VAT 1705, Babylon hell.); CDLI P346288 (UET 6/2 203 rev., U.6321, nB Ur.)

550 Vgl. CLAM 124, CLDI P414269 (VAT 247+ VAT 1815, Babylon, hell.); CDLI P414268 (VAT 269+ VAT 272+ VAT 285+ VAT 417+ VAT 438+ VAT 1774+ VAT 1705, Babylon, hell.).

551 Vgl. an-na e-lum-e, CLAM 209, CDLI P414272 (VAT 427, Babylon, hell.). a-gal-gal buru₁₄ su-su, CLAM 504, CLDI P237771 (K.69+ K.3007, nA Ninive).

552 Vgl. Maul, Herzberuhigungsklagen, 331 f. (K.4837+ K.4927, nA Ninive).

553 Vgl. Gabbay, Pacifying, 28.

deutung, dass es sich nicht um ein historisches Ereignis handelt, das in den Klagen beschrieben ist. Vom literarischen Standpunkt ist es eine Unheilsbeschreibung *post eventum*.[554] Die Passagen in den Emesalklagen, die auf die Divination referieren, sagen aus, dass es nicht deren Aufgabe ist, nach dem Eintreffen eines Unglücks ein Anzeichen dafür zu suchen oder die göttliche Absicht dahinter zu verstehen. Dabei referieren die EKL nicht auf die reguläre Divination im Allgemeinen, nicht auf das theologische System, das einen hohen Stellenwert in der mesopotamischen Kultur genoss.[555] Die EKL beziehen sich auf diejenige Omenkunde, die im Nachhinein einen Grund sucht und prangern diese an, denn das ist nicht die Aufgabe der Divination.[556] U. Gabbay beschreibt die gemeinsame Theologie von Divination und den EKL wie folgt: Die göttliche Manifestation in der Welt hat zwei Phasen, das Wort oder Zeichen, das die Vorwegnahme eines Ereignisses beschreibt und die Manifestation selbst, das Begebnis, das Unheil, das eintritt.[557] Die Divinationen versuchen das Zeichen vorweg zu deuten um zu beschreiben, wie das Ereignis, das darin angekündigt wird, in seinen zukünftigen Folgen aussieht.[558] Omina gewähren einen Einblick in das Zukünftige, sodass man ggf. rechtzeitig darauf reagieren kann, durch bspw. apotropäische Rituale.[559] Die Divination selbst hat die Aufgabe Zeichen zu „lesen" und nicht die dahinterstehende Gottesentscheidung zu hinterfragen oder zu ändern.[560] In den kultischen Klagen wird das eingetroffene Ereignis, die Manifestation, beschrieben, das Zeichen, d. h. das Wort ist manifestiert und nichts kann dies ändern.[561] Auch hier geht es dabei nicht um die Ursache der Zerstörung, sondern nur um deren Schilderung. Der Unterschied beider Korpora ist der zeitliche Gesichtspunkt der Betrachtung.[562]

Entgegen dieser inhaltlichen Aussage, dass die göttliche Entscheidung nach eingetroffenem Unheil nicht mehr zu ändern ist, wird die Klage **ud-dam ki am$_3$-us$_2$** selbst, die von der aB-Zeit bis in seleukidische belegt ist, im Aššur-Tempels des 1. Jt. v. Chr. beim *dīk bīti* (Erwachen des Tempels)-Ritual aufgeführt, um nach dem Schlachtopfer, das den Gott milde stimmen soll, der göttlichen Entscheidung zur Zerstörung präventiv vorzubeugen.[563]

---

554 Vgl. GABBAY, Pacifying, 28.
555 Vgl. GABBAY, Pacifying, 29.
556 Vgl. GABBAY, Pacifying, 29.
557 Vgl. GABBAY, Pacifying, 28.
558 Vgl. GABBAY, Pacifying, 28.
559 Vgl. MAUL, Omina, 48.
560 Vgl. GABBAY, Pacifying, 28 f.
561 Vgl. GABBAY, Pacifying, 29.
562 Vgl. GABBAY, Pacifying, 28.
563 Vgl. LINSSEN, Uruk, 29 – 33.

Das eingetroffene Wort der Zerstörung Ans oder Enlils ist nicht mehr durch kultische Einflüsse oder sonstiger apotropäischer Rituale beeinflussbar. Die Zerstörung ist finale, in den Emesalklagen eingetroffene, Gottesentscheidung und das betrifft auch das Kultpersonal:

Balaĝ: ^{d}utu-gin$_7$ e$_3$-ta (Komm heraus, wie die Sonne) Kirugu n+1, Z.20 – 24.

20(Ku4) gu[du$_4$*-b]i*⌈EZEN x⌉ nu-mu-ni-ib$_2$-[be$_2$]
          pa-[š]i-is-su ⌈*dup-pir*⌉ *ul i-qab-[bi]*
21(Ku4) gala-e a šag$_4$-zu nu-mu-ni-ib$_2$-[be$_2$]
          ka-lu-u$_2$ a-ḫu-lap ŠAG$_4$-*bi-ka ul i-qab-b[i]*
22(Ku4) gudu$_4$-bi ḫi-Ii-ta ba-ra-e$_3$
          pa-ši-is-su ina ku-uz-bi it-ta-ṣi
23(Ku4) ⌈en⌉-bi ĝe$_6$-par$_3$-ta ba-ra-e$_3$
          en-šu$_2$ ina gi-pa-ri it-ta-ṣi
24(Ku4) ⌈gala⌉-e a-še-er-ra- ba-ra-e$_3$
          [ka-lu-ú] ina ta-ni-iḫ [it-ta-[ṣi][564]
Ü: [Ruft] ihr gudu-Kultpriester[565] dort den Freudenschrei nicht mehr aus, sagt der Klagesänger nicht mehr: „Oh dein Herz!", tritt ihr gudu-Kultpriester aus der Pracht heraus, tritt ihre en-Priesterin aus dem Gipar heraus! Tritt der Klagepriester in Seufzen hinaus.

Der gleiche Ausdruck findet sich in den **Balaĝs uru$_2$-ḫul-a-ke$_4$ der Gula** und **a-me amaš-a-na.** Während jedoch die Zeilen aus ^{d}utu-gin$_7$ e$_3$-ta auch auf Manuskripten des 1. Jt. für das nA Niniveh und hell. Babylon mit akkadischer Interlineare bezeugt sind,[566] bieten die beiden anderen den Passus ohne akkadische Übersetzungen und mehrheitlich in aB-Belegen.[567] Die Zusammenstellung der Termini gudu und en für die Priesterklassen (Z.22 – 23) dient dazu, die Gesamtheit der Priesterschaft, stellvertretend durch die beiden genannten, zu beschreiben.[568]

---

564 Vgl. LÖHNERT, 327 f. Der Text Ku4 stammt aus dem neuassyrischen Ninive (K.4613).
565 Vgl. LÖHNERT, Sonne, 330, akkadisch ist es der *pašīšu*-Kultpriester.
566 Vgl. LÖHNERT, Sonne, 89 – 91. utu-gin$_7$ e$_3$-ta, Ku4 (K.4613 Kunjunjik, 1Jt.); B12 (VAT 289+ VAT 428+ VAT 1741 Babylon, 1. Jt. v. Chr.); aB: S3 (CBS 497+ VAT 1334+ VAT 1341+ VAT 1357+1 Manuskript aus dem aB Sippar), N4 (HS 1453c+ HS 1484+ HS 2520+ HS 2521+ HS 2683+ HS 2851 aB Nippur); N5 (N 4210 aB Nippur).
567 Vgl. a-me amaš-a-na, CLAM 164, CDLI P363727 (AO.6482, Uruk, hell.). uru$_2$-ḫul-a-ke$_4$ der Gula, TLC 15; CDLI P342820 (VAT 1334+ VAT 1341+ CBS 497, aB); CDLI P342824 (VAT 1357, aB).
568 Vgl. LÖHNERT, Sonne, 341. In der LU wird gesagt, dass sie ihre Tempel verlassen. SAMET, Lamentation, 72f., Z.347: „Its gudu-priest is no longer walking in (his) wig; how did your heart change?"; Z.349: „Its en-priestess no longer lives in the ĝipar, now how will you thrive?".

In Psalm 74, in welchem die feindliche Zerstörung der heiligen Stätte, die jetzt in Trümmern liegt, berichtet wird, findet sich folgender Satz:

Ps 74,9: אוֹתֹתֵינוּ לֹא רָאִינוּ אֵין־עוֹד נָבִיא וְלֹא־אִתָּנוּ יֹדֵעַ עַד־מָה

Ü.:   Zeichen für uns sehen wir nicht. Kein Prophet ist mehr da, und keiner bei uns ist da, der weiß bis wann.[569]

Dieser Vers beschreibt, ebenso wie der Passus in **ᵈutu-gin₇, e₃-ta,** dass auch das Kultpersonal von den Kriegszeiten betroffen und in ihrer kultischen Tätigkeit beschränkt ist bzw. diese beenden muss, weil der Tempel zerstört oder das Land unbewohnbar ist und sie fliehen müssen. In Ps 74,9 ist nicht von einer Schuld der Priester und Propheten die Rede wie in Jer 6,13b. Sie gehören zu den Personengruppen, die vom Unheil betroffen sind. Derlei als wertfrei zu bezeichnende Aussagen zu den Kultbeamten finden sich auch in Jer 4,9 f und 14,18.[570] Dabei kann konstatiert werden, dass die für Jeremia häufig belegte, gemeinsame Nennung von ‚Priester und Propheten‘ ebenso wie die gudu-en-Kombination eine *pars pro toto* Formel ist, mit der die Gesamtheit des Kultpersonals gemeint ist.

Die Motive des Kultpersonals und der wilden Tiere gehören in den Balaĝ-Klagen eng zusammen und zählen zu einem Versatzstück, das in mehreren Balaĝ-Klagen in gleicher Weise vorkommt. Es handelt von der Vernachlässigung der Stadt durch Enlil, worauf die Herrin dieser mit Klagen reagiert.[571] A. Löhnert folgend ist der Abschnitt folgendermaßen zu analysieren: In dieser Zeit der Vernachlässigung werden abschnittsweise Personengruppen vorgestellt, die im Unheil entweder genau das tun, was man erwartet (bspw. der Mann des Schreiens schreit Z.16) oder ihre Tätigkeit wird ins Negative verkehrt, wie im Falle der angeführten Stelle mit den Priestern (Z.20 – 24).[572] Die Priester erfüllen ihre Aufgabe im Tempel nicht mehr.[573] Dabei ist der Abschnitt strukturell durch den Gebrauch des Verbes e/du₁₁ (sprechen, in: nu-mu-ni-ib₂-[be₂]) in den Zeilen 18 – 22, und durch das lautlich gleiche e₃ (hinaustreten) gegliedert.[574] Die Priester verlassen die Stadt, der *kalû* dabei ‚in Seufzen‘, was auf dessen Aufgabe des Vortrags der Klagelieder

---

569 Vgl. Hossfeld, Psalmen, 447. Der Psalm ist vermutlich frühnachexilisch zu datieren (5./4. Jh. v. Chr.).

570 Vgl. Kapitel 4.1.2.

571 Vgl. Löhnert, Sonne, 89 – 91.314 – 18. Das Kirugu n+1, das diese Thematik beinhaltet, scheint eine Hinzufügung des 1 Jt. v. Chr. zum Balaĝ ᵈutu-gin₇ e₃-ta zu sein, da es aB keine Belege dafür gibt. Es ist auf fünf Manuskripten enthalten: B15 (VAT 176+ VAT 1790+ VAT 1826+1 Fragment); Ku4 (K.4613); TLC 6,55; B3 (VAT 17+ VAT 592+ VAT 2182); B14 (VAT 17500).

572 Vgl. Löhnert, Sonne, 318.

573 Vgl. Löhnert, Sonne, 319.

574 Vgl. Löhnert, Sonne, 319 f.

verweist.[575] Nachdem die Priester den Tempel verlassen haben, ziehen in den Zeilen 25 – 27 auch die Götter aus, woraufhin die Stadt verwahrlost.[576] Die Zeilen 28 – 33 schildern dann die Bevölkerung der verfallenen Stadt durch Wüstentiere und dass das Stadtinnere zum Phantom (lil$_2$) geworden ist.[577] A. Löhnert hält fest: „Das Eindringen des Fuchses, der eigentlich in der unbewohnten Steppe fernab der zivilisierten Stadt wohnt, ist ein eindeutiges Zeichen, dass die Stadt dem Ruin preisgegeben wurde. Der dar/*ittidû*-Vogel ist ebenfalls aus einigen Kontexten als ein sich in verlassenen Tempeln und Städten einnistender Vogel bekannt."[578] Somit gehören beide Motive zum Veröden einer Stadt.

Die Auseinandersetzung mit der Funktion kultischen Handelns in Katastrophenzeiten ist, das haben die Belege gezeigt, ein konstitutives Element der Klageliteratur. Dabei liegt keine Wertung der Kultfunktionen im Allgemeinen vor oder eine Schuldzuweisung an dem Unglück, wie es sich in 6,13 findet.

Der Vergleich zwischen den Jeremiatexten und der altorientalischen Klagetradition soll mit kurzen Ausführungen zu zwei Topoi enden, die in Jer 4 – 10 die Grundschichten der Klagen ergänzen.

Der Gegenstand der Rache

Die Rache ist das Thema von Jer 10,25. Der Zorn Jahwes, so verlangt es der Beter, soll sich über die Nationen ergießen, die ihn nicht kennen, diejenigen, die für die Zerstörung Jakobs, des Volks Israels, verantwortlich sind. Ähnliche Gedanken finden sich auch im Psalter.[579] So heißt es in Ps 59,14, in dem der Beter sich in Todesangst vor den Feinden, die mit Zerstörung ins Land dringen, an seinen Gott (אֱלֹהָי) wendet:

> **Ps 59,14:** Vernichte sie im Zorn, vernichte, dass sie nicht mehr sind. Dann wird man erkennen, dass Gott in Jakob herrscht bis an die Enden der Erde!

Der Topos der Rache klang ebenso bereits bei der Betrachtung der Irikagina-Inschrift an. Er ist darin in Form einer Bitte vorhanden, dass die Agenten der Zer-

---

575 Vgl. Löhnert, Sonne, 319 f.
576 Vgl. Löhnert, Sonne, 321.
577 Vgl. Löhnert, Sonne, 321.
578 Löhnert, Sonne, 320. 345. Der Fuchs ist als unreines Tier zu bezeichnen, da er bei seinem Eindringen in die Stadt Übel mitbringt. Das ist auch von der Omenserie šumma ālu XLII her bekannt, vgl. Maul, Omina, 86 f.
579 Vgl. auch Ps 69,25; 79,6, Kapitel 1.4.2.

störung getötet werden sollen.[580] Das Thema selbst ist jedoch kein konstituierendes in den mesopotamischen Emesalklagen. Es ist nur selten zu finden. Die Feinde dienen Enlils vernichtendem Wunsch, seinem Sturm, als Werkzeuge.[581] Eine Rache-Äußerung ist jedoch in dem sumerischen Šu'ila **ur-saĝ uru$_2$ ur$_4$-ur$_4$** an Marduk enthalten. Das Gebet wurde wohl im Rahmen einer jährlich veranstalteten Feier in Babylon an Marduk vorgetragen.[582] D. Shibata hält in seiner Bearbeitung des Gebetes fest, dass sich aus der Bitte um Rache erschließen lässt, „dass das Gebet möglicherweise bei der Prozession vom Esagil in das Akītu-Festhaus am 8. Nisannu zum Vortrag gebracht wurde."[583] Er begründet diese Annahme damit, dass die Prozession als Feldzug des Marduk gegen Tiāmat interpretiert werden konnte, da dieser Kampf im Mythos Enūma eliš als ‚Rache' bezeichnet wird.[584] Bei dem Šu'ila handelt es sich vermutlich um ein auf Marduk umgedichtetes Gebet, das ursprünglich Ninurta geweiht war.[585] D. Shibata führt Belege an, wie im Gebet enthaltene Ninurta-Epitheta auf Marduk übertragen wurden und verweist auf weitere Untersuchungen, die zeigen, dass die Ninurta-Theologie häufig im 1. Jt. v.Chr. auf Marduk übertragen wurde.[586] Das Beispiel für die Bitte um Rache lautet wie folgt:

Šu'ila, Nr. 7, Z.a+7 f:

a+7	A Rs 13'	e$_2$-bi uru$_2$-bi du$_6$-du$_6$-da-aš	un-bi lil$_3$-la$_2$-aš u$_3$-ba-e-mar
	A Rs14' :	*E$_2$-su u URU-šu ana ti-li*	*ni-ši-šu ana za-qi$_2$-qi$_2$ te-er*
a+8	A Rs. 15'	⌈šu⌉ uru$_2$-za u$_3$ bi$_2$-gi	ka-naĝ-ĝa$_2$ u$_6$ i$_3$-e-a
	Rs. 5	[	] ⌈u$_3$?⌉[d]e$_3$-e
	A Rs. 16'	⌈gi⌉.*mil-li URU-ka ter-ma*	*ma-a-tu-li-mur*[587]

Ü.: Du sollst sein Haus und seine Stadt in einen Ruinenhügel (und) seine Leute in Gespenster verwandeln, Du sollst deine Stadt rächen, und dann möge das Land darüber in Erstaunen geraten!

Der Topos der Rache ist selten, jedoch textimmanent, wie in Jer 10,25, auf diejenigen bezogen, die an der Zerstörung, die in der Klage geäußert wird, schuldig

---

580 Vgl. Kapitel 1.4.2.
581 Vgl. GABBAY, Eršema, 28. Vgl. u. a. Jer 27,2–8.
582 Vgl. SHIBATA, Šu'ila, 178.
583 Vgl. SHIBATA, Šu'ila, 178.
584 Vgl. SHIBATA, Šu'ila, 178.
585 Vgl. SHIBATA, Šu'ila, 179.
586 Vgl. SHIBATA, Šu'ila, 179.
587 Vgl. SHIBATA, Šu'ila, 188.

sind. Eine interessante Parallele bietet ebenso das EH 34a+b, nach S. M. Maul, auf das auch D. Shibata in seiner Bearbeitung des Šu'ilas hinweist. Dort heißt es:

EH 34, Z.21–23:

21 n34b, Vs. 6':	tur maḫ uru$_2$-ni$^?$ [edin-lil$_2$-la$_2$-a]š ba-an-si
Vs.7	*ṣe-eḫ-ra u [r]a-ba-a ša$_2$ ali (URU)-šu$_2$ ṣe-er za-qi$_2$-qi$_2$ mul-li*
22 n34b, Vs 8':	a-ba-bi im-gin$_7$ mu-un-du$_3$-en
9'	*ši-bu-šu ki-[m]a ṭi-ṭi e-me*
23 n34b, Vs. 10':	kur-kur-ra šar$_2$-ra-bi [du$_6$]-[d]u$_6$-da-aš ba-an-mar
Vs.11	*kiš-šat da-ad-me-šu$_2$ ti(l)-l]a-niš šu-pu-AZ (lies:-uk)* [588]
Ü.:	Klein und Groß [seiner] Stadt füllte er auf das [Feld der Geister], [sein]e Alten formst du wie zu Lehm! Die Gesamtheit der Ortschaften schüttet er zu Ruinenhügel auf. (akk.: Mit Groß und Klein seiner Stadt fülle das ‚Feld der Geister' an! Seine Alten wie [...?] zu Lehm. Die Gesamtheit seiner Ortschaften schütte zu Ruinenhügeln auf!)"[589]

Es handelt sich dabei um einen Abschnitt, der das Ergehen des Feindeslandes thematisiert, von dem in Z.24 des EH gesagt wird, dass der Held (ur-saĝ) Stille über es legte.[590] Das an Nergal gerichtete Gebet enthält in seiner akkadischen Fassung die Bitte um „Schädigung des Feindes".[591] Dabei weisen die akkadischen Imperative daraufhin, dass auch im Sumerischen der Agens nicht der Feind, sondern der Gott ist.[592] Der angeführte Abschnitt erinnert an Jer 6,11b.12. Dabei wird das Thema, der von der Vernichtung Betroffenen, dort nicht nur aufgegriffen, sondern auch mit V.11aβ weiterentwickelt und ins Gegenteil verkehrt. Nicht dient die Nennung der Gruppe in 11aβ der Beschreibung der schlimmen Auswirkungen für das betroffene Volk, sondern der Rache bzw. gerechten Strafe. Das Volk, die Kinder und jungen Männer sind schuld an der Zerstörung, die über sie gekommen ist. So fordert der Sprecher Jahwe auf, möge er seinen Zorn ergießen.

---

588 MAUL, Herzberuhigungsklagen, 197.
589 MAUL, Herzberuhigungsklagen, 198.
590 Vgl. MAUL, Herzberuhigungsklagen, 198 f.
591 MAUL, Herzberuhigungsklagen, 200.
592 Vgl. MAUL, Herzberuhigungsklagen, 200.

Theologisch-Weisheitliche Verarbeitung

Der zweite Gegenstand der Betrachtung, der vor allem in den ergänzenden Schichten 4,22 und 10,21 vorkommt, betrifft die weisheitlichen Zusätze. Die Aussage von Jer 4,22, dass das Volk verstehe Böses zu tun, Gutes aber nicht, findet kein Äquivalent in den Klagegebeten des Alten Orients. Die Schuld des Volkes ist kein Thema in den Stadt- und kultischen Klagen und in den Individualklagen der Eršaḫuĝas spielen lediglich die persönlichen Vergehen des Beters eine Rolle. Jedoch findet sich eine zu Jer 4,22 zunächst scheinbar äquivalente Aussage im sog. ‚Era-Gedicht'.[593] Der Text aus dem 1. Jt. v.Chr. stammt aus Babylonien. Das Gedicht verteilt sich über fünf Tafeln, ca. 29 Textzeugen und kann in ca. 500 von 700 Zeilen rekonstruiert werden.[594] Es handelt von der Absicht des Pestgottes Era,[595] Marduks Macht zu übernehmen. Es gelingt ihm die Herrschaft über Babylon und dessen Einwohner zu erlangen, was jedoch zu der Verwüstung und kriegsbedingten Zerstörung der Stadt führt, geschildert auf der Tafel IV des Mythos.

Nachdem der Pestgott Era die Macht Marduks übernommen hat, heißt es: „Die Menschen haben das Recht verlassen und die Gewalt ergriffen, die Gerechtigkeit haben sie preisgegeben und das Böse gepackt."[596] Es handelt sich zwar nicht um eine Schuldaussage, wie in Jer 4,22, dennoch wird gleiches gesagt, nämlich dass die Menschen in der Zerstörung Böses tun. Jeweils heißt es, sie haben das Gute bzw. die Gerechtigkeit (akk. *kittum*) um des Bösen willen verlassen. Diese Deutung des Unheils bezogen auf die Menschen ist jedoch kein Thema von Klagegattungen, sondern von theologisch gedeuteter Unheilserfahrung. Das Era-Gedicht ist ein neubabylonisches (ca. 626–539 v.Chr.) Werk religiöser Bedeutung.[597] Es handelt inhaltlich von der Zerstörung Babylons, in der der Stadtgott Marduk klagt (Tafel IV), und enthält dementsprechend auch Unheilsschilderungen:

Era-Gedicht, IV, Z.28 f:

28: *ṣe-eḫ-ru u ra-ba- a iš-te-niš šu-mit-ma*
29: *e-niq ši-zib šer₃-ra la te-ez-zi-ba a-a-am-ma*[598]

---

593 Zur Diskussion um die die Gattungsbezeichnung, siehe Cagni, Poem, 6–14.

594 Vgl. Gössmann, Era-Epos, 6. Machinist, Erra, 222.

595 Dieser Gott entspricht dem alttestamentlichen Pest- und Würgeengel, so Gössmann, Era-Epos, 69. Vgl. Ex 12, 9; 2 Kön 5,6–8; 24,15 ff.

596 Vgl. Cagni, Epopea, 112, Era-Gedicht Tafel IV, Z.73: nišē^MEŠ *kit-ta u₂-maš-ši-ra-ma iṣ-ba-a-ta pa-rik-ta*", Z.74:*i-ša₂-ra i-zi-ba-ma* limutta^{ta} **kap-*da (?)*.Cagni, Epos, 27.

597 Vgl. Cagni, Poem, 5.13.

598 Cagni, Epopea, 106. Vgl. Gössmann, Era-Epos, 121. Cagni, Poem, 48–50.

Ü: Überantworte dem Tod beide, Klein und Groß. Lass niemanden entkommen, weder den Säugling noch das Kind!

Für Luigi Cagni ist das Gedicht ein Weg der religiösen Verarbeitung von Geschichte.[599] Er bestimmt den Sitz im Leben des Werkes, das eine weite Verbreitung in Ur, Assur, Babylon bis nach Sultantepe aufweist, als religiöse Unterrichtung im Sinne eines Lehrgedichts, dessen praktischer Nutzen die apotropäische Abwehr von Unheil war.[600] So sind Teile des Gedichtes nachweislich als Amulette getragen wurden.[601] Er schließt einen ursprünglich kultischen Nutzen des Textes nicht aus, da er hymnische Elemente enthält.[602] L. Cagni hält abschließend fest, dass es sich bei dem Werk um ein literarisches Unikum handle, das keine bekannten Parallelen habe.[603]

Es lässt sich aber für die vorliegende Untersuchung konstatieren, dass die Frage nach Schuld und Rolle des Volkes beim Unheil ein Topos ist, der der Klageliteratur selbst nicht eigen ist, jedoch sich in theologischen Deutungen und literarischen Weiterverarbeitungen von Unheilserfahrungen findet.

Der Einschub in Jer 10,21 weist den Hirten die Schuld an der Zerstreuung des Volkes zu. Es heißt dort, dass sie Jahwe nicht gesucht hätten, worauf die Verwüstung zurückzuführen sei. So klingt es zumindest im jetzigen Kontext des Verses an. Der Hirte hat auch in den Klagen Mesopotamiens einen Platz. In dem Balaĝ ^d**utu-gin**₇ **e**₃**-ta** heißt es: „Einen Hirten, der sich nicht hinbeugt, hast du zu den Schafen gestellt, einen Hirten, der nicht schläft, hast du zur Wache eingesetzt!"[604] Die Sätze finden sich im kirugu n+2 (nach A. Löhnert), das nur für das 1. Jt. v.Chr. belegt ist.[605] In dem Abschnitt wird zum Ende eine erhoffte, bessere Zukunft beschrieben, in der „das Bild des um seine Schafe besorgten Hirten vorgestellt [wird], der von Mullil zu Wache eingesetzt wurde."[606] Es ist also nicht die Rede einer Schuld. Auch in der Stadtklage von Ur ist diese nicht thematisiert, sondern nur die Schilderung erfolgt, dass auch der Hirte die Stadt verlassen hat. Dort heißt es: „meine Stadt ist keineswegs wie die guten Mutterschaft zahlreich geworden, ihr treuer Hirte ist fortgegangen."[607] Die Urukklage wird deutlicher.

---

599 Vgl. CAGNI, Poem, 13.
600 Vgl. CAGNI, Poem, 13 f.
601 Vgl. CAGNI, Poem, 14.
602 Vgl. CAGNI, Poem, 14.
603 Vgl. CAGNI, Poem, 14.
604 Vgl. LÖHNERT, Sonne, 359.
605 Vgl. LÖHNERT, Sonne, 346 f.
606 LÖHNERT, Sonne, 349.
607 Vgl. ETCSL 2.2.2, LU Z.265. RÖMER, Ur, 98.

Dort lautet ein Vers: „The chief shepherds themselves burned (?) every sheepfold; The turned them into (nothing more than) haystacks...they brought ruination."[608] Man könnte es vermuten, doch auch hier klingt kein Vorwurf an, sondern nur die Beschreibung der totalen Zerstörung wird geäußert, in der selbst die Kuhherden und die Hirten ihre eigenen Besitztümer vernichten. Eine Theologie wie in Jer 10,21, in der den Hirten Unverständnis und Gottesentfremdung vorgeworfen wird, findet sich in den mesopotamischen Texten nicht. Die Hirten sind nur Teil der Zerstörungsschilderung bzw. die Wächter nach dem Ende des Unheils.

Diskussion um mögliche Textkenntnisse und Überlieferung im Hinblick auf die angeführten altorientalischen Vergleichstexte

C. Uehlinger stellt in seinem vergleichenden Aufsatz des Qohelet Buches mit altorientalischen Weisheitstexten fest, dass man wohl mit Gewissheit sagen kann, dass die heute bekannten Texte nur einen Teil des damals vorliegenden Textbestandes repräsentieren.[609] Er betont zudem, dass der erhaltene Bestand der Keilschriftquellen dennoch repräsentativer sei, als der der Überlieferung aus Israel, Juda und Ägypten, was nicht zuletzt auf die verwendeten Schriftträger zurückzuführen sei.[610] Gleiches ist wohl für die Überlieferung der Klagen zu vermerken.

C. Uehlingern konstatiert: „eine historisch kritische Komparatistik muß sich dem Problem der Überlieferungskanäle stellen".[611] Daher soll im Folgenden gefragt werden, welche der zum Vergleich angeführten Texte zur Zeit der Entstehung des Jeremiabuches, welche hier grob zwischen dem 6.–4. Jh. angesetzt wird, überhaupt noch tradiert und aufgeführt wurden und in welchem Rahmen dies geschah. Gleichzeitig wird gefragt, ob der Inhalt der Kompositionen für deren Aufführung von Bedeutung war und wenn ja in welcher Hinsicht.

Dabei soll auch der Aspekt bedacht werden, dass Emesal ein Dialekt ist, den vor allem die *kalû* beherrschten und nicht alle Teilnehmer im Ritual verstanden. Die Frage, die bei der folgenden Betrachtung von Bedeutung ist, lautet: Wenn Sumerisch und besonders Emesal als nicht (mehr) gesprochene Sprache schwer verständlich war im 1. Jt. v. Chr., in welcher Hinsicht können die akkadischen Interlinearübersetzungen des 1. Jt. v. Chr. dahingehend eine Hilfestellung geben?

---

608 ETCSL 2.2.5, Segment D, Z.10 – 20.
609 Vgl. UEHLINGER, Qohelet, 164.
610 Vgl. UEHLINGER, Qohelet, 164.
611 Vgl. UEHLINGER, Qohelet, 164.

Die Analyse der zur Zeit Jeremias noch tradierten Texte soll an den Emesalklagen, die die größten motivischen und thematischen Bezüge zu den Klagen in Jer 4, 6, 8 und 10 aufweisen, durchgeführt werden. Dazu zählen die Balaĝs: **abzu peel-la₂-am₃, am-e bara₂-an-na-ra, a-gal-gal buru₁₄ su-su, a-me amaš-a-na, anna e-lum-e, a-še-er ĝi₆-ta, e-ne-eĝ₃-ĝa₃-ni i-lu i-lu, mu-tin nu-nus dim₃-ma, ud-dam ki am₃-us₂, uru₂ am₃-me-er-ra-bi, uru₂-ḫul-a-ke₄** der Gula.

Bei den Betrachtungen zu den Themen und Motiven klang es bereits an, dass die akkadischen Interlinearübersetzungen, die die Emesal-Gebete teilweise für das 1. Jt. v. Chr. aufweisen, für den Vergleich von Bedeutung sind. Bereits S. M. Maul hat in seinem Aufsatz zum „Küchensumerisch", einer Untersuchung zu den Bilinguen der Emesalgebete im 1. Jt. v. Chr., darauf hingewiesen, dass die akkadischen Textfassungen gar nicht die Absicht verfolgen eine genaue Übersetzung der sumerischen Vorlage zu bieten, sondern es vielmehr um die Erschließung von Sinnebenen geht, d. h. eine hermeneutische Übersetzung vorlege.[612] Beim Jahrestreffen der ‚American Oriental Society' 2013 in Portland sprach Paul Delnero über: „Translating the Untranslatable: The Role of Akkadian in the Sumerian Liturgical Corpus". Im Hinblick auf die liturgischen Klagen des *kalû* stellt er zum einen fest, dass die EKL eine ausgeprägte syllabische Orthographie im Sumerischen aufweisen, zum anderen, dass diese Orthographie in den sum. Abschriften auch die Funktion hat anzugeben, wie Worte während der Aufführung betont und ausgesprochen bzw. gesungen werden sollen.[613] Dabei weisen die liturgischen Texte zum einen eine höhere Anzahl von Texten in syllabischer Orthographie statt in Standard-Orthographie auf, als es für die literarischen Texte zutrifft.[614] Zum anderen sind die kultischen Texte weiter gestreut als die Manuskripte der literarischen Kompositionen, die als Lehrtexte gelten.[615] Doch kann P. Delnero nicht nur zeigen, dass die Manuskripte und Kopien liturgischer Klagen eindeutig zur Aufführung bestimmt waren, er stellt ebenso die Frage, welche Funktion die akkadischen Übersetzungen hatten.

Den Göttern gilt das Emesal, ihre Herzen zu erweichen. Aber irdisch beherrschten nur wenige Spezialisten diesen Dialekt.[616] So ist doch fragwürdig, dass Texte, die sprachlich nur wenigen zugänglich waren und bei denen es offensichtlich mehrheitlich um die Aussprache und Darbietung im Ritual ging, als um die inhaltliche Aussage, einer akkadischen Übersetzung bedurften?[617] P. Delnero

---

612 Vgl. Maul, Küchensumerisch, 259.
613 Vgl. Delnero, Untranslatable, 8 – 10.
614 Vgl. Delnero, Untranslatable, 10.
615 Vgl. Delnero, Untranslatable, 10.
616 Vgl. Löhnert, Emesal, 210 – 212.
617 Vgl. Delnero, Untranslatable, 13 f.

kommt bei seiner Untersuchung zum Ergebnis, dass der Inhalt der Komposition hinter der Bedeutung des Rituals zurücktritt, und ihre Verwendung im Ritual nicht direkt auf ihren Inhalt zurückgeht, sondern eher darin bedingt ist, wie der Inhalt verwendet wird, um die beabsichtigte Wirkung zu erzielen.[618] Warum akkadische Übersetzungen dennoch angefertigt wurden, wenn der Inhalt gegenüber der Wirkung zweitrangig ist, erklärt P. Delnero damit, dass die *kalû* bestimmte Passagen übersetzen, als Möglichkeit, um Aufmerksamkeit auf diese zu richten oder um die Gesamtkomposition besser zur Wirkung zu bringen.[619] Das würde für die vorliegende Untersuchung bedeuten, dass die Passagen, die akkadisch übersetzt sind, von besonderer Aussagekraft für die Gesamtkomposition sind bzw. sie so wichtig sind, dass man auf sie aufmerksam macht.

P. Delnero bemerkt zudem, dass das Akkadische teilweise auch ein Mittel sei, um Hinweise zur Aufführung zu verfassen bzw. um diese zu verbessern.[620] Auch U. Gabbay untersucht den Zusammenhang zwischen dem Inhalt der verwendeten liturgischen Klagen und dem Ritual, in dem sie, i. d. R. vor der Kultstatue, aufgeführt werden.[621] So widmet er sich in dem Aufsatz: „The Performance of Emesal Prayers within the Regular Temple Cult: Content and Ritual Setting" der Frage nach dem Zusammenhang von Inhalt und Tageszeit der Rezitation der EKL.[622] Zudem untersucht er darin die Beziehung zwischen den textinternen Götter- und Tempellitaneien und dem Kultbild vor dem die Gebete rezitiert werden. Er bezieht sich in seiner Analyse vor allem auf die Balaĝ und Eršema-Gebete, da die EHs und Šu'ilas im regelmäßigen Kult keine signifikante Rolle spielen.[623] An dieser Stelle sei kurz erwähnt, dass letztere auch deutlich weniger Parallelen im Vergleich zu den Jeremiatexten aufweisen.

Die Verwendung der Klagen erscheint in Bezug auf Rituale zur Tempelerneuerung oder rund um die Götterstatuen verständlich, da sie inhaltlich auf diese referieren, wenn auch im Hinblick auf die Zerstörung.[624] Doch soll diese ja gerade nicht wieder eintreffen.

Für die Nutzung der EKL im täglichen Kult ist das nicht so leicht zu erklären, vor allem nicht aus heutiger Perspektive.[625] U. Gabbay hält, ebenso wie P. Delnero,

---

618 Vgl. DELNERO, Untranslatable, 15.17.
619 Vgl. DELNERO, Untranslatable, 18.
620 Vgl. DELNERO, Untranslatable, 19.
621 Vgl. GABBAY, Content, 103.
622 Vgl. GABBAY, Uri, The Performance of Emesal Prayers within the Regular Temple Cult. Content and Ritual Setting, in: Tempel im Alten Orient, hg. v. W. Sallaberger, CDOG 7, Wiesbaden 2013, 103 – 121.
623 Vgl. GABBAY, Content, 103.
624 Vgl. GABBAY, Content, 104
625 Vgl. GABBAY, Content, 104.

fest, dass Ritual und liturgischer Text zwei feste Bestandteile sind, die je für sich existieren und deren ursprüngliche Verbindung sich nicht bedingungslos bis in das 1. Jt. v.Chr. erhalten haben muss.[626] U. Gabbays Analyse zum Rezitationszeitpunkt und zur Kultstatue im Verhältnis zum Inhalt der Gebete erfolgt anhand der drei Balaĝs, die fest mit dem *dīk bīti* (Erwachen des Tempels)-Ritual verbunden sind: **a-me amaš-a-na, ud-dam ki am₃-us₂** und **utu-gin₇ e₃-ta.** Dieses Ritual ist das erste eines, vermutlich jedes, kultischen Tages.[627] Es wird am Ende der Nachtwache kurz vor Ende der Schicht, vor der Morgendämmerung, aufgeführt.[628] Das Ritual ist in Texten aus neuassyrischer, spätbabylonischer und hellenistischer Zeit bezeugt, in denen die darin vorzutragenden kultischen Klagen gelistet sind. Es gibt drei Texte, die die Abfolge der Lieder auflisten und darauf hindeuten, dass es eine feste Liturgie für das *dīk bīti*-Ritual gab. Der Text TU 48 ist ein kultischer Kalender aus dem hellenistischen Uruk, er beinhaltet u. a. die Rezitation der Klagen im Innenhof des Rēš-Komplexes vor dem Anu-Antu-Tempel.[629] Dazu zählen die Balaĝs **abzu pe-el-la₂-am₃ uru₂ am₃-me-er-ra-bi, a-me amaš-a-na, utu-gin₇ e₃-ta, ud-dam ki am₃-us₂ e-ne-eĝ₃-ĝa₃-ni i-lu i-lu** und **an-na e-lum-e.**[630] Der Text K.2427+ K.2941+ K.4265+ K.18626[631] aus dem neuassyrischen Ninive enthält Angaben zu Texten, die in Assur vor dem Gott Aššur, im Dagan-Tempel und im Ešarra vorgetragen wurden, darunter finden sich die Balaĝs: **utu-gin₇ e₃-ta, ud-dam ki am₃-us₂, a-me amaš-a-na.**[632] Ein spätbabylonischer Text aus Sippar, BM 50503, enthält einen kultischen Kalender für Šamaš, Aja und Bunene im Ebabbar-Tempel.[633] Er beinhaltet die Angabe zur Aufführung u. a. für die Klagen: **abzu pe-el-la₂-am₃, ud-dam ki am₃-us₂** und **a-me amaš-a-na.**[634] Dabei wird das Balaĝ **abzu pe-el-la₂-am₃,** das akkadische Parallelen für die Themen zwei und drei im Jeremia-Vergleich bietet und aus dem hell. Babylon stammt, gepaart mit dem Eršema **dilmun^{ki} niĝin-na** auch in Assur des 1. Jt. v.Chr. an bestimmten Tagen im Monat aufgeführt.[635] Das Balag **e-ne-eĝ₃-ĝa₃-ni i-lu i-lu** ist im 1. Jt. v.Chr. vereint mit dem Eršema **a-še-eb e₂-kur-ra,** das die Wehschreie und Trauer, in der die Menschen

---

626 Vgl. Gabbay, Content, 104.
627 Vgl. Linssen, Uruk, 27.
628 Vgl. Linssen, Uruk, 27.
629 Vgl. Linssen, Uruk, 30 f.
630 Vgl. Linssen, Uruk, 30 f.
631 Vgl. CDLI P394427 (K.2427 + K.2941 + K.4265 + K.18626, nA Ninive).
632 Vgl. Linssen, Uruk, 28 f.
633 Vgl. Linssen, Uruk, 30.
634 Vgl. Linssen, Uruk, 30.
635 Vgl. Gabbay, Eršema 2, 23 f.

ohne einen regulären Kult nach der Zerstörung des Ekur in Nippur, Enlils Tempel, leben, beschreibt.[636]

U. Gabbay begründet seine Auswahl der drei Balaĝs damit, dass sie in vielen Ritualtexten am Ende der Nacht bzw. vor der Morgendämmerung aufgeführt werden und nie zu anderen Zeiten.[637] Dabei wird im seleukidischen Uruk, **ud-dam ki am$_3$-us$_2$** zusammen mit dem Eršema **bara$_2$ ku$_3$-ga** auch zu Grundsteinlegungen von Tempeln und zur Beendigung von Reparaturen an Götterstatuen aufgeführt.[638] Auch **utu-gin$_7$ e$_3$-ta** wird im seleukidischen Uruk, gepaart mit dem Eršema **u$_3$-li-li en zu sa$_3$ mar-mar**, zu Tempelrenovationen und vereint mit Eršema **u$_3$-u$_8$ a-ba mu-un-ḫul** bei Bauritualen aufgeführt.[639]

U. Gabbay kommt zu dem Ergebnis, dass alle drei inhaltliche Bezüge zum Rezitationszeitpunkt des *dīk bīti* aufweisen. So verweist allein das Inzipit bei **utu-gin$_7$ e$_3$-ta** (Wie die Sonne tritt heraus!) in seiner Aufforderung auf das Erscheinen Enlils, der sich wie die zur Zeit der Aufführung abwesenden Himmelskörper (Sonne) seiner Stadt zeigen soll.[640] Das Balaĝ **ud-dam ki am$_3$-us$_2$** referiert durch die Verwendung des Zeichens ud/u$_4$ (Sturm/Tag) sowohl auf die Zerstörungskraft (Sturm) als auch auf den Tag, der am Horizont anbricht (ki-us$_2$/ anlehnen, ankommen, eintreffen).[641] Bei dem Balaĝ **a-me amaš-a-na** sieht U. Gabbay den Bezug zur Aufführungszeit darin, dass in den Zeilen 35–38 des Liedes eine von Enlil verursachte Dunkelheit beschrieben wird, wie sie z. Z. der Nachtwache, d. h. zum Rezitationszeitpunkt, vorliegt.[642] Die drei genannten Balaĝs, die auch im Katalog IVR2 ,53+ als die ersten drei gelisteten Enlilbalaĝs eine eigene Untergruppe bilden, weisen folglich eine inhaltliche Verbindung zum Zeitpunkt ihrer Rezitation auf.[643] U. Gabbay weist jedoch daraufhin, dass nicht alle Balaĝ-Gebete, die beim *dīk bīti* rezitiert werden, solche Verbindungen wie diese drei erkennen lassen.[644] Im Hinblick auf die Untersuchung zum Zusammenhang zwischen Inhalt der EKL und der Kultstatue vor der sie aufgeführt wird, kommt U. Gabbay zum Ergebnis, dass die Litaneien, in denen die angebeteten Götter und Tempel genannt sind, bis in spätachäminidische Zeit keine Änderungen an lokale Gegebenheiten zuließen, wie es bei den Šu'ilas vorkommt.[645] Es existierte im 1. Jt. v.Chr. eine ka-

---

636 Vgl. GABBAY, Eršema 2, 67 f.
637 Vgl. GABBAY, Content, 105.
638 Vgl. GABBAY, Eršema 2, 64 f.
639 Vgl. GABBAY, Eršema 2, 55–57.
640 Vgl. GABBAY, Content, 106.
641 Vgl. GABBAY, Content, 106.
642 Vgl. GABBAY, Content, 106
643 Vgl. GABBAY, Content, 107.
644 Vgl. GABBAY, Content, 107.
645 Vgl. GABBAY, Content, 108 f.

nonisierte babylonische Standardform der Litaneien, die sich praktisch in allen nB und nA Emesalkompositionen nachweisen lässt und von enormer theologischer Bedeutung war.[646] Erst ab achämenidischer Zeit gibt es Hinweise auf Anpassungen der Litaneien an das Lokalpantheon einer Stadt.[647] Am signifikantesten ist das in Uruk, im Text TLC 6,55, zu sehen.[648] Diese Tafel enthält vermutlich Zeilen des Balaĝs **a-me amaš-a-na** und zeigt, wie die Textzeugen BM 113931 und BM 113940 für **utu-gin$_7$ e$_3$-ta,** dass es Hinweise gibt, dass in Ur statt in den letzten Zeilen Enlis Ekur, Sîns Tempel Ekišnuĝal genannt wird.[649]

Für die Balaĝs **am-e bara$_2$-an-na-ra, a-gal-gal buru$_{14}$ su-su, a-še-er ĝi$_6$-ta** und **mu-tin nu-nus dim$_3$-ma,** die akkadische Parallelen aus dem nA Ninive und dem hell. Babylon hinsichtlich der Themen der Ich-Klage, der Lamentation über die Zerstörung von Eigentum, dem Thema der vom Unheil Getroffenen, sowie zu den Motiven zum Kultpersonal bieten, ist keine Ritualangabe bekannt.

Mittels der motivischen und thematischen Analyse konnte gezeigt werden, dass sich die Texte aus Jer 4 – 10 in die Welt der altorientalischen Klagen einreihen und Gemeinsamkeiten mit den Nachbartexten, vor allem den Balaĝ-Klagen, aufweisen.

So sind die Themen der Ich-Klage, der persönlichen Beschreibung über die Verwüstung im Land, die Frage nach der Dauer und die Nennung der von der Zerstörung betroffenen Personengruppen solche, die sich in selber Funktion und sprachlich ähnlich in der biblischen, mesopotamischen und z.T. auch ägyptischen Klageliteratur wiederfinden. Dass sie sich sprachlich nicht gleichen, liegt zum einen daran, dass es sich um Themen handelt, d.h. selbst innerhalb der Gattungen, bspw. der Balaĝs, keine einheitlichen, wiederkehrenden Wendungen vorliegen. Zum anderen ist es darin begründet, dass diese im Ton sehr persönlichen Abschnitte bereits in den Stadtklagen zu literarischen Weiterbildungen, Neuformulierungen und Ausdehnungen anregten. Die Belege zeigen, dass für die Gestaltung der Jeremia-Texte bewusst Elemente verwendet wurden, die einen persönlichen Ton aufweisen, wie z.B. die Göttinnen-Klage oder das Leid des Beters in den Eršaḫuĝas, um eine erste Person, ein leidendes Individuum in den Fokus zu nehmen.[650] Dabei besteht eine sprachliche Nähe der Jeremiatexte 4,19.20 – 21 und 10,19a.20 zu den Psalmen und den Threni.

---

646 Vgl. GABBAY, Content, 108.
647 Vgl. GABBAY, Content, 109 f.
648 Vgl. GABBAY, Performance, 109 f. LÖHNERT, Sonne, 314. Der Texte TLC 6,55 kann wohl keinem bestimmten Balaĝ zugeordnet werden, gehört am ehesten wohl aber zu a-me amaš-a-na.
649 Vgl. GABBAY, Content, 113.
650 Vgl. Kapitel 4.2.

Das Motiv der Einwanderung wilder Tiere, die nun ihr Lager in der ehemals von Menschen bewohnten Stadt haben, findet sich ebenfalls in allen drei Kulturen, jeweils in festen Formulierungen. Sogar die Rolle der Kultpersonen in den Zeiten des Ansturmes wird sowohl in den biblischen als auch in den mesopotamischen Klagen auf gleiche Weise zur Sprache gebracht. Dabei ist das Motiv der städtischen Verwilderung in Jer 10,22 durch V.22aα als Ankündigung gestaltet und somit bearbeitet. Im Hinblick auf Jer 6,13b.14 und die Beispiele aus den EKL ist zu konstatieren, dass sich unterschiedliche Theologien hinter den Aussagen verbergen. So handelt es sich bei dem Jeremiatext um eine mittels כִּי (denn) eingeleitete Schuldzuweisung hinsichtlich des eingetroffenen Unheils, während die Schuld-Frage in den EKL unbedeutend, ja sogar unzulässig ist. Diejenigen die versuchen, das Unheil im Nachhinein zu deuten bzw. die göttliche Absicht dahinter verstehen wollen oder ein Zeichen zur Ankündigung suchen, werden als Lügner abgestraft. In den EKL sind die Priester genauso betroffen von der Zerstörung wie der Rest der Bevölkerung. Auch sie verlieren ihre Heimat und den Tempel, in dem sie dienten.

Ähnliche Theologisierungen finden sich auch in Jer 10,21 im Hinblick auf die von Gott eingesetzten Wächter, den Hirten. Erklingt in Jer 10,21 ein Vorwurf an diese, sind sie in den EKL nur, ebenso wie Kultpersonen, vom Unheil erschütterte Personen.

Es bleibt festzuhalten, dass obwohl die Klagen einen langen Überlieferungszeitraum aufweisen, sie nicht über das mesopotamische Kernland hinaus belegt sind, jedoch innerhalb dieses weit verbreitet waren, von Ur über Kiš, Nippur Babylon bis nach Assur und Ninive. Die Textbelege der zum Vergleich angeführten Balaĝs reichen vom aB Sippar, Nippur, Susa, Kiš, Uruk, bis zum neuassyrischen Ninive, neubabylonischen Babylon und Ur, sowie dem hell. Babylon und Uruk. Die jeweiligen Vergleichspassagen aus dem 1. Jt. v.Chr. stammen von Manuskripten aus dem neuassyrischen Ninive, dem neubabylonischen und achämenidischen Ur, sowie dem hellenistischen Babylon.[651]

---

651 Vgl. **abzu pe-el-la₂-am₃**, CLAM 53 f. CDLI P345521 (BM 78175, aB Sippar); CDLI P414322 (VAT 425, Babylon hell.). P412175 (MMA 86.11.347+ VAT 418+ VAT 424+ VAT 1744+ VAT unnumbered fragment, Babylon hell.); P414322 (VAT 425, Babylon hell.). **uru₂ am₃-me-er-ra-bi**, CLAM 536–603. **a-še-er ĝi₆-ta**, CDLI P393733 (K.58 nA Ninive); CDLI P399135 (K.11150, nA Ninive); CDLI P414298 (VAT 278, Babylon hell.). **a-gal-gal buru₁₄ su-su**, CLAM 513, CDLI P346288 (UET 6/2 203 rev., U 6321, nB Ur); CLDI P237771 (K.69 + K.3007, nA Ninive). **a-me amaš-a-na**, CDLI P346289 (UET 6/2 204 rev., nB Ur); CDLI P414346 (VAT 246 Babylon hell.); CDLI P414293 (VAT 298+ VAT 1736+ VAT 1748+ VAT 1791+ VAT 1825+ VAT 2178 Babylon hell.); CDLI P414347 (VAT 258+ VAT 436+VAT 1822 Babylon hell.); CDLI P395920 (K.5163+ K.5411 nA Ninive); CDLI P363727 (AO.6482, Uruk hell.). **am-e bara₂-an-na-ra**, CDLI P414280 (VAT 248+ VAT 396, Babylon hell.); CDLI P414280 (VAT 248+ VAT 396, Babylon hell.). **e-ne-eĝ₃-ĝa₃-ni i-lu i-lu**, CDLI, P414338 (VAT 314, Babylon hell.). **mu-tin nu-nus**

Trotz der langen und weiten Verbreitung der EKL-Manuskripte ist eine direkte Verbindung zu der israelitischen und judäischen Klagetradition schwer nachweisbar. Mit der Ausnahme, dass man davon ausgeht, dass Juden im assyrischen und babylonischen Exil direkten Kontakt zu den täglichen Ritualen gehabt haben und zumindest die akkadischen Zeilen verstanden. Es kann wohl auch aufgrund der langen Belagerungszeit davon ausgegangen werden, dass die Gelehrten in Israel und Juda, Akkadisch konnten. Zudem ist auf die anfangs in Kapitel 2.2. angeführten Überlieferungsmöglichkeiten der Kriegsrituale und Grenzstelenrituale zu verweisen. Durch diese kann belegt werden, dass assyrische rituelle Handlungen auch außerhalb des mesopotamsichen Kernlandes durchgeführt wurden. Dabei ist im Falle der Kriegsrituale sogar von Aufführungen von Emesalklagen auszugehen. Unter dieser Annahme ist es nahezu zwingend, davon auszugehen, dass auch Klagen, die von enormer Bedeutung im täglichen Kult waren und die Zuwendung des göttlichen Herzens sichern sollten, in den Provinzen, die politisch zum assyrischen Reich gehörten, durchgeführt wurden. Es kann zudem nicht ungeachtet gelassen werden, dass alle zum Vergleich zitierten Balaĝ-Klagen dem Ritual zuzuweisen sind, das einen jeden kultischen Tag im 1. Jt. v. Chr. einleitete. Des Weiteren festzuhalten, dass durch die angeführten Belege aus dem 1. Jt. v. Chr., vorranging aus Manuskripten aus dem hell. Babylon und dem neuassyrischen Ninive, alle Themen und Motive mit akkadischer Interlineare bezeugt werden.[652] Im Hinblick auf P. Delneros Ergebnisse beudeutet das, dass ihnen durch die akkadische Interlineare auch eine besondere Aufmerksamkeit bzw. Aussagekraft zugrundeliegt.

Ein ‚culture pattern‘, das den biblischen, den mesopotamischen und ägyptischen Kulturen gemeinsam ist, ist die literarische und theologisch-lehrhafte Weiterverarbeitung von Klagematerial in eigenständigen Literaturwerken.

---

dim₃-ma, CDLI P414312 (VAT 245+ VAT 426+ VAT 01729+ VAT 1792); CDLI P394133 (K.2003+ K.3466 nA Ninive); P414312 (VAT 245+ VAT 426+ VAT 1729+ VAT 1792, Babylon, hell.). **ud-dam ki am₃-us₂**, CDLI P414366 (BM 99265, nA); CDLI P398038 (K.9316, nA Ninive); CDLI P414269 (VAT 247+ VAT 01815, Babylon hell.); CDLI P414268 (VAT 269+ VAT 272+ VAT 285+ VAT 417+ VAT 438+ VAT 1774+ VAT 1705, Babylon hell.); CDLI P346288 (UET 6/“ 203 rev., U 6321, nB Ur). **utu-gin₇ e₃-ta**, vgl. Löhnert, Sonne, 89–91, das Manuskript Ku4 (K.4613) stammt aus dem nA Ninive; B6 (VAT 245+ VAT 426+ VAT 1729+ VAT 1792+ 4 Fragmente, Babylon 1. Jt. v. Chr.); B12 (VAT 289+ VAT 428+ VAT 1741 Babylon, 1. Jt. v. Chr.).
652 Vgl. Insgesamt werden von zwölf angeführten Balaĝs, die eine thematische und motivische Nähe zu den Jeremiatexten aufweisen, in Mesopotamien sieben beim *dīk bīti*-Ritual rezitiert.

2.6 Ergebnisse

Aus dem Vorderen Orient ist ein reiches Korpus an Klagen überliefert, das sich vor allem auf Tontafeln Mesopotamiens erhalten hat. So bieten insbesondere die kultischen Klagen des altorientalischen Klagepriesters (*kalû*) eine Vielzahl an Texten, die als Vergleichsmaterial für die Jeremia-Klagen in 4, 6, 8 und 10 dienlich sind. Das Repertoire des *kalû* enthält sowohl Individual- als auch Kollektivklagen. Die vier Hauptgattungen: Balaĝ, Eršema, Eršaḫuĝa und Šu'ila sind bis in das 1. Jt. v. Chr. bezeugt und dienen je dazu, das göttliche Herz im Falle des Zorns zu beruhigen. Kultisch werden sie diesbezüglich präventiv aufgeführt, wobei die Balaĝ und Eršemas im täglichen Kult zur Aufführung kommen, während Eršaḫuĝas und Šu'ilas vor allem zu besonderen Anlässen vorgetragen werden.

Aus den Balaĝs und Eršemas entstehen eigenständige, narrative, literarische Werke, die als Stadtklagen bezeichnet werden und für die altbabylonische Zeit belegt sind. Diese haben tlw. den Nutzen einen König in seiner Herrschaft zu legitimieren, indem sie ihn als denjenigen ausweisen, der nach einer Zerstörung die Stadt, die davon betroffen war, wieder aufbaut. Ähnliche literarische Verarbeitungen von Klagetopoi finden sich etwa zur gleichen Zeit in Ägypten. So gehören bspw. die *Prophezeiung des Neferti* und die *Admonitions* zur sog. ‚pessimistischen Literatur‘, welche aus dem Mittleren Reich (ca. 2137–1781 v. Chr.) überliefert sind. Beide Werke enthalten Unheilsschilderungen im Rahmen zerstörter Städte. Dabei dienen die *Admonitions* dazu, bestimmte Typen und Verhaltensweisen im Unheil zu beschreiben. Die *Prophezeiung des Neferti* ist eine *ex eventu* Erzählung, die die Herrschaft des schwachen Königs Snofrus als unheilvolles Chaos beschreibt, um den Königsantritt Amenemhets I. zu glorifizieren.[653]

Der Vergleich zwischen den mesopotamischen, ägyptischen und alttestamentlichen Texten hat ergeben, dass sich die Jeremia-Texte thematisch und motivisch in die altorientalische Klagetradition einreihen. Dabei weisen die jeremianischen und die mesopotamischen Texte bei genauer Betrachtung gleiche Problemstellungen auf, wobei diese in Jeremia, in der heute vorliegenden Endtextfassung, in einer Schuld-theologischen Deutung vorliegen, wie sie für die kultischen Emsalklagen unbekannt ist und sich auch nur scheinbar in einzelnen, literarischen Werken, die Klagentopoi verarbeiten, findet. Allein dieser Sachverhalt prononciert, dass die Texte aus dem Jeremiabuch als Deutungs- und Traditionsliteratur vorliegen.

---

[653] In Bezug auf das Alte Testament könnte man von einer monotheistischen Legitimierung Jahwes sprechen.

Es ist nun wahrscheinlich, dass die mesopotamische Kultur einen gewissen Einfluss auf diejenige in Israel und Juda gehabt hat. Das kann allein aufgrund langanhaltender assyrischer und babylonischer Oberherrschaft im 1. Jt. v. Chr. konstatiert werden. Zudem ist es nahezu undenkbar, dass Israel, das eindeutig polytheistisch und ikonisch verehrte, nicht auch einen Götterstatue-Kult, wie er im gesamten Alten Orient vorzufinden ist, vollzogen hat. H. Niehr hält es zudem für wahrscheinlich, dass auch Prozessionen, wie sie für Mesopotamien, Anatolien und Ugarit belegt sind, in Juda stattgefunden haben.[654]

Insgesamt und allein aus der Situation heraus, dass Israel und Juda zahlreiche Zerstörungen erlebt haben, ist zu konstatieren, dass es in Israel und Juda eine eigene Klagetradition gegeben hat, die ihren literarischen Niederschlag in den Psalmen und dem Buch der Threni fand. Dass aus Israel und Juda keine liturgischen Klagen überliefert sind, kann zum einen damit begründet werden, dass durch die Eroberungsfeldzüge der Assyrer und Babylonier, die Städte- und Tempelzerstörungen mit sich gebracht haben, keine Textzeugen, die auf leicht brennbaren Papyrus oder Pergament geschrieben waren, erhalten blieben. Zum anderen finden liturgische Texte mit Götter- und Tempellitaneien nur schwer Eingang in diejenige Traditionsliteratur, die in der Reflexion monotheistische Geschichte schreibt.

Nach der Zerstörung Jerusalems lag die Schwierigkeit nicht nur darin, die Ereignisse als Handeln Jahwes zu verstehen und zu deuten, sondern auch das Verhältnis zum Tempel und Kult neu zu interpretieren.[655] K.-F. Pohlmann hält in seinem Aufsatz zur Krise nach der Zerstörung fest: „ [dies zu überdenken] war dringlicher, falls sich, wie neue Arbeiten zeigen, im Jerusalemer Tempel eine Jahwe-Statue befunden hat."[656] Er führt im Anschluss an diese Aussage die theologischen Konzepte der kabôd-Theologie, nur die ‚Herrlichkeit' Jahwes sei im Tempel, sowie die dtr šem-Theologie, nur der Name Gottes wohne im Heiligtum, als Verarbeitungsprozesse des Unglücks von 587 v. Chr. an und erläutert diese.[657] Auch die Klage in Jer 8,18 – 23, so K.-F. Pohlmann, reflektiert die Ungewissheiten der Zeit, die Zweifel an JHWHs Nähe zum Zion.[658]

Die Zeit nach der Eroberung Jerusalems ist vermutlich auch die Entstehungszeit der Threni, eine literarische Dichtung, die vielleicht ebenso wie die Stadtklagen auf einen Fundus an Motiven aus liturgischen Texten zurückgreift.[659]

---

654 Vgl. NIEHR, Statue, 85 f.
655 Vgl. POHLMANN, Krise, 44 f.
656 Vgl. POHLMANN, Krise, 45.
657 Vgl. POHLMANN, Krise, 46 – 49.
658 Vgl. POHLMANN, Krise, 54.
659 Vgl. BERGES, Klagelieder, 72. DOBBS-ALLSOPP, Linguistic, 34 – 36.

Die Jeremia-Texte in Jer 4, 6, 8 und 10 zeigen im kulturellen Vergleich eine besondere Affinität zu den Balaĝ-Klagen des 1. Jt. v. Chr., d. h. zu jenen Texten, die als Ausgangspunkt zur literarischen Weiterverarbeitung gedient haben. Während in Mesopotamien eine weibliche Schutzgottheit über den Verlust der Stadt klagt, wird in der israelitischen Version Zion oder Jerusalem weiblich personifiziert und in den Klagen in prophetischer Literatur weiterverwendet.[660]

Sowohl Israel und als auch Juda kennen Unheilserfahrungen und haben daher einen Grund diese kultisch zu verarbeiten. Hält man nun fest, dass es zudem wahrscheinlich ist, dass in Israel und Juda mesopotamischer Klagekult existierte und dass Israel/Juda evt. Emesaltexte (mit akk. Übersetzungen) kannten, ist es nicht nur aufgrund ihrer Erfahrungen denkbar, dass sie einen Klagekult ausübten, sondern es spiegelt sich auch in literarischen Klagen der Psalmen und Threni wider. So ist es folgerichtig anzunehmen, dass es Klagepriester in Israel und Juda gab, auch wenn diese biblisch nicht bezeugt sind.

Die Jeremia-Texte zeigen enge Parallelen zu den kultischen Emesalklagen des *kalû*, besonders zu solchen, welche im 1. Jt. v. Chr. akkadische Interlinearübersetzungen enthalten. Zudem wird Jeremia in der jüdischen Tradition explizit mit Stadtklage-Topoi in Verbindung gebracht, so wird ihm bspw. das Buch der Threni zugewiesen. Der Klagepriester, dem die kultische Aufgabe der Klage obliegt, ist selbst ein Mittler, der im täglichen Kult zum Einsatz kommt, um die göttlichen Herzen zu beruhigen. So enthalten alle kultischen Emsallieder des 1. Jt. v. Chr. eine Fürbitte-Litanei am Ende der überlieferten Manuskripte. Es wird daher im Folgenden zu untersuchen sein, welche Rolle die Fürbitte in den Emesalklagen, im Alten Testament und speziell im Jeremiabuch spielt und in welchem Verhältnis sie zur Klage steht. Auf Basis dieser Untersuchungen sollen dann Aussagen zu Jeremias-Mittlertum getroffen werden.

---

660 Vgl. SCHROER, Biblische Klagetradition, 94. Die Eignung der prophetischen Erzählung liegt darin begründet, dass sie den Wunsch zum Ausdruck bringt, das Unheil vorhergesehen zu haben.

Kapitel 3: Fürbitte als Element der Klagen

3.1 Fürbitte in den altorientalischen Klagen

Dieses Kapitel diskutiert die Frage der Verhältnisbestimmung von Klage und Fürbitte im Alten Orient und im Alten Testament. Dabei liegt der Fokus auf den Jeremia-Texten und den Klagetexten des *kalû*, die in Kapitel 2 zum Vergleich herangezogen wurden. Die Klagen Ägyptens bieten keine Anhaltspunkte für eine Untersuchung zur Fürbitte (FB).

Die Fragen, die für die folgende Analyse von Bedeutung sind, lauten: In welcher Beziehung stehen Klage und Fürbitte zueinander? Was kann das textinterne Verhältnis von Fürbitte und Klage über die Rolle des *kalû* und die Funktion seiner Rituale aussagen? Können aufgrund der sprachlichen Wendungen der Fürbitte Rückschlüsse gezogen werden, warum in Jeremia keine ausformulierte Fürbitte enthalten ist?

Der Begriff der Fürbitte wird im Rahmen der vorliegenden Untersuchung als ein Eintreten vor einer Gottheit zugunsten einer anderen Person oder Personengruppe definiert. Bezüglich der jeremianischen Texte interessiert bei der hiesigen Analyse jedoch lediglich die Fürbitte, die für eine Personengruppe erfolgt.

Alle Emesalklagen des ersten Jahrtausends weisen einen Abschnitt auf, welcher im Ritual vorgetragen, die Herzberuhigung einer bestimmten Gottheit erwirken soll. Diese von U. Gabbay als „Herzberuhigungseinheit (HBE)"[1] bezeichnete Passage kann als Fürbitte-Abschnitt charakterisiert werden. Die Fürbittlitaneien der kultischen Klagen des 1. Jt. v. Chr. werden im Folgenden unter 3.1.1 besprochen. Das Streben nach der Besänftigung der angebeteten Gottheit erfüllt den Sinn der Fürbitte in der Weise eines präventiven Abwendens von Unheil durch die Aufführung im Ritual, oder textimmanent im konkreten Fall der geschilderten Vernichtung.

Auch die literarischen Klagen enthalten Fürbitte-Passagen. So enthält die LU im Schlussabschnitt ein Gebet, in welchem darum gebeten wird, die Stadt wiederherzustellen und die Zerstörung nie wieder zuzulassen.[2]

In der Stadtklage über die Zerstörung von Sumer und Ur heißt es im Abschnitt der Fürbitte:

LSUR, Z.511–513.516:
511. ^{d}en-ki ^{d}nin-maḫ-bi nam-kur$_2$-re-ne [an]-ne$_2$ nam-kur$_2$-re

---

1 Vgl. Gabbay, Eršema, 15.
2 Vgl. Samet, Lamentation, 30–31.76–77.

DOI 10.1515/9783110543377-004

512. iri du$_3$-du$_3$-a uĝ$_3$ [šar$_2$-šar$_2$]-ra
513. an ki niĝin$_2$-na uĝ$_3$ saĝ sig$_{10}$-ga
[...]
516. uĝ$_3$-bi u$_2$-sal-la ḫe$_2$-eb-nu$_2$ e-ne su$_3$-ud ḫe$_2$(source: bi)-em-ak?[3]

Ü.: „That cities should be rebuilt, that people should be numerous, that in the whole universe the people should be cared for; [...] Let its people lie down in safe pastures, let them reproduce."[4]

Die Bitte, die in den Stadtklagen geäußert wird, erfährt in der Klage von Nippur ihre Erfüllung:

LN, Z.197:
197. uru$_2$-ĝu$_{10}$ šag$_4$ kug-ĝu$_{10}$ mu-e-ši-ḫuĝ za-a-ar ma-ra-an-gur-ra-am$_3$[5]

Ü.: My city, you have placed my sacred heart towards you. „He has returned to you!"[6]

Das Anliegen der Fürbitte übernimmt in der Regel ein Mittler, der in einer besonderen (kultischen) Gottesbeziehung steht. In den fünf mesopotamischen Stadtklagen ist der lu$_2$ su$_{16}$-na (demütige Mann) oder der lu$_2$ a-ra-zu (Mann des Gebetes) dafür verantwortlich. Spätere Parallelen zeigen, dass mit ‚Mann des Gebetes' entsprechend kultischen Klagen und altbabylonischen Verwaltungstexten der Klagepriester (*kalû*) gemeint ist.[7]

Bei den kultischen Klagen ist jedoch zwischen dem Herzberuhigungsabschnitt und den darin enthaltenen direkten Formulierungen und der Fürbitte als Aufgabe des Ritus insgesamt zu unterscheiden. Indem die kultischen Klagen durch den gala aufgeführt werden, geschieht Fürbitte für das Volk dahingehend, dass der gala das göttliche Herz vorsorglich besänftigt, damit eine Katastrophe, wie sie in den liturgischen Texten beschrieben ist, nicht eintrete. Es lässt sich somit sagen, dass der *kalû* die kultische Funktion der Klage und Fürbitte innehat.

In den HBE-Textpassagen der vorgetragenen Emesalklagen wird die Fürbitte durch Götter erzielt, die dem Gott, an den sich das Gebet richtet, untergeordnet sind und stellvertretend für den Beter als Fürbitter vor die hochrangige Gottheit treten.[8]

---

3 ETCSL 2.2.3.
4 ETCSL 2.2.3.
5 ETCSL 2.2.4.
6 ETCSL 2.2.4.
7 Vgl. GABBAY, Eršema, 140.
8 Vgl. VON SODEN, Gebet, 161 f.

Die innerliterarische Aufgabe der Fürbitte üben jedoch Götter aus. Dabei werden gewöhnlich Gottheiten um ein Eintreten bei dem adressierten Gott gebeten, die mit diesem in einer, meist verwandtschaftlichen, Verbindung stehen.[9]

Im Alten Mesopotamien bilden die drei Komponenten gala (Klagepriester), liturgische Klage sowie das begleitende Musikinstrument die Grundkomponenten des Fürbittritus.[10] Diese Elemente sind im Ritual präsent und dienen der präventiven Fürbitte, damit ein Unglück, wie es die liturgischen Klagetexte beschreiben, nicht wieder eintreffen werde. Dabei vermittelt der Klagepriester zwischen der himmlischen und der irdischen Sphäre, wie es ihm seiner mythologischen Erschaffung zufolge als Wesen außergewöhnlicher Identität obliegt.[11]

3.1.1 Sprachliche Gestaltung

Der allgemeine Terminus um auszudrücken, dass Fürbitte dargebracht wird, lautet akkadisch *taqribātim epēšum* (ein Gebet machen). Das Gebet war dabei nicht nur ein Recht der Menschen, das ihnen die Möglichkeit zur Kommunikation mit den Göttern gab, sondern gleichzeitig eine Pflicht, die im Falle des Unterlassens göttlichen Zorn bewirken konnte.[12]

Die litaneiartigen Fürbitt-Abschnitte der altorientalischen rituellen Klagen schließen zumeist mit dem Begehr um Fürbitte durch die Gesamtheit oder einen Teil der Götter des Pantheons.[13] In den Eršema-Gebeten des 1. Jt. v. Chr. werden die prekativen Verben auf ‚šag₄' (Herz) und ‚bar' (Verstand/Gemüt) bezogen, gefolgt von einer Reihe von Göttern, die darum bitten sollen diese beim adressierten Gottes zu beruhigen und das Schicksal der zerstörten Stadt und ihrer Bewohner wieder zum Guten zu wenden.[14]

Die Klagen Mesopotamiens enthalten zahlreiche Hinweise auf die Rolle und die Funktion der Fürbitte, vor allem in Bezug darauf wer bitten kann, für wen sie geleistet und wie sie erbracht wird. Der Zweck der Herzberuhigung wird in den Gattungen durch feste Wendungen zum Ausdruck gebracht, wie sie im Folgenden vorgestellt werden sollen.

---

9 Vgl. SHIBATA, Šu'ila, 46.
10 Vgl. GABBAY, Eršema, 151 f.
11 Vgl. GABBAY, Eršema, 151 f.
12 Vgl. VON SODEN, Gebet, 161 f.
13 Vgl. SHIBATA, Šu'ila, 46.
14 Vgl. GABBAY, Eršema, 15.

Die Eršaḫuĝas bezwecken den Zorn des Gottes gegenüber dem Beter aufzu-
heben, damit sich dieser dem Beter wieder zuwende.[15] In dem Abschnitt der
Herzberuhigungsklagen, den S. M. Maul als „Fürbitte-Ritus"[16] bezeichnet, ist
zumeist die Aufforderung eingebettet, dass der Gott seine(n) ‚Nacken/Haupt'
(gu$_2$)[17] dem Beter wieder zuwenden solle.[18] In dieser „Fürbitte-Litanei"[19] werden
Götter, die der angerufenen Gottheit nahestehen, gebeten Fürbitte für den Beter
einzulegen.[20] Namentlich gereiht, heißt es refrainartig: „GN siskur$_2$ de$_3$-ra-ab-be$_2$;
GN a-ra-zu de$_3$-ra-ab-be$_2$ (GN möge ein Gebet zu Dir sprechen, eine Fürbitte möge
GN sprechen)".[21] Der sumerische Terminus arazu wird von S. M. Maul als ‚Fürbitte'
übersetzt.[22] Auf diesen „Intercessionsabschnitt"[23] folgen Bitten der Zuwendung,
welche wie folgt formuliert sein können:

>   i-bi$_2$-zid bar-mu-un-si-ib$_2$ de$_3$-ra-ab-be$_2$
>   gu$_2$-zu zi-mu-un-si-ib$_2$ de$_3$ (-ra-ab-be$_2$)
>   šag$_4$-zu de$_3$-en-na-nun-e/ga$_2$ de$_3$ (-ra-ab-be$_2$)
>   bar-zu de$_3$-en-na-sed-de$_3$ de$_3$ (-ra-ab-be$_2$)[24]

Ü. :   „Blicke ihn zustimmend an!" mögen sie dir sagen!
       „Deinen Nacken (bzw.: dein Haupt) erhebe zu ihm!" mögen sie dir sagen!
       „Dein Herz möge sich ihm gegenüber beruhigen!" mögen sie dir sagen! „Dein
       Gemüt möge sich ihm gegenüber besänftigen!" mögen sie dir sagen![25]

In der Schlussformel der EH wendet sich der Beter persönlich an seinen Gott, so S.
M. Maul.[26] In der Übersetzung lautet eine solche Zuwendung: „Dein Herz möge wie
das einer leiblichen Mutter für mich an seinen Platz zurückkehren (d. h. sich

---

15 Vgl. MAUL, Herzberuhigungsklagen, 22.
16 MAUL, Herzberuhigungsklagen, 59.
17 Vgl. MAUL, Herzberuhigungsklagen, 59, gu$_2$ kann gelesen werden als akk. *rēšu* „Haupt" oder
kišādu „Nacken".
18 MAUL, Herzberuhigungsklagen, 22, „Deinen Nacken wende ihm zu und nimm sein Flehen an!
Mit deinem Diener, dem du zürntest, mit ihm versöhne dich!" Vgl. CLAM, 679.
19 MAUL, Herzberuhigungsklagen, 22 f.
20 Vgl. MAUL, Herzberuhigungsklagen, 22.
21 MAUL, Herzberuhigungsklagen, 22.
22 Vgl. MAUL, Herzberuhigungsklagen, 22 f.
23 MAUL, Herzberuhigungsklagen, 24.
24 MAUL, Herzberuhigungsklagen, 24.
25 MAUL, Herzberuhigungsklagen, 24.
26 Vgl. MAUL, Herzberuhigungsklagen, 24 f.

beruhigen)! Wie eine leibliche Mutter, ein leiblicher Vater, möge es für mich an seinen Platz zurückkehren."[27]

Die sumerischen Šu'ila weisen im Gegensatz zu den anderen Emesal-Klagen in ihren Fürbitte-Passagen eine Besonderheit auf. Die Litanei-Abschnitte sind mit temporalen Ausdrücken versehen,[28] die D. Shibata zufolge auf die Bewegung des Gottesbildes bei der Prozession, während des Vortrags der Gebete, hinweisen sollen.[29] So deutet er die Verwendung der sumerischen „pronominalen Konjugation"[30] bzw. der „akkadischen Infinitivkonstruktion mit *ina*"[31] als Bezug zu der in der Prozession bewegten Götterstatue, die wieder in den Tempel einzieht und platznimmt.[32] In der Übersetzung lautet eine solche Temporalkonstruktion:

> „[Sobald du] in den Ešumeša, in den Palast deiner Fülle, freudig [eingetreten bist]. [Sobald du] auf dem erhabenen Ort, dem Ort deiner Ruhe, in der reinen Wohnung Platz genommen hast."[33]

Diesen Ausdrücken folgt dann die Fürbitte-Litanei. Die Šu'ila enthalten eine typische Formulierung, welche „GN huĝ-ĝa₂ ḫu-mu-ra-ab-be₂ (Möge GN dir: ‚Komme zur Ruhe!' sagen)"[34] lautet. Teilweise werden auch personifizierte Objekte, wie bspw. der Tempel, darum gebeten.[35]

Bei Eršemas bildet meist der letzte Abschnitt die sogenannte Herzberuhigungseinheit (HBE).[36] Dieser gehört seit dem 1. Jt. v. Chr. fest zum Bestandteil dieser Emesalkultlieder und entstand wahrscheinlich aus der Verbindung der Gebete mit den Balaĝ-Klagen, welche in dieser Zeit stattfand.[37] So weisen Balaĝs bereits altbabylonisch ähnliche Formulierungen auf, wie sie in den HBE der Eršemas zu finden sind.[38]

Die HBE-Passagen bestehen oft aus langen Götterlisten, die die Bitte enthalten, dass jeder dieser genannten Götter ein Gebet an den großen Gott entsende, an den sich die Emesalklage wendet.[39] In den Balaĝs **ud-dam ki am₃-us₂** und **a-**

---

27 Vgl. Maul, Herzberuhigungsklagen, 25.
28 Vgl. Gabbay, Eršema, 16.
29 Vgl. Shibata, Šu'ila, 44.47 f. Gabbay, Pacifying, 33.
30 Shibata, Šu'ila, 45.
31 Shibata, Šu'ila, 45.
32 Vgl. Shibata, Šu'ila, 45.
33 Shibata, Šu'ila, 45.
34 Shibata, Šu'ila, 45.
35 Vgl. Shibata, Šu'ila, 45.
36 Vgl. Cohen, Hymnology, 21. Gabbay, Eršema, 15–17.
37 Vgl. Cohen, Hymnology, 24–27. Gabbay, Eršema, 15–17.
38 Vgl. Cohen, Hymnology, 24. Gabbay, Eršema, 15–17.
39 Vgl. Gabbay, Eršema, 15–17.

me amaš-a-na beginnt die Litanei mit: „an-e ki-e de₃-ma₃-e-huĝ-e" (Mögen Himmel und Erde dich beruhigen).[40] Die Litanei setzt sich im Balaĝ **ud-dam ki am₃-us₂** wie folgt fort: „Indeed, you are its lord! May each utter to you. May each utter a prayer to you. Indeed, you are its shepherd! May each utter to you. May each utter a prayer to you."[41] In einem sumerischen Šu'ila an Marduk aus dem 1. Jt. heißt es: „Der Herrscher der Götter bist du! Die Götter des Himmels und der Erde mögen deinen Zorn beruhigen."[42]

Sogar Inana, die große Göttin selbst, tritt zur Fürbitte vor Enlil und fleht im Balaĝ **e-ne-eĝ₃-ĝa₃-ni i-lu i-lu:**

Balaĝ e-ne-eĝ₃-ĝa₃-ni i-lu i-lu, Z.60 – 63:

60. šag₄ šu ga-mu-un-t[ag]
      [...] x-ta lu–ša₂-al-pi₂-is-su₂
61 : [šag₄-ga-ni ga-an-hun] bar-ra-ani ga-šed₇-de₃
      [lib-ba-šu₂ lu]-ni-ih ka-bat-ta-šu₂ lu-pa-aš₂-ši-ih
62. [šag₄-ge bar-ra-ne₂] e-ne-eĝ₃ ga-mu-ra-ab-du₁₁
      [...] *a-ma-tu₂ lu-qab-šu₂*
63 [šag₄ kuš₂-u₃-a-be₂] e-ne-eĝ₃
      [...] *a-ma-tu₂* [43]
Ü.:   May I touch his heart! May I calm his heart! May I pacify his liver! May I direct words to his heart and liver! May I direct words to that tired heart![44]

In der Regel wurde die Klage vor der Götterstatue erbracht.[45] Diese kultische Praxis spiegelt sich in den Balaĝ-Klagen in Lokativ-Wendungen mit dem Verb gub.su₈-g (šu₄.g) „stehen" (akk. *izuzzu*) wider, die den Fürbitte-Litaneien einiger Balaĝs und Eršemas des 1. Jt. v. Chr. voraus gehen bzw. einen Bestandteil solcher bilden.[46] Eine solche Wendung des Balaĝs **a-me amaš-a-na** lautet: šag₄-zu GN a-ra-zu-a de₃-em₃-ra-a-su₈-su₈-ge-eš (Möge GN im Gebet vor deinem Herzen stehen, akkadisch: *ana libbi-ka* GN *ina teslītu palḫiš lizzizu-ka* (Möge GN vor deinem Herzen im Gebet

---

40 CLAM, 134.160, CDLI P342825 (VAT 1346+). CDLI P414293 (VAT 298+ VAT 1736+ VAT 1748+ VAT 1791+ VAT 1825+ VAT 2178 Babylon, hell.); CDLI P414347 (VAT 258+ VAT 436+ VAT 1822 Babylon, hell.); CDLI P395920 (K.5163+ K.5411, nA Ninive).

41 CLAM, 134 f. CDLI P342825 (VAT 1346+).

42 Vgl. SHIBATA, Šu'ila, 170.

43 CLAM, 190 f, CDLI P414309 (VAT 282+ VAT 1848, Babylon, hell.).

44 CLAM, 193.

45 Vgl. GABBAY, Pacifying, 109. Vgl. GABBAY, Eršema, 98.

46 Vgl. GABBAY, Pacifying, 157.

fürchtend vor dir stehen).[47] Dass die fürbittenden Götter in der Vorstellung als Statue vor dem anzubetenden Gott stehen und sitzen, manifestiert sich auch in Eršemas, dort heißt es: GN mu-un-na-gub GN mu-un-na-tuš (Möge GN vor ihm stehen, möge GN vor ihm sitzen).[48] Im Balaĝ **uru₂ am₃-me-er-ra-bi** äußert Inana, dass darin auch der Ort der gala, also der reale Platz im Ritual, zum Ausdruck gebracht wird:

c+ 513: na-am₃-gala na-am₃-bur-ra tigi-ta mur-ra-an-gub
akk: *kalû ab-ru-tu₄ ina ti-gi-i iz-za-az-zu-ni*[49]
Ü.: Die gala-schaft und die abru-Priesterschaft stehen vor mir mit der Harfe.

Oft werden die Gottheit bzw. das zu beruhigende Herz in direkter Rede adressiert. Im Balaĝ **a-ab-ba ḫu-luḫ-ḫa** an Enlil wird Enlil direkt aufgefordert: „Enlil, lass dein Herz zurückkehren, Enlil des Landes, lass dein Herz zurückkehren".[50] In dem Balaĝ **uru₂-ḫul-a-ke₄** der Gula heißt es ferner:

Balaĝ uru₂-ḫul-a-ke₄ der Gula, Z.16 – 18:

16.	šag₄ gi-u₅	gi-u₅ ša₃-ab ḫun-e ḫun-e
17.	šag₄ an-[gu-la]	gi-u₅ gi-u₅
18.	[š]ag₄ ᵈ[M-ul-l]il₂-la₂	gi-u₅ gi-u₅[51]

Ü.: Herz kehre zurück. Kehre zurück! Herz beruhige Dich! Beruhige Dich! Herz des großen An kehre zurück! Kehre zurück! Herz von Enlil kehre zurück! Kehre zurück!

Die altorientalische Vorstellung, dass Götter bei Göttern Fürbitte einlegen, äußert sich nicht nur in den Klagen der Balaĝs, sondern auch in den Eršemas des 1. Jt. v. Chr. Dabei gehört die Herzberuhigungseinheit nicht nur zum festen Bestandteil der Gebete, sondern sie präsentiert sich auch als feststehende Wendung: „šag₄-zu he₂-en-ḫuĝ-ĝe₂₆ bar-zu he₂-en-sed-de₃", akkadisch: *„libba-ka linuḫ kabatta-ka lipšaḫ"* (Möge dein Herz besänftigt sein. Möge dein Gemüt ruhig sein).[52]

---

47 Vgl. CLAM, 160. Als Abschluss in demselben **a-me amaš-a-na**, Z.b+139 : an de₃-ra-gub de₃-em₃-ma₃-en-ḫun-e (May An stand before you. May he calm you), CDLI P414293 (VAT 298+ VAT 1736+ VAT 1748+ VAT 1791+VAT 1825+ VAT 2178 Babylon, hell.); CDLI P414347 (VAT 258+ VAT 436+ VAT 1822 Babylon, hell.); CDLI P395920 (K.5163+ K.5411, nA Ninive).
48 Vgl. Gabbay, Eršema 2, 46.
49 CLAM, 586, CDLI P414346 (VAT 246+, Babylon, hell.).
50 Vgl. CLAM, 383.
51 CLAM, 267, TLC 15pl. iii, rev.
52 Gabbay, Eršema, 16.

Eine durch die Aufführung von Klagen evozierte Fürbitte dient insofern dem Volk, da deren Aufführung den prophylaktischen Zweck erfüllt, eine Zerstörung, wie sie in den Textquellen beschrieben ist, zu verhindern.

3.1.2 Aufgabe und Zweck der Fürbitte

Die Klagen Mesopotamiens reflektieren eine Vernichtungserfahrung und erläutern diese theologisch, indem sie die Ursache auf göttlichen Zorn zurückführen. Da dieser die Menschen jederzeit treffen kann, werden die Klagen über die Vernichtung präventiv im kultischen Alltag verankert. Die Klagen sind dabei keine komemorativen sondern kultisch-literarische Texte, die auf die Zerstörungswut der Götter Bezug nehmen.[53] Ihre rituelle Aufführung dient dem Zweck der Besänftigung wütender, göttlicher Herzen.[54] Diesen Sachverhalt unterstreichen auch die bereits angeführten sprachlichen Belege zur Fürbitte.

Indem sie an die Katastrophe erinnern, die durch göttlichen Zorn den Menschen traf, sollen sie den Gott milde stimmen, ein solches Unheil nicht mehr zuzulassen. Dabei wird in den Klagen keine Untersuchung des Zornes zugelassen, sondern lediglich dessen Manifestation in der irdischen Sphäre beschrieben.[55]

Die Herzberuhigung wird dabei in drei Schritten erzielt:
1. mit der Aufführung der kultischen Gebete, d. h. den Klagen inklusive ihres preisend-fürbittenden Inhalts in den Litaneien,
2. dem gala (Klagepriester) als Vorträger und
3. dem Musikinstrument als Begleitung.[56]

U. Gabbay bezeichnet dies als kultische Triade („cultic triad").[57] Sie ist seit dem 1. Jt. v.Chr. sicher als solche belegt, reicht aber vermutlich bis in das 3. Jt. v.Chr. zurück.[58] Zweifellos gilt, dass der gala die EKL zur Herzberuhigung vom 3. bis zum 1. Jt. v.Chr. in Verbindung mit anderen kultischen Handlungen (bspw. Opfergaben

---

53 Vgl. GABBAY, Pacifying, 15.
54 Eine ausführliche Untersuchung zur Funktion und Rolle der Herzberuhigung in Mesopotamien bietet GABBAY, Uri, Pacifying the Hearts of the Gods. Sumerian Emesal Prayers of the First Millennium BC, HES 1, Wiesbaden 2014.
55 Vgl. GABBAY, Pacifying, 27.
56 Vgl. GABBAY, Pacifying, 16.
57 Vgl. GABBAY, Pacifying, 18.
58 Vgl. GABBAY, Pacifying, 18.

und Libationen) aufgeführt hat.[59] Dabei wird die Klage selbst als Opfer für die
Gottheit angesehen. So beschreibt die Uruk-Klage das Kultlied als Opfergabe,[60] das
den Gott umstimmen, wohlstimmen soll. Dort heißt es im 12. kirugu:

LW, 12. Kirugu, Z.22–24:

22. /lu$_2$\ sun$_5$-na ĝiri$_5$-zu mu-un-dab$_5$-ba
23. ni$_2$-tuku nam-mah-zu mu-un-zu-a
24. er$_2$ sizkur-ra-ta a-ra-an-de$_6$[61]
Ü.: „as a humble man who has grasped your feet, as a reverent man who has
experienced your exaltedness, he has brought a lament as offering to you."[62]

U. Gabbay stellt fest, dass diese systematische Vorgehensweise mit dem Ziel die
Herzberuhigung zu erreichen, seine theologische Begründung in der Vermittlung
hat und zwar in der Fürbitte an einen Gott.[63] Deshalb gilt die Fürbitte im Falle der
Emesal-Kultlieder dem von einer Zerstörung betroffenem Volk.

Dabei ist der gala sowohl aus mythologischer Sicht als auch in Anbetracht
seiner kultischen Funktion als Mittlergestalt ausgewiesen.[64] Die Gebete können
vor allem durch die Begleitung der Instrumente in das Reich der Götter gelangen.[65]
Die EKL sind Teil der Fürbitte-Kette, weil in ihnen der göttliche Zorn in seinen
Auswirkungen für die Menschen beschrieben ist.[66]

In theologischer Hinsicht ist der Moment der göttlichen Offenbarung in der
Welt, in Form eines zerstörerischen Sturms, gleichzeitig in seiner Verborgenheit
begründet. So ist nämlich der Stadtgott bzw. die Stadtgöttin weder in den Klagen
noch physisch in Form der Statue bei seinem/ihrem Volk. Die Absenz des
Schutzgottes bedingt den Raum für die Präsenz der göttlichen Manifestierung in
Form des zerstörerischen Sturms. Dabei ist zumeist Enlil, der Hauptgott des

---

59 Vgl. GABBAY, Pacifying, 287.
60 Vgl. HESSE, Fürbitte, 139. Fürbitte hat ihmzufolge eine Sühnefunktion.
61 ETCSL 2.2.5.
62 ETCSL 2.2.5.
63 Vgl. GABBAY, Pacifying, 19.
64 Vgl. GABBAY, Pacifying, 19.
65 Vgl. GABBAY, Pacifying, 19.
66 Zum religiösen System der Klagen gehört in Mesopotamien auch der König, welcher in allen
Ebenen involviert ist. Er ist verantwortlich für die Versorgung des Tempels, zum Beispiel für die
Verfügbarkeit von Materialien und Ressourcen. Er überwacht den Bau eines Tempels und spendet
die Instrumente. Zudem kann er eigenständig EH im Kult rezitieren. Er ist außerdem der Verantwortliche für das Land und dessen Wohlergehen, vgl. MAUL, Herzberuhigungsklagen, 27.
GABBAY, Pacifying, 289.

Pantheons, in dieser Destruktion selbst als Sturm anwesend.[67] U. Gabbay bezeichnet diese Theologie daher als binäres System.[68] Die göttliche Offenbarung als Zerstörung erscheint dabei in zwei Stufen: Einerseits im Wort bzw. der Festlegung, was passieren wird und andererseits in der Erscheinung des zerstörerischen Sturms selbst, entsprechend dem realen Ereignis.[69]

Zur Kunst des Klagepriesters (*kalûtu*) gehören also die Gebete, das Instrument und der gala selbst. Zusammen dienen sie der präventiven Herzberuhigung.[70] Dabei fungieren die Klagen und die Durchführung der Rituale nicht dazu einen bereits erkannten göttlichen Beschluss zu ändern, sondern einem zerstörerischen von vornherein vorzubeugen, damit der Gott ihn nicht erst fasse.[71] Es wird jedoch nicht hinterfragt, weshalb die göttliche Offenbarung ausfällt, wie sie ausfällt. Es gibt außerdem bei den Ritualen mit EKL keine Einsicht in den göttlichen Plan, lediglich eine Prävention der göttlichen Offenbarung in Form der Zerstörung ist Ziel des Rituals. Wie bereits in Kapitel 2.5 erwähnt, wird in den Klagen, bspw. im Balaĝ **ud-dam ki am₃-us₂**, zum Ausdruck gebracht, dass die getroffene, göttliche Entscheidung „keinen Opferschauer, keinen Beschwörer hat" und jeder Opferschauer und Deuter, der es deuten will, lügt. Damit wird gesagt: Wer nach eingetroffenem Unheil versucht, dieses zu deuten oder nach einem Zeichen sucht, dass das Unheil vorhergesagt hätte, der täuscht die Menschen.

Die EKL-Passagen, die sich auf das Wort und die göttlichen Manifestation in Form der Zerstörung beziehen, beschreiben rückwirkend die Ereignisse, mit dem Zweck ähnlichen Vernichtungen vorzubeugen.[72]

Es gibt Hinweise, dass bei den Ritualen, in denen EKL zur Aufführung kamen, zeitgleich bzw. auf den Vortrag der Klagen folgend, auch Divinationen durchgeführt wurden. Divinatorische Verfahren haben, entgegen den Klagen, den Zweck göttliche Zeichen vor ihrem Eintreffen kenntlich zu machen und das Ausmaß der Folgen interpretierend darzustellen, wenn ein göttlicher Entschluss zum realen Ereignis wird. In den Omen gibt eine Gottheit dem Menschen die Möglichkeit Beschlossenes einzusehen und sich entsprechend zu verhalten.[73] D.h. Divinationen vermögen einen Einblick in Zukünftiges zu geben.[74] Somit lassen sich der

---

67 Vgl. GABBAY, Pacifying, 23.
68 Vgl. GABBAY, Pacifying, 23.
69 Vgl. GABBAY, Pacifying, 22.
70 Vgl. GABBAY, Pacifying, 17.
71 Vgl. GABBAY, Pacifying, 28 f.
72 Vgl. GABBAY, Pacifying, 28.
73 Vgl. GABBAY, Pacifying, 28.
74 Vgl. GABBAY, Pacifying, 29.

Klagekult und die Divination hinsichtlich ihres Betrachtungszeitpunktes eindeutig voneinander unterscheiden.

Zusammenfassung

Zusammenfassend lässt sich konstatieren, dass Fürbitte und die Klagen zusammengehören. Dazu enthalten die Texte der *kalûtu* eine sog. ‚Herzberuhigungseinheit‘, welche als Fürbitte zu charakterisieren ist. Diese theologische Passage befindet sich zumeist am Ende der Texte und weist in den unterschiedlichen Gattungen charakteristische Wendungen auf.

Zudem ist zu unterscheiden zwischen dem textinternen Anliegen der Fürbitte und dem Zweck der rituellen Aufführung der Klagen. Ersteres betrifft die Passagen in denen Götter gebeten werden bei (zumeist) Enlil, der für die in den Texten geschilderte Zerstörung verantwortlich ist, Fürbitte zu dessen Herzberuhigung einzulegen, damit die Destruktion aufhöre. Durch den Vortrag der Klagen im Ritual erwirkt der *kalû* die kultisch-präventive Fürbitte, dass die Zerstörung, d. h. der Inhalt der Klagen, nicht wieder eintritt und der Gott nicht zornigen, sondern ruhigen Herzens auf sein Volk blickt. Diesem Zwecke dienen rituell drei Komponenten: der Klagepriester als Vorträger, die liturgischen Klagetexte, sowie ein begleitendes Musikinstrument.

Dabei wurden *kalûtu*-Texte oft direkt vor der Götterstatue inszeniert.[75] Die Verben der HBE sind oft prekativ und spielen auf das Herz (šag$_4$) und das Gemüt (bar) des Gottes an, deren es zu besänftigen gilt. Mehrere Zeilen lange Litaneien von Göttern werden darin gebeten Fürbitte einzulegen.

Die Fürbitte für das Volk hat ihren Platz in der Klage, genauer in der beklagenswerten Situation eines Unheils. Sollten die jeremianischen Klagen in 4, 6, 8 und 10 auf kultischen Klagen wie denen der *kalûtu* beruhen, enthielten diese sicher auch eine ‚Herzberuhigungseinheit‘, da dieser Passus deren rituellen Zweck zum Ausdruck bringt. Die sprachlichen Ausführungen können dabei ein Verständnis erzeugen, warum sich jedoch der Wortlaut der Fürbitte nicht im Jeremiabuch wiederfindet: Zum einen besteht der HBE-Abschnitt aus Götterlitaneien und Litaneien werden in der literarischen Verarbeitung nicht tradiert, wie bspw. in den Stadtklagen zu sehen ist. Zum anderen ist es für ein monotheistisches Bild, wie es in Jeremia gezeichnet ist, schwer Götterlitaneien zu übertragen. Die altorientalische Vorstellung, dass Götter stellvertretend für Menschen bei den Hauptgottheiten fürbittend eintreten, ist für die biblische Tradition ab einem

---

75 Vgl. GABBAY, Pacifying, 109.

gewissen Zeitpunkt nicht mehr zu tradieren gewesen. Dabei ist jedoch auch zu vermerken, dass die Eršemas und Balaĝs auch HBE-Passagen aufweisen, die den Gott bzw. sein Herz direkt adressieren. Solche Abschnitte wären indes leicht auf Jahwe, sowie monotheistische Vorstellungen übertragbar gewesen.

3.2 Fürbitte bei Jeremia

Der folgende Abschnitt der Untersuchung widmet sich Texten im Jeremiabuch, die Aussagen zur Terminologie und Funktion der Fürbitte für das Volk enthalten. Ein paar allgemeine, die alttestamentlichen Texte betreffende Aussagen zur Terminologie und Funktion der Fürbitte sollen jedoch einleitend voranstehen.

Im Alten Testament werden drei hebräische Verben verwendet, um den Vorgang der Fürbitte auszudrücken: פלל עתר und פגע. Das Verb פגע bedeutet im Grundstamm ‚über etw./jmd. herfallen‘ und kann im Hifil mit den Präpositionen בְּ und עַל/אֶל ‚bei bzw. für jmd. eintreten‘ bedeuten.[76] Das Verbum עתר lässt sich im Grundstamm mit ‚beten, bitten‘[77] übersetzen und wird im Hifil unter Verwendung der Präpositionen אֶל und לְ gebraucht, um die Tätigkeit Moses zu beschreiben, wenn er in Ex 8,4 f.24 f; 9,28 auf Bitten des Pharao zu Jahwe betet, um die gesandten Plagen zu beenden. Das Verb פלל bedeutet im Hifil ‚Fürbitte tun, fürbittend eintreten‘ und findet sich in seiner Verwendung vor allem in den jeremianischen Textstellen.[78] Dabei beinhaltet der Vorstellungshintergrund der Fürbitte sowohl alttestamentlich als auch mesopotamisch, dass Unheil aufgrund des göttlichen Zorns erfolgt. Wird der Gott in seiner Wut besänftigt, wird er auch seinen Entschluss zum Unheil revidieren bzw. die eingetroffene Not beenden. In Ex 32,11–14 bewirkt Mose durch Fürbitte, d. h. durch פנים (2)חלה (Angesicht besänftigen), direkt,[79] dass Gott das Unheil bereut (נחם), wodurch sich dieser Verhaltensum-

---

76 Vgl. Hi 36, 32; Jer 15,11; 36,35.

77 Vgl. HALAT, 857. Gegen GERSTENBERGER, Mensch, 612. Dieser glaubt nicht, dass פלל eine besondere Bedeutung für die Fürbitte im Alten Testament hat.

78 Vgl. Jer 7,16; 11,14; 14,11; 29,7; 37,3; 42,2.20. Zudem wird es gebraucht, wenn Abraham für den König bittet (Gen 20,7), sowie in Bittgesuchen Samuels, vgl. 1 Sam 7,5; 12, 19.23.

79 K. D. Seyboldt übersetzt חלה(2) Piel für 1 Kön 13 mit „Angesicht schmücken", vgl. SEYBOLDT, חָלָה, 971. Meiner Meinung nach drückt die Wendung (ḥillāh pānîm/Angesicht besänftigen) die Absicht des kultischen Aktes, d. h. die Herzberuhigung bzw. die Besänftigung des Angesichtes aus. Das Verb חלה(2) kann im Piel „besänftigen" bedeuten und wird dabei in Verbindung mit pānîm genutzt, vgl. GESENIUS, 352. Am Gesicht oder Angesicht sind Stimmungen und Gesinnungen abzulesen. Man kann insofern auch das Befinden des Herzens erkennen, vgl. VAN DER WOUDE, פָּנִים, 438. Das bedeutet demnach auch, dass die Wendung die Absicht, das Gemüt zu besänftigen, zum Ausdruck bringen kann. Die Textstellen 1 Kön 13,6; 2 Kön 13,4; 1 Sam 13,12; Ps 119,58 und Mal 1,9

schwung als gewünschte Folge und Aufgabe der Fürbitte deklarieren lässt. Das zentrale Motiv stellt dabei das Mitleid und die Verantwortung Jahwes gegenüber seinem Volk dar.[80]

Erstmals untersuchte Franz Hesse in seiner 1952 erschienenen Dissertation das „Phänomen der ‚Fürbitte' in der Geschichte der israelitisch-jüdischen Religion"[81] im Hinblick auf das gesamte Alte Testament. Darin nähert er sich dem Sachverhalt vor allem auf der Endtextebene und betrachtet dabei die Funktion (Sühnefunktion)[82] und die Darstellung der Fürbitte. Er erforscht dabei sowohl die Fürbitte der „Alten Gottesmänner"[83] in den Büchern Genesis bis Samuel als auch die der großen Propheten Amos, Hosea, Jesaja, Jeremia, Ezechiel, die Fürbitte in den Psalmen, sowie in den nachexilischen Schriften Hiob, Chroniken, Daniel und in der außerkanonischen Literatur. Zudem führt F. Hesse einige Überlegungen zur Fürbitte in Babylonien-Assyrien, in Ägypten, im Hethiterreich und in Kanaan an. Der für F. Hesse älteste FB-Beleg des Alten Testaments liegt in Dtn 21,1–9 vor.[84] Dabei versteht er Fürbitte nicht nur dort als sühnende kultische Handlung, [85] sondern er hält fest: „Nur ein Mittel gibt es den Zorn zu stillen, die Schuld zu sühnen: die Fürbitte des Gottesmannes."[86] Gerhard von Rad hält die Fürbitte im Rahmen des israelitischen Kultes für die Funktion des Propheten: „Wir meinen somit, daß die kultische Funktion des Propheten in früherer Zeit die Fürbitte war; [...]."[87] Zumindest könne ihm zufolge nicht bezweifelt werden, dass vor allem gemäß den Erzählungen in den Königsbüchern die Fürbitte im Rahmen des Kultes

---

beziehen sich genau darauf, nämlich, dass sich Gott dem Beter wohlwollend zuwendet. Rainer Kessler konstatiert dass mit פנים חלה$_{(2)}$ (Angesicht besänftigen) eine Verhaltensänderung Gottes erwirkt werden soll. Diese Modifikation ist in Ex 32,14 und Jer 26,19 als יהוה נחם (Reuen Gottes) beschrieben. Der Vollzug der FB durch פנים חלה$_2$ erfolgt mittels Gebet (1 Kön 13,6; 2 Chr 33,12) oder durch Opferhandlung (1 Sam 13,12). Ausgangspunkt hierfür bildet stets eine Notlage mit dem Ziel diese oder ein kommendes Unheil abzuwenden, vgl. KESSLER, Maleachi, 146. Es geht schlussendlich um die rituelle Kommunikation eines Mittlers mit Gott bzw. wie in Psalm 119,58 um den Wunsch des Beters selbst, vgl. KESSLER, Maleachi, 147.

80 Francis I. Andersen und David Noel Freedmann erarbeiten die folgenden drei Modalitäten, die zur Gottesreue führen können: 1.) Sie kann Reaktion auf menschliches Handeln sein. 2.) Sie kann als Antwort auf prophetische Fürbitte erfolgen und kann 3.) Antwort auf Buße und Reue sein, vgl. ANDERSEN, Amos, 644 f.

81 Vgl. HESSE, Fürbitte, 14.

82 Vgl. HESSE, Fürbitte, 18 f.

83 HESSE, Fürbitte, 14.

84 Vgl. HESSE, Fürbitte, 109.

85 Vgl. HESSE, Fürbitte, 109.

86 Vgl. HESSE, Fürbitte, 26.

87 Vgl. VON RAD, falsche Propheten, 114.

ausgeübt wurde.[88] H. W. Hertzberg hinterfragt diese These in seinem 1963 veröffentlichten Aufsatz mit dem Titel: „Sind die Propheten Fürbitter?"[89] Er kommt dabei im Hinblick auf die klassischen Schriftpropheten zu folgender Erkenntnis: „[...] von einer ‚Amtsfunktion' als Fürbitte sollte von diesen Propheten nicht gesprochen werden. Daß Fürbitte ihnen, wie anderen Gottesmännern, auch Richtern, Ältesten und Priestern, zugetraut wurde, ist eine davon unabhängige Tatsache. Der Prophet selber aber ist, gleichsam als verlängerter Arm Gottes, der Empfänger und Verkünder seines Wortes."[90] Die FB-Belege bei Jeremia und seine Ausweisung als Fürbitter hält H. W. Hertzberg in dessen „eigenwilliger Person"[91], nicht jedoch in dessen Amt begründet.[92] Auch die hiesigen Untersuchungsergebnisse, die im Folgenden vorgestellt werden, zeigen nicht nur, dass Jeremias Fürbitten einzigartig im Alten Testament sind, sondern dass sie auch zur Klärung beitragen, wie Fürbitte und Prophetenamt im Hinblick auf Jeremia zusammenhängen. Denn es erscheint der Protagonist in der Endgestalt des Buches zunächst als Gerichtsprophet *par excellence*.

U. Becker beschäftigt sich 2001 im Hinblick auf den Propheten Amos mit der Funktion der Fürbitte, auch unter Berücksichtigung der Entstehung des Buches

---

88 Vgl. VON RAD, falsche Propheten, 115.

89 HERTZBERG, Hans Wilhelm, Sind die Propheten Fürbitter, in: Situation und Tradition. Studien zur alttestamentlichen Prophetie, hg.v. E. Würthwein/O. Kaiser, Göttingen 1963, 63-92.

90 HERTZBERG, Fürbitter, 74. Im seinem Buch „Gebet im Alten Testament" untersucht Henning Graf Reventlow ebenso Texte unter besonderer Berücksichtigung des Zusammenhangs von Fürbitte und dem Prophetenamt. Dabei bemerkt er, dass sie zwar genuin nicht zusammen gehören, jedoch in einer Tradition stehen, die auch Mose und Samuel nachträglich zu Propheten gestaltet, vgl. REVENTLOW, Gebet, 237 f. Moses Fürbitte-Amt weist keine genuine Verbindung mit seiner Darstellung als Prophet auf, vgl. REVENTLOW, Gebet, 237. KNOBLOCH, nachexilische Prophetentheorie, 2: „die Stellen im Pentateuch, die Mose als Propheten schlechthin zeichnen, [sind] nicht nur literarisch, sondern auch überlieferungsgeschichtlich jung." Knobloch zitiert hierbei Untersuchungen von R. Smend von 1959. Doch ist festzuhalten, dass die Funktion der Fürbitte für Mose spät, vermutlich sogar post-dtn ist, vgl. WILKE, Gebete, 21 und OTTO, Tora und Studien Pentateuch, BZWAR 9, 2009, 535. Otto hält fest, dass die Fürbitte eine bedeutsame Funktion des „spätdtr Mose" (Dtn 9,18 ff) vor allem aber des „post dtr Mose" (Ex 32,30 – 35; 33,12 – 17; 34,8 f; Num 14,13 – 29) sei, vgl. OTTO, Tora und Studien Pentateuch, BZWAR 9, 2009, 535. Ebenso wie Mose wird auch Samuel exemplarisch als Fürbitter in Jer 15,1 angeführt. Samuel fungiert in 1 Sam 7,2 – 17*; 12,19 als Fürbitter, vgl. HENTSCHEL, Samuel, 149. Auch wenn diese Textstellen nicht mit Samuel als Propheten (נָבִיא) in Verbindung stehen, so ist er dennoch in Sam 3,20 als solcher ausgewiesen, vgl. JOHNSON, Cultic Prophet, 26. Dabei handelt es sich bei diesem Passus um einen späteren Eintrag, vgl. HERTZBERG, Fürbitter, 65.

91 HERTZBERG, Fürbitter, 74.

92 Vgl. HERTZBERG, Fürbitter, 74.

sowie dem Verhältnis von Fürbitte und Gerichtsprophetie.[93] Dabei versteht er die Amos-Visionen als Schlüsseltexte zur Untersuchung des literarischen Weges vom „Fürbitter zum Unheilspropheten".[94] Ebenso wie H. W. Hertzberg stellt er fest, dass die Fürbitte den Schriftpropheten keine dringliche Aufgabe war, sondern es sich viel eher um ein „theologisches Motiv" handelt.[95] Dabei könne die Aufgabe der Fürsprache als solche durchaus genuin prophetisch gewesen sein, so U. Becker.[96] Für die klassischen Schriftpropheten bleibt jedoch festzuhalten, dass die FB-Texte nicht zum (eigentlichen) Kern der Bücher gehören, sondern sich jüngeren Händen verdanken, obwohl vermutlich überlieferungsgeschichtlich alte Motive dahinter stehen.[97]

Sicher ist, dass der Untergang der Staaten Israel und Juda zu einer Umdeutung des prophetischen Amtes geführt hat, die sich am deutlichsten in der Umprägung vom genuinen Heilspropheten, der ggf. Kultkritik übte, hin zum Gerichtspropheten, der das Ende des Volkes aufgrund dessen Sünde prophezeit, zeigt.[98] Doch ist wohl auch die Zuweisung der Fürbitte als prophetische Aufgabe dieser Neuinterpretation zu verdanken. Dabei kann die Entwicklung selbst nur mittels literarkritischer Methode innerhalb der Schriftpropheten nachvollzogen werden. Eine solche Untersuchung bietet sich gerade für das Jeremiabuch an, denn so beschreibt es Alexa F. Wilke: „Aus der Lektüre des Jeremiabuches erwächst geradezu zwangsläufig die Vorstellung, es sei Sache des Propheten, vor Gott zu stehen und Fürbitte für sein Volk zu halten."[99] Das Buch enthält nicht nur eine prominente Anzahl an Texten zur Fürbitte, sondern es sind diese z.T. auch einzigartig, wenn Jahwe darin gerade die Interzession verbietet. So offeriert das Buch Jeremia ein vielfältiges Spektrum an Texten, die zur genaueren Untersuchung der Fürbitte geeignet sind. Diese Textstellen sollen im Folgenden gruppiert betrachtet werden: 1.) Fürbitte-Anliegen in Jer 37,1–7; 42,1–6; (27,18), 2.) Fürbitte-Erwähnung in Jer 18,20b und 3.) Fürbitte-Verbote (Jer 7,16; 11, 14; 14, 11; 15, 1).[100] Es lohnt sich an dieser Stelle mit den Fürbitte-Anliegen der hinteren Buchkapitel zu beginnen. So wird

---

93 BECKER, Uwe, Der Prophet als Fürbitter. Zum Prophetengesetz der Amos-Visionen, VT 51 (2001), 141–165.
94 Vgl. BECKER, Fürbitter, 165.
95 Vgl. BECKER, Fürbitter, 164.
96 Vgl. BECKER, Fürbitter, 164.
97 Vgl. BECKER, Fürbitter, 143.162f. REVENTLOW, Gebet, 228–264.
98 Vgl. BECKER, Fürbitter, 163.
99 WILKE, Gebet, 21.
100 Die פלל-Belege in Jer 29,7–12 entfallen der hiesigen Betrachtung, da sie nicht in Zusammenhang mit der Beschreibung Jeremias als Fürbitter stehen. Zur Untersuchung der Fürbitte für den Herrschenden, vgl. STEINHILBER, Fürbitte, 72–83. Er bietet eine ausführliche Untersuchung zu Jer 29,7.

darin die Fürbitte als selbstverständliche Aufgabe der vermittelnden (Propheten-) gestalt präsentiert. Den Abschluss der vorliegenden Betrachtung sollen die FB-Verbote bilden, da sie einzigartig im Alten Testament und somit spezifisch jeremianisch sind.

1) Fürbitte Anliegen in Jer 37, 1–7; 42, 1–6.20 und 27, 16–22

Die Fürbitte in Jer 37,1–7; 42,1–7.20 steht im Kontext einer Verheißung an das im Land verbliebene Volk, welches sich Babel fügen und in Juda verbleiben soll. Die Kapitel 37–44 stellen einen Erzählzusammenhang dar, in dem Jeremias Situation von der babylonischen Belagerung bis zu dessen Verschleppung nach Ägypten berichtet wird.[101] Dabei sind die Erzählungen um Jeremias Inhaftierung und Befreiung (Jer 34,7(?); 37,3.6.9–10; 38,1.3–9bα.10–12.21–22.28; 39,3.14*) und jene Beschreibungen bzgl. Gedaljas Regierung und Ermordung (Jer 40,13–14; 41,1–15*) ursprünglich voneinander unabhängig.

Kapitel 37 grenzt sich zum Kapitel 36, in welchem König Jojakims Regierungszeit beschrieben wird, dahingehend ab, dass es in die Zeit der Regierung Zedekijas datiert. Jeremia, in der Langform seines Namens (יִרְמְיָהוּ) geschrieben, wird in Kapitel 37 im Masoretentext viermal als Prophet benannt (V.2.3.6.13). Dabei stehen die Nennungen zweimal in Zusammenhang mit der Gotteswortverkündigung, einmal mit der Fürbitte und einmal in Bezug auf den Vorwurf, dass er zu den Chaldäern übergelaufen (נפל Qal) sei, woraufhin er schließlich gefangen genommen wird. Die Septuaginta führt für Jeremia in diesem Text keinen Prophetentitel.[102] Die Verse 37,1–1–2 bilden eine „redaktionelle Klammer"[103], die den zeitlichen Abstand zwischen Jojakims (36,1; 45,1) und Zedekijas Regierung (37–39) überbrückt, wodurch der ursprüngliche Erzählzusammenhang von 36 und 45 unterbrochen wird.[104] Jer 37,2 stellt „überschriftartig"[105] ein zusammenfassendes „Gesamt-Urteil"[106] der Regierungszeit Zedekijas voran, welches besagt, dass weder der König, noch dessen Knechte, noch das Volk, auf die Worte Jahwes, die er durch Jeremia geredet hat, hören.[107] Dabei heißt es in V.2, dass es die Worte Jahwes sind:

---

101 Vgl. Wanke, Jeremia 2, 339.

102 Vgl. McKane, Jeremiah II, 923. Er beurteilt die Titel als sekundäre Hinzufügungen von MT, die die Vorlage von LXX nicht hatte.

103 Wanke, Jeremia 2, 339.

104 Vgl. Wanke, Jeremia 2, 339.341–343. Er sieht in 37,1 eine Notiz, die denen in den Königsbüchern nachgebildet ist.

105 Schmidt, Jeremia 2, 202.

106 Schmidt, Jeremia 2, 202.

107 Vgl. Weiser, Jeremia, 331.

„die er durch die Hand Jeremias, des Propheten, geredet hatte" (אֲשֶׁר דִּבֶּר בְּיַד יִרְמְיָהוּ
הַנָּבִיא). Die Formulierung דִּבֶּר בְּיַד tritt nicht nur singulär im Alten Testament in
Erscheinung, sie erweckt auch einen widersinnigen Anschein, wenn es heißt, dass
die göttlichen Worte durch die Hand des Propheten geredet werden. Die einzige
plausible Erklärung hierfür ist der Zusatz von בְּיַד aufgrund der Stellung von Kapitel 37 hinter der Verschriftungsgeschichte in Kapitel 36. Dadurch bezöge sich die
Wendung direkt auf das dortige Aufschreiben der Unheilsworte Jeremias. Dieses
Urteil geht mit B. Duhms Bewertung des Passus einher, dass der Autor darin von
Baruch „angeliehenen"[108] habe.[109]

Erst in V.3 setzt die Erzählung ein. Dabei stellt G. Wanke zu Recht fest, dass die
Verse 3.9 – 10 von einer andauernden Belagerung der Babylonier ausgehen und die
Verse 5.7 – 8 im Gegensatz dazu von einem Abzug der babylonischen Truppen
sprechen.[110]

In der Zeit der Belagerung (V.9 – 10), in der Jahwe den Untergang Zedekijas
durch die Babylonier beschließt, schickt der König eine Gesandtschaft zu Jeremia,
damit dieser für ihn zu Jahwe bete (פלל Hitp., vgl. Jer 37,3).[111] Das Gesuch der
Fürbitte bleibt hier isoliert, setzt aber bereits den Situationshintergrund der VV.9 –
10 voraus.[112] Der Folgevers V.4 berichtet (ganz unabhängig von V.3), dass Jeremia
zu der Zeit noch nicht gefangen genommen war und die Chaldäer aufgrund der
kommenden Ägypter abgezogen seien (V.4 – 5). Man gewinnt den Eindruck, dass
sich V.4 nicht auf den Jeremia bezieht, an den das Bittgesuch erging, sondern auf
den Propheten Gottes, der ungehört (V.2) bleibt und inmitten des Volkes die

---

108 DUHM, Jeremia, 397.
109 Vgl. DUHM, Jeremia, 397. RUDOLPH, Jeremia, 236. THIEL, dtr Redaktion II, 52. Thiel versteht die
Verse 37,1 f als deuteronomistische, redaktionelle Überleitung von der Situation des Kapitels 36
(Zeit Jojakims) zu den folgenden Sentenzen, die in der Zeit Zedekijas handeln.
110 Vgl. WANKE, Jeremia 2, 342. MCKANE, Jeremiah II, 943, konstatiert, dass weder 37,2 – 10 noch
21, 1 – 7(10) historisch sind.
111 Vgl. WANKE, Jeremia 2, 343. Wanke hält fest, dass V.3 nicht ohne die VV.9 – 10 als Situation
verstehbar sind. Zur Untersuchung der Parallele zu 2 Kön 19, 2 – 7, siehe HARDMEIER, Prophetie im
Streit, 307 – 321. Dieser zeigt Unterschiede und Gemeinsamkeiten, sieht jedoch in der Jeremia-
Erzählung eine historische Begebenheit und somit diesen als Ausgangstext zur Eintragung in 2
Kön 19. STIPP, Studien, 231, er versteht 2 Kön 19,2 – 7 hier als idealtypische Gegenszene zum
Jeremiastück, darin wird gezeigt, wie Jeremia hätte reagieren sollen. Es handle sich nach Stipp um
zwei Erzählungen gegensätzlicher Tendenzen eines offiziellen Fürbittegesuchs.
112 Gegen RUDOLPH, Jeremia, 237. Rudolph sieht beide Anliegen im Texte vereint, Zedekija
schickt zu Jeremia für Fürbitte (V.3) und um ein Orakel (V.7) einzuholen. Vgl. REVENTLOW, Liturgie,
144. Reventlow sieht auch einen Zusammenhang zwischen beiden. Beide sind seiner Meinung
nach feste Bestandteile eines Rituals, das sich hinter der Erzählung verbirgt. Dabei hält er fest,
dass die Fürbitte eine amtliche Aufgabe war, die der König von seinem Beamten jederzeit in
Anspruch nehmen konnte.

göttliche (Unheils-)botschaft verkündet und eben genau wegen dieser Unheilsverkündigung gefangen genommen werden soll. Denn so folgt der Bericht seiner
Gefangennahme (37,11–16) genau auf die Verkündigung eines unheilvollen Jah-
weswortes in 37,6–10. Vers 4 hat folglich nichts mit dem Bittgesuch zu tun und
bezieht sich auf den Unheilspropheten aus Vers 2. G. Wanke beurteilt die Verse 4–5
als Einschub, welcher den Hintergrund der Belagerungspause schildert.[113] Diese
Einfügung stellt zugleich die Einleitung der Erzählung, die in 37,11–21 fortgeführt
wird, dar und unterbricht folglich den Bericht um die Fürbitte und Antwort Jahwes. In den VV.6–10 heißt es, dass das Wort zum Propheten Jeremia (vgl. VV.2–3)
erging, worauf zudem eine Botenspruchformel folgt, bevor Jahwes Worte zur
Gesandtschaft aus V.3 verkündet werden. Dabei heißt es nicht, dass sie gesandt
waren zur Fürbitte (פלל), sondern zur Gottesbefragung.[114] Auf der Endtextebene
gewinnt man durch die dreifache Anrede Jeremias als Propheten (V.2–3.6) den
Eindruck, es bilden die VV.6–10 die Antwort auf das Fürbitte-Gesuch aus V.3.
Dabei bezieht sich erst Jer 38,1, in Nennung einer von V.3 differenten Hörerschaft,
auf die VV.6.10 und führt das dort geschilderte Unheil weiter. Die Worte in 37,6–10
und 38,1 f beinhalten eine Unheilsnachricht, die besagt, dass Juda erneut von den
Chaldäern heimgesucht werden wird und jeder, der in der Stadt bleibt, getötet
wird. Es setzt dem Fürbitte-Gesuch folglich eine Unheilsbotschaft nach, die in 38,2
mit den Termini ‚Schwert‘, ‚Hunger‘ und ‚Pest‘ beschrieben wird.[115] Durch diese
Unheilsverkündigung wird die Fürbitte auf der Ebene des Endtextes als wirkungslos deklariert.[116] Nicht Jeremias Fürbitte-Rolle ist entscheidend, sondern

---

113 Vgl. WANKE, Jeremia 2, 343.

114 Vgl. WILKE, Gebete, 22. Wilke hält fest, dass Jeremia in 37,3 um Fürbitte gebeten wird, er jedoch
in der Antwort von einer Gottesbefragung spricht, auf die er, wie es der Befragung entspricht, mit
einem Gottesbescheid antwortet. Das bedeutet, dass die Gesandtschaft ihn also um eine Weisung
bittet, nicht um eine Fürbitte. Wilke vermutet die Lösung des Problems in Jeremias „Mittlertum"
bedingt. Dabei stellt sie richtig fest, dass das Versagen des Volkes und das Mittleramt bereits
theologische Topoi sind, keine historischen Realitäten.

115 Schwert, Hunger, Pest (und Tod) sind Termini der Ankündigung. Alle Belege erfolgen im
Zusammenhang der Drohung des Unheils, vgl. Schwert und Hunger in: Jer 5,12; 11,22; 14,13.15 f; 16,4;
42,16; 44,12.18.27; Klgl 4,9; Schwert, Hunger Pest, in: Jer 14:12; 15:2 (Schwert, Hunger, Tod); 18,21
(Schwert, Hunger, Tod); 21,7.9; 24,10; 27,8.13; 29,17 f; 32,24.36; 34,17; 38,2; 42,17.22; 44,13; Ez 5,12.17;
6,11 f; 7,15; 12,16; 14,21. Die Trias begegnet in formelhafter Zusammenstellung 15-mal im Jeremi-
bauch, jeweils in dtr Texten, sonst nur in Ezechiel (6,11 und 12,16), so Thiel. Er beurteilt die Trias als
Kennzeichen von D, vgl. THIEL, Redaktion I, 182f. Anders WEIPPERT, Prosareden, 177.183.191,
identifiziert diese Trias als typisch jeremianische und nicht deuteronomistische Sprachform, die
von Ezechiel später aufgegriffen wird. Weippert ist der vorliegenden Untersuchung nach Folge zu
leisten. Dabei ist die Ersetzung von ‚Pest‘ durch ‚Tod‘ eine der Trias nahestehende Sprachform, vgl.
WEIPPERT, Prosareden, 162.172.

116 Vgl. SCHMIDT, Jeremia 2, 202.203.

seine unheilsprophetische. Mittels Wortereingisformel ergeht dabei das Wort Jahwes an Jeremia (V.6).[117] Rückblickend (vgl. V.3) richtet sich die Botschaft der nun folgenden Worte an diejenigen, die Zedekija gesandt hat (V.3.7, שׁלח Qal). Der Bezug zu Vers 3 ist jedoch von oberflächlicher Natur. In Vers 7a heißt es: „der euch gesandt hat, mich zu befragen (דרשׁ Qal)".[118] Aber eine Gottesbefragung im Sinne von דרשׁ יהוה, d. h. eine Orakelbitte,[119] wird in V.3 nicht erbeten und bezieht sich auf Aussage nach auf den V.5, wo es heißt, dass die Chaldäer aufgrund der kommenden Ägypter abgezogen seien. Vers 3 ist demnach ein Bericht, der Jeremia als Fürbitter im Unheil kennzeichnet, unabhängig von der Verkündigung in 37,7–10. Dabei verliert die Fürbitte auf der Ebene des Endtextes durch die Unheilsbotschaft in Jer 37,6–10; 38,2 ihre Funktion. So stellen G. Wanke zufolge die Verse 7.8. eine auf V.3 beruhende Fortschreibung dar, die das Fürbitte-Anliegen hinsichtlich der Einholung eines Orakels umgestaltet.[120] Zudem passen sie die Aussage der VV.9.10, dass die Chaldäer wiederkommen werden, dem Situationshintergrund der Erzählung an.[121]

In der Zusammenfassung kann folgenden, grobe Genese des Kapitels veranschlagt werden: Vermutlich bildet die Erzählung um Jeremia in 37,11–16 (38,7–14.17.19*) den Ausgangspunkt. Auf Basis dieser Verse (vor allem VV.11–12.15.) wurde der Situationshintergrund in Bezug auf Jeremia in den VV.4–5 nachgetragen. Des Weiteren folgt mit den Einträgen in Jer 37,2.9–10; 38,1–6 ein weiterer Grund der Inhaftierung (37,15): Nicht das Überlaufen zu den Chaldäern ist Grund für Jeremias Gefängnisstrafe (37,14), sondern seine Botschaft des Unheils, das eben diese Chaldäer bringen werden. Dabei motiviert die Geschichte in 38,7–14.17.19 zum einen zur Eintragung der Unheilsbotschaft bezogen auf das Schicksal des Königs, der sich in (38,5) in Zurückhaltung gegenüber Jeremias Strafvollzug übt. Zum anderen ist sie verantwortlich für die Eintragung von 37,3, dem Bittgesuch. So ist es genau dieses, wofür Jeremia verantwortlich war in Zeiten des Unheils und das vor V.4 positioniert wird, weil es erklärt, warum Jeremia sich frei bewegen konnte (V.4.12), denn Fürbitte bei Jahwe zu halten, gibt keinen Anlass zur Inhaftierung. Anders verhält es sich für den Unheilspropheten Jeremia (37,2.9–10; 38,1–6) und so wird die Fürbitte (V.3) nachträglich als Jahwe-Unheils-Orakel umgestaltet (37,7–8).

---

117 Vgl. WANKE, Jeremia 2, 343.
118 Vgl. WANKE, Jeremia 2, 343.
119 Vgl. BEZZEL, Inquiring God, 1. Vgl. Jer 21,2.
120 Vgl. WANKE, Jeremia 2, 343. MCKANE, Jeremiah II, 923. Gegen SCHMIDT, Jeremia 2, 202. „So gehören die erbetene Fürbitte (vgl. 42,2f) und die Befragung Gottes durch den Propheten (V.7.17) zusammen."
121 Vgl. WANKE, Jeremia 2, 343.

Was Jeremia im Unheil in Kapitel 37 für Zedekija tun soll, wird in Kapitel 42 von den Obersten und dem ganzen Volk von ihm eingefordert: die Fürbitte. Da Jerusalem eingenommen ist und der von Babel eingesetzte Statthalter Gedalja in Mipza ermordet wurde, bitten die sich vor den Chaldäern fürchtenden Heerobersten (כָּל־שָׂרֵי) sowie das ganze Volk (כָּל־הָעָם), vom Kleinsten bis zum Größten (מִקָּטֹן וְעַד־גָּדוֹל), Jeremia in der Not um Fürbitte bei Jahwe.

In den Versen 42,2.4 wird פלל (Hitp.) als Aufgabenbeschreibung unmittelbar in Verbindung mit der Nennung Jeremias als Propheten verwendet (V.2.4, יִרְמְיָהוּ הַנָּבִיא). Dabei bietet die griechische Übersetzung in V.2 zumindest einen der Belege Jeremias als Propheten.[122] Die Bitte in 2a lautet: „Lass doch unser Flehen vor Dich kommen und bete für uns zu Jahwe, deinem Gott, für diesen ganzen Rest." Der folgende Vers 3 ergänzt diese Bitte um deren gewünschten Inhalt.[123] So fordern die Bittsteller, dass Gott ihnen den Weg mitteile, den sie gehen sollen und versprechen gleichzeitig darauf zu hören und dementsprechend handeln zu wollen.[124] Damit wird die Fürbitte erneut zum Wunsch nach einem Jahwe-Wort (Orakel). Hinter der vorgetragenen Bitte (V.3) steht die Frage, ob die Menschen tatsächlich vor den Chaldäern nach Ägypten fliehen oder vielmehr im Land bleiben sollen (Jer 41,17 f). Jeremia, in MT mit נָבִיא (Prophet) bezeichnet,[125] bestätigt den Wunsch und versichert durch die Wiederholung von פלל (Hitp.) für sie zu beten (V.4a) und ihnen kein Wort JHWHs vorzuenthalten (מנע Qal, vgl. 42,4b). Dabei gehört V.4aβ noch zum FB-Gesuch von V.2 als Bestätigung Jeremias auf deren Ersuchen, während V.4aα.b zur Umgestaltung der Orakelbitte (V.3.5–6) gehört und anfügt, dass Jeremia den Wunsch nach einem Jahwe-Wort ebenso erfüllen werde. In der Antwort, die sich im Gewand der Wortereignisformel an Jeremia – diesmal ohne Prophetentitel – präsentiert (42,7–19), wird wiederholt, dass er gesandt ist, deren Flehen (תְּחִנָּה) vor Gott kommen zu lassen. Folglich ist Jeremias eigentliche Aufgabe die FB darin zu erwirken, dass er die Klagen des Volkes vor Gott bringt. Doch wie aus dem jetzigen Kontext von 42,3–5 hervorgeht, haben die Heerobersten und das Volk nicht nur die Fürbitte ersucht, sondern auch die „Einholung eines Jahwewortes"[126] (vgl. 37,1–6).[127] Mit der Zeitangabe, dass das Jahwe-Wort nach zehn

---

122 Vgl. FISCHER, Jer 26–52, 401f. Fischer sieht hierin eine Wiederholung von Jer 37,3. Dies entspräche, so Fischer, in der nächsten Parallele in Jes 37,4//2 Kön19,4 (Hiskijas Gesandschaft an Jesaja, vgl. Jer 37,2f.6; 38,9f.14).

123 Vgl. FISCHER, Jer 26–52, 403. Fischer ist der Meinung, dass die Annahme der Bitte zeige, dass die Verbote von 7,16; 11,14; 14,11; 15,1 nach Eintreffen des Gerichts aufgehoben seien.

124 FISCHER, Jer 26–52, 402, vgl. Jer 7,23; 11,6–8; 22,4; 31,21.

125 Vgl. SCHMIDT, Jeremia 2, 52. Schmidt sieht darin die Verbindung zum Erzählstrang.

126 WANKE, Jeremia 2, 371.

127 Vgl. WANKE, Jeremia 2, 371.

Tagen an Jeremia ergeht (V.7), beginnt ein neuer Abschnitt.[128] Die Antwort Gottes teilt sich in eine positive Aussicht göttlichen Erbarmens,[129] wenn der Rest im Land bleibt (VV.10–12), und eine negative Unheilsankündigung, sollten sie nach Ägypten fliehen (VV.13–19).[130] Dabei enthält diese Androhung die bereits in Jer 38,2 als Negierung der Fürbitte dienenden Unheils-Termini ‚Schwert' und ‚Hunger' (V.16), welche in V.17 um die ‚Pest' ergänzt werden. Die Erklärung, dass Jahwe seinen Zorn (אַף) und Grimm (חֵמָה) über sie ergießen (נתן Nif.) werde, insofern sie nach Ägypten gehen sollten, bildet den Abschluss der Verkündigung Jeremias. Die Verse V.18.19 wiederholen jeweils die Botschaft in Kurzform: Jeremia warnt sie, dass, wenn sie nach Ägypten ziehen, sich Jahwes Zorn über sie ergießen wird, wie zuvor über Jerusalem. Dabei schließt V.18 die Botschaft der VV.7–18 ab, während V.19 zu einem Komplex 19–22 überleitet. Der Vers 42,20 verweist dabei zurück auf die Eintragungen in 1–6*. Jeremia erinnert an das FB-Ersuchen des Volkes (פלל Hitp.), sowie dessen Versprechen nach Jahwes Worten zu handeln. Jeremia wird zwar in dem Vers nicht namentlich genannt, in Bezug auf die Erzählung der VV.1–6* ist jedoch eindeutig, dass es sich bei der 1. Ps. Sg. um den Propheten handelt. Doch V.21 belegt, dass sie ‚nicht darauf hören' (וְלֹא שְׁמַעְתֶּם).[131] Das Unheil kommt in Form der Trias ‚Schwert' (חֶרֶב), ‚Hunger' (רָעָב) und ‚Pest' (דֶּבֶר, V.22).[132] Das Folgekapitel 43 vertieft schließlich die Geschichte ihres „Nicht-Hörens" und der daraus resultierenden Folgen.

Es lässt sich für Jer 42 folglich eine ähnliche Entstehung nachvollziehen wie für Jer 37. Eine grobe Skizze soll der Veranschaulichung dienen. Der Anschluss an Jer 41, der Erzählung um Johanan, der Ismael vertreibt und nun mit dem Volk (aus Mizpa), den Heerobersten und Jeremia (vgl. Jer 40,6) in der Herberge in Kimham stationiert ist, um nach Ägypten zu fliehen, erfolgt in den Versen 7–18*. Dabei

---

128 Vgl. WANKE, Jeremia 2, 371. RUDOLPH, Jeremia, 255.
129 Der Gedanke, dass Gott des Unheils reut, sich erbarmt oder Mitleid hat, ist einer, der sich vor allem im zweiten Buchteil (Jer 26–52) findet. Vgl. Erbarmen (רַחֲמִים) ist in 16,5 verneint, hier in 42,12 bejaht. Belege für eine positive Verwendung des Nomens finden sich in: Jer 12.15; 20,18; 31,20; 33,26; für eine negative in: Jer 13,14; 21,7. Mitleid (חֶמְל) findet sich verneint in Jer 13,14; 21,7. Reue (נחם) tritt in Verneinung in Jer 4,28 auf und wird in Jer 26,3.13.9; 42,10 bejaht. In Jer 18,8.10 wird erklärt, dass Gott reuen kann oder auch nicht, dabei ist die Formulierung „das Gute gereuen" singulär im Alten Testament, vgl. FISCHER, Jer 1–25, 580.
130 Vgl. SCHMIDT, Jeremia 2, 255: „[...] Gehorsam zeigt sich im Bleiben, Ungehorsam im Weg-ziehen."
131 Vgl. WEISER, Jeremia, 360f. Weiser stellt fest, dass die Verse 5–6 die Bedeutung haben, hervorzuheben, dass zum Heil das Auf-Gott-Hören gehört.
132 Vgl. McKANE, Jeremiah II, 1048: „The redaction, on the other hand, is using ‚sword and famine and pestilence' to express the thought that the remnant will be obliterated by Yahwe's judgement, just as Jerusalem was destroyed (v. 18), because it disobeyed his word."

ergeht nach zehn Tagen ein Jahwewort an Jeremia, das die Furcht vor Babel (41,18) aufgreift (42,11) und sich in eine positive (VV.10 – 12) und negative (13 – 18) Aussicht aufteilt. In Aufgriff der Zuhörerschaft aus V.8 entsteht eine FB-Erzählung in der Gestalt, dass es Jeremias Aufgabe im Unheil (42,1 – 2.4aβ) sei Fürbitte zu tun. Die Fürbittegeschichte wird zugunsten der Unheilserzählung (VV.13 – 18), gleichsam wie in Jer 37, zum Gesuch eines Jahweorakels an den Propheten (V.3.4aα.b.5 – 6) umgestaltet. Die VV.19 – 22 greifen dann diese Umgestaltung sowie die Fürbitte erneut auf und erheben aus Jeremias Mund den Vorwurf an das Volk, nicht auf die göttlichen Worte zu hören. In diesem Vorwurf des Ungehorsams bedingt sich des Volkes Verdammung zu ‚Schwert‘, ‚Hunger‘ und ‚Pest‘ (V.16.17.22), die der Unheilsprophet wirksam zu verkündigen weiß. Die durch die Unheilsverkündigung negierte Fürbitte bestätigt Jeremias Aufgabe im literarischen Werk, er ist Unheilsverkünder nicht (mehr) Fürbitter.

Es bleibt festzuhalten, dass der Bitte um eine Fürbitte erstens keine weitere Beachtung zukommt und zweitens die FB insofern negiert wird, als dass ihr ein (nicht erbetenes) desaströses Jahweorakel folgt, das sich aus den Unheils-Termini ‚Schwert‘, ‚Hunger‘ und ‚Pest‘ konstituiert. W. Holladay beobachtet folglich richtig, dass in den Kapiteln 37 und 42 die Fürbitte nicht verboten wird, ihr jedoch direkt die Unheilsbotschaft folgt, wodurch die Fürbitte als wirkungslos erscheint.[133] Die Fürbitte hat im Unheil keine Wirkung, auch wenn sie Jeremias Aufgabe ist, so ist er doch literarisch bereits ganz und gar und man möchte sagen in erster Linie Unheilskünder. G. Wanke bestimmt die Funktion der Erzählungen um die Fürbitte wie folgt: „Zweck der Erzählung um Jeremia ist gewesen, das Verhalten des Propheten in der Zeit der Belagerung zu rechtfertigen und Jeremia in der Rückschau auf die von ihm angekündigten und dann auch eingetretenen Ereignisse als den wahren Jahwepropheten zu erweisen."[134]

Jeremia 27,18

Der Vers Jer 27,18 steht, wie die o. g. Texte in 37 und 42, in Zusammenhang mit einer Verheißung an das im Land verbliebene Volk: Sie sollen sich Babel fügen und im Land bleiben.

Kapitel 27 beginnt im masoretischen Text mit בְּרֵאשִׁית מַמְלֶכֶת יְהוֹיָקִם (am Anfang der Regierungszeit Jojakims).[135] Es folgt eine Wortereignisformel an Jeremia, in

---

133 Vgl. HOLLODAY, Jeremiah 1, 253.

134 WANKE, Jeremia 2, 339. Wanke erkennt hier richtig den Zweck der Gestaltung, wenn er auch (noch) hinter diesen Jeremia als wahren Unheilspropheten sieht.

135 Der textkritische Apparat der BHS verweist darauf, dass mit V.3,12 und vielen hebräischen Handschriften, sowie der Peschitta und der Arabischen Übersetzung, hier לצדקיהו statt יְהוֹיָקִם zu

Kurzform des Namens.[136] Es schließt sich mit Vers 2 eine Botenspruchformel an, welche eine 1. Ps. Sg. adressiert. Beide Formeln, die Namensnennung Jeremias sowie die Datierung, fehlen in der Septuaginta. Daher erfolgt die Symbolhandlung der VV.2–7 in der griechischen Übersetzung unvermittelt an einen Adressaten in 2. Ps., während MT diesen als Jeremia identifiziert.[137] Dem Angesprochenen wird befohlen Stricke und Jochstangen zu fertigen und sie an die Könige von Edom, Moab, Ammon, Tyrus, Sidon und auch an die Boten Zedekijas zu senden. Sie sollen den Willen Gottes verdeutlichen, dass das Volk Nebukadnezar, Jahwes Knecht (V.6 עַבְדִּי), dienen soll. Vers 8 beschreibt darauf folgend, ganz in der Manier der bisher angeführten Unheilsankündigungen,[138] die Heimsuchung Jahwes durch ‚Schwert‘ (חֶרֶב), ‚Hunger‘ (רָעָב) und ‚Pest‘ (דֶּבֶר). Unvermittelt erfolgt mit Vers 9 ein Befehl an eine 2. Pl. nicht auf Propheten (נָבִיא), Wahrsager (קסם) Träume (חֲלוֹם),[139] Beschwörer/Zauberer (כַּשָּׁף) und Zeichendeuter (ענן Prtzp. Poel) zu hören (אַל־תִּשְׁמְעוּ). Diese Aufforderung leitet eine neue Thematik um die Auseinandersetzung zwischen von Jahwe gesandtem und nicht gesandtem, d.h. falschem, Kultpersonal ein.[140] Das Volk soll nicht jenen folgen, die dem König von Babel den Dienst verweigern (V.9b), denn Jahwe wird am Leben lassen (V.12), wer sich unterwirft. Die, die es nicht tun, wird er dem genannten Unheil von Schwert, Hunger, Pest (V.8.13.) zuführen. Die Weissagung nicht zu dienen wird in VV.14–15 als Lüge (שֶׁקֶר) benannt.[141] In Abschnitt 16–22 richtete sich ein Sprecher in 1. Ps. Sg. an die Priester und das Volk und verkündet in einer Botenspruchformel Jahwes Wort.[142] Der Vers 27,18 befindet sich in einem Abschnitt 27,9–22, welcher zusammen mit Kapitel 28 von den Auseinandersetzungen der wahren und falschen Propheten handelt und der durch einen Wechsel der Anrede zur 2. mask. Pl. eingeleitet wird

---

lesen ist. Vgl. FISCHER, Jer 26–52, 47. Für Fischer gehört Kapitel 27 nicht nur von der Thematik um die Propheten her gesehen eng zum Trias Jer 27–29, sondern auch durch Wiederholungen der Elemente Nebukadnezzar, Herrschaft, Tempelgeräte, sowie im Hinblick auf die Symbolik des Jochs.

136 Vgl. FISCHER, Jer 26–52, 47. Fischer bemerkt richtig, dass die Kurzform nur in 27,1; 29,1 und 6-mal in 28,5–12; Es 1,1 und Dan 9,2 begegnet, sonst nie in Jeremia. Diesen Nennungen entsprechen acht Belege des Namens Nebukanezzar in Jer 27,6.8.20; 28,3.11.12; 29,1.3, so Fischer.

137 Vgl. RUDOLPH, Jeremia, 173.

138 Vgl. Jer 14,12; 21,7.9; 24,10; 27,8.13; 29,17 f; 32,24.36; 34,17; 38,2; 42,17.22.

139 Vgl. FISCHER, Jer 26–52, 55. Fischer stellt fest, dass Träume bereits zuvor stark in die Kritik gezogen wurden (Jer 23, 25–32) und auch in Jer 29,8 eine Distanzierung vorliegt.

140 Vgl. FISCHER, Jer 26–52, 55. Die Termini ‚Zauberer‘ und ‚Zeichendeuter‘ finden sich auch in Dtn 18,10.

141 Vgl. Jer 5,2.31; 6,13; 7,4.8 f; 8,8.10; 9,2.4; 10,14; 13,25; 14,14; 16,19; 20,6; 23,14.25 f.32; 27,10.14–16; 28,15; 29,9.21.23.31.

142 Vgl. FISCHER, Jer 26–52, 58 f.

(V.9). G. Wankes Untersuchungen zufolge gehört diese Passage zu den jüngsten Einschreibungen in das Kapitel.[143] Dabei liegt der inhaltliche Schwerpunkt der Unterscheidung in Kap. 27 nicht darauf, ob sie Heil oder Unheil für das Land vorhersagen, sondern ist vielmehr darauf gerichtet, ob das Volk Babel dienen (V.13, עבר Qal) und hoffen soll, dass die Tempelgeräte (V.16, כְלֵי בֵית־יְהוָה) nach Jerusalem zurückgebracht werden.[144]

Der vorliegende Abschnitt 27,16–22 unterscheidet sich in den Versionen von MT und LXX deutlich in der Länge der überlieferten Verse. So fehlen in der griechischen Übersetzung etwa die Verse 18bβ.20b.21, ein Großteil von 19b.20a sowie Vers 22 fast gänzlich.[145] Im Hinblick auf Vers 18 unterscheidet sich nicht nur der Textbestand zwischen griechischer und hebräischer Überlieferung voneinander, sondern auch der Aussagecharakter. So lautet die Bitte zur Fürbitte in 18a יִפְגְּעוּ־נָא בַיהוָה צְבָאוֹת (bittet doch bei Jahwe Zebaoth/tretet doch an Jahwe Zebaoth heran). In der griechischen Übersetzung steht jedoch ἀπαντησάτωσάν μοι (mir entgegentreten) statt יִפְגְּעוּ־נָא. Die Kernaussage des Verses beinhaltet nun nicht mehr, dass das Herantreten an Jahwe als Prüfstein für das Prophetensein verstanden werden kann, wie es im hebräischen Text suggeriert wird, sondern eine Provokation im Streit um die wahre prophetische Verkündigung. Wer sich rühmt die Worte Jahwes zu verkünden, solle Jeremia, dem wahren Jahwepropheten, entgegentreten. Vor diesem Hintergrund erklärt sich auch das Fehlen von 18bβ. Der mit לְבִלְתִּי eingeleitete Viertelvers begründet gerade, was die Fürbitte als wirksames Eintreten bei Jahwe bewirken müsse, damit die Heilspropheten sich bewahrheiten, nämlich das Bleiben der Tempelgeräte in Jerusalem. Auf diese Weise erschließt sich der Sinn nur für den hebräischen Text. Doch Jahwe hat sich bereits entschlossen – dies beschreiben beide Überlieferungen – die Geräte werden weggeführt.[146] Die Fürbitte nun zu einem Prüfstein zu erheben, ist nur sinnig, wenn Jeremia (historisch) wirksamer Fürbitter war. Zwar wird es ihm in der literarischen Überlieferung untersagt (Jer 7,16; 11,14; 14,11; 15,1), jedoch nicht als generell unmöglich dargestellt. Dabei wird die FB hier sekundär in der Überlieferung zur Norm erhoben. Im Hinblick auf diese Annahme würde die Septuaginta einen ursprünglicheren Text überliefern, der in Zusammenhang mit der Auseinander-

---

143 Vgl. Fischer, Jer 26–52, 48.55. Vgl. Wanke, Jeremia 2, 247 f. Wanke erklärt die Worte über die Falschpropheten als nachexilisch, somit stellt diese Erweiterung in Jer 27,9–22* die jüngste Einschreibung dar. Gegen Thiel, dtr Redaktion II, 5–7, der gerade in der Aufforderung nicht auf die Propheten zu hören die Grundschicht und das Leitmotiv des Kapitels sieht.

144 Vgl. Fischer, Jer 26–52, 63.

145 Vgl. LXX 34,16–22.

146 Vgl. Jer 27,19–22 (LXX Jer 34,16 f).

setzung um wahre und falsche Prophetie steht.[147] Der hebräische Text ändert den Sinn jedoch zugunsten der Vokabel פגע (entgegentreten/bitten) in Beziehung zu Jer 15,1 und erklärt die Fürbitte zu einem prophetischen Kriterium in dieser Konfrontation.

Der Abschnitt scheint seiner Entstehung zufolge sehr vielschichtig zu sein. So fällt nicht nur die doppelte, nahezu inhaltsgleiche Jahweworterverkündigung in den VV.19.21 auf, sondern auch, dass diese Verse 17 und 18 die Thematik in einer spezifischen Art und Weise unterbrechen. Vers 17 führt nämlich den Vorwurf der שֶׁקֶר (Lügen-)Weissagung fort und bezieht sie nun nicht mehr auf das Dienen, sondern auf das Verfahren mit den Tempelgeräten.[148] Diejenigen, die prophezeien (נבא Prtzp. Nif.), dass die Tempelgeräte zurückgebracht (שוב Hof. Prtzp.) werden, sprechen Lüge (שֶׁקֶר), so Vers 16. Vers 17 setzt nicht nur mit dem erneuten Befehl, darauf nicht zu hören, ein, sondern er wiederholt in Inhalt und Abfolge die Bedingung aus Vers 11, zu dienen, um am Leben zu bleiben. In der Ergänzung in 17b wird unvermittelt die Frage eingeführt, ob diese Stadt (הָעִיר הֹזֹּאת) denn zur Ruinenstätte (חָרְבָּה)[149] werden solle? Zuvor wird bereits in V.13, der sich auf V.11 bezieht, die ähnliche Frage gestellt: Warum das Volk, wenn es weiß, dass es Babel dienen soll, denn sterben will, indem es nicht darauf hört?

Meines Erachtens liegt der ursprüngliche Anschluss von V.21 an V.16. So begründet V.21 warum es gelogen ist, wenn die Propheten behaupten, dass die Geräte zurückkommen werden (V.16): Es ist falsch, weil Jahwe deren Fortbringen beschlossen hat (V.21).

Vers 18aα setzt mit אִם־נְבִאִים הֵם (wenn sie Propheten (sind)) neu ein und unterscheidet nicht nur die Propheten in ihrer Verkündigung voneinander, sondern erhebt das Eintreten vor Jahwe als Prüfstein für das Prophetensein *per se* (18bα). Eingebunden in den Kontext wird dieses Kriterium, insbesondere durch die Ergänzung in 18bβ, auf die Bitte um die Rückkehr der Tempelgeräte bezogen.

Die Analyse des Abschnittes zeigt, dass es sich bei Vers 18 um einen ergänzenden Einschub handelt. Dieser verfolgt die Absicht darzulegen, dass FB es nicht vermag, das von Jahwe bereits beschlossene, vermutlich bereits eingetroffene Unheil abzuwenden.[150] Damit wird die Fürbitte selbst zum Prüfstein für das

---

147 Vgl. DUHM, Jeremia, 221f. Auch Duhm gibt hier der LXX den Vorrang und spricht von Ausschmückungen und erklärenden Erweiterungen, sowie von Wiederholungen um diese Entscheidung zu begründen.

148 Vgl. FISCHER, Jer 26 – 52, 59. Fischer vermutet hier einen Bezug auf die Notiz in 2 Kön 24,13.

149 Vgl. GESENIUS, 393, Übersetzung als ‚Ruinenstätte' oder ‚Trümmerhaufen'. Es kommt in der Unheilsankündigung in Jer 7,34; 22,5; 25,9.11.18; 27,17 und in (eingetroffener) Unheilsbeschreibung erst in den Fremdvölkersprüchen in Jer 44,2.6.22; 49,13 vor.

150 Vgl. WILKE, Gebete, 23.

Kultpersonal erhoben. Es ist anzunehmen, dass zur Zeit der Textentstehung der Tempel und die Geräte bereits zerstört oder deportiert gewesen sind und es sich bei dem heute vorliegenden Text um eine literarische Reflexion dieses Unheils handelt. Der Passus erinnert an die Theologie der EKL, welche besagt, dass der göttliche Entschluss, der realisiert ist, nicht mehr geändert werden kann. Diejenigen, die im Nachhinein ein Zeichen suchen, dass das Ereignis vorausgesagt hätte oder durch das man das Unheil hätte abwenden können, diese Deuter und Beschwörer lügen.[151]

2) Fürbitte Erwähnung in Jer 18,20b

In Jeremia 18,20b heißt es: „Gedenke meines Stehens vor Dir (זְכֹר עָמְדִי לְפָנֶיךָ)[152] um Gutes über sie zu reden, um deinen Zorn von ihnen abzuwenden."[153] Der Gedanke, der hier geäußert wird, ist der der Fürbitte. Der Vers befindet sich in einem Abschnitt, der mit den Kapiteln in Jer 18–20 den Textblock Jer 11–20 abschließt. Darin wird geäußert, dass Gott aufgrund der völkischen Vergehen keine andere Wahl als die Zerstörung hat.[154] Vers 18,20b gehört dabei zur vierten, sogenannten Konfession Jeremias.[155] Diese wird von einem Gleichnis in 18,1–12 und einer Zeichenhandlung in 19,1–13 gerahmt.[156] Das Kapitel wird vom Töpfergleichnis eingeleitet, welches als Wort Jahwes an Jeremia gestaltet ist. Gott befiehlt darin seinem Propheten in das Haus des Töpfers (הַיּוֹצֵר) hinabzugehen. Im Ich-Bericht wird erzählt, dass der vom Gesandten beobachtete Töpfer gerade an der Töpferscheibe ein Tongefäß herstellt, ihm die Fertigstellung jedoch missrät.[157] Daraufhin fertigt er ein neues, was in den Augen des Töpfers recht ist (ישׁר Qal). Das Gesehene wird in V.5 mit Hilfe der Wortereignisformel als Gottesrede an eine 1. Sg. gedeutet,

---

151 Vgl. Kapitel 2.5, sowie das Kapitel 4.1.2 der vorliegenden Arbeit.
152 Vgl. Ringgren, עמד, 194–204. Das Stehen vor einer Gotte beschreibt die Postion beim priesterlichen Dienst, so Ringgren, vgl. Dtn 10,8. Fischer, Jer 26–52, 587. Für Fischer greift „stehen vor" hier auf Jer 15,1 und 15,19 zurück und verweist auf ein Eintreten für die Gemeinschaft. Diese Deutung ist jedoch bereits auf die Endgestalt der (scheinbar) liturgischen Einheit 14,1–15,4 bezogen.
153 Vgl. Fischer, Jeremia 1–25, 587: Der Gedanke des ‚Grimm Abwendens' ist der des Verhaltens Pinchars (Num 25,11) und Moses (Ps 106,23), der sonst nur in Spr 15,1 und steht, so Fischer. Dabei steht Jeremia in der Nachfolge großer Vorgänger, sowie priesterlichen Spuren, so Fischer.
154 Vgl. Fischer, Jer 1–25, 571.
155 Vgl. Thiel, dtr Redaktion I, 218. Für Thiel schließt mit der Klage der Verse 19–23 die große Einheit 18–20 ab. Dabei ist Jer 18,19–23 von D gestaltet, so Thiel.
156 Vgl. Bezzel, Konfessionen, 186.
157 Vgl. Fischer, Jer 1–25, 577. Fischer bemerkt hier: „Wie in 13,7 der Hüftschurz „verdirbt" hier das Gefäß [...]", (jeweils שחת (Hifil)).

hier durch V.18,1 als Jeremia zu identifizieren: Jahwe wolle mit dem Haus Israel, das in dessen Hand Ton sei, ebenso verfahren wie der Töpfer mit dem Gefäß.[158]

In der die Konfessionen rahmenden Partie in 18,1–12 werden zwei wichtige Themen angesprochen. In den VV.7–9 wird das Verhältnis Jahwes und seines Volkes auf Absicht und Folge hin erläutert. Indem der Abschnitt als Rede Gottes zum Propheten gestaltet ist (V.5), wird indirekt die Thematik der Heils- und Unheilsbotschaft zum Propheten aufgegriffen. Jahwe kann sowohl darüber bestimmen ein Volk auszureißen (נָתַשׁ Qal Inf. cstr.), zu zerbrechen (נָתַץ Qal Inf. ctrs.) und zugrunde zu richten (אָבַד Hif. Inf. cstr., V.7). Er kann aber auch verheißen lassen, ein Volk zu bauen (בָּנָה Qal Inf. cstr.) und pflanzen (נָטַע Qal Inf. cstr.) zu wollen V.9. Dabei wird das allgemeine Substantiv גּוֹי anstelle des für Israel gebräuchlicheren עַם verwendet.[159] Jahwe ist hier der Gott, der Heil und Unheil verkünden lassen kann. Über alle Völker kann er dies sprechen, er ist der Gott, der hier gegen sein Volk und, wie in den Fremdvölkersprüchen, gegen andere spricht. Dabei wird das Verhältnis zwischen Jahwe und den Völkern als Dialog beschrieben. Auf diese Weise ist es den Menschen durch entsprechendes Verhalten möglich, Jahwe zur Reue (נחם Nif. VV.8.10), d. h. zur Umkehr (V.8 שׁוּב Qal), zu bewegen.[160] Im Falle des Nicht-Hörens (לְבִלְתִּי שְׁמֹעַ)[161] und des Bösen-Tuns (עָשָׂה הָרָעָה Qal) kann Jahwe seine Botschaft jedoch ins Gegenteil, d. h. zur Unheilsankündigung, verkehren. Dabei kann H. Bezzels Analyse zufolge, die Konfession als Einschreibungstext bereits auf das Gerichtswort in 18,7–10 zurückgreifen.[162] Diesem Gerichtswort folgt in den VV.11–17 der Auftrag an den Propheten das Unheil, für das sich Jahwe gegen Juda entschied, zu verkünden und zur Umkehr aufzurufen. Der Abschnitt 18,11–17 ist als Dialog zwischen Gotteswort übermittelndem Propheten und dem Volk komplex ausgestaltet. Ebenso vielschichtig arrangiert ist die unheilvolle Verkündigung des Propheten in der Zeichenhandlung in Jer 19,1–13. Hier kauft Jeremia einen Töpfer-Krug (19,1–2a*) und zerbricht ihn zum Zeichen der Vernichtung (10.11a.). Dem Grundbestand (19,1–2a*) folgt eine weitere, von Jahwe durch den Mittler

---

158 Vgl. Klgl 4,2: Dort heißt es: „Die Söhne Zions, die kostbaren, einst aufgewogen mit gediegenem Gold, wehe, wie sind sie irdenen Krügen gleichgeachtet, dem Werk von Töpferhänden (יְדֵי יוֹצֵר)!"

159 Vgl. CLEMENTS, גּוֹי, 966 f. Erklärt, dass גּוֹי viel eher eine politische oder territoriale Größe bezeichnet, während עַם verwendet wird um eine „völkische Einheit" zu beschreiben.

160 Vgl. Möglichkeit zur Umkehr in Jer 3,14.22; 4,1; 15,19; 18,11; 24,7; 25,5; 26,3; 35,15; 36,3.

161 Vgl. Begründung für den Untergang im Nicht hören auf Jahwe in Jer 3,25 (aus dem Mund des Volkes), 5,21; 6,16; 7,13.16 (FB: Jahwe hört nicht).24.26–28; 9,12; 11,8.10.11.14 (FB: Jahwe hört nicht); 12,17; 13,10.11.17.12 (Flehen: Jahwe hört nicht); 16,12; 17,23.27; 18,10; 19,15; 22,5.21; 25,3.4.7–8; 29,19; 32,33; 34,14.17; 35,15–17; 37,2; 40,3; 42,21; 43,4.7; 44,5.23.

162 Vgl. BEZZEL, Konfessionen, 213.

artikulierte, Unheilsbotschaft in den VV.3–9. Sie bereitet vor, was in 19,11b folgt: Das Zerbrechen des Kruges wird auf die Stadt und das Volk (עָם) bezogen.[163] Dabei hat Gott nicht nur selbst das Unheil getöpfert (18,11 יצר Qal Prtzp.), sondern auch seinen Unheilsboten (Jer 1,5 יצר Qal Imperf.).

Die Konfession als prophetische Klage wird folglich von einem zeichenhaften Auftrag zur Unheilsverkündigung gerahmt. Dabei ist der jeweilige Grund des Unheilsbeschlusses in der Schuld des Volkes fremden Göttern zu Opfern begründet (18,15; 19,4–5). H. Bezzel versteht die Konfession als Einschreibung in den Zusammenhang „zweier mit Töpferbild arbeitender Zeichenhandlungen".[164] Die Klage wird hier mit dem Bild des zeichenhandelnden Propheten verbunden und dieser somit zum Sprecher erhoben. In Vers 18 setzt das Konfessionen-Gebet ein und präsentiert sich H. Bezzel zufolge als Einschreibungstext, der den Zusammenhang der Gerichtsaussagen (18,1–10.11.13–17; 19) unterbricht. [165] Die Konfession beginnt mit einem Aufruf des Volkes, Anschläge gegen Jeremia zu planen. Dabei wird ihr Vergehen – das Nicht-Hören auf Jahwe – auf Jeremia und auf dessen (Unheils-)Worte, die das Volk nicht hören wird, übertragen. Der Prophet wird wie sein Gott zum Verworfenen.[166]

In 18,19 setzt der Prophet zum Gebet an, indem er Jahwe bittet auf seine und die Stimme seiner Gegner zu hören. Vers 20aα beginnt mit der Frage: „הַיְשֻׁלַּם טוֹבָה תַּחַת־טוֹבָה רָעָה (Soll vergolten werden Böses für Gutes?)"[167] Dabei bezieht sich das Gute (טוֹבָה) nicht etwa auf den Folgevers, auf das von Jeremia vor Jahwe gesagte Gute, sondern auf 18,10.[168] Es geht letztlich darum, wie das Volk in Bezug auf

---

163 Vgl. BEZZEL, Konfessionen, 188.

164 Vgl. BEZZEL, Konfessionen, 189.

165 W. Rudolph versteht die „Strafandrohung" in 18,13–17 im jetzigen Kontext als Ursache für den Anschlag gegen Jeremia. Das ist insofern zutreffend, da es seine Unheilsverkündigung war, „die ihm Feinde schuf" (vgl. 11,18 f.). RUDOLPH, Jeremia, 124 f. Das Gerichtswort (18,13–17) endet in V. 17 mit dem göttlichen Beschluss Juda zu zerstreuen, dessen Umsetzung durch Gott selbst (V.19) herbeigeführt werden wird. Dabei basiert 18,13–17 als jüngere Fortschreibung auf den Texten 18,7–10; 19,14 f, so H. Bezzel in seiner ausführlichen Analyse der Abschnitte im Hinblick auf die Konfession, vgl. BEZZEL, Konfessionen, 189.192.197 f. Bezzel hält fest: „Die Ablehnung des göttlichen Wortes manifestiert sich nicht zuletzt in der Feindschaft gegen seine inkarnierte Form, den Propheten." Vgl. FISCHER, Jer 1–25, 584 f, die Wendung ‚ewiges Gezische (שְׁרֵקָה)' ist singulär, wobei das Nomen שְׁרֵקָה lediglich in 2 Chr 29,8; Jer 18,16; 19,8; 25,9.18; 29,18; 51,37; Mi 6,16 belegt ist.

166 Vgl. Jer 36.37–42. An dieser Stelle (18,18.23) beginnen die Erzählungen um Jeremia, die in den Kapiteln 26–52 ausführlich beschrieben werden

167 Vgl. WEISER, Jeremia, 158. Weiser sieht hierin „die Frage nach der Gerechtigkeit Gottes" wie u. a. in Ps 35,12; 109,5. Vgl. WANKE, Jeremia 1, 177 f. V.Er versteht die Frage als „Gegnerzitat", die den Vorwurf enthält, dass Jeremia den Heilswillen Jahwes leugne und Unheilsabsichten an dessen Stelle setzte.

168 Vgl. BEZZEL, Konfessionen, 193.

Jeremia handelt. In Vers 20b wird das kommende Unheil nicht auf die Taten des Volkes zurückgeführt (vgl. Jer 18,13 – 17), sondern damit begründet, dass die Fürbitte keine Wirkung hat. Dennoch suggeriert V.20b, dass die FB (einmal) vor Jahwe gebracht wurde. Im jetzigen Kontext und in Bezug auf Jer 18,8.11 würde die Bitte dazu dienen, das von Gott versprochene Reuen (נחם Nif.), im Falle einer Umkehr des Volkes, zu bewirken.[169] Das Stehen vor Jahwe, wie es in 18,20b erwähnt wird, ist im kultischen Kontext zu deuten. So steht der Priester im altorientalischen Kult vor Gott um seinen Dienst zu verrichten.[170] Wie in der Fürbitte Abrahams (Gen 18,22) so steht auch Jeremia in 18,20 und 15,1 zur Fürbitte vor Gott.[171] Dieser in (18,20) dargelegten Erinnerung an die Fürbitte-Tätigkeit Jeremias folgen Bitten, die insbesondere die FB ins Gegenteil verkehren und Gericht für Jeremias Verfolger fordern.[172] So beginnt mit Vers 21 eine Art Rachegebet.[173] Dabei wünscht Jeremia, in dem das Wortpaar ‚Schwert' und ‚Hunger' (V.21) aufgegriffen wird, jedoch nur was Gott ohnehin bereits beschlossen hat.[174] G. Wanke stellt fest, dass sich die Verse 21 – 22a auf Unheilsworte der Jeremiaüberlieferung beziehen und diese in Bitten formulieren.[175] V.23 stellt den Höhepunkt des Racheersuchens dar, der als „pointierte Antifürbitte" [176] bezeichnet werden kann. H. Bezzel hält fest, was in 18,20f „anklingt ist jeremianische Gerichtsbotschaft in ihrer ganzen Breite. Die gilt für die Formen des Unheils (Schwert, Hunger, Tod/Pest) ebenso wie

---

169 Vgl. BEZZEL, Konfessionen, 193.

170 Vgl. WANKE, Jeremia 1, 148. AMSLER, עמד, 331. Elias und Elisas Dienst wird ebenfalls als vor Jahwe Stehen bezeichnet, vgl. 1 Kön 17,1; 18,15; 2 Kön 3,14; 5,16. In Dtn 10,8; 18,7 und Ez 44,15 wird der Dienst der Leviten, Opferhandlungen durchzuführen, als Stehen vor Jahwe benannt. Dabei handelt es sich bei dem Vers Dtn 10,8 um einen späteren Eintrag in die Erzählung von den Gesetzestafeln und der Fürbitte Mose. Diese Einschreibung hat den Zweck das Stehen vor Jahwe als Dienst (שרת Piel Inf.) der Leviten auszuweisen. Deren Dienst am Tempel zu beschreiben dient auch Dtn 18,7. Es heißt darin, dass die Leviten berechtigt sind, den Opferdienst jederzeit an Jahwes erwähltem Ort (vgl. Dtn 18,6: אֶל־הַמָּקוֹם אֲשֶׁר־יִבְחַר יְהוָה) vollziehen zu können, selbst im visionierten Tempel in Ez 44,15.

171 Vgl. AMSLER, עמד, 328 – 332. Jeremia steht zur Fürbitte in Jer 18,20 vor Gott. Amsler hält fest: Im Kult steht der Priester vor Gott(-statue), analog dazu gibt es das Stehen vor den Götzen, vgl. Ez 8,11. „Bei Jeremia bezieht sich die Wendung das auf das Amt des Fürbitters (15,1; 18,20), ähnlich schon bei Abrahams Fürbitte für Sodom (Gen 18,22)." RINGGREN, עמד, 194 – 204. FISCHER, Jer 1 – 25, 305: „Die Texte in Jer 15 und 18 zeigen, neben anderen, daß Jeremia sich für sein Volk eingesetzt und darin die Rolle früherer Fürsprecher übernommen hat."

172 Vgl. SCHMIDT, Jeremia 1, 324.

173 Vgl. BEZZEL, Konfessionen, 209.

174 Vgl. FISCHER, Jer 1 – 25, 587.590. BEZZEL, Konfessionen, 193f. MCKANE, Jeremiah I, 440f, der es als Rachegebet versteht, ebenso wie WEISER, Jeremia, 156f.

175 Vgl. WANKE, Jeremia 1, 177f. Vgl. Jer 6,11; 9,20f; 11,21 – 22; 14,12.16; 15,7 – 9; 21,7.9; 24,10; Ps 109,9 – 11.

176 Vgl. BEZZEL, Konfessionen, 208.

für die betroffenen Gruppen (Männer, Frauen, Söhne, Jünglinge), [...].“[177] Dabei hat der Abschnitt Jer 15,2–9, der direkt an die Fürbitte in 15,1 anschließt, große Affinität zur Sammlung an Unheilsworten, die sich in Jer 18,18–23 findet. In der Zusammenschau beider Texte, Jer 15 und 18, ergibt sich folgendes Bild: Gott soll sich in der Bitte 18,20b זְכֹר (gedenke) nicht nur der FB Jeremias erinnern, sondern auch, dass er seinen Propheten diesbezüglich bereits abgelehnt hat.[178] Dem Verbot der Fürbitte in 15,1 sowie der Erzählung in 18,20b folgen je Ankündigungen des Gerichts, das Jahwe beschlossen hat. Jeweils ist das Unheil unter Verwendung gleicher Topoi zur Sprache gebracht.[179]

Als Fazit im Hinblick auf die Fürbitte ist zu konstatieren, dass die FB in einer festen Verbindung mit Jeremias Unheilsverkündigung steht. Die Rogation hat ihren Platz sowohl altorientalisch, als auch in Jeremia, im anstehenden oder eingetroffenen Unheil. Dabei dienen die Einschreibungen der Fürbitte-Verweise dazu, Jeremia als den zu kennzeichnen, der er literarisch nun ist, der (leidende) Unheilsprophet in Abgrenzung zum Kläger über das Unheil (vgl. Jer 4–6; 8–10).

3) Die Fürbitte-Verbote in Jer 7,16; 11,14; 14,11 und 15,1
Jeremia 14,11 und 15,1

Das wirkungslose Stehen vor Jahwe (Jer 18,20b) ist auch in Jer 15,1 artikuliert. Jedoch wird hier die Fürbitte nicht einmal erlaubt, während in 18,20 einer wohl geäußerten FB gedacht werden soll. In Jer 15,1 heißt es: „Und Jahwe sprach zu mir: Selbst wenn Mose und Samuel vor mir ständen,[180] meine Seele wäre nicht bei diesem Volk. Treibe sie von meinem Angesicht weg, dass sie fortgehen.“ Bereits in 14,11 wird Jeremia, der namentlich in 14,1 genannt ist und hier in 1. Sg. angesprochen wird, die Fürbitte untersagt. So heißt es in Jer 14,11: „Bitte nicht (אַל־תִּתְפַּלֵּל) für dieses Volk zum Guten.“ Aufgrund ihrer textlichen Nähe sollen im Folgenden beide Fürbitte-Verbote zusammenhängend besprochen werden.

Der Abschnitt 14,1–15,4 lässt sich auf der Basis von Sprecherwechseln unterteilen in: die Dürre und ihre Folgen (14,1–6), die Bitte des Volkes (VV.7–9), die

---

177 BEZZEL, Konfessionen, 207. „Es drängt sich angesichts dieser pleonastischen Aneinanderreihung der Eindruck auf, der Beter stelle alle nur denkbaren und aus der Jeremiaüberlieferung bekannten Unheilstopoi zusammen und destillieren daraus so etwas wie das allumfassende Gerichtswort schlechthin, das stellvertretend für alle anderen zu stehen vermag.“ Vgl. WEIPPERT, Prosareden, 148.157.162. Sie stellt fest, dass im Vorkommen der Trias ,Pest‘ durch מות ersetzt werden kann. WILKE, Gebete, 299, sieht hierin die Selbstvorstellung Jeremias als ursprünglichen Fürbitter.
178 Vgl. BEZZEL, Konfessionen, 207.
179 Vgl. BEZZEL, Konfessionen, 207.
180 Die LXX (Codes Alexandrinus) ergänzt hier καὶ Ααρων.

Gottesrede (VV.10 – 12), den Dialog zwischen Gott und Propheten (VV.13 – 18), dem Gebet des Volkes (VV.19 – 22) sowie der Antwort Gottes darauf (15,1– 4).[181] Die Verse der Fürbitte-Verbote (Jer 14,11; 15,1) gehören zu den Textpassagen, in denen Gott auf die Volksklagen antwortet.

Jer 14,1 beginnt damit das Folgende als zu Jeremia ergangenes Gotteswort zu kennzeichnen.[182] Jeremia wird dabei direkt genannt (14,1). Er ist hier nicht Verkünder eines kommenden Unheils, sondern der Gottesmittler in der bereits eingetroffenen und in Jer 14,2– 6 geschilderten Not. Die Bevölkerung Judas liegt, wie zuvor der Beter in 8,21 (קָדַר Qal Perf.), in Trauer am Boden (קָדְרוּ לָאָרֶץ). Der ‚Klagegeschrei‘ (צְוָחָה)[183] der Stadt steigt auf und setzt in 14,7 als Volksklage ein.[184] Inhaltlich lässt sich dieses Volksersuchen jedoch weniger als Klage im eigentlichen Sinn, als vielmehr als eine durch Fragen gestalte Bitte an Jahwe bezeichnen. Dieses Bittgesuch, die Bevölkerung trotz ihrer Sünden nicht zu vernichten, kulminiert im Anruf: „Verlass uns nicht! (נוח Hif., V.8)“.[185]

Die darauffolgende Gottesrede in 14,10 – 13 ist zunächst indirekt an das Volk adressiert, an welchem, so heißt es in V.10, Jahwe keinen Gefallen (רָצָה) hat.[186] Keinen Gefallen (רָצָה) hat Jahwe auch an deren Fasten[187] bzw. an deren Brand- und Speiseopfern (V.12a).[188] Diese zwei, hiermit vollständig aufgeführten, Belege des Nomens רָצָה (Gefallen) in Jeremia rahmen und begründen das Fürbitte-Verbot in

---

181 Vgl. Rudolph, Jeremia, 97– 99. Gehört nach Rudolph zur „Urrolle". Vgl. Jer 3,31; 5,21– 25; 8,18 – 20.

182 Vgl. Rudolph, Jeremia, 98. Rudolph hält fest, „was als Wort Jahwes an Jeremia erging" ist eine redaktionelle Überschrift nach 46,1.

183 Vgl. Jer 46,12 (Klageschrei von Ägypten). Wie Jer 14,2 durch den sonst in Jeremia singulären Gebrauch von קָדַר aufs engste mit der Klage in Jer 8,18 – 23 verbunden ist, findet sich auch in Kapitel 46,11 ein singulärer Bezug zur Klage aus Jer 8: Die Frage nach dem Balsam (צֱרִי) in Gilead und der ausbleibenden Heilung. Vgl. auch Jer 51,8: Jeweils soll der Balsam (צֱרִי) der Heilung, der angesprochenen Stadt dienen, kein anderer Sprecher findet Bezug, keine 1. Person oder ein Beter, geschweige denn Jeremia. Schmidt, Jeremia 1, 269: „Das ‚Klagegeschrei‘ (V. 2) konkretisiert sich im Klagelied (V. 7 ff.)"

184 Vgl. Wanke, Jeremia 1, 142. Wanke hält fest: „Der Abschnitt enthält typische Elemente des Klageliedes des Volkes:"

185 Vgl. Rudolph, Jeremia, 99. Er sieht in der „Kultfeier" den „Kultprophet[en]", der die Rettung verkündet.

186 Vgl. Schmidt, Jeremia 1, 271. Kein Gefallen am Volk zu haben, ist die Erweiterung von 6,20, wo Jahwe nur an den Opfern keinen Gefallen hat.

187 Vgl. Schmidt, Jeremia 1, 263. Anm. 22. Schmidt versteht das Fasten als exilisch-nachexilisch zum festen, regelmäßigen Brauch gehörend, in welchem man „die Zerstörung der Stadt und des Tempels beklagte." Vgl. Sach 7,3.5; 8,18. Ps 44; 74; 79; 83,8.

188 Vgl. Wanke, Jeremia 1, 144: Wanke hält fest: „Gefallen haben" ist für Annahme eines Opfers notwendig, vgl. u. a. Lev 1,4; 7,18; Jer 6,20.

14,11.[189] Jahwe wird nicht mehr auf Bitten zugunsten des Volkes hören, so wie zuvor sein Volk nicht auf ihn hörte.[190] Das Interdikt in 14,11 präsentiert sich als Verneinung der Fürbitte-Vokabel פלל (Hitp.). Die angesprochene 1. Ps. Sg. soll nicht für das Volk und nicht zum Guten (לְטוֹבָה) beten.[191] W. Thiel und W. Rudolph sehen in 14,11 den ältesten Beleg des Fürbitte-Verbotes aufgrund seiner Einbettung in den (scheinbar liturgischen) Kontext.[192] Das Verbot gilt dabei aktuell und nicht grundlegend.[193]

Beide Verbote (14,11; 15,1) folgen der Formel וַיֹּאמֶר יְהוָה אֵלַי (und es sprach Jahwe zu mir), die 32-mal im Alten Testament belegt ist.[194] Dabei ist das FB-Interdikt auf der Endtextebene sowohl in 14,11 (durch V.12b) als auch in 15,1 (durch V.2) nachträglich ausgestaltet.[195] Vers 12b beinhaltet u. a. die Trias ‚Schwert‘ (חֶרֶב), ‚Hunger‘ (רָעָב) und ‚Pest‘ (דֶּבֶר),[196] welche insgesamt 15-mal im Jeremiabuch zu finden ist, und hier erstmals im Buch vorkommt. Außerhalb von Jeremia ist sie nur in Ezechiel bezeugt.[197] Dabei greift der V.12b gestalterisch ein, indem er das FB-

---

189 Vgl. THIEL, dtr Redaktion I, 183.188. „Die Verse 11.12 sind also von D gestaltet. Sie formulieren selbst Einleitung und Verbot der Fürbitte (wie 7,16; 11,14) und eine Gerichtsankündigung (11.12b) und nahmen einen vorgegebenen Spruch (12a) in ihren Formulierungen auf." Thiel beurteilt 11 f. als redaktionelle Klammer zwischen 2 – 10 und 13 ff., die von der Liturgie zum Thema des Unheils überleitet. Ganz unrichtig ist diese Einschätzung der Untersuchung nach nicht, nur eben keinesfalls als dtr zu beurteilen.

190 Vgl. u. a. Jer 5,21; 7,27 f; 17,23; 19,15; 25,4.

191 Vgl. FISCHER, Jer 1 – 25, 480. Fischer hält fest, dass die Wendung „Zum Guten" 6-mal in Jer von insgesamt 15 atl. Belegen vorkommt und ausdrückt, dass für ein solches Volk kein Heil mehr zu erwarten ist.

192 Vgl. Jer 7,16; 11,14; 14,11; 29,7.12; 32,16; 37,3; 42,2.4.20; Vgl. RUDOLPH; Jeremia, 99. Rudolph sieht in 14,11 die „Grundstelle" für 7,16 und 11,14. Vgl. SCHMIDT, Jeremia 1, 182. THIEL, dtr Redaktion I, 119. Vgl. DUHM, Jeremia, 129.

193 Vgl WEISER, Jeremia, 125.

194 Dabei entfallen elf Belege auf die Gottesrede an Mose in Dtn, 13 Belege auf die an Jeremia, sowie je zwei Belege in Jesaja und Amos, dort jeweils in Bezug auf Zeichenhandlungen. Vgl. Jer 1,7.9.12.14; 3,6.11; 11,6.9; 13,6; 14,11.14; 15,1; 24,3. Die Formel scheint in Ihrer Verwendung singulärer als beispielsweise die Botenspruch-oder Wortereignisformel, die sich zumeist als sekundär präsentieren und gliedernde Funktion aufweisen. Vgl. FISCHER, Forschungsstand, 95. LEVIN, Wort Jahwes, 257 – 279. Vgl. WAGNER, Botenspruchformel, 153 – 204. Wagner weißt unterschiedliche Funktionen der Botenformel als Zitatformel, als Offenbarungsformel und als Anschluss an eine vorhergehende Situationsschilderung nach.

195 Vgl. SCHMIDT, Jeremia 1, 267.

196 Vgl. Die Trias kommt ausschließlich in Jer 14,12; 21,7.9; 24,10; 27,8.13; 29,17 f; 32,24.36; 34,17; 38,2; 42,17.22 vor. Vgl. WEIPPERT, Prosareden, 168. MCKANE, Jeremiah I, 327. McKane versteht die Trias als „ [...] a stylized literary resource which has been shaped as a convenient form of expression for total destruction [...]."

197 Vgl. FISCHER, Jer 1 – 25, 472. HOLLADAY, Jeremiah 1, 434.

Verbot zusätzlich begründet: Jahwe hat nicht nur keinen Gefallen (V.12a) – das Unheil ist zudem bereits besiegelt. Mit Hilfe der zwei genannten Vernichtungs-elemente ‚Schwert' (חֶרֶב) und ‚Hunger' (רָעָב)[198] entspinnt sich auf Basis von 14,18 (vom Schwert Durchbohrte und Hungerkrankheiten), ein Dialog zwischen Jahwe und Jeremia. So thematisiert der Disput in den VV.13 – 16 die שָׁלוֹם-Propheten (נָבִיא, VV.13.14.15), die eben nicht die eingetroffene Vernichtung durch ‚Schwert' und ‚Hunger' (VV.13.15.16), sondern Frieden vorhersagten (נבא Nif. V.14). Jene Prophe-ten, die weder ‚Schwert' noch ‚Hunger' für das Land weissagten, sollen durch eben diese umkommen (Jer 14,15). Die Begründung hierfür ist nicht nur die Fehlpro-phezeiung, sondern auch, dass die falschen Propheten nicht von Jahwe gesandt sind (V.14). Ungeachtet dessen, dass in Jer 14,13 – 16 eine Thematik eingeschrieben wird, die ihre Ausprägung in Jer 28 findet, setzt die Klage zum Zustand im Land in 14,17 ein und vermittelt die Kernbotschaft des Textes: Das Verlassen Gottes und die damit bedingte Zerstörung Jerusalems.[199]

Mit „וְאָמַרְתָּ אֲלֵיהֶם אֶת־הַדָּבָר" (Und Du sollst zu ihnen sagen, diese Wort, 14,17aα) wird Jahwes Gegenüber gebeten dem Volk die Klage über das eingetroffene Unheil zu vermitteln und diese somit nachträglich offenbar als Gottesklage gekenn-zeichnet.[200] Es ist eine Klage, die hier als Konglomerat bereits bekannter Termini aus den Klagen in Jer 8 und 10 erscheint und schon dort nachträglich dem Pro-pheten zugeschrieben wird. So erinnert die Aussage „Es fließen meine Augen vor Tränen Nacht und Tag" nicht nur stark an Jer 8,23, das Vorkommen des Nomens דִּמְעָה (Träne) ist auch auf wenige andere Stellen der Klage im Jeremiabuch be-schränkt.[201] Zudem kommen die Wurzeln שֶׁבֶר (Bruch/Zusammenbruch) und מַכָּה (Wunde) zusammen lediglich noch in Jer 10,19 und 30,12 vor, also Passagen in denen Israel direkt sein Leid vor Augen geführt wird.

Jedoch wurde bereits im ersten Kapitel darauf verwiesen, dass in 14,17 f ur-sprünglich keine Gottklage vorliegt.[202] So lässt sich V.17aα dahingehend deuten, dass nicht (wie in Jer 14,10.11.13 – 14 – 15) direkt gesagt wird, dass Jahwe zu Jeremia spricht, sondern lediglich der Befehl an ihn ergeht, die folgende Klage zu erheben. Mit Hilfe der Einleitung (14,17aα), dem Aufgriff von Jer 8,23 in 14,17, sowie der in 14,17 f folgenden Unheilsbeschreibung wird eine Klage geäußert, die das Ausmaß

---

198 Vgl. Jer 5,12; 11,22; 14,12 f.15 f; 15,2; 16,4; 18,21; 21,7.9; 24,10; 27,8.13; 29,17 f;32,24.36; 34,17; 38,2; 42,16 f.22; 44,12 f.18.27; Klgl 4,9; Ez 5,12.17; 6,11 f; 7,15; 12,16; 14,21.
199 Vgl. RUDOLPH, Jeremia, 101. Rudolph versteht die Verse 14,17–18 fälschlicherweise als „vi-sionäre Vorausschau".
200 Vgl. BEZZEL, Konfessionen, 107.
201 Vgl. Jer 8,23; 9,17; 13,17; 14,17; 31,16. In Zusammenhang mit der Dauer (Nacht und Tag, 8,23: יוֹמָם וְלַיְלָה/14,17 לַיְלָה וְיוֹמָם) wird das Nomen nur an diesen beiden Stellen. Vgl. auch Klgl 1,2; 2,11.18.
202 Vgl. Kapitel 1.3.2.

der Katastrophe beschreibt. In der darauffolgenden Volksklage 14,19 – 22 wird Jahwe angefleht dieses Unheil zu beenden. Auch diese Klage, wie jene in 14,7 – 9, gestaltet sich zunächst fragend (VV.19a.22bα) und bittend (VV.21) gegenüber Gott. Dazwischen findet sich mit V.20 ein Schuldeingeständnis. Dabei fragt das Volk in V.19 nach Heilung (מַרְפֵּא) und ob Jahwe nicht ihr Gott sei (V.22)?[203] Doch weder die Frage nach Heilung noch die Bitte nicht verschmäht (נבל Piel) zu werden und des Volkes zu gedenken (זכר Qal), erweichen Jahwes Herz. Aus dem fragenden und bittenden Charakter der Volksklage in 14,19 – 22 ergibt sich auf Ebene des Endtextes die göttliche Antwort, die in 15,1 – 4 folgt.[204] Jahwe würde das Unheil gern beenden (Jer 9,6; 8,19b), doch er kann es nicht und so folgt mit 15,1 das Verbot der Fürbitte. Es ergibt jedoch ein Interdikt der FB nur Sinn, wenn diese entweder generell wirksam ist oder bereits zuvor wirkungsvoll vollzogen wurde. Und das wurde sie, jedoch nicht durch den Eintrag der Volksklage in 14,19 – 22, sondern gefordert durch Jahwe selbst in der Klage in 14,17 f. Die Klage hat die Aufgabe den Gott umzustimmen und er befehligt sie selbst. Doch da das Unglück eingetroffen ist, bleibt nichts als deren Wirkung zur Fürbitte zu untersagen (Jer 15,1).

Selbst die als Fürbitter für das Volk eintretenden Mose und Samuel würden nicht vermögen, dass Jahwe der FB nachkommt.[205] Auf literarischer Ebene greift die Nennung von Mose und Samuel den V.14,18b auf – ‚Prophet und Priester‘, die nicht mehr in der Lage sind fürzubitten.[206] Durch das Verbot kann dies nun auch Jeremia nicht mehr gelingen (Jer 15,1). Doch nicht nur das, der Beter in Jer 15 soll das Volk auch von Jahwes Angesicht wegschicken (שָׁלַח Piel).[207] Mit הָעָם הַזֶּה (15,1a, dieses Volk) wird das Gericht allumfassend ausgeweitet und liegt auf einer Linie mit 14,16.[208] Die Volksklage 14,19 – 22 unterbricht diesen Zusammenhang und kann daraus schlussfolgernd als ein nachträglicher Einschub bezeichnet werden.[209]

---

203 Vers 14,19b ist mit Jer 8,15 identisch. Beide thematisieren die Hoffnung auf Frieden und Heilung, die nicht eintrifft. Mit 14,19b liegt vermutlich der ursprünglichere Ort des Verses vor, da das Nomen (מַרְפֵּא/Heilung) in 19b den Beleg aus 19a aufgreift und sich besser in den Kontext fügt, während es in Jer 8,15 verloren und zusammenhangslos steht und der Vers wohl ursprünglich erklärend an 8,11 anschloss.

204 Vgl. WEISER, Jeremia, 127. SCHMIDT, Jeremia 1, 273. „15,1 greift sachlich – über den hinzugefügten Absatz V. 19 – 22 hinweg – auf die prophetische Klage V. 17 f zurück.“

205 Vgl. THIEL, dtr Redaktion I, 189 f. Thiel bemerkt richtig, dass Samuel sonst nicht mehr in den Prophetenbüchern genannt wird. Mose wird weitere 4-mal genannt, jedoch durchweg an späten Stellen (vgl. Jes 63,11 f; Mi 6,4; Mal 3,22). Thiel konstatiert, dass die Vorstellung von Mose und Samuel als Fürbitter eine dtr Auffassung sei (vgl. Ex 32,11.14; Num 14,13 – 20; 1 Sam 7,5 – 11; 12,19.23).

206 Vgl. BEZZEL, Konfessionen, 108.

207 Vgl. SCHMIDT, Jeremia 1, 273, Anm. 89. Schmidt sieht darin eine ironische Anspielung auf Moses Entlassung des Volkes Ex 5,1; 12,33. Vgl. FISCHER, Jer 1 – 25, 496. Vgl. WANKE, Jeremia 1, 148.

208 Vgl. BEZZEL, Konfessionen, 109 f.

Dem Verbot Gottes, seinen Entschluss zur Vernichtung durch Fürbitte abwenden zu wollen, wird in 15,2–4 nicht nur nicht stattgegeben, es folgt auch eine erneute Beschreibung des Unheils. Jer 15,2–9 enthält die Unheilselemente, die bereits in Folge von Jer 18,20; 37,1–7; 42,1–6.20 erwähnt wurden: Schwert, Hunger und Pest, sowie die Nennung der davon Betroffenen. Dabei werden die Unheilsbringer Schwert und Hunger (V.2) um Tiere erweitert, die die Leichen fressen sollen (V.3). [210] Die Unwirksamkeit bzw. das Verbot der Fürbitte wird in Jahwes (eingetroffenem) Unheil konkret.[211] In direkter Anrede Jerusalems (V.5) wird die Frage gestellt, wer Mitleid (חָמַל) mit der Stadt haben solle? Die Antwort lässt mit V.6b nicht lange auf sich warten, Jahwe wird es jedenfalls nicht sein (נִלְאֵיתִי הִנָּחֵם/ Ich bin es müde zu gereuen). Hierin liegt die eigentliche Begründung zum Verbot der Fürbitte, deren Aufgabe das Gereuen (נחם) geradezu ist,[212] Jahwe ist es überdrüssig. Bevor als Konsequenz des Fürbitte-Verbotes mit 15,10(-21) die zweite Konfession einsetzt,[213] beschreibt 15,6–9 einen Schuldaufweis Jerusalems, womit die Entscheidung Jahwes zur Vernichtung des Volkes (שחת Hif., V.6) begründet scheint.[214] Der Prophet wird auf diese Weise zur Reflexion seiner eigenen Botschaft.[215] Die Konfession in 15,10–21 schließt sich als Fortsetzung der Volksklage (14,19–22) an. Die Wunde des Propheten ist unheilbar (15,18 מַכָּתִי אֲנוּשָׁה), so wie die des Volkes in 14,17 (מַכָּה נַחְלָה).[216] Zudem besteht durch das Nomen ‚Wunde' eine Verbindung zu 10,19 (נַחְלָה מַכָּתִי), welche hier eindeutig in Zusammenhang mit Jeremia zu betrachten ist, der in Kapitel 14,1 eingeführt wird und sich in 15,1 als Fürbitter präsentiert. Dabei scheint die Erfolglosigkeit der Fürbitte in 15,1 durch

209 Vgl. Bezzel, Konfessionen, 108.
210 Vgl. Rudolph, Jeremia, 103. Tod, Schwert und Hunger werden genannt, wobei Tod hier Pest bedeutet, vgl. Jer 14,12. Weippert, Prosareden, 162. Thiel, dtr Redaktion I, 189. W: Thiel versteht die Zusammenstellung der vier Strafen als Weiterentwicklung der Trias Schwert, Hunger, Pest und vergleicht sie im Zusammenhang mit Dtn 28,26. Vgl. McKane, Jeremiah I, 335. Er hält die vier Arten des Verderbens für eine exilische oder postexilische Modifikation.
211 Vgl. Bezzel, Konfessionen, 207. Wilke, Gebete, 23.
212 Vgl. Bezzel, Konfessionen, 193.
213 Vgl. Bezzel, Konfessionen, 98.
214 Während in den VV.5.6 Jerusalem als Frau adressiert ist und die Verse 7b-9a bildlich auf eine weibliche Personifizierung der Stadt anspielen, wird in 7a und 9b eine Mehrzahl von Personen angesprochen. H. Bezzel versteht die Einschreibung in 15,7–9 als Konsequenz der Übertragung des Gerichtes auf das Volk in 15,2b, vgl. Bezzel, Konfessionen, 99.106. Wanke, Jeremia 1, 150. G. Wanke betrachtet die Verse (7a.9b) folgerichtig als Erweiterungen: „Der Spruch könnte von Jeremia stammen. Zeitlich könnte man ihn mit den Ereignissen um 597 bzw. 587 v. Chr in Zusammenhang bringen. Die Erweiterungen gehören in die Zeit nach 587 v.Chr."
215 Vgl. Fischer, Jer 1–25, 494.515. Bezzel, Konfessionen, 99.
216 Vgl. Bezzel, Konfessionen, 100.136. H. Bezzel versteht die Konfession als vierte Volksklage.

15,19 (לְפָנַי תַּעֲמֹד/dass du vor mir stehst) außer Kraft gesetzt zu sein und hier wieder als Möglichkeit zu bestehen, wenn das Volk umkehrt.[217] Das Kapitel Jer 14 präsentiert sich in dem allmählich gewachsenen Stück zwischen Jer 13–15(16).[218] In Übereinstimmung mit C. Levin ist zu konstatieren, dass 14,17aβ.18a als prophetische Klage bereits früh an den Vers Jer 13,19a anschließt.[219] Dabei ist lediglich zu vermerken, dass 14,18b ebenfalls zur Klage gehört, da der Vers die Beschreibung des Unheils im Land fortführt und nicht zur Abtrennung zwingt.[220] Dieser Zusammenhang von 13,19a und 14,17aβ.18 wird nachträglich um eine ‚2.sg.fem.-Schicht' (13,20–22.25–27; 15,5f.) ergänzt.[221] Sie hat im vorliegenden Kontext die Aufgabe die Klage auf Jerusalem zu beziehen, ganz ähnlich wie bei den Klagen in 4, 8 und 10. Eine deutende Lesung von לֹא יָדָעוּ als ‚nicht kennen' (V.18) des Landes, in dem die Propheten und Priester umherziehen, auf Basis von 13,19a, wo gesagt wird, dass die Städte des Südens verschlossen sind, führt zur Eintragung von 13,19b.24(23). Dabei schiebt sich V.24 als Beschluss Jahwes, das Volk zu zerstreuen, zwischen die Eintragung der ‚2.sg.fem.-Schicht' und greift dabei wohl Jer 5,13 auf, indem es eben die Priester und Propheten sind, die zerstreut werden. Beide sollen mit dem Wind verweht werden (לְרוּחַ vgl. 5,13; 13,24).[222] Zudem bedingt die Eintragung der ‚2.sg.fem.-Schicht' vor die Klage, sowie die Deutung bezüglich einer Deportation Judas, die Eintragung von 14,17aα als Antwort auf die Frage nach der Dauer in 13,27, sowie die Reaktion auf die Klage im Hinblick auf die Wegführung in 15,1b2. Mit dieser Eintragung wird der ursprüngliche Zusammenhang vom Zustand im Land, Jerusalem und der Klage getrennt. Das Stück gestaltet sich als Dialog zwischen Jahwe und einem in 2. Ps. Sg. angesprochenem Gegenüber. Die Verse 1b.2 schließen sich darin an, dass sie (לֹא יָדָעוּ/nicht kennen, Jer 14,18) zugunsten der Aussage in 13,19b.23–24 deuten und

---

217 Vgl. Bezzel, Konfessionen, 100.101. Bezzel versteht die Zeichenhandlung in 16,2.5.8 im jetzigen Kontext als Konkretisierung von 15,19–21.

218 Vgl. Bezzel, Konfessionen, 99,101.

219 Vgl. Levin, Verheißung, 153f. Anm 22. Levin, Wort Jahwes, 264, Anm. 29. Levin erkennt in 14,17aβ-18a eine prophetische Klage ohne Gerichtsgedanken, die (nicht im ältesten Buchstadium aber) früh an 13,18–19a anschloss. Eine nächste Stufe sieht er in der 2.sg.fem.-Schicht, (13,20–22.25–27* und 15,5f.). Gegen Reventlow, der an der Einheit 14,1–15,2 festhält, vgl. Reventlow, Gebet, 251. Reventlow, Liturgie, 174.

220 Vgl. Kapitel 4.1.2. Gegen Levin,Verheißung, 153f. Bezzel, Konfessionen, 106, der den Vers auf nahezu gleicher Ebene mit 14,11.13–16 vermutet. Das ist unzutreffend.

221 Somit rahmt die Klage über das personifizierte Jerusalem direkt das Weinen des Propheten in 14,17, vgl. Levin, Verheißung, 153f. Bezzel, Konfessionen, 102f.

222 Vgl. Wanke, Jeremia 1, 138. „Die mit einem Scheltwort begründete Unheilsankündigung ist zwischen die, an das als Frau gedachte Jerusalem gerichteten Sprüche V. 20–22.25–27 eingeschaltet worden, die ursprünglich zusammenstanden."

auf das Wegführen Judas beziehen. Der Beter soll das leidende Volk wegtreiben, dass sie fortgehen (יצא, Qal, 15,1b). Und Jahwe spricht weiter, dass wenn sie fragen, wohin sie gehen sollen (יצא, Qal 15,2a), er antwortet, dass zum Tod <gehen> soll, wer zum Tod <bestimmt ist>, zum Schwert, Hunger und Gefangenschaft. Dabei wird in V.2b nicht nur das Verb יצא impliziert fortgeführt, sondern auch die Umdeutung nach 13,19b bereits vorausgesetzt. Zudem wird Jahwe mit 15,2b als Antwort auf 14,18a nun als Initiator des Gerichts präsentiert.[223] In diesem Zusammenhang lässt sich interessanterweise Folgendes beobachten: Die inhaltliche Fortsetzung von 14,18 nach 15,2 erfolgt, indem die Lemmata ‚Schwert' und ‚Hunger' aufgegriffen werden.[224] Die Unheilsbeschreibung der Klage (14,17aβ.18), in der die vom Schwert-Durchbohrten (חַלְלֵי־חֶרֶב) sowie die Hungerkrankheiten (תַּחֲלוּאֵי רָעָב) beweint werden, entwickeln sich demnach zu der Ankündigung Jahwes, er werde ‚Schwert' und ‚Hunger' bringen. Die Begriffe werden hier zum festen Bestandteil einer Redaktion der Gerichtsankündigung.[225]

Dem Gegenüber, dass durch 17aα nun zur Klage befehligt wurde, wird dann in 15,1a die Fürbitte verboten, die das Reuen von 15,6 (‚,2.sg.fem.-Schicht') als deren eigentlichen Zweck aufgreift und die Klage in ihrer Wirkung verneint,[226] sowie die Gerichtsankündigung durch das Verbot bestätigt. Die nächste Ergänzung stellt die Aufnahme der Dürrethematik in Jer 14,2–6 dar.[227] Auf Basis dieser Einschreibung erfolgt die Ausgestaltung des Stückes 14,1–15,9 als Dialog zwischen Jahwe und Jeremia durch die Eintragung der VV.14,1.11.[228] Diesmal wird konkret Jeremia die Fürbitte verboten.Dabei wird Jeremia mit 14,1 als Sprecher der folgenden Passagen ausgewiesen, inklusive der Klage in 14,17–18.

Das Fürbitte-Verbot reagiert folglich, vor den Eintragungen der Volksklagen, auf die Klagen in 14,17aβ.18 und hat die Ankündigung des Gerichts zur Folge. Die Annahme einer solchen Eintragung, ohne das Vorliegen der Volksklagen, auf die

---

223 Vgl. BEZZEL, Konfessionen, 105.
224 Vgl. BEZZEL, Konfessionen, 105.
225 Gerade die Transformation von der Unheilsschilderung zu deren Ankündigung als Gericht wird im Buch mehrmals beschrieben und ist insbesondere im Hinblick auf die Person Jeremias bedeutsam, vgl. Kapitel 4.2.
226 Vgl. Kapitel 3.1.2.
227 Vgl. BEZZEL, Konfessionen, 103 f. Er argumentiert, dass in der Aufnahme des Weherufes 13,27 der Ausgangspunkt des Geschreis Jerusalems liegt, das durch den Aufgriff der „Augenmotivik" in V.6 auf Vers 14,7 hingeschrieben ist. Zudem vermutet Bezzel eine Entfaltung der (כָּתְנִים כָּלוּ עֵינֵיהֶם) anhand der Wurzel אבל und in Bezug auf 4,28–31.
228 Anders BEZZEL, Konfessionen, 105 f. Für ihn liegt eine erste Antwort auf 14,17aβ.18a mit der Eintragung von 15,2b(7–9a) vor. Darauf folgt eine weitere vielschichtige, sentenzenhafte Einschubkette, die die Fürbitteverbote und Gerichtsaussagen (Jer 14,11–17a.18b*, 15,1–2a.3a.9b*) hinzuträgt.

das Fürbitte-Verbot in der Textendgestalt reagiert, sieht H. Bezzel einerseits im Befund begründet, dass den Verboten in 7,16 und 11,14 ebenfalls keine Fürbitte vorausgeht, andererseits darin bestätigt, dass die Verbote in 14,11 und 15,1 ursprünglich auf 14,6 und 14,18 folgen, d. h. Reaktionen auf die Unheilsschilderungen und Gerichtsworte darstellen.[229] Präziser formuliert reagieren 14,11 und 15,1 auf Unheilsschilderungen, während ihnen Gerichtsworte folgen.

Die Verse 13 – 16 vereinen dann die Unheilsansage (15,2) und die Thematik um die Priester und Propheten (V.18), indem sie diesen Schuld am Unheil zuweisen. Die Eintragung der Heilsprophetie-Thematik in 14,13 – 16 ergibt sich dabei einerseits aufgrund der Stichwortverbindung שֶׁקֶר (Lüge/Trug) aus der bereits vorliegenden ‚2.sg.fem.-Schicht' in 13,25, auf die Jerusalem dort traute und derer die Propheten in 14,13 – 16 beschuldigt werden, das Volk verführt zu haben,[230] als auch auf Basis der Klage in 14,18b.[231] Dieser Schuld der Priester und Propheten wird dann die des Volkes (V.10.12) nachgetragen.

Als jüngste Eintragungen in Kapitel 14 sind die Volksklagen in 14,7 – 9.19 – 22 zu werten.[232] Sie unterbrechen zum einen die eben geschilderten Zusammenhänge, zum anderen fügen sie sich nicht in den Dialog zwischen Jahwe und Jeremia ein. Es wird kein Gespräch, das das Volk einbezieht. Die Volksklagen beziehen sich auf den vorangehenden Kontext und werden im Hinblick auf die Verbote als Klage im Munde des Propheten formuliert. Durch die doppelte Hinwendung Jahwes an den Sprecher in 1. Person (14,11; 15,1) entsteht der Eindruck, dass damit der in 14,1 genannte Jeremia gemeint ist, der die Volksklage stellvertretend vor Jahwe bringt. Damit wird das Stück insgesamt erst durch seine Eintragungen zur Liturgie und Jeremia zum Vertreter des Volkes im Leiden, so fasst es H. Bezzel in seiner Analyse folgerichtig zusammen.[233]

Die Fürbitte, in ihrer Verneinung zwischen Unheilsbeschreibung (14,2 – 6.17 f.) und Gerichtsankündigung (14,12 – 16; 15,2 – 4), hat die Aufgabe Jeremia vom, durch die Klage (14,17 f) wirkenden, Fürbitter literarisch als den Unheilskünder von

---

229 Vgl. Bezzel, Konfessionen, 108.
230 Vgl. Bezzel, Konfessionen, 107.
231 Vgl. Kapitel 4.1.2.
232 Vgl. Bezzel, Konfessionen, 112. Wilke, Gebete, 92 – 97. Auch Wilke bemerkt, dass die Volksklagen bereits als nicht-erhörte Gebete in den Kontext eingetragen werden, eingebunden in ein textliches Umfeld, das die Erhörung der Klagen verweigert. Dabei sind die Texte in Jer 14,7 – 9.19 – 22 je für ihr literarisches Umfeld eingetragen, ihnen liegt keine Vorstufe zugrunde.
233 Vgl. Bezzel, Konfessionen, 111. Fischer, Jer 1 – 25, 472. G. Fischer hält fest, dass Gott im Gespräch mit Jeremia zwar über das Volk spricht und Jeremia diesbezüglich auch Mitteilungen macht, dies jedoch stets geschieht ohne das Volk direkt zu erwähnen. Das stimmt gerade weil die Volksklagen nachgetragen sind.

,Schwert', ,Hunger' und ,Pest' zu zeichnen, die als Vernichtungselemente von Jahwe beschlossen sind. Dabei wird der Schritt von Unheilsbeschreibung (und Klage) zu Unheilsankündigung, der zuvor bereits vollzogen ist, in der Konfession (15,10 – 21) auf die Person Jeremias bezogen.[234]

Die Fürbitteverbote in 7,16 und 11,14

Zwei weitere, nahezu identisch formulierte, Verbote der Fürbitte, finden sich in Jer 7,16 und 11,14. Sie sollen aufgrund ihrer sprachlichen Nähe an dieser Stelle gemeinsam, aber jeweils in ihrem literarischen Kontext betrachtet werden. Die beiden Verse lauten in Übereinstimmung wie folgt: „וְאַתָּה אַל־תִּתְפַּלֵּל בְּעַד־הָעָם הַזֶּה וְאַל־תִּשָּׂא בַעֲדָם רִנָּה וּתְפִלָּה (Und Du bitte nicht für dieses Volk und erhebe weder Klage noch Gebet für sie)."[235] Während dadurch in 11,14 der Halbvers 14a beendet ist, fügt 7,16 diesem noch וְאַל־תִּפְגַּע־בִּי (und trete nicht an mich/dringe nicht in mich) hinzu. Dabei kann man hier von einer doppelten Verneinung der Fürbitte sprechen. So dient in der bereits untersuchten Textstelle Jer 27,18 פגע (Hif.) gleichsam dazu die Fürbitte-Tätigkeit zu beschreiben. Damit wird durch die Verneinung וְאַל־תִּפְגַּע־בִּי (und trete nicht an mich) ebenso wie durch das Interdikt אַל־תִּתְפַּלֵּל (bitte nicht) die FB untersagt. Die Begründung wird sowohl in 14,11 als auch in 7,16 mittels כִּי als Halbvers angeschlossen. Sie lautete, dass Jahwe nicht hören werde. Dabei hört er in 7,16 nicht auf den Beter (אֵינֶנִּי שֹׁמֵעַ אֹתָךְ/Ich werde nicht auf dich hören) und in 11,14 nicht auf das Volk (אֵינֶנִּי שֹׁמֵעַ בְּעֵת קָרְאָם אֵלָי/Ich werde nicht auf sie hören, wenn sie zu mir rufen).[236] Der Objektwechsel in 11,14 erklärt sich durch die Ursache בְּעַד רָעָתָם (wegen ihrer Bosheit),[237] die inhaltlich einen Rückgriff auf die Schuld in Vers 11,13 darstellt und sich der Begründung anschließt.[238] Beide Texte (Jer 7,1–8,3; 11,1–14) sind C. Levin zufolge mehrstufig gewachsen und haben immer wieder neue Bearbeitungen, Deutungen, Aktualisierungen, Glossierungen und „Verschlimmbesserungen" erfahren.[239]

---

234 Vgl. WILKE, Gebete, 275. Wilke zufolge bilden die Unheilsansage in Jer 15,1–4.5–9 und die „zeichenhafte Sozialabstinenz" in 16,1–9 einen ursprünglichen Zusammenhang vor der Konfession.

235 Das Wortpaar רִנָּה וּתְפִלָּה begegnet bereits in den Fürbitten Salomos zur Einweihung des Tempels in 1 Kön 8,28. Vgl. FISCHER, Jer 1–25, 305.

236 Vgl. Jer 14,12. Auch hier wird Jahwe in Selbstaussage nicht auf das Flehen (רִנָּה) hören. Eine weitere Parallele der göttlichen Selbstaussage mit Ptz. ist in Jes 1,15 enthalten. Vgl. FISCHER, Jer 1–25, 305.

237 Viele masoretische Handschriften bieten statt בְּעַד hier בְּעַת. Diese Änderung kann durch einen Rückgriff auf Jer 11,13 als Angleichung an diesen verstanden werden.

238 Vgl. BEZZEL, Konfessionen, 26 f.

239 Vgl. LEVIN, Verheißung, 62. RUDOLPH, Jeremia, 51–53.

Die Tempelrede in Jer 7 findet sich auch in Jer 26.[240] Sie enthält jeweils die Botschaft, dass dem Heiligtum Jerusalem ein Schicksal der Vernichtung drohe, gleich jenem in Schilo (Jer 7,14; 26,6.9).[241] Die Tempelrede dient nach Auskunft von Kapitel 26 dazu, das Volk hören zu lassen (26,3), damit sie umkehren und sich Jahwe des Unheils gereuen lassen (נחם Nif.) kann. Die Rede endete gemäß Jer 26,9a ursprünglich mit der Beispielerzählung von Schilo (7,12–15).[242] W. H. Schmidt betont, dass das Kapitel 7(-8,3), ebenso wie die Kapitel Jer 2–6, auf die Ankündigung des Gerichts zulaufen.[243]

Ausschließlich im masoretischen Texte wird die nun folgende Rede als Gotteswort, das zu Jeremia geschieht, gekennzeichnet. So fehlen in der LXX die Verse 7,1–2a inklusive der Einleitung הַדָּבָר אֲשֶׁר הָיָה אֶל־יִרְמְיָהוּ מֵאֵת יְהוָה לֵאמֹר (Das Wort, das geschah von Jahwe zu Jeremia folgendermaßen).[244] Damit steht in der griechischen Übersetzung nicht nur der Bezug auf Jeremia aus, sondern auch die Angabe des Vortragsorts, welcher in MT als „in den Toren des Tempels" (בְּשַׁעַר בֵּית יְהוָה) ausgewiesen ist.[245] W. Thiel beurteilt die Gestaltung der Rede insgesamt als deuteronomistisch.[246] Jedoch stellt sich bei näherer Betrachtung ein deutlich vielschichtigerer Text dar, als er durch nur eine einzige, redaktionelle Hand erklärt werden könne. Die Tempelrede lässt sich wie folgt gliedern: Einer Einleitung (7,1–2a) folgen ein bedingtes Versprechen (VV.2b-7)[247], ein Schuldaufweis und die Verwerfung des Volkes (VV.8–15), das Fürbitte-Verbot (V.16), der Vorwurf der Fremdgötterverehrung (VV.17–22), ein weiterer Schuldaufweis (VV.23–28), sowie der Beschluss zum Unheil (VV.29–33).

Das Volk hätte die Möglichkeit im Land zu bleiben (Jer 7,3–7) gehabt, wenn, so gebietet es Jahwe durch seinen Boten, es nicht auf Lügenworte (דִּבְרֵי הַשֶּׁקֶר) vertraut hätte (Jer 7,8). In den Versen 5–7 folgen schließlich weitere Bedingungen, um an

---

240 Vgl. STIPP, Studien, 336, hält fest, dass Jer 7,1–8,3 eine Langfassung bietet, und 26* eine kürzere mit narrativer Einbettung.

241 Vgl. FISCHER, Jer 1–25, 294. Vgl. SCHMIDT, Jeremia 1, 175: „Jer 7 gibt die Worte in breiter, predigtartiger Ausführung wieder, während Kap. 26 nach knapper Fassung der Rede die Folgen für Jeremia, sein Geschick darstellt."

242 Vgl. WEISER, Jeremia, 64.

243 Vgl. SCHMIDT, Jeremia 1, 175.

244 Vgl. FISCHER, Jer 1–25, 294. Diese Form der Wortereignisformel findet sich, so Fischer richtig, nur in 7,1; 11,1; 18,1 und 30,1 und dient als „Gliederungssignal" größerer Textblöcke.

245 Vgl. FISCHER, Jer 1–25, 295.

246 Vgl. THIEL, dtr Redaktion I, 105–134.

247 Vgl. SCHMIDT, Jeremia 1, 179. Schmidt beurteilt die Verse 5–7 als eine, durch die (jerdtr) Redaktion eingeschobene, bedingte Heilszusage.

diesem Ort wohnen zu bleiben.[248] Von wem die Falschheiten der VV.3–4 ausgehen, bleibt in 7,4 ungenannt. Dem Leser des hebräischen Endtextes sind die Urheber der Lügenworte jedoch bekannt, denn die Wurzel שקר wird nicht nur in der Mehrheit der Belege im Jeremiabuch verwendet um die Reden von Propheten und Priestern als falsch zu kennzeichnen.[249] Zudem lässt auch der Inhalt der Worte in 7,4b (der Tempel Jahwes/ הֵיכַל יְהוָה) einen an das kultische Personal gerichteten Vorwurf erkennen.[250] Doch Juda verlässt sich auf die Lügenworte (דִּבְרֵי הַשֶּׁקֶר). Vers 9 erweitert zudem Judas Missetaten durch eine Reihung von Schändlichkeiten, zu denen gehört, dass sie selbst zur Lüge (לַשֶּׁקֶר) schwören.[251]

Es folgt ferner der Bezug zum Ort der Rede, nämlich dem Haus, über welchem sein (Jahwes) Name ausgerufen ist (נִקְרָא־שְׁמִי) Auch dort wurden Greueltaten (תּוֹעֵבָה), die bereits in 6,16 und 8,12 als Grund der Heimsuchung (פְּקֻדָּה) benannt sind, ausgeübt.[252] So hat etwa Juda diese Abscheulichkeiten nicht nur außerhalb, sondern auch im Haus Jahwes verübt. Konkret werden diese Fehltaten im Falle von Schilo (VV.12–14) ausgeführt, nach dessen Beispiel nun auch mit Juda verfahren werden soll (V.14 עשה Qal):[253] Jahwe wird sie von seinem Angesicht verwerfen (V.15 שלך Hif). Dieselbe Wendung, jedoch mit שלך im Imperativ Piel, findet sich ebenso bei dem bereits erörterten Fürbitte-Verbot in 15,1. Hier in Jer 7,15 geschieht dies jedoch als Folge des göttlichen Entschlusses, in Kap. 15 hingegen als Befehl an den Beter. In Bezug auf Jer 7,10, wo das Volk vor das Angesicht Jahwes tritt (עמד לפני Qal),[254] wird nun verboten (V.16) Fürbitte zu halten.[255] Das FB-Verbot grenzt sich

---

248 Vgl. FISCHER, Jer 1–25, 297 f: Aufgrund der „[...] dtn *Trias der sozial* Schwachen „Fremder, Waise, Witwe" (ab Dtn 14,29; vgl. Ex 22,20 f) [...]" und dem Verbot des Götzendienstes mit „[...] typisch dtn/r Wendungen „gehen hinter anderen Göttern"" beurteilt Fischer die Verse als dtr. Das Thema der Fremdgötterverehrung ist nicht aus der Klage heraus erklärbar und eines, das seinen Ort in der dtn Literatur hat.

249 Vgl. von 37 Belegen im Buch entfallen 22 Belege auf diese Gruppe, vgl. Jer 5,31; 6,13; 7,4.8 f; 8,10; 14,14; 23,14.25 f.32; 27,10.14–16; 28,15; 29,9.21.23.31.

250 SCHMIDT, Jeremia 1, 176 f. Schmidt vermutet den Kern der Erzählung in der Tempelkritik.

251 Genannt werden ‚Stehlen' (גנב Qal), ‚Morden' (רצח Qal), ‚Ehebrechen' (נאף Qal), ‚Baal Opfern' (קטר Piel) und anderen Götter ‚Nachlaufen' (הלך Qal). Dabei handelt es sich um Vorwürfe, die nichts mehr mit dem Lügenworten aus V.8 zu tun haben und hier nur zur Dramatisierung der Schuld Judas beitragen sollen. Vgl. FISCHER, Jer 1–25, 299 f: „Die Aufzählung der Vergehen bezieht sich auf den Dekalog." Dabei, so Fischer, wurden die „[...] *Rechtssammlungen des Sinaibundes in der Hälfte ihrer Worte (fünf von zehn) schwerwiegend übertreten, unter Bruch aller wichtigen Beziehungen,* zu Gott und den Mitmenschen."

252 Vgl. FISCHER, Jer 1–25, 301. Vgl. dichteste Beleglage des Wortes „Greuel" in Lev 18,26–30; 2 Kön 21,11 (auf Manasse bezogen).

253 Vgl. FISCHER, Jeremia 1–25, 302. Fischer konstatiert, dass es sich bei Schilo um ein bedeutendes Heiligtum etwa 30 km nördl. von Jerusalem gehandelt haben muss, siehe 1 Sam 1–4.

254 Vgl. FISCHER, Jer 1–25, 300. Vgl. Dtn 10,8; 1 Sam 6,20; und 1 Kön 17,1; 18,15; 2 Kön 3,14; 5,15.

vom Kontext dadurch ab, dass mit 7,16 die Anrede zur 2. m. Sg. wechselt.[256] Dabei stellt der Abschnitt 7,16–20, der vom Kult der Himmelskönigin handelt, eine Parallele zu der Erzählung in Jer 44, 15–19 dar. Das Verbot in Jer 7,16 leitet gleichsam den Interdikten in 15,1 und 14,11 den Beschluss Jahwes zur Vernichtung ein (V.20.32–34),[257] welcher jedoch zuvor durch einen Schuldaufweis (VV.17–19) unterbrochen und begründet, sowie in den VV.22–31 ergänzt wird. In den Schilderungen bzgl. des Kultus wird deutlich, dass die Opfer ihre Funktion nur dann erfüllen, wenn sie mit dem Gehorsam gegenüber Jahwe einhergehen, da sonst der Kult nur Heuchelei ist.[258] Vers 20 beschreibt hier das Ergießen Jahwes Zorns über alles Leben.[259] Den Abschluss der Tempelrede bilden die Verse 32–34, welche Schilderungen des Unheils beinhalten und an den Entschluss in 7,20 anknüpfen: Das Land soll zur ‚Trümmerstätte' (חָרְבָּה) werden.[260] Dem FB-Verbot in 7,16 setzt somit leicht distanziert (VV.20.32–34) eine Unheilsandrohung nach, die sich aus einem Terminus konstituiert, welcher möglicherweise ursprünglich aus Kontexten der Unheilsbeschreibungen stammt.[261] Insgesamt ist Kapitel 7 als

---

255 Vgl. WEISER, Jeremia, 64. A. Weiser versteht das Verbot als Einschränkung der prophetischen Tätigkeit und Vereinnahmung Jeremias durch Jahwe in dessen beschlossenes Gericht. Sicher schränkt es nicht die ‚prophetische' Aufgabe ein, die Vereinnahmung vom Gericht trifft jedoch unabdingbar zu. RUDOLPH, Jeremia, 55 f. SCHMIDT, Jeremia 1, 182. FISCHER, Jer 1–25, 496. McKANE, Jeremiah I, 172. McKane versteht das Verbot als Lösung für ein Problem der exilischen Zeit: Wenn Jeremia wahrer Prophet und damit Fürbitter gewesen ist, warum kam es dennoch zum Unheil? Die Antwort der Redaktion, so W. McKANE, war es ihm das Fürbitten vor dem Eintreten verboten zu haben. Der richtige Kern der Annahme versteckt sich darin, dass die FB, d. h. die Herzberuhigung wohl tatsächlich nicht eintraf, sondern Gottes Zorn zur Vernichtung Jerusalems führte.

256 Vgl. SCHMIDT, Jeremia 1, 181. THIEL, dtr Redaktion I, 119.

257 Vgl. Jer 14,12; 15,2–4.

258 Vgl. RUDOLPH, Jeremia, 57.

259 Vgl. WANKE, Jeremia 1, 92.

260 Vgl. Jes 5,17; 44,26; 48,21; 49,19; 51,3; 52,9; 58,12; 61,4; 64,10; Jer 7,34; 22,5; 25,9.11.18; 27,17; 44,2.6.22; 49,13; Ez 5,14; 13,4; 25,13; 26,20; 29,9 f.; 30,12; 33,24.27; 35,4; 36,4.10.33; 38,8.12; Dan 9,2; Hag 2,6; Mal 1,4. Der hohe Anteil der Belege in den Schriftpropheten weißt daraufhin, dass es sich es sich wohl um einen Terminus handelt, der den unheilsprophetischen Stücken der Prophetenliteratur dient, diese Zerstörung anzukündigen und gehört somit häufig zu den Passagen, in denen die Propheten bereits als Unheilskünder gezeichnet sind, so auch bei Jeremia. Dabei haben die Ankündigungen des Feindes aus dem Norden und das damit verbundene Unheil einen anderen sprachlichen Duktus, als jene Ankündigungen des Unheilspropheten.

261 So findet sich das Lexem חָרְבָּה (Trümmerhaufen) in der Schilderung der Zerstörung in Jes 64,10; Jer 44,2.6.22. In der Beschreibung des eingetroffenen Unheils liegt es nur in Jer und Jes vor, vgl. Jes 64,10; Jer 44,2.6.22. In der Ankündigung des Unheils ist es in Jer 7,34; 22,5; 25,9.11.18; 27,17; 49,13; Ez 5,14; 13,4 (Propheten wie Füchse); 25,13; 26,20; 29,9 f; 30,12; 33,24.27; 35,4 enthalten. In der Ankündigung des Wiederaufbaus nach der Zerstörung findet es sich in Jes 5,17; 44,26; 48,21; 49,19; 51,3; 52,9; 58,12; 61,4; Ez 36,4.10.33; 38,8.12; Mal 1,4.

Eintragung zu verstehen, die sich zwischen den Zusammenhang des geschilderten Unheils in Jer 2– 6, 8 – 10 fügt. Im Aufgriff der bereits den Unheilsschilderungen und -drohungen nachgesetzten Schuldaufweise an das Volk in Jer 6,28 – 30; 8,4 – 9 weitet Kapitel 7 die Thematik als Zwischenstück zwischen diesen Versen zur Rede des Umkehrpredigers Jeremias aus, an den wiederum das Verbot der Fürbitte ergeht. Dabei kommt Kapitel 7 mit seiner Anklage gegen das (kultisch) sündigende Volk auch ohne die direkte Anrede an Jahwes Gegenüber in 2. m. Sg aus. Das Fürbitte-Interdikt reagiert vielmehr, als auf die aufgezählten Vergehen, auf die Unheilsschilderungen und die direkte Anrede der Tochter Zion in 6,22– 26*, sowie bereits auf den von Jahwe eingesetzten Prüfer (V.6,27), der in 14,1 mit Jeremia identifiziert wird. Dabei wird der ‚Prüfer' (בָּחֹון) in seiner Anrede in V.6,27 bereits von 7,16 vorausgesetzt. Jahwe wird die Klage, die in Jer 6,26 befehligt wird, und den Prüfer nicht hören und das Gericht kommen lassen (V.20.32– 34). Die Fürbitte hat in ihrer Eintragung somit denselben Zweck wie in den zuvor behandelten Passagen, sie verneint die Klage und macht den Prüfer (Jeremia) auf literarischer Ebene zum Unheilskünder (V.20.32– 34). [262] Der Masoretentext zeigt indes Jeremia (bereits) als verneinten Gottesmittler. Jeremia wird auf Endtextebene seine Mittlertätigkeit, die er durch die Verkündigung der bedingten Versprechen (V.2 – 7) und seine Einführung (VV.1– 2a) innehat, untersagt. Dabei wird die Kontextuierung der Fürbitte im Zusammenhang mit Vorwürfen an das Volk und deren Führungspersonal aus Jer 14– 15 bereits vorausgesetzt.

Die Texte in Jeremia 11,1– 14 bilden nach Jer 7,1– 8,3 einen weiteren großen Prosakomplex im Buch. [263] Der Text in 11,1– 17 grenzt sich in seiner prosaischen Form sowohl zur Klage in Jer 10,19 – 25, als zur Konfession in Jer 11,18 – 23 ab. [264] Die Verse 11,1-10 sind von dem Nomen בְּרִית (Bund) geprägt, den Jahwe mit seinem Volk geschlossen hat und den es durch das Nicht-Hören auf die Bundesworte gebrochen hat. [265] Dabei ist der Bund selbst nur bis V.11 erwähnt. Die Verse 11,3b– 6a.9a.10b.– 11 fungieren gemäß C. Levins Untersuchungen als Vorlage zur Bundesverheißung. [266] Es folgt mit Jer 11,12 der Vorwurf der Fremdgötterverehrung als fortführendes Thema (vgl. Jer 7,8.18; 11,10), welches sich dadurch anfügt, dass das

---

262 In der LXX wird direkt der Prüfer verneint und die Anklage der Vergehen fortgeführt ohne Redeeinleitung, da die Verse 1– 2a fehlen, und das ‚Du' des Verbotes (7,16) somit direkter auf den Kläger in 6,22– 26* bezogen werden kann.

263 Vgl. LEVIN, Verheißung, 62.

264 Vgl. WEISER, Jeremia, 94. SCHMIDT, Jeremia 1, 226. WANKE, Jeremia 1, 119.

265 Vgl. RUDOLPH, Jeremia, 77. Rudolph beurteilt den Abschnitt als durch dtr Ausdrücke gestaltet. Weiser vermutet die Worte im Bundesfest verankert, vgl. WEISER, Jeremia, 94 f. In jedem Fall bereitet die hier negative Bundesbruch-Beschreibung den Abschluss des neuen Bundes mit der Gola in Jer 31 f. vor.

266 Vgl. LEVIN, Verheißung, 75.

Verbum ‚schreien' (זעק Qal, V.11 zu Jahwe) in V.12 aufgegriffen und in Bezug auf die falschen Götter verwendet wird.[267] Gleichwohl der Tempelrede in Kapitel 7 dient Jer 11,14 dazu, das den Klagen (Jer 4, 6, 8, 10) inhärente Unheil inklusiver den, die Klagen ergänzenden, Gerichtsdrohungen (Jer 4,23 – 29; 8,16 – 17; 9,10 – 25; 10,18) durch die Schuld des Volkes zu begründen und folgerichtig in den Verboten der Fürbitte gipfeln zu lassen (Jer 7,16; 11,14).[268] Die Gerichtsankündigung geht folglich aus den Unheilsbeschreibungen hervor, der Gerichtsankünder (Jeremia) aus dem Verbot der Fürbitte.

Der Vorwurf, das Volk habe nicht gehört (לֹא שָׁמְעוּ) und seine Ohren nicht geneigt (אֶת־אָזְנָם לֹא־הִטּוּ, V.8), begegnet im Kontext der Wendung „Ich werde euer Gott sein und ihr mein Volk" (וִהְיִיתֶם לִי לְעָם וְאָנֹכִי אֶהְיֶה לָכֶם לֵאלֹהִים, V.4)[269] auch im bundestheologischen Abschnitt Jer 7,24.26. Dabei bilden sowohl der Bericht in V.3 – 6 als auch der Geschichtsrückblick in V.7 f enge Bezüge zu 7,22 – 26.[270] Die Verse 9 – 14 gehen von der Mahnung zum Schuldaufweis zur Unheilsansage über, wobei in V.13 noch Juda/Jerusalem und in V.14 der Prophet angesprochen wird. Zudem gibt der Abschnitt durch einen weiteren Adressatenwechsel in 9b.10 und durch einen inkohärenten Gedankenfluss zu erkennen, dass er von mehreren Händen stammt.[271] Dabei gliedert sich der Abschnitt in das ‚Nicht-Hören des Volkes' (VV.8.10) sowie in Gottes ‚Nicht-(mehr)-Hören' auf deren Bitten (VV.11.14).[272]

Der dem Fürbitte-Verbot (11,14) vorausgehende Vers 13 steht in unmittelbarem Zusammenhang mit Jer 7,17, dem Folgevers des ersten Interdikts (7,16). Jeweils wird das Treiben in den Straßen Jerusalems beschrieben.[273] W. McKane konstatiert, dass die Verse 8 und 14 das Unheil als Teil des Fluches kennzeichnen, welcher sich dann erfüllt, wenn das Volk nicht auf Jahwe hören sollte.[274] A. Weiser betrachtet

---

267 Vgl. BEZZEL, Konfessionen, 25.
268 Vgl. BEZZEL, Konfessionen, 24. McKANE, Jeremiah I, 24. Gegen HOLLADAY, Jeremiah 1, 252– 254. Letzterer versteht die Fürbitte als historisch. Laut Holladay war Jeremia frei fürzubitten bis der König die Rolle verbrannte und dadurch das Unheil beschloss. Ab diesem Punkt, so W. Holladay, versteht sich Jeremia selbst als Anti-Mose. Ab da gab es keine Möglichkeit der Intervention für den Propheten mehr. Es handelt sich dabei um Holladays biographische Interpretation, die wohl sehr anschaulich ist, jedoch die literarkritische Genese missachtet.
269 Vgl. Jer 30,22 und in umgedrehter Reihung in Jer 7,23: וִהְיִיתִי לָכֶם לֵאלֹהִים וְאַתֶּם תִּהְיוּ־לִי לְעָם.
270 Vgl. WANKE, Jeremia, 121. Sie bilden G. Wanke zufolge den Ausgangspunkt der Eintragung von Kapitel 11.
271 Vgl WANKE, Jeremia, 121. BEZZEL, Konfessionen, 25.
272 Vgl. SCHMIDT, Jeremia 1, 226. BEZZEL, Konfessionen, 26.
273 Vgl. FISCHER, Jer 1– 25, 417.425. Insgesamt versteht Fischer Kapitel 11 als eine Variation von Kapitel 7, da sich viele Wendungen dieses Kapitels in 11 wiederfinden.
274 Vgl. McKANE, Jeremiah I, 239.

das FB-Verbot als Fortsetzung der Aussage von 11,11: Jahwe wird im Unheil nicht auf das Volk (vgl. ebenso Jer 14,12) und in der FB nicht auf den Propheten hören (11,14).[275] Des Weiteren dient Vers 14 als Brücke zum Abschnitt 11,15 – 17, der eine weitere Begründung dessen enthält, weshalb das Gericht Jahwes für sein Volk unabwendbar geworden ist, nämlich wegen der Verehrung und Opferung fremder Götter.[276] Das FB-Interdikt (11,14) ist folglich in den Komplex 11,12 – 13.15 – 17 eingebunden, der gegen Juda den Vorwurf der Fremdgötterverehrung erhebt.[277] Diese Art der kultischen Verfehlung erlaubt keine Fürbitte bei Jahwe.[278] H. Bezzel kann nachweisen, dass Kapitel 11 einen literarischen Einschreibungstext mehrerer Stufen zwischen den Versen 10,22 und 12,10f darstellt, die als Vorlage über das Verbindungswort ‚Wüste' (שְׁמָמָה) bereits aufeinander bezogen waren.[279] Die erste Eintragung vermutet er in den Versen 11,15 – 16, welche die Erzählungen bzgl. der Verwüstung und der Fremdgötterei (Jer 10,22; 10,12f) verbinden.[280] Dabei richtet sich die Anklage (15f) im Anschluss an die Klage (10,19 – 22) noch direkt an Juda. Erst mit Eintragung der VV.23 – 25, sowie der Konfession in 11,18 – 23 wird Jeremia zum Beter der Klage, dem in V.14 die Fürbitte untersagt wird. Damit ist die Konfession als Folge dieses Interdiktes zu werten, Jeremia wird wieder vom (für das Volk) fürbittenden Kläger zum am Unheil leidenden Unheilspropheten, der in den Konfessionen nun das Unglück am eigenen Leibe erfährt. Auf der Ebene des Endtextes hat der Vers 14 eine verbindende Funktion zwischen dem Bundesabschnitt in 11,1 – 11*.12f. und 11,15f.17, da er die Linien vom kultischen Fehlverhalten und Bund bzw. Bundesbruch verbindet.[281] Insgesamt betrachtet ähnelt Kap. 11 den Eintragungsabsichten des 7. Kapitels. Jeremia (genannt in 7,1 und 11,1), der bereits Jahwes Unheilskünder ist, wird in den Kapiteln 7 und 11 die Fürbitte untersagt, die durch die Klagen und die Unheilsschilderungen in 4 – 6 und 8 – 10 zum Ausdruck gebracht wird.

---

275 Vgl. WEISER, Jeremia, 97: „Als Glied seines Volkes ist auch der Prophet in das Gottesgericht mit einbezogen." Ebenso McKANE, Jeremiah I, 240.
276 Vgl. WEISER, Jeremia, 8.
277 Vgl. THIEL, dtr Redaktion I, 140. W. Thiel beurteilt den Text Jer 11,11 – 14 als von D gestaltete und formulierte Einheit.
278 Mit den Worten W.H. Schmidts gesprochen: „Das Verbot der Fürbitte (V.14) sagt die Schwere der Schuld, ja die Unabwendbarkeit der Strafe aus", vgl. SCHMIDT, Jeremia 1, 230.
279 Vgl. BEZZEL, Konfessionen, 26f.
280 Vgl. BEZZEL, Konfessionen, 26 – 28.
281 Vgl. BEZZEL, Konfessionen, 28.

Zusammenfassung

Das Verbot der Fürbitte hat der Analyse zufolge seinen Ort zwischen Unheils-
klagen und -beschreibungen und der Ankündigung des durch Jahwe beschlossen
Gerichts. Diese Stellung wird besonders in 15,1 als Reaktion auf 14,17f, sowie in
den Kapiteln 7,16 und 11,14, die sich zwischen 4–6 und 8–10 einfügen, deutlich.
Diese Gerichtsworte zeichnen sich nicht nur im Gebrauch der Termini ‚Schwert‘,
‚Hunger‘ und ‚Pest‘ aus, sie sorgen auch dafür, dass die Unheilsansage mit der
Person Jeremias in Verbindung gebracht wird. So wird dieser dadurch vom klagenden Fürbitter zum Gerichtsverkünder.[282] Dabei ist die Fürbitte keinesfalls eine
prophetische Aufgabe, sondern immer im Kontext mit den klagenden Unheilsbeschreibungen zu verstehen. Die Gerichtsverkündigung kann jedoch bereits als
solche bewertet werden.

3.3 Ergebnisse

Dieses Kapitel hat die Frage nach dem Verhältnis von Klage und Fürbitte im
Jeremiabuch zum Gegenstand gehabt. Zur Beantwortung dessen erfolgte auf Basis
der Ergebnisse des zweiten Kapitels, in dem sich herausstellte, dass die Jeremiatexte eine motivische Nähe zu den kultischen Klagen des mesopotamischen
kalû (Klagepriester) aufweisen, zunächst eine Untersuchung der Sprache und
Beziehung zwischen Klage und Fürbitte in den EKL des *kalû*. Darauf folgte eine
Analyse der Fürbitte-Passagen im Jeremiabuch.

Als Ergebnis zeigt sich folgendes Bild der Fürbitte im Jeremiabuch: Die FB-
Verbote in Jer 7,16; 11,14; 14,11; 15,1 und 18,20 stehen im Kontext der Klage. Jeremia
ist Kläger und dabei gleichzeitig untersagter Fürbitter, der statt zu klagen, die
Aufgabe hat Unheil zu verkünden.

Die Fürbitte-Anliegen, die in den Kapitel 37 und 42 an Jeremia gerichtet
werden, zeichnen ein analoges Bild. Die Situation der Gesuche ist die babylonische Übernahme und Belagerung Judas. Jeremia wird in dieser Zeit der Not gebeten
Fürbitte für das Volk zu halten. Es ist ihm nicht untersagt und er ist unbestreitbar
die Autorität, die es diesbezüglich zu bitten gilt. Jedoch berichten die Texte nicht,
dass er FB geleistet hat. Erzählt wird, dass er ein Jahwe-Orakel erteilt, welches
beinhaltet, dass eine bedingte Unheilsankündigung eintrifft, wenn das Volk gegen

---

282 Vgl. REVENTLOW, Liturgie, 185–187: „Der liturgische Vorsänger in der Klageliturgie wird zu
einem Gerichtssprecher Gottes (185); [...] Durch die Aufgabe des Boten Jahwes wird die des Fürbitters begrenzt“. Dabei geschieht das, was Reventlow als historische Wahrheit verbucht, auf literarischer Ebene.

Jahwes Willen aus dem Land zieht und sich nicht der babylonischen Herrschaft fügt. Jeremia ist kein Fürbitter, er ist (Über-)Mittler des Gerichts.

Im mittleren Buchteil in Jer 27 ist der historische Hintergrund derselbe wie in Jer 37 und 42: die babylonische Belagerung. Dabei ist die Darstellung der Fürbitte eine ganz andere. So wird das von Jahwe autorisierte Mittlertum am Prüfstein der FB gemessen.

Diese drei Bilder lassen sich dabei in den Gesamtkontext der Analyse zu den altorientalischen und alttestamentlichen Quellen wie folgt einordnen:

1) Die Fürbitten(-verbote) im Kontext der Klage in Jer 7,16,11,14; 14,11; 15,1; 18,20

Im Mesopotamien des 1. Jt. v.Chr. weisen alle kultischen Klagen des *kalû* eine sogenannte ‚Herzberuhigungseinheit' auf, indem das Herz des angebeteten Gottes angerufen wird sich zu beruhigen und der Gott dadurch in seinem Zorn besänftigt wird. Die Aufführung der kultischen Klagen dienen im Ritual der präventiven FB: Das Herz soll im täglichen Kult vorsorglich beruhigt werden, damit ein Unheil, wie es in den Klagen beschrieben wird, nicht eintreffe. Zum Kult um die göttliche Herzbesänftigung gehören dabei sowohl die kultischen Klagen als auch die Aufführung durch den Klagesänger (*kalû*), sowie die musikalische Begleitung. Klage und Fürbitte gehören folglich sowohl textimmanent, als auch im Ritual fest zusammen. Ein ähnliches Bild vermitteln bei genauer Betrachtung die jeremianischen Texte. So stehen die Fürbitte-Verbote in Jer 14,11 und 15,1 in einem engen textlichen Verhältnis zu Klagetexten. Demgegenüber sind die FB-Verbote der Kapitel 7 und 11 in einen prosaischen Buchabschnitt eingebettet, der jedoch auf die Klagen in Jer 4, 6, 8 und 10 referiert und in Verbindung mit Jahwes beschlossenem Unheil Jeremia als dessen Verkünder auszeichnet.[283] Der Vers Jer 18,20b fügt sich diesem Bezug zum Gottesgericht an und stellt eine direkte Beziehung zu dem von Jahwe getöpferten Unheilskünder (Jeremia) her.

Dreimal erfolgen die Interdikte in Verneinung der Vokabel פלל (fürbitten, vgl. 7,16; 11,14; 14,11), die sich im AT vor allem in den jeremianischen Texten findet.[284] Dabei kann konstatiert werden, dass das Untersagen der FB nur sinnig ist,

---

283 Vgl. Reventlow, Liturgie, 194 f. Dabei ist man schon fast bei Reventlow mit dem „Prophet [en], der ja eigentlich schon in seiner eigenen Klage als Fürbitter die Anliegen des Volkes vor Gott bringt". Dabei ist es lediglich nicht ‚seine eigene' Klage, zumindest klagt er nicht als Person, sondern in seiner Funktion als Klagepriester. Zudem stellt der Text, auf den Reventlow referiert, Jer 8,14–23, keine ursprüngliche Kultliturgie dar, sondern präsentiert sich erst durch sein Textwachstum als solche.

284 Vgl. Jer 7,16; 11,14; 14,11; 29,7; 37,3; 42,2.20

wenn sie auch wirkmächtig ist. So zeigt sich bei einem Blickt auf die literarische Schichtung, dass die FB wirksam ist, jedoch nicht durch bspw. den Eintrag der Volksklage in Jer 14,19 – 22, sondern durch die Klagen 4 – 6; 8 – 10, sowie durch Jer 14,17 f, wo Jahwe selbst zu einer solchen Klage befehligt. Die Klage hat die Aufgabe Gott von seinem Zerstörungssinnen umzustimmen. Jeremia wird dabei zum Mittler zwischen dem, an der Zerstörung leidendem, Volk und Gott, den er durch die Klage zu beruhigen vermag, genau wie der *kalû* in Mesopotamien. Da jedoch das Unglück eingetroffen ist, bleibt nichts als literarisch deren fürtbittende Wirkung zu untersagen (Jer 15,1). Auf literarischer Ebene schieben sich die Interdikte zwischen Unheilsbeschreibung und den Worten über das von Jahwe beschlossene (eingetroffene) Gericht in der Ankündigung. Dadurch wird die Person Jeremias vom (klagenden) Fürbitter zum Gerichtsverkünder stilisiert. Die Fürbitte ist jedoch keine prophetische Aufgabe, wie es die (literarische) Verkündigung ist. Sie ist im jetzigen Kontext ein Schritt auf dem Weg hin zu einer (unheils-)prophetischen Erzählung.[285] Ebenso wie die Fürbitten in Jer 14,11 und 15,1 auf der Ebene des Endtextes keine Wirkung gegen eingetroffenes Unheil haben, dienen auch Jer 7,16 und 11,14 dazu, das den Klagen (Jer 4, 6, 8, 10) inhärente Unheil inklusive deren ergänzten Gerichtsdrohungen zu begründen und folgerichtig in Verboten der Fürbitte gipfeln zu lassen (Jer 7,16; 11,14). Die Fürbitteverbote in Jeremia sind dabei deswegen spezifisch jeremianisch, weil sie auf ebenso genuine Klagen reagieren. Doch Judas Gericht ist von Jahwe beschlossen und zwar in Vollzug der Trias ‚Schwert' (חֶרֶב), ‚Hunger' (רָעָב) und ‚Pest' (דֶּבֶר). Diese Unheils-Triade ist insgesamt 15-mal im Jeremiabuch enthalten (erstmals in 14,12) und gehört fest zum literarischen Umfeld der eingetragenen FB (vgl. Jer 14,12; 15,2 – 9; 18,21; 37,1 – 7; 42,1 – 6.20). Folglich findet sie sich auch in Jer 18,21, dem Vers der auf Jeremias FB-Tätigkeit verweist. So heißt es in 18,20b: „Gedenke, meines Stehens vor Dir, um

---

285 Aus diesem Befund ergeben sich Parallelen zu weiteren alttestamentlichen Fürbitte-Belegen. So sind auch Mose und Samuel in Ex 32,11 – 14 und 1 Sam 7,5; 12,19 als wirkmächtige Fürbitter dargestellt, jedoch nicht als Propheten. Erst späte Eintragungen in Dtn 18,18 und Sam 3,20 versehen beide mit dem Prophetentitel. Die Fürbitte im AT kann jedoch Aufgabe von Priestern, Gottesmännern und Königen sein und findet sich in einer, den HBE-Formulierungen ähnlichen, Wendung wieder, חלה פנים(2) (Angesicht besänftigen). Diese erwirkt eine Verhaltensänderung Gottes bspw. in Ex 32,11.14 und Jer 26,19, die als נחם יהוה (Reuen Gottes) beschrieben ist. In Ex 32,11 besänftigt Mose das Angesicht Jahwes und erwirkt damit eine Gnadenzeit für das Gottesvolk, die erst im FB-Verbote Jeremias endgültig beendet wird. Dabei steht die FB stets in Verbindung mit einer unheilsdrohenden Situation wie bspw. einer Kriegssituation (1 Sam 7,5; 12,19), selbst im Tempelweihgebet in 1 Kön 8, 22 – 53 wird eine kriegerische Bedrohung geschildert und darum FB für Juda erhoben. Samuel fungiert in seiner Fürbitte in 1 Sam 7,2 – 17*, so wird es durch Opferhandlung und dem Heiligtum als Ort der Fürbitte vermittelt, als Priester. Somit stehen Samuel und Mose in Jer 15,1 für die Propheten und Priester aus Jer 14,18b.

Gutes über sie zu reden, um deinen Zorn von ihnen abzuwenden." Es handelt sich bei dem Vers um einen Passus aus einer der sog. ‚Konfessionen' Jeremias. Er beklagt nicht mehr das Unheil, sondern sein eigenes Leid aufgrund der Zerstörung, die er zu verkünden bestimmt ist. Jahwe töpfert nicht nur die Katastrophe über sein Volk (18,11 יצר Qal Prtzp.), sondern auch seinen Unheilsboten (Jer 1,5 יצר Qal Imperf.). Mit Vers 21 beginnt ein Gebet, in dem Jeremia seinen Verfolgern wünscht, was Jahwe ohnehin für das Volk beschlossen hat: ‚Schwert' und ‚Hunger' (V.21). Die Fürbitte steht auf der Ebene der Endtextgestalt in Zusammenhang mit Jeremias Unheilsverkündigung, ihr Ort ist der des eingetroffenen und anstehenden Desasters.

2) Die Fürbitte, die zum Jahwe-Orakel wird

In den Erzählungen von Jeremia wird in Jer 37, 1– 7 und 42,1– 7– 20 die Fürbitte als Aufgabe des Propheten präsentiert. Der Titel erfolgt in der Eintragung als Aufgriff von dessen Aufgabe Jahwes Worte zu verkünden. Jeremia hat im Unheil uneingeschränkt die Autorität dazu, dass vom König gesandte Boten ihn um FB bitten können. Doch ist Jeremia mehr noch als in 18,20b Jahwes Unheilsprophet, der das göttlich beschlossene Unheil verkünden soll. Das führt dazu, dass in den Erzählungen 37,1– 6 und 42,1– 7 die Fürbitte dahingehend umgedeutet wird, dass sie direkt als Jahweorakel erteilt wird. Jeremia ist der Übermittler des Gotteswortes.[286] Was Jeremia zu prophezien hat, ist eine Unheilsankündigung, die ebenso wie in Jer 14,12; 15,2– 9; 18,21 aus der Triade ‚Schwert', ‚Hunger' und ‚Pest/Tod' zusammengesetzt ist.

3) Die Fürbitte als Prüfstein für den Unheilspropheten in Jer 27

Jer 27,18 bildet quasi den Konsens aus den Fürbitte Darstellungen der vorderen Kapitel und den Erzählungen in Jer 37und 42. So verbindet der Passus 27,16 – 22 die FB mit der Frage um wahre und falsche Prophetie, wobei Jeremia als wirkmächtiger Fürbitter erscheint, während die Situation, die im Hintergrund des Passus steht, die der babylonischen Übernahme Judas ist. Die FB um die Rückbringung der Tempelgeräte wird in Jer 27,16 – 22 zum Prüfstein für die wahre Prophetie erhoben. Wer wirkmächtig ist, der solle dafür bei Jahwe FB leisten. Doch weiß ein von Jahwe gesandter Gottesbote, dass die Zeit für diese FB (noch) nicht gekommen

---

286 Dabei gibt es Parallelen zu den schriftprophetischen Nachbarn. So wird bspw. Jesaja in Jes 37,3– 7 ebenso gebeten FB bei Jahwe einzulegen, doch folgt auch hier die Überbringung einer göttlichen Botschaft, die hier bereits als die prophetische Aufgabe eingetragen ist.

ist und diejenigen, die die Rückkehr der Geräte prophezeien, sind keine göttlichen Boten. Dabei beschreibt Jer 27,8, ganz in der Manier der Unheilsankündigungen, die Heimsuchung Jahwes durch ‚Schwert‘ (חֶרֶב), ‚Hunger‘ (רָעָב) und ‚Pest‘ (דֶּבֶר). Bei Vers 18 handelt es um einen Einschub, der Unheilsankündigungen mit Fürbitte-Versuchen abzuwenden als unmöglich proklamiert und damit die Fürbitte zum Prüfstein für das Prophetenamt erhebt.

Die Untersuchung der Fürbitte im Jeremiabuch hat ergeben, dass das FB-Amt Jeremias, so hält es bereits U. Becker fest, einer Stilisierung jüngerer Hände zu verdanken ist, die nicht zum Kern der Überlieferung gehört.[287] Doch ist sie implizit in den Klagen Jeremias in 4, 6, 8 und 10 bereits enthalten und wird literarisch eben dadurch ausgeführt, dass die Klagen eine solche Wirkung erzielen wollen. Fürbitte kann einlegen, wer es vermag, Jahwes Herz zu besänftigen. Doch ist FB zum Abwenden eines Unheils sowohl alttestamentlich als auch altorientalisch nicht möglich, wenn es bereits eingetroffen ist.[288] Die Darstellungen Jeremias als eines untersagten Fürbitters, die deutlich jünger sind als die Klagen, entstammen also sowohl einer gerichtstheologischen Reflexion,[289] als auch, und man möchte sagen vor allem, der bleibenden Kenntnis um den rituellen Zweck altorientalischer Emesalklagen.

---

287 Vgl. BECKER, Fürbitter, 143.

288 Es kann lediglich beendet oder präventiv, wenn nicht bereits beschlossen, abgewendet werden.

289 Es kann davon ausgegangen werden, dass sich allein dafür auch andere Prophetengestalten angeboten hätten. Es wird daher die These vertreten, dass im Jeremiabuch der Ausgangspunkt für die Darstellung des Propheten als Fürbitter liegt.

Kapitel 4: Jeremia Fürbitter oder Kläger?

4.1 Klage und Fürbitte im Kontext der Prophetengestalt

D. F. O'Kennedy konstatiert in seinem Aufsatz zur prophetischen Fürbitte: Jeremias Amt beinhalte die Klage und die Fürbitte.[1] Diese Feststellung fasst die bisherigen Ergebnisse der Untersuchung des literarischen Jeremia, sowie dessen historischer Funktion auf den Punkt zusammen.

Dennoch bleibt die Frage offen: Wie ist das Jeremiabuch zum Prophetenbuch und Jeremia zur prophetischen Gestalt geworden?[2] Dieser Fragestellung widmet sich das vorliegende Kapitel.

Der Weg zu ihrer Beantwortung führt ausschließlich über das vorliegende Prophetenbuch.[3] „Prophetenbücher sind [jedoch] Traditionsliteratur und dies von Anfang an."[4] Dabei gilt, was sich ursprünglich aus der historischen Situation selbst erklärt, muss wenn es literarisch tradiert wird, interpretiert werden. Die vorliegende literarische Form der Prophetenbücher präsentiert zwar folglich nicht mehr die vermutlich ursprüngliche Botschaft, dem genuinen Wortlaute nach, jedoch eine schriftliche Neuinterpretation eines möglicherweise prophetischen Erbes.[5]

Auf der Suche nach dem ältesten Material, welches als Ausgangspunkt der Buchentstehung gewertet werden kann, stehen folgende Hilfsmittel zur Verfügung: Textkritik, Literarkritik und Redaktionsgeschichte.[6] Dabei kann allerdings nicht bindend Auskunft darüber gegeben werden, inwiefern es sich um ein ursprüngliches Prophetenwort oder um nachprophetische Überlieferung handelt: Mit Literarkritik und Redaktionsgeschichte „sind wir zwar nicht automatisch bei den historischen Propheten angelangt, aber doch bei den Ursprüngen der Prophetenbücher, [...]"[7] deren Leitbild der historische Prophet ist. Diese Ursprünge,

---

1 Vgl. O'KENNEDY, intercessors, 336 f.
2 Dabei meint die ‚Verkündigung' hier die Weitergabe der göttlichen Worte bzw. des göttlichen Beschlusses durch den Propheten.
3 Dieser Blickwinkel ist gemäß den Ausführungen von R. G. Kratz insofern gerechtfertigt, da es das Prophetenbuch selbst ist, das in den Quellen vom Toten Meer, dem MT und der LXX erhalten ist und heute vorliegt, vgl. KRATZ, Amos, 54.
4 KRATZ, Amos, 55. Vgl. auch BECKER, Wiederentdeckung, 58–60. Becker konstatiert, dass die prophetische Überlieferung nie anders als durch nachträgliche, theologische Reflexion erhalten ist.
5 Vgl. DEJONG, Enterprise, 65.
6 Vgl. KRATZ, Amos, 55.
7 BECKER, Schriftprophetie, 3.

DOI 10.1515/9783110543377-005

die für das Jeremiabuch aller Wahrscheinlichkeit nach u. a. in den Klagen liegen, welche im ersten Kapitel der vorliegenden Arbeit anhand der genannten Methodik bearbeitet wurden, sollen im Folgenden auf die Fragestellung hin untersucht werden, wie daraus ein Prophetenbuch erwachsen konnte. Dabei ist es zweckdienlich, zunächst kurz darzustellen, was Prophetentum im Alten Testament und im Alten Orient bedeutet und wie es zu definieren ist. Erst dadurch kann die Klage zur Prophetie ins Verhältnis gesetzt und das Jeremiabuch im Speziellen auf seine Entstehung hin zum Prophetenbuch befragt werden. Dabei soll auch die Darstellung des Prophetenamts im Buch, besonders die des Jeremia selbst, analysiert werden.

4.1.1 Die Klage ist keine Prophetie: Quellen und Konzepte von Propheten und Prophetie im Alten Testament und seiner Umgebung

M. Weippert gibt für das Prophetenamt im Alten Orient folgende Definition vor: „Ein(e) Prophet(in) ist eine Person männlichen oder weiblichen Geschlechts, die in einem kognitiven Erlebnis, einer Vision, einer Audition, einem Traum o. ä., der Offenbarung einer Gottheit oder mehrerer Gottheiten teilhaftig wird, und sich durch die betreffende(n) Gottheit(en) beauftragt weiß, die Offenbarung in sprachlicher oder metasprachlicher Fassung an einen Dritten, den eigentlichen Adressaten, zu übermitteln.“[8] Altorientalische Propheten sind somit Übermittler göttlicher Botschaften.

Der biblischen Überlieferung zufolge treten Propheten in Israel erstmalig mit der Entstehung des israelitischen Königtums in Erscheinung (11./10. Jh. v.Chr.).[9] Dabei sind die atl. Form des Prophetenbuches sowie die Schriftprophetie späte Phänomene.[10] Sie reflektieren eine lange Tradition israelitischer Prophetie, jedoch in Schichten und Redaktionen.[11]

M. J. De Jong wirft nun in seinem Buch ‚Jesaja Among the prophets' die Frage auf, wie das atl. Material zur Beschreibung des sozial-historischen Phänomens der Prophetie zu nutzen sei.[12] Er untersucht ferner die Darstellungen der Propheten im Alten Testament und versucht sich an einer Rekonstruktion der Prophetie Israels als historischer Erscheinung.[13] Dabei ist festzustellen, dass der Terminus נָבִיא

---

8 Vgl. WEIPPERT, Aspekte, 289–290.
9 Vgl. WEIPPERT, Assyrische Prophetien, 34.
10 Vgl. BECKER, Schriftprophetie, 9.
11 Vgl. HUFFMON, Company, 62. KRATZ, Amos, 60–67.
12 Vgl. DE JONG, Jesaja among, 319.
13 Vgl. DE JONG, Jesaja among, 319.

(Prophet) innerhalb der alttestamentlichen Tradition zum am häufigsten verwendeten Begriff avanciert, der eine Vielzahl an Aktivitäten fasst und dabei über die Zeit hinweg andere Kultfunktionäre ihrem Titel nach zu übermalen vermag. Er bedarf daher in der Darstellung der darunter gefassten Aufgaben eines eigenen, kurzen Abschnitts.

Das hebräische Verbum נבא wird auf das im Nordwestsemitischen durch Ebla und ostsemitisch im Akkadischen belegte Verbum nbj/nbī zurückgeführt, welches soviel wie ‚nennen, (be)rufen' bedeutet und im Nomen ebenso als Prophetentitel nachgewiesen ist.[14] Es ist im AT nur in den Stämmen Nifal und Hitpael bezeugt, wobei eine bewusste Unterscheidung in der Anwendung vorliegt, so suggeriert es zumindest Jer 26,20. Darin werden das prophetische Auftreten und die Propheten-Rede durch den Gebrauch der Stämme unterschieden.[15] Das Nomen נָבִיא (Prophet) ist eine vom Verbum gebildete qatīl-Form, die passivische (ergativische) Bedeutung hat, womit das Nomen als ‚Berufener' bzw. durch die LXX Übertragung mit προφήτης, als ‚Prophet' übersetzt werden kann.[16]

Die alt. Aufgaben und Kontexte, die die Propheten-Personen als solche kennzeichnen, sind sehr unterschiedlich. Mose wird bspw. in Ex 3,7 f.16 f mit Erhalt eines Heilsorakels als נָבִיא (Prophet) charakterisiert.[17] Doch reichen die Funktionen eines alttestamentlichen Propheten deutlich weiter. So wird von der Durchführung von Kriegsorakeln (1 Kön 20,13 f; 2 Kön 3,11), über die Salbung des Königs in 2 Kön 9,1–4 bis hin zu Beratertätigkeiten berichtet.[18] Zudem zählen die Über-

---

14 Vgl. MÜLLER, נָבִיא, 143. HALAT, 622f. CAD N1, nabûm A und B, 32–40.

15 Vgl. JEREMIAS, נָבִיא, 15.

16 Vgl. MÜLLER, נָבִיא, 143. Vgl. zur passiven Übersetzung, HUEHNERGARD, Meaning, 89*-92*. Er zeigt, dass die qatīl-From als stativisch, resultativisch oder passiv zu übersetzten sei. Dabei schlägt er für munabbiātu, was Flemming als Fem. zu nabû versteht, die Lesung „Klagender" vor, da die Form auch männlich als munabbû existiere. CAD N1, nabû B, mit der Übersetzung ‚to lament'. FLEMING, Nabû, 174–183, stellt Belege aus Mari und Emar vor und ist für eine aktive Deutung als ‚Rufen/Anrufen'. Das Nomen wird im AT sowohl für Propheten als auch in Bezug auf Prophetinnen verwendet, vgl. STÖKL, Women, 93. Dabei nimmt J. Stökl an, dass die Beleglage von sechs Fem.-Belegen gegen die 316 Maskulin-Belege darin begründet ist, dass sich hier AO und AT ein gemeinsames Phänomen teilen: Das Prophetenamt richte sich dem Geschlecht entsprechend nach derjenigen Gottheit, von der es eine Botschaft erhält, vgl. STÖKL, Women, 100. Er begründet sein Ergebnis damit, dass eine patrialistisch, monotheistische Religion in einer Gesellschaft, in der die Propheten das gleiche Geschlecht ihrer Gottheit haben, der Grund sei, Prophetinnen im AT auszulöschen.

17 Vgl. MÜLLER, נָבִיא, 152. Auch in Hos 14,12 wird Mose als solcher gekennzeichnet. Im Buch Numeri wird gesagt (Num 12,6–8a), dass Jahwe im Gegensatz zu anderen Propheten mit Mose direkt spricht und in Ex 33,11 und Dtn 34,10b wird diese Behauptung unterstrichen, indem es heißt, dass er mit ihm von Angesicht zu Angesicht (פָּנִים אֶל־פָּנִים) rede.

18 Vgl. JEREMIAS, נָבִיא, 13.

mittlung von Gottesworten, ebenso wie Wundertaten und Gottesbefragungen zu den Aufgaben der als נָבִיא (Prophet) bezeichneten Personen im Alten Testament.[19] Unter der Bezeichnung נָבִיא (Prophet) wird folglich keine Gruppe einheitlicher Aufgaben zusammengefasst, sondern vielmehr ganz verschiedener, nicht immer als ‚prophetisch' zu bezeichnender Tätigkeiten.[20] Im Unterschied zu dieser Vielfalt zeigt sich in den Schriftpropheten des Alten Testaments eine ganz eigene Auffassung des נָבִיא (Prophet). Die Protagonisten der Schriftpropheten werden vor allem auf drei Arten charakterisiert, die jedoch nicht ohne Bezug zu den Darstellungen außerhalb der schriftprophetischen Bücher auskommen. Dabei ist zwischen dem Bild als Mittler, Warner und wahrer Prophet im Gegensatz zu den Lügenpropheten zu unterscheiden. Beide Bilder, die Propheten als Mittler und als Warner, kommen unverbunden vor, sodass dahinter jeweils eigenständige Traditionen zu vermuten sind.[21] Im Jeremiabuch finden sich beide Charakterisierungen der Propheten, jedoch nicht in Beziehung zueinander.[22] Eine dritte Charakterisierung der Propheten ist jene als wahre und falsche Amtsinhaber. Die Propheten werden nach dem Untergang des judäischen Reiches (literarisch) verurteilt, weil sie nur Heil prophezeit und nicht auch gewarnt haben. Damit haben sie die Menschen nicht vor den Folgen ihrer Sünden geschützt und erst dadurch das Unheil ermöglicht.[23] Die Vorwürfe gegen die Falsch-Propheten sind dabei vielfältig und i.d.R. in den Texten vorhanden, die als dtr qualifiziert werden.[24] Diese Kritik wird im Jeremiabuch am deutlichsten, weil sie dort dem Propheten selbst in den Mund gelegt wird.[25] Dabei ist der Konflikt zwischen den falschen, am Tempel situierten, Propheten und den wahren bzw. freien Propheten lediglich ein biblisches Konstrukt, welches nicht der historischen Wahrheit entspricht.[26] Da die Thematik um wahre und falsche Propheten im Jeremiabuch besonders ausführlich behandelt wird und nahezu drei Kapitel vollständig um-

---

19 Vgl. JEREMIAS, נָבִיא, 8.
20 Vgl. JEREMIAS, נָבִיא, 8.
21 Vgl. DEJONG, Jesaja among, 332f. Dabei bildet das Prophetengesetz die einzige Ausnahme, wo beide Bilder zusammen vorkommen. De Jong diskutiert hier zudem das Vorkommen der Bilder in Jer 26. Er kommt zu dem Ergebnis, dass zwar beide Bilder, das der Diener Jahwes (26,5 – 6) und das der Priester und Propheten als Lügner (26,7–16) eine Rolle spielen, jedoch letzteres später eingefügt ist. Andersherum ist es in Jer 29, wo die Bilder ebenfalls aufeinander treffen.
22 Vgl. DEJONG, Jesaja among, 332.
23 Vgl. DEJONG, Jesaja among, 330. Vgl. u.a. Jer 2,8; 4,10; 5,13.31; 6,13; 8,10; 14,13 – 16; 23,9 – 37; 26,7 – 16; 27,9 – 18; 29,1,.8.15; 37,19; Ez 13,1 – 16; 22,28; (Mi 2,6.11; 3,5 – 11; Sach 13,1 – 6).
24 Vgl. MÜLLER, נָבִיא, 157, vgl. Jer 4,10; 5,12f; 6,13; 8,10; 14,13f; 23,14f.16f; 25,25f.32; 27,9f.14 – 16; 29,9.21 – 31b.
25 Vgl. DEJONG, Jesaja among, 331.
26 Vgl. DEJONG, Enterprise, 66.

fasst, soll sie im nächsten Kapitel: *4.1.2 Jeremia – Der Prophet und die Propheten* detailliert untersucht werden. Hierbei kann bereits vorab festgehalten werden, dass die Qualifizierung als dtr streitbar ist. Viel näher liegt die Vermutung, dass es sich um redaktionell nachgetragene und ausgedehnte Texte handelt, deren Kern aber im Jeremiabuch selbst zu finden ist.

Das Alte Testament weitet das Bild des göttlichen Sprachrohres, des Übermittlers göttlicher Nachrichten zu einer Vielfalt an Aufgaben aus, die unter dem Titel נָבִיא geführt werden. Ein Urteil zum historischen Phänomen der Prophetie allein auf Basis dieser Belege zu treffen, ist daher schwierig. Somit ist M. Weippert zu folgen, der konstatiert: „Alttestamentliche Prophetie gibt es nicht, es handelt sich weder um eine homogene noch um eine isomorphe Erscheinung."[27] Dabei besteht im AT, so T. W. Overholt, keine Einigkeit darüber, was genau ein Prophet eigentlich ist bzw. was ihn ausmacht.[28] So umfasst der נָבִיא-Begriff allein eine Reihe von Tätigkeiten, die nicht auf einen Kultfunktionär zurückzuführen sind, sondern unterschiedliche Amtsfunktionen beschreiben.

Das Alte Testament, so hat es der kurze Überblick gezeigt, fasst also eine ganze Reihe von Tätigkeiten unter dem Begriff נָבִיא. Jedoch ist der Titel nābî' (נָבִיא) mit der Übersetzung ‚Prophet' nicht nur 315-mal alttestamentlich,[29] sondern auch durch die Lachisch-Ostraka belegt.[30] Die Wurzel nbʻ wird in Zusammenhang mit prophetischen Äußerungen zudem bereits in Mari (2. Jt. v. Chr.) erwähnt, ist dort aber von geringer Relevanz. Des Weiteren finden sich auch andere Termini als Bezeichnungen dessen, was als prophetische Aktivität charakterisiert werden kann: rō'eh und ḥōzeh. Der ḥōzeh kommt auch als Bezeichnung in der Zakkurstele und der Bileaminschrift vor.[31] Die Wurzeln ראה und חזה dienen in prophetischen Texten dazu, bestimmte visionäre Vorgänge auszudrücken.[32] Bei חזה handelt es sich um einen *terminus technicus*, der offenbar mit dem prophetischen Sehertum in Verbindung steht, so Hans-Ferdinand Fuhs.[33] Gemäß 1 Sam 9,9 ist der Seher (הָרֹאֶה) der ältere Titel für den nābî'. Dabei dürfte die alte Bezeichnung für Seher (rō'eh) vielmehr der חֹזֶה gewesen sein.[34] Eine andere Vermutung wäre, dass die unter-

---

27 Vgl. WEIPPERT, Aspekte, 307.
28 Vgl. OVERHOLT, History, 6.
29 Vgl. JEREMIAS, נָבִיא, 7 f.
30 Vgl. LINDENBERGER, Aramaic, 111.
31 Vgl. KAI 202, A 11– 13, 204 f. BLUM, Kombination, 576.
32 Vgl. FUHS, ראה, 260.
33 Vgl. FUHS, ראה, 260. Vgl. Num 23, 4.6; Jes 1,1; Am 1,1.
34 Vgl. FUHS, ראה, 262. JOHNSON, Cultic Prophet, 17. Gegen DEJONG, Jesaja among, 321. De Jong vermutet in seiner Untersuchung der Termini und Funktionen von Propheten im Alten Testament, dass die Begriffe ḥōzeh, rō'eh und nābî' ursprünglich unterschiedliche Arten von Propheten bezeichnet haben könnten.

schiedlichen Bezeichnungen verschiedene prophetische Aktivitäten beschrieben haben, die jedoch in der atl. Tradierung und der damit verbundenen Erweiterung des (נָבִיא)-Begriffs, als einzig legitimer Form des Gottesboten nach dtr Gesetz, übermalt wurden.[35] G. Auld konstatiert in seinen Analysen, dass der Begriff נָבִיא (Prophet) für alttestamentliche (Schrift-)Propheten kulturhistorisch sehr spät entstanden sei.[36] Dass das Alte Testament, wie es heute vorliegt, somit keine Wiedergabe der real historischen Prophetie in Israel und Juda bietet, sondern vielmehr ein theologisches Konzept dazu, wird deutlich, wenn man die angeführten Beispiele im Kontext mit außerbiblischen Quellen betrachtet.[37] Denn im Vergleich mit dem geschilderten Sachverhalt enthalten die außerbiblischen Quellen ein anderes Prophetenbild. Propheten waren im ganzen Alten Orient vor allem Übermittler göttlicher Botschaften.

Die Quellen aus Mesopotamien sind auf die altbabylonische Zeit, mit dem Archiv aus Mari, und die neuassyrische Periode v. a. unter den Königen Asarhaddon (680 – 669 v. Chr.) und Assurbanipal (669 – 631 v. Chr.) begrenzt. Dazwischen liegen ca. 1000 Jahre ohne Belege zur Prophetie im Alten Orient. Daher muss man sich bei Aussagen über die Prophetie in diesem Zeitraum auf, durch die Überlieferungssituation bedingte, Rekonstruktionen stützen.[38] In den keilschriftlichen Dokumenten lassen sich folgende, unterschiedliche Prophetentitel finden, die wohl auch unterschiedliche prophetische Aktivitäten beschrieben: *āpilum/āpiltum* (Antwortender),[39] *muḫḫûm/muḫḫûtum* (Ekstatiker, Prophet), *assinum* (Kultsänger), *nabû* (Prophet, Berufener)[40], *qammātum* (Bedeutung unsicher).[41] Die in den neuassyrischen Texten ermittelten Propheten-Termini lauten *raggimu* (fem. *raggintu* wörtl. Rufer/in oder Verkünder) und *maḫḫû* (ein ekstati-

---

35 Vgl. Kapitel 4.1.2 der vorliegenden Arbeit.
36 Vgl. AULD, Prophets, 66 – 82. Diese Erkenntnis gewinnt er aus einer statistisch-terminologischen Untersuchung des נָבִיא-Begriffes innerhalb des ATs. Ob die Schriftpropheten auch als נָבִיא verstanden wurden, ist dabei unsicher. Oft ist bei den Schriftpropheten die Einleitung der einzige Ort einer kultischen Bezeichnung als נָבִיא (Prophet). Mehrmals jedoch finden sich andere kultische Bezeichnungen, so wird Amos in Am 7,12 mit dem Titel ,Seher' (חֹזֶה) angesprochen. Die Anrede als נָבִיא (Prophet) lehnt er zwar ab, das Verbum נבא nimmt er aber zur Bezeichnung seiner Tätigkeit für sich in Anspruch (Am 7,13). Vgl. auch BARSTADT, no prophets, 40.
37 Vgl. DEJONG, Jesaja among, 323.33. KRATZ, Das Neue, 5. BECKER, Schriftprophetie, 9.
38 Vgl. CANCIK-KIRSCHBAUM, Prophetismus, 38.
39 Vgl. NISSINEN, Prophets, 6 f.14 f. Nissinen hält fest, dass dieser Prophetentitel in Verbindung mit den Göttern Addu, Dagan, Marduk, Nergal und Šamaš vorkommt.
40 Vgl. ARM 26 216,7. Vgl. NISSINEN, Prophets, 14. FLEMING, Nabû, 174 – 183.
41 Vgl. NISSINEN, Prophets, 14. Vgl. DEJONG, Jesaja among, 287.

scher Prophet), welches eine Ableitung des aB *muḫḫûm* darstellt.[42] Aus dem königlichen Archiv in Mari sind von den ca. 8000 Briefen des 18. Jahrhunderts v. Chr.
– ca. 50 Exemplare mit prophetischem Inhalt erhalten.[43] Inhaltlich umspannen die
Texte die Zusicherung des göttlichen Beistandes, Warnungen vor bestimmten
militärischen Handlungen, bis hin zu kultischen Belangen hinsichtlich der Versorgung und der Opferdienste der Götter am Tempel. Das neuassyrische Korpus
umfasst 28 Orakel auf elf Tafeln von 13 unterschiedlichen Propheten, davon vier
männliche und neun weibliche.[44] Die Gattung, der man die Orakel zuweisen kann,
ist die der Heilsorakel, so M. Weippert weiter. Dabei führt er den assyrischen
Terminus *šulmi* (Heil, Friede) an, der einige Orakel kennzeichnet.[45] Die prophetischen Orakel sind insgesamt ihrem Inhalt nach als königstreue, heilvolle Botschaften zu bezeichnen, was jedoch aufgrund ihrer Fundumstände aus königlichen Archiven nicht verwundert.[46] Die Beleglage der wenigen und außerdem teils
lückenhaft überlieferten, prophetischen Texte ist sicher nicht repräsentativ für das
Phänomen der mesopotamischen Prophetie insgesamt.[47] Jedoch ist es das, was
uns zur mesopotamischen Prophetie derzeit vorliegt und sich in großen Teilen mit
Befunden aus der Levante deckt.

Es bleibt festzuhalten, dass die Prophetie in Israel und Juda unbestritten
existierte und auch durch Textquellen wie der Zakkurstele und der Bileaminschrift
von Deir ʿAllā belegt werden kann.[48] Die Zakkurstele (8. Jh. v. Chr.), welche
ca. 45 km südwestlich von Aleppo gefunden wurde, enthält dabei folgende Aussagen: „A.11: Da erhob ich meine Hände zu BᵉLŠ[MJ]N, und BᵉLŠMJ[N] erhörte
mich. [Da 12: redete] BᵉLŠMJN zu mir [durch] Vermittlung von Seher und durch
Vermittlung von Zukunftskundigen, [und es sprach] 13: BᵉLŠMJN zu mir: ‚Fürchte

---

42 Vgl. HUFFMON, Company, 57. Die letztgenannte Bezeichnung lässt sich in keinen Angaben der
prophetischen Orakel selbst, sondern lediglich außerhalb der prophetischen Texte beobachten,
bspw. in einer Inschrift Asarhaddons, vgl. JEREMIAS, בְּרִיא, 7 f.
43 Vgl. HUFFMON, Company, 48. NISSINEN, Prophets, 2–4.14.
44 Der Begriff ‚Orakel' kann in die Irre leiten, denn hiermit ist nicht ein durch induktive Divi-
nationstechniken erbrachtes Gotteswort gemeint, sondern ein spontan ergangenes. Allerdings hat
sich der Begriff in der Forschung eingebürgert, weswegen er hier verwendet wird. Vgl. NISSINEN,
Socioreligious Role, 111. PARPOLA, Prophecies, XLVIII.
45 Vgl. WEIPPERT, Assyrische Prophetie, 26 f. DEJONG, Jesaja among, 30. PARPOLA, Prophecies,
LXIII-LXIV.
46 Vgl. BLUM, Israels Prophetie, 87. M. Nissinen weist jedoch darauf hin, dass es auch königs-
kritische, prophetische Orakel gegeben haben muss. Eine ausführliche Diskussion der Belege in
NISSINEN, Falsche Prophetie, 177–192.
47 Mit u. a. BLUM, Israels Prophetie, 86.
48 Vgl. DEJONG, Jesaja among, 333.

dich nicht; denn ich habe [dich] zum Kön[ig gemacht].'"[49] Auch hier entspricht der positiv formulierte Inhalt denen neuassyrischer Prophetenorakel. Die altorientalischen Propheten der außerbiblischen Quellen sind ausschließlich Übermittler göttlicher Botschaften, die ihrem Inhalt nach eher wohlwollend formuliert sind. Insgesamt ist die Prophetie als ein starkes, kulturell verbreitetes Phänomen im Alten Orient anzusehen, wobei die Zeit und Distanz der Belege als schwierig zu bewerten sind. Trotz der umfangreichen geografischen und zeitlichen Streuung der Quellen lassen sich dennoch Parallelen finden. Sowohl in Mari und Assyrien als auch in Israel zeigen sich verschiedene Termini zur Bezeichnung prophetischer Aktivitäten. Unter diesen Termini werden Frauen gleichsam wie Männer gezählt. Propheten sind zwar am offiziellen Kult beteiligt, nicht aber exklusiv an den Tempel gebunden. Prophetische Orakel betreffen u. a. historische Umstände und können von politischer Bedeutung sein. Sie werden verschriftlicht, archiviert und ggf. für literarische Werke weiterverwendet.[50]

Was die alttestamentliche Prophetie der Schriftpropheten von den eben angeführten Quellen unterscheidet, ist zum einen die bereits erwähnte Reduzierung und gleichzeitige Ausdeutung des נָבִיא-Titels. Zum anderen unterscheiden sich die atl. Propheten in ihrer Protagonisten-Rolle in den alttestamentlichen, schriftprophetischen Büchern von ihren altorientalischen Kollegen. Darin werden sie dann zu Mittlern zwischen Gott und den Menschen, zu Umkehrpredigern und Warnern. Somit werden ihnen erst in der Überzeichnung ihrer ursprünglichen Aufgabe eigene literarische Werke zuteil. Dieser Umstand gehört wohl ebenso zum überlieferten theologischen Konzept der Prophetie, wie die Gerichtsprophetie. Letztere ist die bedeutsamste und meist diskutierte Differenz der atl. Schriftpropheten zu den Quellenfunden. Auch wenn die mesopotamischen Texte gleichwohl redaktionellen Prozessen unterliefen, gibt es keine altorientalische Parallele zu der in Israel entstandenen, literarischen Verarbeitung von Prophetenworten als Prophetenbücher. Zudem weichen die Schriftpropheten in ihrer Unheilsbotschaft beträchtlich von den mesopotamischen Analogien ab. R. G. Kratz ist davon überzeugt, dass es in Israel und Juda Prophetie altorientalischer Manier gegeben hat, die in den Grundschichten der Prophetenbücher zu erkennen und mittels Literarkritik zu ermitteln sei.[51] So ist auch M. Weippert in seiner Rezension zu M. Nissinens Monographie zur assyrischen Prophetie zu folgen: „Das Eigentümliche

---

49 Vgl. KAI 202, A 11–13, 204f.
50 Vgl. CANCIK-KIRSCHBAUM, Prophetismus, 42f. Sie vermutet, dass der Anlass zur Archivierung bzw. in der Nutzung der nA Sammeltafeln darin bestand, die Prophetensprüche in andere literarische Werke einbinden zu können.
51 Vgl. KRATZ, Das Neue, 9, vgl. in Jeremia in Jer 4,7.11.13.15 f.19–21; 6,1–3.22–26; 8,16.18–23; 9,16–21; 10,19 f–22.

der israelitisch-jüdischen Prophetie (insbesondere der ,Schriftpropheten') ist m. E. aber in erster Linie ein redaktionelles Phänomen, das eine Welt überdeckt, die der altorientalischen ähnlicher gewesen ist, als die uns vorliegenden Texte suggerieren."[52] Die Unheilsbotschaft selbst liefert dabei den Grund zur Verschriftlichung der prophetischen Botschaften, v. a. das darin begründete neue Verhältnis von Gott und Volk und das Prophetenverständnis. Das primäre Ziel besteht darin, durch das angekündigte Gericht und das Hinweisen auf die Sünden des Volkes, das Gottesverhältnis wieder ins rechte Licht zu rücken. Diese Entwicklung hat vermutlich nach 722 v. Chr. begonnen und in der Gerichtsprophetie nach 586 v. Chr. ihre Vollendung gefunden.[53]

Forscher wie E. Blum möchten die Gerichtsprophetie jedoch nicht allein als literarisches Phänomen werten, sondern Israels Eigenheit auch als real historische Gegebenheit darin erkennen. Zur Untermauerung dieser These dient zumeist ein Inschriftenfund aus Tell Deir 'Allā.[54] Es handelt sich dabei um die sogenannte Bileaminschrift, die bereits in Zusammenhang mit den Prophetentiteln kurz genannt wurde und nun ausführlicher zu betrachten ist. Diese Inschrift bietet nicht nur einen weiteren außerbiblischen Beleg für den kultischen Terminus des ḥōzeh, denn Bileam wird darin als 'š ḥ[z]h 'lhn (Mann, Seher der Götter) bezeichnet.[55] Sie beinhaltet auch die Beschreibung einer visionären Katastrophe und wird damit als Vergleich zur atl. Unheilsprophetie angeführt.[56] Bei dem Gebäude in dem die Inschrift entdeckt wurde, handelt es sich Vermutungen nach entweder um eine Schule oder einen Tempel, der jedoch von keiner sesshaften, sondern von einer nomadischen Gruppe genutzt wurde.[57] Die Inschrift datiert vermutlich in das 9./8. Jh. v. Chr.[58] Aus den 1964 ausgegrabenen fragmentarischen Wandputz-Stücken, die

---

52 Vgl. WEIPPERT, Rezension, 286.
53 Vgl. KRATZ, Das Neue, 20. BECKER, Schriftprophetie, 9. BLUM, Israels Prophetie, 96 – 107. Blum nimmt hingegen, insbesondere im Hinblick auf die Bileaminschrift, einen früheren Beginn an. Gänzlich von der Hand zu weisen ist diese Vermutung jedenfalls nicht, wenn man davon ausgeht, dass es sich bei dieser Inschrift um eine Unheilsbeschreibung handelt, die durch eine Rahmenerzählung zur unheilsprophetischen Geschichte gestaltet wird.
54 Vgl. JEREMIAS, Rätsel, 98, Bileam wird oft als „engste Sachparallele" zur Unheilsprophetie verstanden.
55 Vgl. MÜLLER, נְבִיא, 149. KAI 202, A 13 – 15. BLUM, Kombination, 576.
56 Vgl. KRATZ, Amos, 67. JEREMIAS, Rätsel, 98.
57 Vgl. BLUM, Kontext, 36 f., der plausibel macht, warum es sich um eine Schule handeln könnte. Anders SAUER, Deir Alla, 149 f. Sauer hält fest, dass Deir 'Allā mit dem biblischen Sukkoth gleichgesetzt wird. Vgl. WENNING, Heiligtum, 193. Wenning konstatiert, dass auf Tell Alla in der SBZ ein Tempel mit Nebenbauten stand. Den Fundraum hält er für einen Versammlungsraum einer örtlichen Prophetengemeinschaft in der zweiten Hälfte des 9. Jh.
58 Vgl. BLUM, Kombination, 598. VUILLIMIER, Bileam, 151. Vgl. MARGALIT, Balaam, 299. VAN DER TOORN, Scribal Culture, 176. Van der Toorn hält fest, dass die Inschrift Charakteristiken aufweist,

verstreut auf den Böden zweier Räume lagen, wurden zwei Kombinationen erstellt, welche in der Forschung mit DAPT Komb. I und II abgekürzt werden.[59] Die erste der beiden lässt sich gut rekonstruieren, ist jedoch nur äußerst lückenhaft erhalten. Nur in dieser wird Bileam genannt. Die zweite Kombination ist bis heute nicht ausreichend bearbeitet und übersetzt, weshalb der Inhalt nicht eindeutig ermittelt werden kann. Festzuhalten ist jedoch, dass beide Kombinationen Freiraum und Schwierigkeiten hinsichtlich ihrer Interpretation aufweisen und bislang nicht konsensfähig übersetzt werden konnten.[60] Der Text der Kombination I besteht aus zwei Teilen: Einerseits aus der Erzählung eines Zerstörungsszenarios, welches nach E. Blums Zählung die Sätze 2*-32* umfasst, andererseits aus einer „diskursive [n] Darstellung einer chaotischen Welt" (33*-65*, nach E. Blum).[61] Im ersten Teil wird davon berichtet, dass des Nachts Götter zu Bileam kommen und ihn beauftragen etwas kundzutun. Der konkrete Inhalt der Kundgebung ist leider nicht erhalten. Am nächsten Morgen weint und fastet Bileam, offenbar aufgrund des Gesehenen. M. Weippert interpretiert dieses Verhalten dahingehend, dass Bileam mit seinem Handeln den göttlichen Zorn abzuwenden versucht, jedoch sind seine Mühen vergeblich, weil das Unheil bereits beschlossen ist.[62] Aufgrund seines Weinens und Fastens wird Bileam vom Volk befragt. Er berichtet ihnen, dass die Götterversammlung vor der Sonnengöttin stand und diese beschlossen hat, Finsternis und Schrecken zu bringen. Die Versammlung bat die Sonnengöttin daraufhin, nicht für „immer zu zürnen."[63] Bileam fungiert hier als Mittler zwischen irdischer und göttlicher Sphäre.[64] Damit ist der erste Teil der Komb. I beendet. Es folgt eine sehr fragmentarische Beschreibung einer „verkehrten Welt",[65] die sich vor allem auf das Verhalten der Tiere bezieht; nur wenige Strophen beziehen sich

---

die vermuten lassen, dass die Worte ursprünglich auf einer Rolle in Form einer Sammlung vorlagen.

59 Vgl. BLUM, Kombination, 573. Die Abkürzung steht für Deir ʻAlla Plaster Text (DAPT).

60 Vgl. SAUER, Deir Alla, 146. VUILLEUMIER, Bileam, 152. HOFTIJZER, Deir Alla, 139. WEIPPERT, Bileam und das AT, 164. Eine teilweise Übersetzung des vermutlich weisheitlichen Dialoges bietet Blum, vgl. BLUM, Kontext, 31–34; 46–48.

61 Vgl. BLUM, Deir Alla, 592. MARGALIT, Balaam, 297.

62 Vgl. WEIPPERT, Bileam und das AT, 178.

63 WEIPPERT, Bileam und das AT, 168 [156/157], Zeile XXIV. Siehe die Diskussion zur Übersetzung auf der gleichen Seite, Anm. 21. 179 f.: Weippert zufolge versuchen die Götter das Ausmaß der Katastrophe zu begrenzen. Weippert führt an, dass nach Jer 23,18.22 für den wahren Propheten notwendig ist im Rat Jahwes gestanden zu haben.

64 Vgl. BLUM, Israels Prophetie, 92.

65 BLUM, Kontext, 27.

auf die Menschen. Der Abschnitt schließt, gemäß M. Weipperts Übersetzung, mit „Untergang und Trümmer".[66]

Die Bileam-Inschrift der Kombination I trägt eine Überschrift und weist durch den Gebrauch von roter und schwarzer Farbe auf unterschiedliche Textteile hin.[67] Dabei ist der Gottesspruch Els und der damit verbundene Auftrag das Gesehene kundzutun rot dargestellt.[68] Die Frage, inwieweit die Erzählung (2*-32*) und die Chaos-Beschreibung (33*-65*) miteinander zusammenhängen, beantwortet E. Blum wie folgt: Er sieht, auf der Ebene des Endtextes, in 33*-65* eine Begründung für das Gerichtshandeln aus 2*-32*.[69]

Die Deutung der Inschrift Komb. I beruht auf der Beurteilung des Perfekts als *perfectum propheticum*, d. h. in präsentischer Übersetzung. J. Hoftijzer hält fest: „Bejaht man dies, ergeben sich notwendigerweise grundlegende Folgen für die Interpretation." Hiermit verweist er darauf, dass der Text vielfach als Beleg für die Existenz der Unheilsprophetie in Israel zitiert wird.[70] Ob diese, nicht konsensual zu übersetzende, Inschrift einen solchen Beweis erbringen kann, ist jedoch fraglich. E. Blum konstatiert: „A more precise interpretation already proves the latter [the text from Deir ʿAllā] as a kind of tradition literature (*Traditionsliteratur*) which reflects the concept of a prophecy of doom (not directed towards the king)."[71] Dabei ist die Traditionsliteratur ein israelitisches Spezifikum, das offenbar früh begonnen habe.[72] Er hält zudem folgende, resümierende Beobachtungen fest, auf welche kurz einzugehen ist. Erstens setze, so E. Blum, diese Inschrift prophetisches Wirken voraus, das als Gegenüber eine Gemeinschaft hat, zu welcher der Prophet gehört.[73] Zweitens berichtet die Inschrift von einem umfassenden, zerstörerischen Geschehen und keiner „Tagesentscheidung", wie Orakel

---

66 Vgl. WEIPPERT, Bileam und das AT, 169. Anders BLUM, Israels Prophetie, 114.

67 Vgl. WEIPPERT, Bileam und das AT, 175–177.

68 Vgl. WEIPPERT, Bileam und das AT, 177.

69 Vgl. BLUM, Israels Prophetie, 93 f.

70 Vgl. eine Diskussion der unterschiedlicher Postionen zur Tatsache, ob es Unheilsprophetie in Israel gab oder es sich dabei um ein literarisches Phänomen handelt, findet sich bei BLUM, Israels Prophetie, 82–86.

71 Vgl. BLUM, Israels Prophetie, 81.

72 Vgl. BLUM, Israels Prophetie, 85.

73 Vgl. BLUM, Israels Prophetie, 95, Propheten haben wohl altorientalisch unter der Bevölkerung und vielleicht auch den Gelehrten ein positives Ansehen genossen. Anders hat es sich vielleicht mit dem *kalû* verhalten, vgl. K. Lämmerhirt mdl. Es zeigen Sprüche, wie die Gruppe SP 2.97–106, dass die *kalû* unter den Gelehrten nicht unbedingt beliebt waren. Sie haben wohl als eingebildet und oppurtunistisch gegolten. So heißt es in SP 2,97, nach ALSTER, Proverbs, 65: „For a lamentation priest, a field lies close to a house." In SP 2,100 nach ALSTER, Proverbs, 65, heißt es: „A lamentation priest wiped his anus and said, I must not stir up that which belongs to the Queen of Heaven (i. e. Inanna), my lady."

es tun.[74] Man könnte diesen Aspekt gleichsam so werten, dass eben prophetische Orakel auch nicht Anlass oder Grundbestand der Bileaminschrift waren. Drittens, so E. Blum, enthält die Inschrift eine Erzählung eines umfassenden, durch Götter herbeigeführten Unheils.[75] Auch dieser Sachverhalt ähnelt mehr den altorientalischen Klagen als Prophetensprüchen. Des Weiteren führt E. Blum an, dass der Bileamtext die Aufgabe des Propheten als die eines Kommunikators zwischen irdischer und himmlischer Welt profiliert. Altorientalisch sind Propheten reine Übermittler, während die kultische Aufgabe eines Klagpriesters gerade als fürbittende Mittlerschaft zwischen Menschen und Göttern beschrieben werden kann. Blum zieht den Schluss, dass die Verfasser der Inschrift bereits das „Grundmodell eines Gerichtspropheten" kennen und es tradieren. Es handle sich bei dem Bileamtext um eine „prophetische Legitimationsgeschichte",[76] die der weisheitlichen Unterweisung als Lehrstoff gegolten habe.[77] Ob der Terminus „prophetische Legitimationsgeschichte" den vorliegenden Sachverhalt der Bileaminschrift korrekt umschreibt, ist jedoch unsicher. Ist die Rahmenerzählung exakt rekonstruiert, so vermitteln 2–7* jedenfalls gezielt den Eindruck, die Götter hätten Bileam zur Verkündung einer Botschaft beauftragt, bei der es sich auf Endtextebene, d. h. unter Einbeziehung des Gesamttextes, um eine unheilvolle Nachricht handelt.

Unstrittig ist, dass die Bileaminschrift tatsächlich eine sehr fragmentarische, mehrdeutige, literarische Unheilserzählung ist.[78] Dabei liegt eine Unheilsbeschreibung vor, die durch eine Rahmenerzählung zu einer Geschichte um Bileam, den Götterseher, gestaltet wird.[79] Es ist möglich, dass hier der Beginn der litera-

---

74 Vgl. BLUM, Israels Prophetie, 95.

75 Vgl. BLUM, Israels Prophetie, 95.

76 BLUM, Israels Prophetie, 93. Blum räumt jedoch ein, dass die Voranstellung „Lehren der Schrift von Bil'am" nicht direkt in Zusammenhang mit einer Prophetenerzählung zu setzen ist, die Verbindung von Unterweisung und weisheitlicher Erzählung einer chaotischen Welt jedoch schon, vgl. BLUM, Kontext, 29.

77 Vgl. BLUM, Israels Prophetie, 96.

78 Vgl. WEIPPERT, Bileam und das AT, 185 f, vorausgesetzt, beide Texte referieren wirklich auf ein und dieselbe Person.

79 Rote und schwarze Textteile weisen auf unterschiedliche syntaktische Einheiten und ein Textwachstum hin, vgl. BLUM, Kontext, 26, der sich dadurch an ägyptische Darstellungen einer geschnürten Schriftrolle erinnert fühlt. Gegen BLUM, Kontext, 28, der argumentiert, dass es genau umgekehrt sei, dass einer tradierten Erzählung über den Götterseher Bileam, eine Schilderung eines *mundus inversus* zugefügt worden sei und das Ende der Erzählung wegfiel. Diese Theorie vermag jedoch nicht zu klären, warum Bileam in der Schilderung der chaotischen Welt keine Rolle mehr spielt und weswegen der Übergang zu dieser Darstellung eher als holprig zu bezeichnen ist. Viel näher als die Annahme, die Erzählung sei Grundlage und deren Ende wegfallen, liegt daher der umgekehrte Schluss, dass es eine Unheilschilderung chaotischer Zustände gab, die in der

rischen „Gerichtsprophetie" vorliegt, jedoch bietet die Inschrift keinen Beweis dafür, dass es diese auch als real historisches Phänomen gab.[80] Sicher ist, dass mit dieser Wandinschrift ein literarischer Vergleichstext zu den atl. Schriften aus der Levante des 1. Jt. v.Chr. vorliegt.[81] Die Übereinstimmung der beiden Bileam-Figuren aus der Inschrift und aus Num 22–24 liegt darin, dass sie kultische Funktionen innehaben und im Ostjordanland auftreten.[82] Dabei sind die Termini, mit denen ihr Amt benannt wird, different. Während Bileam nämlich in der Überlieferung des Alten Testaments als קֹסֵם (Wahrsager, vgl. Num 22,7; Jos 13,22) bezeichnet wird, ist er in der Inschrift mit ḥōzeh (Seher) tituliert. Der historische Bileam war demnach ein aramäischer Seher des 9. Jh. v.Chr., der nach B. Margalit im Gilead-Tal residierte.[83] Dieser wurde dann durch eine Rahmenerzählung zum Akteur einer Inschrift, die Unheilstopoi aufgreift.

Meiner Meinung nach können sowohl die Bileaminschrift als auch das Jeremiabuch wertvolle Impulse liefern, die Frage nach der Entstehung der Unheilsprophetie neu zu befruchten.

In Jer 36 wird festgehalten, dass in Jojakims viertem Regierungsjahr Jeremia die Worte seiner Verkündigung aufschreiben lässt. Nach Jeremias Diktat hat dessen Schreiber Baruch eine Schriftrolle angefertigt. Diese wird vom König Jojakim verbrannt, woraufhin Jeremia eine andere Rolle genommen, Baruch ein zweites Mal diktiert und, so heißt es am Schluss, diesen Worten viele ähnliche hinzugefügt habe.[84] Somit erklärt die Geschichte, dass das Buch eben durch Fortschreibungen und Ergänzungen entstanden ist.[85]

Rückschau bzw. in der Entstehung dieser Erzählung als vorhergesehen bzw. als angekündigt deklariert wird.

80 Vgl. BLUM, Israels Prophetie, 96.104, der richtig festhält, dass es zwar eine große Nähe zu der atl. Gerichtsprophetie gäbe, aber gleichwohl auch deutliche Unterschiede. Es gibt keine aktuelle Prophetenrede, sondern es handelt sich vielmehr um eine „weisheitlich geprägte Erzählung", so Blum richtig, eine narrativ vermittelte Reflexion. Jedoch ist fraglich, ob hier wirklich über historische Unheilsprophetie reflektiert wird oder über Zerstörungserfahrung allgemein. Die Deutung des Unglücks im Hinblick auf das Tun-Ergehen des Volkes ist theologische Reflexion, die im Zusammenhang mit der Traditionsliteratur steht. Anders BLUM, Israels Prophetie, 102–105.

81 Vgl. BLUM, Kontext, 30.

82 Vgl. HOFTIJZER, Deir Alla, 139.

83 Vgl. MARGALIT, Balaam, 298.

84 Vgl. Jer 36, 31 f.

85 Vgl. BECKER, Schriftprophetie, 15–16. Vgl. SCHMIDT, Jeremia 2, 195. Schmidt meint, die in Jer 36 angekündigte Hinzufügung werde dadurch gerechtfertigt, dass die Kanonformel (Dtn 13,1; 4,2) „aus Rücksicht auf Jer 36,32b nur zur Hälfte (26,2) zitiert [sc.wird], damit 36,32 vorausgesetzt." Dabei wird zudem berichtet, dass die Warnungen und das Mahnen des Propheten vom Gottesvolk ungehört bleiben, der Untergang wird damit unausweichlich. Mithilfe literarkritischer und redaktionsgeschichtlicher Methoden kann C. Levin zeigen, dass es sich bei diesem Kapitel lediglich

Genau in diesem Prozess der Fortschreibung erklärt sich auch die Besonderheit der Prophetie im Alten Testament. Sie besteht darin, dass sie dem Leser
überwiegend als Gerichtsprophetie gegenübertritt.[86] U. Becker konstatiert, dass
die Genese der Prophetenbücher gerade erst mit der Entstehung der Gerichtsprophetie zusammenhängt und folgende Funktion innehat: „Sie [sc. die Ge-
richtsprophetie] ist nichts anderes als der Versuch einer Theodizee: nämlich
darzulegen, dass der Untergang von Kult und König und damit das Ende der
Nationalreligion *selbstverschuldet* ist."[87]

Zudem hat sich gezeigt, dass die den Prophetenbüchern zugrundliegenden
ältesten Sammlungen der Prophetie ein Bild prophetischer Aktivitäten zeichnen,
wie es im ganzen Alten Orient zu finden sind.[88] R. G. Kratz formuliert es wie folgt:
„Mit anderen Worten: Gerade das, was sich aus den allgemeinen Verstehens-
Voraussetzungen ableiten lässt, hat den allergrößten Anspruch auf Authentizität,
alles andere, was davon abweicht, bedarf der Erklärung und ist entweder eine
Innovation des historischen Individuums oder geht auf das Konto der deutenden
Überlieferung."[89] Er bemerkt des Weiteren, dass ein Grundbestand, der aus ver-
einzelten Worten, aus „formgeschichtlich literarisch klar abgegrenzten kleinen
Einheiten" besteht, durchaus gerechtfertigt sei.[90]

U. Becker kommt zu einem ähnlichen Ergebnis und kann zeigen, dass die
meisten alttestamentlichen Bücher in kleinen Segmenten begonnen haben und
nach vorn und vor allem nach hinten gewachsen sind.[91] Außerdem wurden sie
ergänzt und aktualisiert, wobei ein Wechsel von der Heils- in die Unheilsprophetie
stattfand.[92] Der Sachverhalt, dass die meisten Prophetenbücher im Grundbestand

---

um eine Ätiologie der Sünde Jojakims handelt, vgl. LEVIN, Verheißung, 147 f. Vgl. POHLMANN, Ferne,
126, der den Bericht aufgrund seines von ihm als nachexilisch qualifizierten Prophetenver-
ständnisses bereits als historisch unzuverlässig einstuft. BECKER, Schriftprophetie, 15 – 16, versteht
die Erzählung als Zeichenhandlung: Jahwes Worte und damit der Gott selbst werden von der
Staatsoberschicht verworfen, das Gericht wird somit unabwendbar. Sowohl Levin als auch Becker
konstatieren, dass die Texte sehr spät sind.

86 Vgl. BECKER, Schriftprophetie, 3.
87 Vgl. BECKER, Schriftprophetie, 9.
88 Vgl. u. a. BECKER, Schriftprophetie, 16 – 18. KRATZ, Amos, 65 f. DEJONG, Enterprise, 65.
89 KRATZ, Amos, 65.
90 KRATZ, Amos, 74.
91 Vgl. BECKER, Wiederentdeckung, 55 – 57. BECKER, Schriftprophetie, 4 – 18.
92 Vgl. BECKER, Wiederentdeckung, 57. Dieser Umschwung ist nicht biographisch mit der Prophetengestalt zu sehen, sondern als literarisch-redaktionsgeschichtlicher Prozess. Gegen JERE-
MIAS, Rätsel, 105, der sich nicht vorstellen kann, welche Tradenten sich die Freiheit genommen
hätten, Heil in Unheil umzuschreiben. Zudem meint erst, dass so auch die älteren Stadien der
Prophetenbücher nicht erklärt werden können. Vgl. auch BLUM, Israels Prophetie, 96 – 101. Beide
rechnen mit historischer, israelitischer Unheilsprophetie und betonen, dass sich Israel/Juda be-

Heilsprophetie enthalten, entspricht dem Bild der überlieferten Quellen aus Mesopotamien, sowie der Zakkurstele und den Lachisch-Ostraka, die alle überwiegend wohlwollend formuliert sind und vom göttlichen Beistand berichten.[93] Dieser heilsprophetische Ansatz zum Grundbestand und der Entwicklung hin zu einem unheilsprophetischen Buch ist für Jeremia jedoch nur schwer in Anspruch zu nehmen. So enthält das Buch im Grundbestand Klagen.[94] Die offensichtlich heilsprophetischen Passagen der Kapitel Jer 30–33 sind jedenfalls nicht zum Repertoire des historischen Jeremia zu rechnen und erst später hinzugefügt worden.[95] Doch auch die Entstehung des Jeremiabuches erklärt sich im altorientalischen Kontext,[96] jedoch nicht aus dem prophetischen Vergleich heraus, denn Klagen sind keine Prophetie.

Die mesopotamischen Stadtklagen sind ein Beispiel, wie kultische Klagen zur Literaturwerken verarbeitet wurden. Meines Erachtens bieten auch die *Prophezeiung des Neferti* und die Bileaminschrift Exempel, wie Unheilsbeschreibungen und -erfahrungen literarisch, und eben auch in prophetischen Erzählungen, verarbeitet wurden. Es handelt sich um Niederschriften, die eingetretenes Unheil präsentieren und aus denen in ihrer Überarbeitung die Ankündigung eines kommenden Gerichts und die Stimmen zu Worten von prophetischen Gestalten, wie auch bspw. Jeremia, werden. Was hätte sich in Juda besser geeignet als Klagen

---

reits vorexilisch in einer Reihe von Aspekten vom altorientalischen Umfeld unterschied. Vgl. dazu auch die Überlegungen zu Hosea und Amos, BLUM, Israels Prophetie, 105. SCHERER, Gerichtsverkündigung, 3-9.

93 Fällt die Bileaminschrift als Beweis für das (real historische) Phänomen der Unheilsprophetie weg, dann wird es mit religionsgeschichtlichen Parallelen für Gerichtsprophetie schwierig. Vgl. Anm. 80.

94 Vgl. POHLMANN, Ferne, 115–127. LEVIN, Verheißung, 153. Die älteste Schicht ist die in Jer 4–6; 8–9, die „auch in 10–23; 30–31 stets und sei es in Spuren, als das Fundament des Textaufbaus erkennbar ist". Vgl. SCHMID, Buchgestalten, 330—340. Schmid sieht die Anfänge in 4–6*.8–10* (-23) sowie 46–49*. SCHMID, Schriftmetaphorik, 128f. Ob die Unheilsschilderungen gegen Fremdvölker, die in den Kapitel 46–49 (50f) enthalten sind, als heilsprophetisch für das eigene Volk, also für Israel und Juda, zu werten sind, halte ich hier für fraglich. Vermutlich handelt es sich bei den Fremdvölkerorakeln im Grundbestand auch um Widerspiegelungen von Zerstörungserfahrung, die hier als Vorausschau und Ausweitung des Gerichts formuliert sind.

95 Vgl. SCHMID, Schriftmetaphorik, 130f.

96 Zwar ist BLUM, Israels Prophetie, 86, Recht zu geben, dass Analogieschlüsse von Mesopotamien auf Israel/Juda nicht allzu schnell und unreflektiert zu ziehen seien, es spricht jedoch auch wenig dagegen Passung in den altorientalischen Kontext zu postulieren, wenn sie vorhanden ist. Und so verweist auch er im Hinblick auf die Bileaminschrift, dass die Verwendung von roter und schwarzer Farbe an ägyptische Darstellungen einer geschnürten Schriftrolle erinnern, vgl. BLUM, Kontext, 26.

mit ihren Unheilsbeschreibungen, um aus Jeremia den Gerichtspropheten *par excellence* zu gestalten?

R. G. Kratz konstatiert im Zusammenhang mit der Frage: Warum und unter welchen Umständen es in Israel und Juda anders als im ganzen Alten Orient zu einer lang anhaltenden Überlieferungsbildung in Form der Prophetenbücher gekommen ist, dass dem namengebenden Propheten noch immer das erste Anliegen zukommt und dass nur wer die historischen Anfänge kenne, auch die Komplexität der theologischen Auslegung in der Überlieferung richtig einzuschätzen wisse.[97] U. Becker unterstreicht diese Thesen, indem er die Meinung vertritt, dass die Leitautorität des Buches bei aller Schriftaktivität erhalten bleibt und die Frage nach dieser seine Berechtigung hat.[98] Erhebt man aufgrund der Ergebnisse des zweiten Kapitels dieser Arbeit die These, dass Jeremia in seiner historischen Funkion mehr ein *kalû* als ein Prophet gewesen ist, bleibt die Frage offen, warum er in dem nach ihm benannten Werk als Prophet dargestellt ist. Denn während die Aufgabe eines Klagepriesters als fürbittende Mittlerschaft beschrieben werden kann, hat die Gegenprobe im Hinblick auf das altorientalische Prophetenamt gezeigt, dass dabei nicht die Rede von einer Aufgabe der Fürbitte oder des kultischen Klagens sein kann. Das Prophetenamt definiert sich in der Übermittlung göttlicher Botschaften, die Propheten sind dabei ‚Werkzeuge‘ der Götter. Somit lassen sich die religiösen Fachgebiete des Klagekults und der Prophetie eindeutig unterscheiden und sie sind zudem in unterschiedlichen Textgattungen überliefert. Das Alte Testament scheint die altorientalische Vielfalt an kultischen Ämtern jedoch zugunsten des Prophetentums zu übermalen. Es ist folglich zur Beantwortung der Frage, wie das Jeremiabuch zum Prophetenbuch wurde, nicht nur zu prüfen, wie sich ein solcher Prozess vollzogen haben kann, sondern auch wie das Prophetentum und Jeremia als Prophet in diesem Buch dargestellt werden.

4.1.2 Jeremia – Der Prophet und die Propheten

Dieses Kapitel setzt sich mit der Frage auseinander, wie die erbrachten Ergebnisse folglich im Hinblick auf die Beschreibung der Person Jeremia nutzbar gemacht werden können und was daneben das Prophetenbuch selbst zur Analyse des Prophetenamtes beitragen kann. Das Jeremiabuch bietet innerhalb der Prophetenbücher die meisten Belege für das Nomen נָבִיא (Prophet) und das Verb נבא (prophezeien) und ist insofern von zentraler Bedeutung für die Untersuchung zum

---

97 Vgl. Kratz, Amos, 55.
98 Vgl. Becker, Wiederentdeckung, 47.

Prophetenverständnis.[99] Beginnend mit Jer 1,5 wird Jeremia als zum נָבִיא berufen vorgestellt.[100] Der Titel הַנָּבִיא (der Prophet) ist ab Jer 20,2 häufig für Jeremia belegt.[101] Dabei kommt es in der im Buch beschriebenen Auseinandersetzung hinsichtlich der wahren und falschen נְבִאִים (vgl. Jer 14,13 – 16; 23, 9 – 32[40]) in Ansätzen zu einer Reflexion Jeremias als נָבִיא (Prophet).[102] Zudem besteht eine Beziehung zwischen der Prophetendarstellung im Jeremiabuch und dem Prophetengesetz im Dtn, die es zunächst zu erörtern gilt.

Nach dem Prophetengesetz in Dtn 18,9 – 22, d. h. nach der dtr redigierten heute vorliegenden Fassung, ist ein נָבִיא (Prophet) nach dem Vorbild Moses, als Gegensatz zu Mantikern und Magiern zu verstehen.[103] Zudem beinhaltet das Gesetz, dass ein Prophet dann zum Tode verurteilt werden soll (Dtn 18,20), wenn er nicht auf Jahwes Befehl hin prophezeit.[104] Des Weiteren enthält das Gebot ein Kriterium, an dem sich wahre Prophetie messe, nämlich an ihrem Eintreffen. Das von Jahwe beglaubigte Wort wird also an seiner Bewahrheitung erkannt (Vgl. Dtn 18,22 und Jer 28,8 f, mit anderer Akzentsetzung). Zudem ist das Schicksal des Volkes gebunden an den Gehorsam gegenüber Jahwe (Dtn 18,19).[105]

Das Prophetengesetz in Dtn 18,9 – 22* steht in enger Verbindung zum Jeremiabuch. Im Hinblick darauf, wie die Abhängigkeit der Beziehung zu bewerten ist, ist Matthias Köckerts Untersuchung, welche diejenige W. H. Schmidts aufgreift, grundlegend.[106] M. Köckert analysiert in seinem Aufsatz zum ‚literarhistorischen Ort' des Prophetengesetzes die Beziehungen zwischen Dtn 18,13 und dem Jere-

---

99 Vgl. MÜLLER, נָבִיא, 157. Insgesamt sind 95 Belegstellen für das Nomen zu zählen, vgl. JEREMIAS, נָבִיא, 7 f.

100 Vgl. JEREMIAS, נָבִיא, 15. BARDTKE, Fremdvölkerprophet, 212. Bardtke hält den Berufungsbericht (noch) für ursprünglich, da die Selbstbezeichnung als ‚Prophet' für ihn nur am Anfang des Wirkens Jeremias möglich gewesen sein kann.

101 Vgl. MÜLLER, נָבִיא, 158, vgl. Jer 29,29; 32,2; 25,2; 29,1; 34,6.

102 Vgl. MÜLLER, נָבִיא, 157.

103 Vgl. MÜLLER, נָבִיא, 158. Vgl. SEITZ, Moses, 7 – 23. Kohn hält dieses Urteil im Hinblick auf Ezechiel ebenso für begründet, vgl. KOHN, Ezekiel, 236 – 254. O'Kane versucht das für Jesaja zu beweisen, O'KANE, Footsteps, 21 – 51. Dabei konzentrieren sich die Untersuchungen auf unterschiedliche Aspekte, bei Jeremia auf die Mittlerrolle, bei Ezechiel auf die visionären Erfahrungen und bei Jesaja auf dessen letzte Worte.

104 Vgl. MÜLLER, נָבִיא, 158. Vgl. Dtn 18,20.22; Jer 14,15 (nach Müller ‚dtr'), vgl. auch Jer 23,25 – 28.32; 27,9; Ez 33,33; Sach 1,6.

105 Vgl. JEREMIAS, נָבִיא, 24.

106 Das Prophetengesetz Dtn 18,9 – 22 im Kontext erzählender Literatur, in: Deuteronomy and deuteronomic literature, Festschrift C. H. W. Brekelmans, hg. v. u. a. M. Vervenne, EThL 133, Leuven 1997. KÖCKERT, Matthias, Zum literargeschichtlichen Ort des Prophetengesetzes Dtn 18 zwischen dem Jeremiabuch und Dtn 13, in: Liebe und Gebot. Studien zum Deuteronomium hg. v. R. G. Kratz/ H. Spieckermann/L. Perlitt, FRLANT 190, Göttingen 2000.

miabuch, speziell Jer 1,7–9.[107] In diesem Gesetz kündigt Mose einen Propheten an, welchen Gott aus der Mitte Israels erstehen lassen wird und der dem mosaischen Vorbild entsprechen wird.[108] Dabei wird Mose als „Überprophet"[109] gezeichnet. Ihm gegenüber stehen eigenmächtige Propheten und Traumdeuter als Gegensatz.[110]

Die Entstehungsgeschichte des Gesetzes beurteilt M. Köckert wie folgt: Dtn 18 setzt den Jeremiatext voraus und Dtn 13 greift auf Dtn 18 zurück.[111] In Bezug auf die literarische Beziehung zwischen dem Dtn und dem Jeremiabuch kommt er zu folgendem Ergebnis: Mit seiner Prophetenvorstellung bezieht sich Jer 1 auf Jes 6 und geht Dtn 18,18, das wiederum Jer 1 aufgreift, voraus.[112] Dabei führt er zwei, vor allem sprachliche, auf einer literarkritischen und redaktionsgeschichtlichen Untersuchung basierende, Argumente an: 1) Die Wendung „Ich gebe meine Worte in seinen Mund" die unter Verwendung des Verbums נתן im AT singulär vorkommt, ist in Jer 1,9b unmittelbar in den Kontext eingebunden und nicht davon zu lösen, in Dtn 18 hingegen ist dies nicht der Fall.[113] 2) Die Formulierung: „Er wird zu ihnen reden, alles, was ich ihm gebiete" ist ein „Kondensat" aus Jer 1,7–9, das in Dtn 18 verwendet wird.[114] M. Köckert hält gleichzeitig fest, dass die angeführten Jeremiabelege zu jüngeren Fortschreibungen des Buches zählen.[115] Dennoch setzte das Prophetengesetz mit seiner Festlegung zur wahren und falschen Prophetie

---

107 Vgl. Köckert, Prophetengesetz, 89.

108 Vgl. Köckert, Prophetengesetz, 81. , Observations, 17–27. Holladay versteht Jeremia von Dtn 18,18 her und zeigt Parallelen zwischen Dtn 32 und 15,16 auf.

109 Vgl. Köckert, Prophetengesetz, 82.

110 Vgl. Köckert, Prophetengesetz, 84. Beschreibt hier doppelte Nutzung des Verbums קום in 13a und 18,18–20. So stehen Traumdeuter und eigenmächtige Propheten vor Götzen auf, wie der Prophet nach Mosevorbild vor Jahwe zu eben diesem erhoben wird. Seitz, Moses, 6 f. Seitz sieht in Mose das Vorbild des Fürbitters in Dtn 18, dabei versteht er die FB als integralen Bestandteil Moses Aufgabe.

111 Vgl. Köckert, Prophetengesetz, 84–85. Er erhebt drei literarkritische Gründe, warum Dtn 13, 2–6 von Dtn 18–22 abhängt und diesem somit zeitlich nachgeht.

112 Vgl. Köckert, Prophetengesetz, 93. Gegen Knobloch, Prophetentheorie, 279. Knobloch nimmt an, dass der Ausgangspunkt der Problematik um wahre Prophetie in Dtn 13,2–6* in einer Rezeption der nA adê-Eide liegt. Er schreibt, dass die „[...] vordtr Gestalt von Dtn 13,2–6* als subversive Rezeption der neuassyrischen Thronfolge-adê Asarhaddons nicht nur der älteste Beleg für die Prophetenthematik im Deuteronomium ist, sondern Jer 14,14–16; 23,9ff.; 27.29 die dtr Redaktionsgestalt von Dtn 13,2–6 und Dtn 18,9–22 voraussetzen und rezipieren, [...]". Die Annahme basiert auf dessen Lehrer Eckart Otto, vgl. Otto, Politische Theologie 57–87.

113 Vgl. Köckert, Prophetengesetz, 86–88.

114 Vgl. Köckert, Prophetengesetz, 88–90.

115 Vgl. Köckert, Prophetengesetz, 91.

einen Sachverhalt voraus, der im Jeremiabuch seinen genuinen Ort hat.[116] An Stelle anderer divinatorischer Techniken tritt für Israel, dem Gesetz zufolge, der Prophet nach Mosevorbild.[117] Gesetz und Propheten werden hier zu den entscheidenden Größen, dabei legitimiert das Gesetz die Propheten.[118] Zudem wird eindeutig geregelt, dass das Prophetenamt in der Rangfolge nach der Thora stehe und deren Auslegung als Aufgabe habe.[119] Das Prophetenwort ist Gotteswort, der Prophet ist lediglich der Bote.[120] Er besitzt die Aufgabe, vor dem Ungehorsam gegenüber Gott und den daraus entstehenden Folgen zu mahnen und zu warnen.[121] Dieser Umkehr-Ruf wird jedoch erst in Jeremiabuch laut.[122] Somit besteht eine Wechselbeziehung zwischen der Popheten-Darstellung im Dtn und im Jeremiabuch, die sich auch in den einzelnen Propheten-Charakterisierungen innerhalb der jeremianischen Texte widerspiegelt.[123]

Im Buch Jeremia werden, vor allem in den Kapiteln 27–28, zwei Klassen von Propheten beschrieben, die jeweils unterschiedliche Entstehungsgeschichten haben.[124] Es ist zwischen den Propheten des Gerichts und den Kultpropheten oder sog. שָׁלוֹם-Propheten zu unterscheiden.[125] Jeremia selbst wird als Oppositionsfigur und einzig wahres Sprachrohr Jahwes portraitiert, da sich das Unheil als bereits eingetroffen bewahrheitet hat.[126] M. J. De Jong analysiert in einem 2001 erschienen Aufsatz die Nomen נביא (Prophet) und נבאים (Propheten) im Jeremiabuch.[127] Im

---

116 Vgl. Köckert, Prophetengesetz, 88.

117 Vgl. Köckert, Prophetengesetz, 93.98. Schmidt, Prophetengesetz, 57, Dtn 18,9–22 steht im Kontext erzählender Literatur.

118 Vgl. Köckert, Prophetengesetz, 100. Schmidt, Prophetengesetz, 69. Schmidt sieht den Sachverhalt so, dass das dtn Gesetz durch die historischen Erfahrungen mit dem Propheten Jeremia (oder mit der, dem Namen verbindenden, Überlieferung) weiter ausgebaut wurde und auf die Geschehnisse mit ihm nach dem Exil reagiere.

119 Vgl. Köckert, Prophetengesetz, 98.

120 Vgl. Köckert, Prophetengesetz, 99.

121 Vgl. Köckert, Prophetengesetz, 99.

122 Vgl. Köckert, Prophetengesetz, 99 f. Vgl. Jer 18,11; 25,5–7: 26,2 f; 35,15; 36,2 f. Köckert führt an, dass man Propheten nach diesem Vorbild in der dtr Geschichte von David bis Zedekija vergebens suche, erst in der jüngen Geschichtsreflexion in 2 Kön 17,12–20, werden sie als Warner und Umkehrprediger gezeichnet. Clements, Prophecy, 108 f, hält 2 Kön 17,7–23 für eine Reflexion des Nordreichzusammenbruchs.

123 Vgl. dazu die Untersuchungen von Aurelius, Fürbitter, 1–210, der die Funktion Moses als Fürbitter analysiert und diesem Zusammenhang auch dessen Beziehung zu den Propheten.

124 Vgl. DeJong, Jeremiah not among, 484.

125 Vgl. DeJong, Jeremiah not among, 484.

126 Vgl. DeJong, Jeremiah not among, 483.

127 DeJong, Why Jeremiah is Not Among the Prophets. An Analysis of the Terms נביא and נבאים in the Book of Jeremiah, JSOT 35/4 (2011), 483–510.

Vergleich von MT und LXX kristallisiert er 57 Belege heraus, die wohl beiden ursprünglich gemein sind.[128] Dabei unterscheidet er drei Gruppen: 1) Die Texte in denen gegen die Heilspropheten propagiert wird und Jeremia als von diesen isoliert erscheint. Sie bilden die insgesamt größte Textgruppe.[129] In dieser Textgruppe werden die נְבִיאִים (Propheten) u. a. beschuldigt שֶׁקֶר (Lüge/Täuschung) prophezeit zu haben (נבא Nif.),

2) Die Gruppe derjenigen, in denen die Propheten als von Jahwe gesandt und mit עֲבָדַי (meine Knechte) bezeichnet werden.[130] In diesen Textpassagen wird Jeremia nicht explizit genannt, es wird jedoch im textlichen Umfeld der Belege deutlich, dass er einer von ihnen war und damit in einer Linie mit Mose steht. Dies vollzieht sich in einer Zeit der Rebellion gegen Jahwe, in der nun endgültig der unabwendbare Zorn erreicht ist.[131] Hierbei werden die Propheten als Umkehrprediger für das Volk und Sprachrohre Gottes gegen die Führungsschicht beschrieben.

In Bezug auf die ersten beiden Gruppen stellt M. J. De Jong richtig fest, dass sowohl die einen als auch die anderen Texte thematisch auf die Propheten im Allgemeinen verweisen und abgesehen von Jer 26 und 29 in unabhängigen literarischen Einheiten erscheinen.[132] Er untersucht die Passagen in denen beide Bilder verschmelzen (Jer 26,5 – 6.7 – 16 – 20 und 29,1.8 – 9.15.21 – 23) und kommt zu dem Ergebnis, dass es sich um späte Einfügungen handeln muss, die ursprünglich nicht beide Bilder vereinten.[133] Sie sind vielmehr unabhängig voneinander entstanden.[134] Dabei ist das Bild der Knechte Jahwes deuteronomistisch geprägt.[135] Es steht in Zusammenhang mit der Darstellung des gegen Jahwe rebellierenden Volkes, d. h. bereits einer theologischen Deutung der Unheilsursache. Das Bild fungiert als Erklärung der Zerstörungserfahrung von 587/6 v. Chr. und gehört zu einem späten Stadium des Prophetenbuches, ist also spätexilisch oder nachexilisch.[136] Weil die Leute nicht auf die von Gott gesandten Knechte hörten, sind sie nun dem Untergang geweiht, indem sich der göttliche Zorn über sie ergießt.

---

128 Vgl. DEJONG, Jeremiah not among, 488 f.
129 Vgl. Jer 2.8.26; 4.9; 5,31; 6,13; 8,1; 13,13; 14,13.14.15.18; 18,18; 23,9.11.13.14.15b.16.21.25.26.28.30.31.33.34; 26.7.8.11.16; 27,9.14.15.16.18; 28,1; 29,1.8.15; 32,32; 37,19
130 Vgl. Jer. 7,25; 25,4; 26,5; 35,15; 44,4. Vgl. DEJONG, Jeremiah not among, 489 f.
131 Vgl. DEJONG, Jeremiah not among, 490. OVERHOLT, History, 3.
132 Vgl. DEJONG, Jeremiah not among, 496. 498.
133 Vgl. DEJONG, Jeremiah not among, 496.
134 Vgl. DEJONG, Jeremiah not among, 498.
135 Vgl. DEJONG, Jeremiah not among, 499 f. Vgl. Jer 7,25; 11,7.
136 Vgl. DEJONG, Jeremiah not among, 499 f.

Fünf weitere Texte auf der Ebene der heutigen End-Textgestalt bilden Gruppe Nummer 3): Sie benennen Jeremia direkt als Propheten (יִרְמְיָהוּ הַנָּבִיא).[137] In diesen Textabschnitten ist nicht die Rede von Gegenspielern oder anderen Propheten. Jeremia wird vielmehr allein in seiner prophetischen Aufgabe präsentiert. Den Kontext dieser Charakterisierung stellen die babylonische Belagerung und das Gericht über die Völker dar. Die Texte gehören zu einer späten postexilischen Ebene des Buches.[138] Folgende Texte gehören zu dieser dritten Gruppe: Jer 1,4–10, in der Jeremia zum Propheten der Völker berufen wird, sowie Jer 42,1–43,7, 45,1–5 und 51,59–64, die vom weltweiten Gottesgericht handeln. Sie sind allesamt späte Erweiterungen der Jeremiatradition.[139] Jeremia ist darin ein autoritativer Prophet, der das Jahwewort und dessen Konditionen proklamiert und im Falle des Nicht-Hörens Gericht verkündet.[140] Die Abschnitte sind sprachlich verbunden: So finden sich sowohl in Jer 1,10 als auch in Jer 42,10; 45,5 die Verben ausreißen (נתש), niederwerfen (נתץ), zerstören (אבד), abbrechen (הרס), bauen (בנה) und pflanzen (נטע).[141] Dieser „Refrain" beschreibt Jeremias Programm der positiven und negativen Botschaft.[142] Unabhängig von der Eintragung des Prophetentitels vermutet M. J. De Jong in den Erzählungen um die babylonische Belagerung die früheste Jeremiatradition.[143] Jeremia tritt hierin zum Wohl der Gesellschaft ein und proklamiert die Unterwerfung unter die babylonische Herrschaft.[144] Dabei ist er also eine prophetische Figur, die in Übereinstimmung mit altorientalischen „Berufskollegen" das Beste für die Gesellschaft will, behauptet M. J. De Jong.[145] Doch auch wenn darin historisches oder authentisches Jeremia-Gut enthalten sein mag, der Titel des נָבִיא wurde erst später hinzugefügt.[146]

---

137 Vgl. DEJONG, Jeremiah not among, 490. Jer 1,5; 42,2; 43,6; 45,1; 51,59 in MT, Jer 1,5; 49,2; 50,6; 51,31; 28,59 in LXX.

138 Vgl. DEJONG, Jeremiah not among, 490.

139 Vgl. DEJONG, Jeremiah not among, 491f.

140 Vgl. DEJONG, Jeremiah not among, 495.

141 Vgl. DEJONG, Jeremiah not among, 495.

142 Vgl. DEJONG, Jeremiah not among, 495. WILKE, Gebet, 17. Der Vers referiert gleichermaßen auf Heils- und Unheilsprophetie durch die Dynamik von Gericht und Heil.

143 Vgl. DEJONG, Jeremiah not among, 503. Vgl. Jer 1,5; 42,2; 43,6; 45,1; 51,59 in MT, Jer 1,5; 49,2; 50,6; 51,31; 28, 59 in LXX.

144 Vgl. DEJONG, Jeremiah not among, 506.

145 Vgl. DEJONG, Jeremiah not among, 506. Die Frage ist, welche „Berufskollegen" gemeint sind, denn Propheten im AO, das hat die Untersuchung in Kapitel 4.1.1 ergeben, sind nur Orakelübermittler, die königstreue, scheinbar heilvolle Botschaft stammt von den Göttern und ist nicht Absicht der Propheten. Im Gegensatz dazu führt der *kalû* ja gerade zum Schutz vor einer Zerstörung des Landes und des Volkes seine Klagen auf und ist diesbezüglich viel mehr selbst am Wohle und Ergehen der Bevölkerung interessiert.

146 Vgl. Kapitel 3.2. HARDMEIER, Prophetie im Streit, 174–244.

Das Bild der ersten und umfangreichsten Textgruppe, das der Propheten als Lügner, ist Jeremia eigentümlich bzw. hat seinen Ursprung im Jeremiabuch.[147] Daher ist diese Darstellung der Propheten von besonderem Interesse für die vorliegende Untersuchung, die sich im Hinblick auf Jeremias Amt als Fürbitter und Kläger auch mit dessen Darstellung als Prophet auseinandersetzt. Dazu ist es unabdingbar, das genuin jeremianische Verständnis zum Prophetenamt zu verstehen, das in diesen Texten geäußert wird. Die Analyse erfolgt anhand der Textstellen Jer 4,9 – 10; 8,15 und 14,18b im nun folgenden Abschnitt.

Diese Textauswahl begründet sich im Inhalt und Kontext der Verse. Jer 4,9 – 10 steht im Kontext der Ankündigung vom ‚Feind aus dem Norden' in 4,5 – 18. Ähnlich verhält es sich mit Jer 8,15. Auch dieser Vers geht den Versen in Jer 8,16 – 17, sowie der Klage in 8,18 – 23, welche jeweils die Thematik um den Feind aus dem Norden aufgreifen, voraus. Vers 14,18b gehört zu einer Klage (Jer 14,17 – 18), welche nicht nur derjenigen in Jer 8,19 – 23 nahesteht, sondern auch den Kern des Kapitels 14 darstellt.[148] Meines Erachtens kennzeichnen insbesondere diese Texte den Ausgangspunkt zur Auslegung der Propheten als Lügen(שֶׁקֶר)-Propheten und somit den Beginn einer im Buch entfalteten Thematik um wahre und falsche Prophetie.

Die Verse Jer 4,9 – 10 folgen auf die Ankündigung des Feindes aus dem Norden, in 4,5 beginnend und durch Setuma nach 4,8 abgegrenzt.[149] Ob die Verse noch dem vorherigen Abschnitt zugeordnet werden können oder eine eigene Einheit bilden, ist umstritten.[150] G. Wanke hebt für 4,9 einen klaren Bruch zum vorhergehenden Text hervor.[151] Nicht nur wegen der Einleitung, sondern auch durch die Unterbrechung der Unheilsankündigung infolge der „Überlegungen über die Verantwortung für das kommende Geschehen" sei die Abtrennung auszumachen.[152] Bei

---

147 Vgl. die zweite, soeben vorgestellte Textgruppe.

148 Vgl. Kapitel 3.2, siehe Analyse von 14,11.

149 Vgl. FISCHER, Jer 1 – 25, 215: „Die Zeit und JHWH-Spruchformel in V.9 markieren den Beginn eines neuen kleinen Abschnitts, sind aber zugleich inhaltlich mit dem vorausgehen verbunden, das sie vertiefen". REVENTLOW, Liturgie, 127 – 132, Jer 4,10 wird von Reventlow als „fürbittende Klage" bezeichnet, die nur auf Basis eines kultischen Gattungshintergrundes verstehbar sei.

150 Vgl. FISCHER, Jer 1 – 25, 215 f. DUHM, Jeremia, 49 f, Fischer und Duhm sehen in 4,9 einen neuen Abschnitt beginnen. McKANE, Jeremiah I, 93., deklariert für die Verse, dass es keine ursprüngliche intrinsische Verbindung zwischen 5 – 8 und 9 gibt, aber eine thematische Gemeinschaft. Er versteht die Einleitung הָיָה בַיּוֹם־הַהוּא als Vorschaltung mit der Intention 9bc in die Zeit des Unglücks von V.6b-8 zu verweisen.

151 Vgl. WANKE, Jeremia 1, 60.

152 WANKE, Jeremia 1, 60. Er sieht die Thematik bereits im Umfeld dtr Theologie und 4,9 als bereits von späteren Stellen beeinflusst, in dem er dtr Erweiterungen wie 1,18; 2,26; 8,1 aufzählt. Diese bilden jedoch gerade nicht den Ursprungsort der hiesigen Eintragung, sondern es stellt sich der Fall genau umgekehrt dar.

näherer Betrachtung zeigt sich jedoch, dass G. Wankes veranschlagte Intention des Verses nicht zutreffend ist. Es geht in ihnen nicht um Verantwortung, sondern allein um eine weiterführende Beschreibung der Situation im Unheil bezogen auf bestimmte Personengruppen.

Der Vers 9a wird mit einer Jahwespruchformel und einer Zeitpunktbeschreibung eingeleitet: „An jenem Tag (בַּיּוֹם־הַהוּא) wird vergehen das Herz des Königs und das Herz der Beamten." Weiter heißt es: „Und erschaudern werden (שׁמם Perf. cons. Nif)[153] die Priester und die Propheten werden erstarren (תמה Impf Qal)[154]." Diese chiastische Wendung ist singulär im ganzen Alten Testament und ist daher unabhängig und nicht als Eintragung aus anderen Stellen wie 2,26; 1,18; 8,1 zu verstehen,[155] sondern in ihrem Kontext. Priester und Propheten erscheinen besonders im Jeremiabuch als Gruppe, die am Tempel zusammen über die Verkündigung wachen.[156] Diese Zusammengehörigkeit spiegelt sich auch in den Threni wider, dort wird rhetorisch gefragt, ob sie zusammen am Heiligtum erschlagen (Klgl 2,20) werden dürfen.[157] Zudem ähneln sich Aussagen in Klgl 1,4 und in Jeremia. So Seufzen die Priester in Klgl 1,4 (כֹּהֲנֶיהָ נֶאֱנָחִים) aufgrund der Unheilssituation im Land, weil die Tore Jerusalems menschenleer (שׁוֹמֵמִין/שׁמם Prtzp. Qal) sind. Auch in Jeremia erzittern die Priester aufgrund des Unglücks, durch das die Städte ohne Bewohner sind (מֵאֵין יוֹשֵׁב, Jer 4,7). Dabei steht das Erschaudern (שׁמם, Nif. auch ‚öde machen' vgl. u. a. Jer 10,25) der Propheten (Jer 4,9) in Verbindung zur Verwüstung in V.4,7b, bei der die Zerstörer erscheinen, um das Land zur Wüste (שַׁמָּה) zu machen.

Es erfolgt an dieser Stelle keinerlei Wertung des kultischen, priesterlichen oder prophetischen Amtes und kein Vorwurf an sie,[158] wie er bspw. im Targum anklingt, wenn dort statt „erstarren" mit „die Propheten lügen, sie zu verwirren" (וּנְבִיֵּי שִׁקְרָא יִשְׁתַּעְמְמוּן) übersetzt wird. Meines Erachtens folgt der Vers Jer 4,9aβ.b. daher ursprünglich auf Jer 4,7 und vollendet die dortige Unheilsschilderung in Bezug auf die kultische Personengruppe. Dabei wird die Zeitform des Imperfekts in V.9 (אבד) aus V.7 aufgegriffen und in der, das Imperfekt aufgreifenden, Zeitstufe des Perf. cons. fortgeführt. Dieser ursprüngliche Zusammenhang wurde dann zur

---

153 Das ist Verb nur noch belegt in Lev 26,22; Jer 4,9; Ez 4,17; 6,4; 30,7; Am 7,9. Vgl. FISCHER, Jer 1–25, 215.

154 Vgl. In Form und Kontext passend nur mit dem Beleg in Jes 13, 18 vergleichbar. Das Verb ist sonst nur noch 9-mal belegt, Gen 43,33; Hi 26,11; Ps 48,6; Pred 5,7; Jes 13,8; 29,9; Jer 4,9; Hab 1,5.

155 Gegen WANKE, Jeremia 1, 60.

156 Vgl. JEREMIAS, נָבִיא, 10. Vgl. Jer 26,7 ff.

157 Vgl. JEREMIAS, נָבִיא, 10.

158 Vgl. HOSSFELD, Prophet gegen Prophet, 63. Es wird kein Vergehen der Berufskollegen genannt, sondern nur gesagt, dass sie den festen Boden unter den Füßen verlieren und dass ihre Illusionen wie Seifenblasen platzen werden.

Gestaltung eines imperativischen Rahmens durch die Eintragung von V.8a, der sich inhaltlich auf V.7 bezieht, ergänzt und durch 8b erweitert. Erst durch die Abspaltung von V.9aβ.b. von V.7 erfolgt die einleitende Vorschaltung von V.9aα und die nachträgliche Ausdeutung durch V.10. Die ursprüngliche Aussage war jedoch, dass die Städte zerstört werden und nicht nur die Bewohner, sondern auch die Herzen des Königs und der Obersten vergehen werden und das Kultpersonal ebenso von der Zerstörung betroffen ist.

Im vorliegenden Kontext ist der Vers 9aα jedoch redaktionell zu einer Einheit 4,9–10 verknüpft und damit zum Ausgangspunkt einer theologischen Problematik um die Heilspropheten gemacht worden, die erst in späteren (dtr) Zusätzen ihren vollen Umfang erhält. Mit Vers 10 erfolgt ein Wechsel von der Poesie (4,5–9) zur Prosa (4,10).[159] Dabei setzt der Vers in MT und LXX Codex Alexandrinus unterschiedlich ein. Während die griechische Übersetzung ein pluralisches Verbum bietet (καὶ εἶπαν), verwendet MT hier den Singular (וָאֹמַר).[160] Durch die pluralische Einleitung schließt sich V.10 direkt V.9b an, wodurch die genannten Propheten und/oder Priester „sagen werden: ‚Ah Herr Jahwe/אֲהָהּ אֲדֹנָי יְהוִה‘.“ Im hebräischen Text äußert dies ein Sprecher, der vom Kontext ausgehend, Gott oder der Prophet sein könnte.[161]

Daraus resultierend bleibt festzuhalten, dass die griechische Übersetzung V.10 zum Ausgangspunkt der Thematik bzgl. der Unheilspropheten erhebt, indem sie hier das Kultpersonal sprechen lässt. Im weiteren Verlauf beinhaltet der Vers den Vorwurf, dass das durch Jahwe angekündigte Heil lediglich ein Trugbild gewesen sei, weil er das Gericht ohnehin bereits beschlossen hat (vgl. V.11 f).[162] Demzufolge liegt hier keine Verurteilung von Heilspropheten vor, sondern es wird erzählt, dass Heil zu verkünden Jahwes Botschaft durch die Propheten gewesen ist, doch er selbst habe die Botschaft durch den Unheilsbeschluss außer Kraft gesetzt.[163] Vers 10 ist als Anschluss an V.9 als sekundär zu beurteilen. Er wirft die Frage auf, weshalb die von Jahwe gesandten Heilspropheten Unrecht hatten und das Unheil eingetroffen ist. Der Vers enthält jedoch keine Wertung der prophetischen Aufgabe

---

159 Vgl. McKane, Jeremiah 1, 93, sieht hier die Indikation für die Unabhängigkeit des Verses. Tiemeyer, Priests, 247.

160 Vgl. Tiemeyer, Priests, 248.

161 Vgl. Tiemeyer, Priests, 248.

162 Vgl. Pohlmann, Ferne, 79, stellt fest, dass auch in 4,10 das Heilswort auf JWHW selbst zurück geht und sich mit der Frage auseinandersetzt, ob angesichts des eingetroffenen Unheils nach 587 auch die Heilsansagen obsolet geworden seien.

163 Gegen Wanke, Jeremia 1, 61, der hierin die von dtr Theologen gestellte Frage sieht, ob Jahwe bewusst Heil verkünden ließ, um sein Volk zu täuschen. Vgl. Dtn 13,1–6; 1 Kön 22, 13–23; Ez 14,9. Wanke deutet den Vers mittels LXX Lesung für 10a und in Zusammenhang mit 9b10a ganz in einer späten Theologie und Problematik, die in 9b10.a nicht in ihrer Entfaltung enthalten ist.

und ihrer Verkündigung, sondern eine Anklage Gottes. Zum redaktionellen Ausgangspunkt der Thematik von den Heilspropheten als Lügenpropheten wird Jer 4,9 – 10 erst durch die Verwendung der 1. Ps. Sg., der diese Anklage in den Mund gelegt wird.[164] Nicht zufällig steht die Einleitung „Ach Herr, Jahwe (אֲהָהּ אֲדֹנָי יְהוִה)" in Jer 1,16; 14,13; 32,17, ebenso gesprochen durch eine 1. Ps. Sg., als Einleitung zur Anklage gegen die Priester und Propheten (vgl. Jer 1,18; 14; 18; 32,32).

Ebenso wie in 4,9.10 erfolgt in 14,18 keine Wertung der prophetischen Botschaft. Hier wird lediglich ihre Rolle in der Not beschrieben, wie dies bereits aus den Jeremia-Klagen in 4, (6), 8, und 10, sowie den altorientalischen Klagen bekannt ist.[165] Einleitend zur Deutung von Jer 14,18 sollen die Ergebnisse aus Kapitel 3.2 an dieser Stelle kurz wiederholt werden: C. Levins und H. Bezzels Untersuchungen folgend, kann festgehalten werden, dass die Grundschicht von Kapitel 14 vermutlich in der prophetischen Klage in 14,17aβ.18a liegt, die ursprünglich auf Jer 13.19a folgte.[166] Dabei wurde bereits in Kap. 3.2 darauf hingewiesen, dass V.18b ebenso dazu zählt. Diese Grundschicht wird dann um eine ‚2.sg.fem.-Schicht' (13,20 – 22.25 – 27*; 15, 5 f.) ergänzt.[167] Mit Jer 15,1b.2 als Antwort auf 14,18 wird Jahwe nun zum Initiator des Gerichts. Dabei erfolgt der Anschluss im Aufgriff der Lemmata ‚Schwert' und ‚Hunger'.[168] Es werden also aus den Unheilsbeschreibungen der Klage (14,17aβ.18), in der die vom Schwert-Durchbohrten (חַלְלֵי־חֶרֶב) sowie die Hungerkrankheiten (תַּחֲלוּאֵי רָעָב) beweint werden, die Ankündigung Jahwes ‚Schwert' und ‚Hunger' zu bringen. Die Begriffe ‚Schwert' und ‚Hunger' werden hier zum integralen Bestandteil einer Redaktion der Gerichtsankündigung. Die Eintragung der Thematik um die Heilsprophetie in 14,13 – 16 ergibt sich aufgrund der Stichwortverbindung שֶׁקֶר (Lüge/Trug) aus der bereits vorliegenden ‚2.sg.fem.-Schicht' (Jer 13,25). So heißt es dort, dass Jerusalem auf die

---

164 Vgl. HOSSFELD, Prophet gegen Prophet, 247. Gegen HOLLADAY, Jeremiah, 15 f, der die Verse in das Jahr 600/601 v. Chr. datiert, und erklärt, dass sie somit von derselben Phase in Jeremias Leben wie 2,26 – 27 stammen und Anfügungen zur zweiten Rolle (Jer 36) sind. Vgl. TIEMEYER, Priests, 249. Tiemeyer hält fest, dass die Passagen in Jer 8,1 – 3; 2,26 – 27; 32,32 und 4,9 betreffs einer zukünftigen Katastrophe sprechen, dabei ist diese genuin in 4,9 und in Retroperspektive in 8,1 – 3; 2,26 – 27; 32,32 enthalten. Vgl. POHLMANN, Ferne, 79. Pohlmann vermutet, dass Jeremia Heils- und Unheilsworte prophezeite und angesichts der Katastrophe von 587 die Frage nach deren Bedeutung aufkam. Er sieht die Lösung in Jer 32,42, dass Heil erst nach dem Eintreffen des Unheils vorhergesagt werden kann.

165 Vgl. Kapitel 2.6.

166 Vgl. LEVIN, Verheißung, 153 f. Anm 22. LEVIN, Wort Jahwes, 264, Anm. 29. Auch REVENTLOW, Liturgie, 174.

167 Vgl. LEVIN, Verheißung, 156, zählt nur die Verse 13,20 – 22 dazu. Vgl. BEZZEL, Konfessionen, 102 f. Anm. 240. SCHMID, Buchgestalten, 337.

168 Vgl. BEZZEL, Konfessionen, 105.

שֶׁקֶר (Lüge/Trug) traute, während es in Jer 14,13‒16 die Propheten sind, die beschuldigt werden, das Volk zur שֶׁקֶר (Lüge/Trug) verführt zu haben.[169] Meines Erachtens ist damit jedoch nur ein Ausgangspunkt der Eintragung der Prophetenthematik benannt.

An dieser Stelle der Untersuchungen von Jer 14 soll, basierend auf den Ergebnissen aus Kapitel 3.2.3, mittels erneuter Analyse ein weiterer Ursprung der Prophetenthematik erörtert werden. Die Frage hierbei lautet: Wie ist die Rolle von V.18b bei der Eintragung der Prophetenthematik in diesem Abschnitt zu beurteilen?

C. Levins Untersuchung enthält diesbezüglich keine genaue Analyse der von ihm identifizierten ursprünglichen Sammlung, d.h. den Ausgangstexten des Jeremiabuches.[170] Somit nennt er keinen Grund der Abtrennung des Verses 14,18b von der Klage in 14,17aβ.18a.[171] H. Bezzel bezeichnet den Eintragungskomplex (Jer 14,11‒17a.18b*, 15,1‒2a.3a.9b) als „grosso modo"[172], gibt aber zu, dass sich dahinter schwer zu differenzierende, kleinräumige Sequenzen „ähnlicher theologischer Tendenz"[173] verbergen.[174] Seinem Urteil zufolge geschahen die Eintragungen der Verse 14,13‒16 und 14,18b gleichzeitig oder nahezu gleichzeitig.[175] Trotz ausbleibender Differenzierung bietet er ein Argument der Abtrennung des Verses 14,18b von der Klage. Danach, und so übersetzt er den Vers selbst auch, enthält 14,18b die Aussage, dass die Propheten und Priester hier bereits in der Ankündigung der Verbannung preisgegeben werden. Er übersetzt: „Ja sowohl Priester als auch Propheten werden in ein Land ziehen, (das) sie nicht kennen."[176] Dabei vergleicht er die Aussage mit Jer 15,14a; 16,13; 22,28.[177] Dieser These ist entgegenzustellen, dass sich jedoch in keinem der Vergleichs-Verse das Verbum סחר (umherziehen, vgl. Jer 14,18b) finden lässt. Zudem heißt es in 16,13 und 22,28 אֲשֶׁר עַל־הָאָרֶץ (in ein Land, das). Das bedeutet, dass der Relativpartikel verwendet wird. Lediglich in 15,14 heißt es בְּאֶרֶץ לֹא יָדָעְתָּ (in ein Land, (das) du nicht kennst). Alle Parallelstellen stehen im Kontext von Unheilsankündigungen und enthalten z.T. einen zuvor erfolgten Vorwurf. So handelt es sich bspw. in 16,13 um einen Tadel wegen Fremdgötterei und Ungehorsam (16,11‒12).

---

169 Vgl. BEZZEL, Konfessionen, 107.
170 Vgl. LEVIN, Verheißung, 153 f, Anm. 22.
171 Vgl. LEVIN, Verheißung, 153 f, Anm. 22.
172 BEZZEL, Konfessionen, 106.
173 BEZZEL, Konfessionen, 106.
174 Vgl. BEZZEL, Konfessionen, 106.
175 Vgl. BEZZEL, Konfessionen, 106.
176 Vgl. BEZZEL, Konfessionen, 88.
177 Vgl. BEZZEL, Konfessionen, 88.

Doch welche Bewandtnis hat das Anfügen eines offenbar unheilsankündigenden Elements an die Klage in 14,17.18? Wozu das Thema der Verbannung hinzutragen, das in Jer 14,13 – 16, dem Abschnitt um die Heils-und Unheilsprophetie, keine weitere Rolle spielt?

Nun lässt sich zwar auf die VV. in Jer 13,19b.23 – 24 verweisen, die auf diese Thematik anspielen, jedoch wurde bereits in Kap. 3.2. der vorliegenden Arbeit gezeigt, dass sich diese Eintragung viel eher bereits auf Basis von 14,18 erklärt. Nur wenn das Stichwort ‚Priester und Propheten' bereits vorliegt, ergibt eine Eintragung von V.24, der auf Jer 5,13 beruht,[178] Sinn. Zudem stützt sich auch der Einschub der VV.15,1b.2 auf eine Deutung von 14,18b, die den Zusammenhang zwischen 14,18b und 13,19b.23 – 24 bereits voraussetzt.[179] Es bleibt somit festzuhalten, dass V.18b viel eher als Ausgang von Eintragungen zu postulieren ist, als andersherum. Meines Erachtens gibt es für die Bewertung von Jer 14,18b als nachträgliche Anfügung an V.17 keine schlüssige Erklärung, sodass ich schlussfolgere, dass V.18b noch zur Unheilsbeschreibung der Klage und somit zum Grundtext von Kap. 14 gehört. Denn hätte man nicht bereits die Endgestalt des Jeremiabuches, inklusive ihrer ausladenden Beschreibungen bzgl. der wahren und falschen Propheten vor Augen, würde in Jer 14,18b nicht mehr ausgesagt werden, als dass die Propheten und Priester „im Land umherziehen und keine Einsicht haben."[180] Denn so lässt sich Vers 14,18b ebenfalls übersetzen. Diese Aussage entspricht ähnlichen Beschreibungen in den Klagen Mesopotamiens, in denen die Lage des Kultpersonals in den Unheilsbeschreibungen thematisiert wird. Der Text offeriert somit keinerlei Kritik und steht nicht auf derselben Ebene wie die wertende Einschreibung um die Frage nach wahrer und falscher prophetischer Botschaft, die der Abschnitt Jer 14,13 – 16 hinzu trägt.[181] Auch das Thema der Verbannung hat hier nicht seinen Ort, so erzählt die Klage doch von den Zuständen im Land. Zudem gibt es keinen grammatikalischen oder syntaktischen Grund für die Abtrennung des Verses 18b,[182] lediglich ein thematischer wird angeführt, der wiederum nur auf Grundlage der Kenntnis des Endbuches einen Sinn ergibt. Viel wahrscheinlicher als die Annahme der Abtrennung von 18b ist somit, dass der Vers zur Beschreibung der

---

178 Vgl. Dabei stellt V.5,13 eine Weiterführung der Eintragung von 4,10 dar.

179 Vgl. Kapitel 3.2.

180 Vgl. Wanke, Jeremia 1, 145 f. Jer 14,18b: כִּי־גַם־נָבִיא גַם־כֹּהֵן סָחֲרוּ אֶל־אֶרֶץ וְלֹא יָדָעוּ. Die hier vorgestellte Übersetzung könnte das Fehlen der Relativpartikel אֲשֶׁר erklären. Einziges Problem dabei bleibt die Präposition אל, die, so Bezzel, Konfessionen, 88, Anm. 158, Exegeten einer ähnlichen Übersetzung gern zu אֶת konjizieren. Dabei kann אל in Zusammenhang mit dem Verbum סחר vermutlich lokale Bedeutung haben, vgl. Halat, 48 f.

181 Vgl. Meyer, Falsche Propheten, 65.

182 Im Gegenteil, er fügt sich im Hinblick auf die Zeitform des fortlaufenden Perfekts geradezu in den Vers ein.

Klage gehört, die Situation des Kultpersonals in dieser aufgreift und hierin der ältere Ausgangspunkt der Eintragung von 14,13 – 16 liegt. In der Not der Klage wird die Frage nach der Rolle und Verkündung der Propheten hinsichtlich der Richtigkeit ihrer Botschaft erhoben.[183] Die Annahme, dass V.18b zur Grundschicht des Kapitels 14 und somit zur Klage gehört, macht es plausibler, dass die Thematik um die Propheten im Kontext von Kap. 14 anhand der Lemmata ‚Schwert' und ‚Hunger' in Jer 14,13 – 16 ausgeweitet wird. Mit der Annahme der Stichwortverbindung שֶׁקֶר (Lüge/Trug) von Jer 14,13 – 16 und Jer 13,25 wird folglich lediglich ein Teil der Umsetzung beschrieben, wie Jer 14,13 – 16 in Kap. 14 eingefügt wurde.[184]

Der Prozess in Jer 14 ist wiederum vergleichbar mit jenem in Jer 4,9 f.: Der Grundbestand enthält Beschreibung der desaströsen Situation im Land, die ganz den altorientalischen Parallelen folgend auch auf bestimmte Personengruppen Bezug nimmt, wobei dieser Unheilsschilderung nachträglich eine Deutung angefügt wird. Diese Interpretation führt zu der im Buch entfalteten, theologischen Grundproblematik und der Auseinandersetzung mit Heils- und Unheilsprophetie. So ist V.19b, als Teil der spät eingefügten Volkssklage, an 14,18[185] angeschlossen, ebenso wie 4,10 an 4,9 angeknüpft ist. Aus diesen Passagen, insbesondere Jer 4,9 und 14,18b, entstammen in weiteren Schritten in der thematischen Genese um die Heilsprophetie auch die Nennungen von ‚Priester und Propheten' in einem Kontext. Auch Jer 8,15 liegt auf selber redaktioneller Ebene wie Jer 14,19b und Jer 4,10 und erhebt in Anschluss an 8,14bα in der drohenden Not einen Vorwurf gegen Jahwe. Dabei besteht die Komposition Jer 8,14 – 17 aus einer Unheilsankündigung (14a.16), einer Volksklage (VV.14.15), sowie einer Erweiterung dieser (V.17).[186] Sowohl Vers 14a als auch 14b verstehen den Untergang bereits als Strafe Jahwes für

---

183 Vgl. MEYER, Falsche Propheten, 65. Ist zwar ebenso der Meinung in V.14,18b sei von der Verbannung die Rede, bemerkt aber, dass, deutet man den Vers so, diese Aussage der in 14,15 widerspricht, außer man sieht in 14,18 den Anlass für die „Lokalisierung einer massiven Prophetenpolemik in unserem Abschnitt." Zwar ist das Argument Meyers ein anderes, die Schlussfolgerung aber doch mit der hier getroffenen gleichzusetzen, 14,18 ist Ausgangspunkt der Eintragung der Thematik um die Propheten in Jer 14.
184 Vgl. BEZZEL, Konfessionen, 107.
185 Mit WANKE, Jeremia 1, 145 f: „Ja sogar Prophet und Priester durchziehen ‹das Land›, haben aber keine Einsicht (erkennen nichts/wissen nichts)." Wahrscheinlich – der Text ist sprachlich problematisch – soll ihre Hilflosigkeit angesichts der Katastrophe herausgestellt werden: Sie irren im Land umher und wissen nichts zu sagen. Gegen BEZZEL, Konfessionen, 88, Anm. 158. Er vergleicht die Stelle mit Jer 22,28: „ein Land ziehen, dass sie nicht kennen." TIEMEYER, Priests, 239, versteht die Wendung in Übersetzung, „sie wissen nichts", in Anlehnung an Klgl 4,13 – 15, wo die Propheten blind umherlaufen und Schuld an der Zerstörung und schuldig am Blut in den Gassen sind.
186 Vgl. WANKE, Jeremia 1, 100.

Judas Schuld.[187] Dabei entspricht Jer 8,15 dem Vers in 14,19b, der im Zusammenhang mit der Prophetenklage steht und aussagt, dass man auf Heil gehofft hat, aber Schrecken kam.

Die Gruppe der ‚Priester und Propheten‘, die allumfassend für das Kultpersonal Israels steht, wird dann in einem nächsten Schritt in dtr Manier in Jer 2,26 und 32,32 zusammen mit den ‚Obersten und Königen‘ mit Schuldaufweisen konfrontiert.[188] Ähnlich verhält es sich mit den Nennungen beider Kultpersonalgruppen in Jer 8,1; 5,31; 6,13//8,10; 23,11, welche gleichsam von 14,18 und 4,9 abhängen.[189] Die Verse 5,30–31 6,14//8,10 und 23,11 enthalten allesamt negativ Wertungen bzw. Schuldzuweisungen gegenüber den Priestern und Propheten als deren gemeinsames Objekt. Dabei ist das Stichwort dieser Schuld in 5,31[190] und 6,14//8,10 שֶׁקֶר (Lüge/Falschheit). Während in Jer 23,11 den Propheten und Priestern vorgeworfen wird ‚ruchlos‘ (חנף) zu sein. Dieser Begriff ist lediglich 25-mal im AT belegt, wovon vier Verweise allein auf Jeremia entfallen (vlg. Jer 3,1.2.9; 23,11). Dabei lässt sich חנף (Hifil) sowohl in Bezug auf die Propheten und Priester als ‚gottlos‘, als auch im Hinblick auf Jerusalem in Jer 3 als ‚entweiht‘ übersetzen.[191]

Bei den Nennungen beider Gruppen im Kontext (Jer 5,31; 6,1//8,10; 14,18; 23,11–12.33–34) zeigt sich, L.-S. Tiemeyers Untersuchung des jeremianischen Spruchmaterials zufolge, dass in diesen Texten zwar eine Verurteilung und Schuldzuweisungen vorliegen, sich diese jedoch nicht auf deren kultischen Aufgaben, sondern v. a. auf ihre gesellschaftliche Führungs- und Unterweisungsfunkton beziehen.[192]

Jeremias Darstellung als Figur gegen eine Gesellschaft, die nicht auf ihn hört, als einzig wahres Sprachrohr Jahwes, erfolgt also in Zusammenhang und Abgrenzung der Thematik um Heilspropheten.[193] Diese Tradition ist eng verwurzelt mit der Darstellung Jeremias als Unheilspropheten sowie der Gerichtsverkündigung, die ihm zugeschrieben wird (vgl. Jer 4,9–10; 5,30–31; 6,11–15; 14,11–16.17.18; 18,18; 23,9–12.14–15.16–22). Zudem kommen die Kapitel 27–29 hinzu, die

---

187 Vgl. WANKE, Jeremia 1, 100. Sieht hierin eine „theologische Deutung des Untergangs von Juda und Jerusalem".

188 Vgl. DEJONG, Jeremiah not among, 497. TIEMEYER, Priests, 245, bezeichnet 2,26 und 32,32 als späte Glossen. POHLMANN, Ferne, 80, hält fest, dass Jer 4,10 die „Problemanzeige" stellt.

189 Vgl. POHLMANN, Ferne, 96. Er sieht ganz richtig in den Stellen 5,12f.31; 6,13–15; 14,13–16 noch keine grundsätzliche Ablehnung der Heilsverkündigung.

190 Vgl. HERMISSON, Feind, 250. Hermisson versteht Jer 5,30–31 als redaktionellen Einschub.

191 Vgl. HALAT, 322.

192 Vgl. TIEMEYER, Priests, 234. 242.

193 Vgl. DEJONG, Jeremiah not among, 498.

das Thema weiter vertiefen.[194] M. J. De Jong ist der Meinung, dass das Bild der Propheten als Lügner ursprünglich im Spruchmaterial des Buches enthalten sei.[195] Dieser These widerspricht die soeben vorgebrachte Analyse dahingehend, dass nicht das Bild der Lügenpropheten enthalten ist, sondern jenes, das Propheten und Priester als Ratlose im Unheil darstellt. In Übereinstimmung mit M. J. De Jong ist der Initialpunkt der Charakterisierung Jeremias als Propheten, genauer als Unheilspropheten, in den Texten Jer 4,9 und 14,18 sowie deren Deutungen zu sehen.[196] In den Reden Jeremias gegen die Falsch-Propheten wird er selbst nicht mit dem Kulttitel bezeichnet.[197] Jedoch wird er als Überbringer des gerichtskündenden Gotteswortes (vgl. Jer 15,16 f.20) beschrieben.[198] Dabei wird das Verb נבא (prophezeien) zur Beschreibung seiner Tätigkeit verwendet: Den Prophetentitel trägt er in diesem Überlieferungskomplex deshalb nicht, damit er sich von den zu verurteilenden, heilsprophetischen Lügnern distanziert.[199] Es bleibt festzuhalten, dass der gegen die Propheten auftretende Jeremia, ein später und redaktioneller Jeremia ist, mit dem *ex eventu* das Unheil zu erklären versucht wird.[200]

Zusammenfassung

Zusammenfassend lässt sich sagen, dass Jeremia in der Auseinandersetzung mit dem Prophetenamt selbst als der Unheilsprophet Jahwes dargestellt ist. Er ist im Gegenüber zu den (heils-)prophetischen Amtsinhabern, der eine Gottesbote, der das Unheil, das sich in seinem Eintreffen bewahrheitet und von Jahwe ausgeht, dem Volk ankündigt.[201]

Die Thematik hinsichtlich der wahren und falschen Propheten stellt in seiner Ausdehnung ein Spezifikum des Jeremiabuches dar, in denen für Jeremia zwar das Verbum נבא (prophezeien), nie aber der eigentliche Prophetentitel verwendet wird.[202] Dabei führt er den נָבִיא-Titel in Abgrenzung zu den Falschpropheten nicht. Der Gegenstand von Heils- und Unheilsprophetie hat seinen festen Ort im Jere-

---

194 Vgl. DEJONG, Jeremiah not among, 498, vor allem in den Prosatexten in Jer 27,9 – 10.14 – 15.16 – 18; 28,1 – 4.10.11; 29,8.9.21 – 23.

195 Vgl. DEJONG, Jeremiah not among, 498.

196 Vgl. DEJONG, Jeremiah not among, 498.

197 Vgl. DEJONG, Jeremiah not among, 500.

198 Vgl. DEJONG, Jeremiah not among, 500.

199 Vgl. DEJONG, Jeremiah not among, 500 f. Dabei wird das Verbum in Bezug auf Jeremia in diesem Kontext, wie auch in seiner Rolle als Prophet des Volkes, genutz, so Dejong. Vgl. Jer MT 25, 30; 49,34 LXX 25, 14; 32,16.

200 Vgl. DEJONG, Jeremiah not among, 502.

201 Vgl. DEJONG, Jeremiah not among, 507.

202 Vgl. DEJONG, Jeremiah not among, 508. Vgl. Am 7,10 – 17.

miabuch und bildet einen genuin jeremianischen Topos, der aus den Klagen, also den ältesten Texten, entstanden ist.[203] Die Vorwürfe gegen die Falsch-Propheten sind vielfältig und i.d.R. in Texten vorhanden, die als dtr qualifiziert werden.[204] Doch konnte gezeigt werden, dass diese Qualifizierung nur bedingt zutrifft und zudem der Annahme unterliegt, dass die dtr Bearbeiter sich ein ursprünglich jeremianisches Thema nicht nur im Prophetengesetz zu Eigen machten, sondern es auch innerhalb des Jeremiabuches ausarbeiteten. Viel näher liegt jedoch die Annahme, dass es redaktionell nachgetragene und ausgedehnte Texte sind, die ihren Kern aber im Buch Jeremia haben und deren Bearbeiter nicht als dtr zu beurteilen sind. Eindeutig ist jedoch, dass durch die Thematik den Heilspropheten eine Schuld am Gottesgericht zugewiesen wird. Dabei wird auch der Topos der ,Priester und Propheten‘ in Aufgriff von 4,9 (und evt. in Jer 14,18) weiterverarbeitet und mit den ,Obersten und Königen‘ zusammen zur schuldhaften Führungselite (Jer 2,26; 8,1; 32,32), die die Zerstörung bedingt hat. In der Abgrenzung zu dieser schuldhaften Oberschicht und der Kennzeichnung des Protagonisten als einzig wahres Sprachrohr Jahwes liegt ein buchübergreifendes Motiv zwischen den Schriftpropheten vor. So sind bspw. auch Amos und Jesaja als Sprachrohre Gottes dargestellt, dessen beschlossenes Gericht sie verkünden und dabei nicht den נָבִיא-Titel tragen, um sich von der Führungsschicht, die am Unheil mitschuldig ist und daher verurteilt wird, zu distanzieren.[205] Diese Sicht ist aus der Retroperspektive verfasst und macht dadurch aus den klassischen Propheten Unheilskünder.[206] Die Prophezeiung des unausweichlichen Gerichts ist ein Ergebnis späterer Reflexion und keine historische Tatsache.[207]

Eine weitere Textgruppe zum Prophetenamt im Jeremiabuch bilden jene Stellen, die den (נָבִיא) als ,Knecht Jahwes‘ als Warner und Umkehrprediger charakterisieren (Jer 6, 10a.11a; 7,25; 25,4; 26,5; 35,15; 44,4). In diesen Bereich gehören auch die Schuldzuweisungen an das Volk, u.a. fremde Götter verehrt und dadurch die Zerstörung bedingt zu haben.[208]

---

203 Vgl. DEJONG, Jeremiah not among, 503.509.
204 Vgl. MÜLLER, נָבִיא, 157, vgl. Jer 4,10; 5,12f; 6,13; 8,10; 14,13f; 23,14f.16f; 25,25f.32; 27,9f.14 – 16; 29,9.21 – 31b.
205 Vgl. DEJONG, Jeremiah not among, 510.
206 Vgl. DEJONG, Jeremiah not among, 510.
207 Vgl. DEJONG, Jesaja among, 333.
208 Vgl. DEJONG, Jeremiah not among 507. Vgl. Jer 7; 11; 16; 32; 35; 44. De Jong bezeichnet diese Texte als dtr.

Die Eintragungen Jeremias als Propheten über die Nationen, die in Jer 1, 4 – 10; 42,1 – 43,7; 45,1 – 5 und 51,59 – 64 der LXX und dem MT gemeinsam sind, sind vermutlich gänzlich als spät zu deklarieren.[209]

Dabei ist für alle hier angeführten Theologisierungen des Prophetenamts zu konstatieren, dass der wahre ‚Prophet' (נָבִיא) bereits nur eines ist: Unheilsbote.

4.2 Jeremia – Fürbitte und Klage bei der Entstehung des Buches und der Prophetengestalt

Die Prophetenbücher des ATs sind als eine „großangelegte Vergangenheitsbewältigung" zu bezeichnen.[210] U. Becker empfiehlt, dass wenn man von der Entstehung der Schriftprophetie im Sinne der Gerichtsprophetie spricht, sollte man beim Jeremiabuch und seiner ältesten Überlieferung, also auch beim Propheten selbst ansetzen.[211] Dabei lässt sich der Erkenntnisprozess, dass Jahwe sich gegen sein Volk gewendet hat, im Kernbestand des Jeremiabuches (Jer 4 – 6*) in seiner Schwere nachvollziehen, so U. Becker.[212] Er ist überzeugt: „[...], dass Gott gegen sein eigenes Volk schreitet, ja es vollständig zu vernichten trachtet, ist ein Gedanke der sich in den prophetischen Überlieferungen der altorientalischen Umwelt Israels und Judas nicht findet."[213] Dieser Feststellung kann entgegnet werden, dass sich eine derartige Vorstellung jedoch gerade in den, in dieser Arbeit zum Vergleich herangezogenen, Klagen des Alten Orients finden lässt. Aus genau diesem Grund ist U. Beckers Empfehlung an dieser Stelle Folge zu leisten und die Entstehungsgeschichte des Jeremiabuches anhand der bisherigen Ergebnisse grob darzustellen. Wie es Becker empfiehlt, soll zunächst beim Propheten selbst angesetzt werden und das bedeutet zu schauen, wo Jeremia selbst in seinem Buch genannt wird.

In den Kapiteln 1 – 25 ist die Streuung der Jeremia-Nennungen übersichtlich und verteilt sich auf den hebräischen Text auf 17 und für den griechischen Text auf 13 Belege.[214] In der LXX fehlen die Nachweise in 7,1; 20,2; 25,2.13. Bei dem Beru-

209 Vgl. DeJong, Jeremiah not among 507 f.
210 Vgl. Becker, Schriftprophetie, 9.
211 Vgl. Becker, Schriftprophetie, 18.
212 Vgl. Becker, Schriftprophetie, 8. Ob dieser Prozess erst gegen Ende des Südreiches, d. h. zur Zeit Jeremias eingesetzt hat, wie es Becker konstatiert, oder mit Blick auf die Bileaminschrift früher geschah, muss offen bleiben. Vgl. Blum, Israels Prophetie, 93 – 96. Vgl. Kapitel 4.1.1.
213 Vgl. Becker, Schriftprophetie, 3.
214 LXX, vgl. Jer 1,1.11; 11,1; 14,1; 18,1.18; 19;14; 20,1; 21,1.3; 24,3; 25,1. MT vgl. Jer 1,1.11; 7,1; 11,1; 14,1; 18,1.18 ;19;14; 20,1 – 3; 21,1.3 24,3; 25,1 – 2.13.

fungsbericht des ersten Kapitels, indem Jeremia erstmals namentlich erwähnt ist, handelt es sich um eine späte, bewusst nach dem Vorbild von Jesaja und Amos gestaltete Erzählung.[215] Dabei ist die Absicht dieser Darstellung, die Verkündigung Jeremias als Wort Jahwes auszuweisen und Jeremia selbst als göttlichen Boten.[216] In der Vision vom Mandelzweig (Jer 1,11–12), die das Programm der prophetischen Verkündigung ausdrückt,[217] sowie in der Vision vom Feigenkorb (Jer 24,1-10) findet sich je als Einleitung der Satz: „Was siehst Du Jeremia (מָה־אַתָּה רֹאֶה יִרְמְיָהוּ)?"

Die Verteilung der Namensbelege ist keineswegs zufällig, sie positionieren sich vielmehr sowohl in der hebräischen, als auch in der griechischen Überlieferung in Kap.1, sowie den Kapiteln 7; 11; 14; 18; 19; 20; 21; 24 und 25.[218] In den Abschnitten 7,1; 11,1; 14,1; 18,1; 21,1; und 25 weisen sie die Kapitel (inklusive der darin vorhanden Konfessionen in 11,18–12,6; 18,18–23) als von Jahwe an Jeremia ergangenes Gotteswort und ihn selbst als Sprecher aus. Dabei kommen die Konfessionstexte, mit Ausnahme von 18,18–23, ohne erneute Nennung des Propheten aus, und sind lediglich als Rede der 1. Ps. Sg gestaltet. Wie bereits auch im ersten Kapitel herausgearbeitet, existieren keine Jeremia Belege in 2–6 und 8–10. Dafür gibt es in den Klagen in 4, 8 und 10, in den Zeichenhandlungen in 6, 9b.12a; 13,1–8; 16,1 sowie innerhalb der Visionen von 4,23 und 24,1–4 und den Konfessionen die Anrede und Rede einer 1. Ps. Sg.

Diese kurze Darstellung soll in der nun folgenden Einordnung der bisherigen Ergebnisse in den Kontext der Buchentstehung mit berücksichtigt werden, um zu zeigen, wie die Figur Jeremias in seiner Funktion als Prophet und die dazugehörige Buchgenese in Verbindung stehen. Dabei liegt der Betrachtung die Annahme zugrunde, dass die Entstehungstheorien bzgl. des Jeremiabuches von K.-F. Pohlmann, C. Levin und K. Schmid dahingehend zutreffen, dass die Klagen in 4–10 zum Grundbestand des Buches gehören, um den herum das Buch gewachsen ist.[219]

So hat K.-F. Pohlmann bereits 1978 die entscheidende Frage gestellt, ob angesichts der vorliegenden Endgestalt, mit den vorhandenen Textverhältnissen und der Abfolge, das Werk aus der Hand Jeremias stammen könne oder ob es sich eher um die Verschriftlichung späterer exilischer Theologen handle, die im Rückblick Prophetenworte reflektieren.[220]

---

215 Vgl. LEVIN, Verheißung, 151.153. Vgl. Jes 6, 5–7; Am 8,2.6–9. Jer 1 hat Jer 2,1–2aα bereits vorliegen gehabt, so LEVIN, Wort Jahwes, 258–263.
216 Vgl. LEVIN, Verheißung, 151.
217 Vgl. LEVIN, Wort Jahwes, 261.
218 Vgl. Jer 1,1.11; 7,1; 11,1; 14,1; 18,1.18; 19;14; 20,1–3; 21,1.3; 24,3; 25,1–2.13.
219 Vgl. LEVIN, Verheißung, 153. POHLMANN, Ferne, 129–132. SCHMID, Buchgestalten, 330–333.
220 Vgl. POHLMANN, Ferne, 124.

Die dahinterliegende Vorstellung ist, dass an genuin jeremianisches „Traditionsgut" weiteres Material angefügt wurde.[221] Die authentischen Jeremiaworte, insofern es diese überhaupt gegeben hat, müssen ja „vor aller redaktionellen Gestaltung und sukzessiven Fortschreibung"[222] zunächst aufgeschrieben und gesammelt worden sein.[223] Dabei können „vorgebaute Rahmen"[224] in der heute vorliegenden Endtextfassung Hinweise auf solche Sammlungen geben.[225] Ein Kriterium genuin jeremianisches Gut zu filtern ist für K.-F. Pohlmann das Fehlen von Begründungen und Bezügen zu Jahwe sowie die Absenz von Schuldaufweisen.[226] Es bleiben reine Unheilsbeschreibungen. Diesem Klagematerial folgt anschließend die Erklärung des Desasters, fokussiert auf Jahwes Zorn über sein Volk.[227] Den genannten Texten gegenüber stehen solche, die Jahwe als Initiator des Unheils nennen und die Schuldaufweise des Volkes als Begründung aufführen.[228] Diese Deutungen versuchen nachexilisch das Unheil von 586/7 v. Chr. dadurch zu erklären, dass sie behaupten, dass hier keine Willkür Jahwes vorlag, sondern die Katastrophe durch das Verhalten des Volkes begründet werden kann.[229] Für K.-F. Pohlmann kann Jeremias Rolle nach dem Untergang nur im Vortrag individueller Klagen wie in 8,18 – 23; 10,19 f und als Vorschreiber für Kollektivklagen (vgl. 9,16 – 20; 14,17 f.), z. B. während oder nach Eintritt der Katastrophe, gelegen haben.[230] K.-F. Pohlmann versteht deren ‚Sitz im Leben' in den Klageveranstaltungen nach der Katastrophe.[231] Wie diese Einschätzungen K.-F. Pohlmanns im Hinblick auf die Ergebnisse der vorliegenden Untersuchung zu bewerten sind, wird sich nun zeigen.

---

221 Vgl. POHLMANN, Ferne, 124.

222 LEVIN, Verheißung, 149.

223 Vgl. LEVIN, Verheißung, 149.

224 LEVIN, Verheißung, 149.

225 Vgl. LEVIN, Verheißung, 149.

226 Vgl. POHLMANN, Ferne, 130 – 33, vgl. Jer 4,7.11.13.15 f.19 – 21.29.31; 6,1.2 f.22 f.24 – 26; 8,16.18 – 23; 9,16 – 21; 10,19 – 20.22; 13,18 f; 22,10.22.28; 30,5.6. SCHMID, Buchgestalten, 330 f: „Die in der jetzigen Textgestalt dieser Kompositionen vorfindlichen Theologisierungen und Begründungen der Unheilsansagen und Klagen lassen sich gegenüber diesen ältesten Texten als literarisch noch greifbare Vorgänge der Nachinterpretation begreiflich machen."

227 Vgl. POHLMANN, Krise, 63. SCHMID, Buchgestalten, 337. Gleichsam mit den Schuldaufweisen geht auch die Umgestaltung der Unheilsaussagen und -klagen als Gotteswort einher, so Schmid.

228 Vgl. POHLMANN, Ferne, 132.

229 Vgl. POHLMANN, Ferne, 142. POHLMANN, Krise, 50 f. Pohlmann hält fest, dass die Interpretation der Krise als Gericht Jahwes, erst im Rückblick zu denken ist.

230 Vgl. POHLMANN, Ferne, 188.

231 Vgl. POHLMANN, Ferne, 188.190 – 192. Vermutet darin auch den eventuellen Sitz im Leben der Threni.

Der erste Teil des Jeremiabuches konstituiert sich in der Grundschicht aus einer Sammlung 2–6,[232] an welche die Kapitel 8–9 bzw. 10 mit weiteren Klagen anschlossen.[233] Dabei strukturieren die Prosa-Abschnitte in Kap. 1, 7, 11 den ersten Buchteil und veranlassen zu einer Unterscheidung (1)2–6 und 7–10. Der Abschnitt 11–20 ist durch die sog. Konfessionen geprägt.[234] Diese stehen, literarisch verknüpft, ihrem Inhalt nach den Zeichenhandlungen nahe und beenden mit Kapitel 20 die Verbindung von Ich-Berichten und Klagetexten.[235]

Jer 2,1–4 setzt Judas Zerstörung in Beziehung zu der des Nordreiches und erhebt dabei die Kritik, dass das Volk nichts aus Israels Untergang gelernt hat.[236] Für C. Levin muss 2,2a ursprünglich direkt auf die Worte vom Feind aus dem Norden übergeleitet haben.[237] Das älteste dieser Worte beginnt in Jer 4,7. Die Texte vom Feind aus dem Norden bilden durch ihre Sprache und Motivik das Fundament der Struktur von 4–6, 8–9 und sind diesbezüglich in Spuren auch in 10–23 und 30–31 nachzuweisen.[238]

Wie lassen sich nun die erbrachten Ergebnisse der vorliegenden Arbeit in den Entstehungshorizont bzw. die Theorien von u. a. K.-F. Pohlmann und C. Levin einordnen?

Die ältesten Texte des Buches bilden u. a. die Klagen in 4–6 und 8–10.[239] Dabei erscheinen die enthaltenen Klagen ohne Verkündigungscharakter als Grundtexte nur plausibel, wenn sie ein bereits eingetretenes Unheil betrauern. K.-F. Pohlmann hat also Recht, wenn er diese Grundschicht als reine Unheilsbeschreibung bezeichnet. Ob diese jedoch bereits als literarische, d. h. bspw. in Form liturgischer Klagen, oder in der Situation als historisch entstandenen Texte verstanden werden müssen, ist vom vorliegenden Text her nicht erkennbar. Ersteres ist aber den Ergebnissen von Kapitel 2 zufolge plausibler. Bei den Grundtexten

---

232 Vgl. HERRMANN, Jeremia, 39.
233 Vgl. SCHMIDT, Jeremia 1, 32–34.
234 Vgl. FISCHER, Jer 1–25, 84. SCHMIDT, Jeremia 1, 34.
235 Vgl. SCHMIDT, Jeremia 1, 35.
236 Vgl. CLEMENTS, Prophecy, 110.
237 Vgl. LEVIN, Verheißung 153.
238 Vgl. LEVIN, Wort Jahwes, 264.
239 Vgl. POHLMANN, Ferne, 115–127. LEVIN, Verheißung, 153. Levin hält fest, die älteste Schicht ist die in Jer 4–6; 8–9 enthaltene, die „auch in 10–23; 30–31 stets, und sei es in Spuren, als das Fundament des Textaufbaus erkennbar ist." Levin bestimmt den Umfang dieser Sammlung wie folgt: 4,7a.11aβb.13.15.16aβb.19–21.29–31; 5,1a.3b.6a; 6,1–5*.10a.11b.12a.13a.22aβb-23a; 8,4aβ-5a.6b-7.14a.16.18–19aα.20–23; 9,1–2a.3.7.9.16aβb-18abα.20; 10,19–20.22; 13,18–19a; 14,17ab-18a; 20,14a.15.18a; 22,10aα.b.13–15; 23,9a.10aα.b; 30,5aβb-6; 31,15abα. Vgl. ALBERTZ, Frühzeitverkündigung, 20–47, der die älteste Sammlung mit authentischen Worten in 2–6 und 30–31 sieht. Vgl. SCHMID, Buchgestalten, 330–340. Schmid sieht die Anfänge in 4–6*.8–10*(-23) sowie 46–49*.

handelt es sich aufgrund ihrer Klagen und Unheilsschilderungen um Niederschriften, die ein eingetretenes Unheil nach dem Muster der altorientalischen,
liturgischen Klagen präsentieren. So verdeutlicht schon die Klage-Gattung, dass
die älteste Sammlung eben keine prophetische Vorausschau war.[240] Es liegen
folglich im Grundbestand des Buches Klagen mit Unheilsschilderungen vor, die
nicht nur der, im Land vermutlich eigens vorliegenden Stadtklagegattung und
ihrem Niederschlag in den Threni, sondern auch den Unheilsklagen umliegender
Kulturen ähneln, besonders denen des mesopotamischen *kalû* (Klagepriesters).
Geht man also von der Annahme aus, dass die Texte eher liturgischen Klagen
entnommen wurden, so ist der Sprecher dieser Klagen ursprünglich das Ich einer
klagenden Stadt(-göttin) und eben nicht Jeremia, der in den Kapiteln 2–10 ungenannt bleibt. So hat C. Levin Recht, wenn er Folgendes konstatiert: „Die
theologische Deutung hat sich die überlieferten Klagen zu eigen gemacht und
versteht sie als Ankündigung des Gottesgerichtes. Jer 4,5–6 stammen aus der
Feder eines Sammlers, der durch das leitmotivische Zitat von 6,1 und 8,14 eine Art
Vorspruch und Auftakt gestaltet hat."[241] Er hält korrekt fest, dass die Sammlung
der Worte vom ‚Feind aus dem Norden' durch Jer 4,5–6 als Ankündigung gestaltet
wird, zuvor jedoch nichts Prophetisches eigen hatte.[242] An dieser Stelle ist folglich
C. Levin Recht zu geben, dass aus den Beschreibungen erst Ankündigungen
werden, bevor sich irgendeine Erklärung, wie K.-F. Pohlmann sie konstatiert,
anschließt.

Diese Voraussagen bestehen aber nicht nur aus den genannten Versen, sondern m. E. werden aus den Unheilsbeschreibungen der Klagen, bspw. den Schilderungen des zur Öde gewordenen Landes, im Rahmen der ebenfalls zu der ältesten Sammlung gehörenden **Texte um den ‚Feind aus dem Norden'**[243] erste
Ankündigungen des Unheils über das Lemmata שְׁמָמָה (Öde) angeschlossen (vgl.
Jer 4,27; 6,8; 9,10).[244] Entgegen K.-F. Pohlmanns Ansicht, dass Jahwes Rolle als
Initiator der Vernichtung eine späte Zutragung sei, gehört sie bereits hier in Jer
4,27; 6,8 und 9,10 fest zur Theologie des Unheils. Dabei erklärt sich diese Rol-

---

240 Vgl. Levin, Wort Jahwes, 265.
241 Vgl. Levin, Wort Jahwes, 264.
242 Vgl. Levin, Wort Jahwes, 277.
243 Vgl. Levin, Wort Jahwes, 264. Levin, Verheißung, 153. Pohlmann, Ferne, 129–132. Schmid,
Buchgestalten, 330.
244 Vgl. Diese Ankündigungen schließen direkt an den Zusammenhang mit dem ‚Feind aus dem
Norden' an, vgl. Jer 8,16–17 (in Bezug auf die Klage 8,18–23). Sie werden dann durch einen
späteren Schuldaufweis in 9,1–8 unterbrochen und erst in 9,10 fortgeführt. Ein ähnlicher Sachverhalt findet sich in Jer 51,37 in Zusammenhang mit Babylon, (inklusive מְעוֹן תַּנִּים). Zudem sind in
Jer 6,8, im Rahmen der Rede gegen Jerusalem, ebenso weitere Klage-Elemente (Wunden,
Krankheit) vorhanden, vgl. Jer 6,7: וּמַכָּה (Wunde); חֳלִי (Krankheit).

lenzuweisung wiederum nicht aus dem altorientalisch-prophetischen Vergleich heraus, sondern aus der Theologie, die in den Emesalklagen enthalten ist. Die göttliche Macht wirkt zerstörerisch und bedingt im Zorn die Vernichtung von Stadt und Land. Der Gott selbst, zumeist Enlil, ist als der zerstörerische Sturm eigens an der Destruktion beteiligt.[245]

C. Levin ist darin zu folgen, dass den Texten um den ‚Feind aus dem Norden‘ im weiteren Prozess der Buchwerdung eine Schicht anschloss, die sich durch die Anrede an eine **2.fem.sg.-Größe** (Jerusalem oder das Volk) auszeichnet.[246] Diese These wird durch das erste Kapitel der Klagen-Analysen bekräftigt und dahingehend entfaltet, dass diese Eintragungsschicht gerade durch die Klagen evoziert wurde. Eine spätere Stufe dieser Schicht, in der die Anrede zur Botenrede wird, bildet das Fundament zur Gestaltung des eingefügten Abschnittes Jer 2,2 – 4,4 und dürfte frühnachexilsch sein.[247] Doch wie auch immer man diese Schicht beurteilt, so ist eindeutig festzuhalten, dass sie in einem ersten Stadium an die Klageabschnitte angetragen wurde und mit diesen in Zusammenhang steht.[248] So wird hier die Herkunft dieser ‚2.sg.fem.-Schicht‘ aus den Klagen in 4, 8 und 10 vermutet, da sie auf den Ursprung der Texte aus liturgischen Klagen verweist und die Sprecherin benennt.[249]

„Die Sammlung der Klagen vom ‚Feind aus dem Norden‘, hat schon im frühen Stadium einen Anhang gehabt, die **Zeichenhandlungen** in Jer 13; 16; 18; 32 und 35".[250] Auch dieser Aussage C. Levins ist zu folgen. Auf dieser Stufe der Buchentstehung, auf der Jahwe dem Jeremia Einblicke in dessen Gerichtsplan gewährt, entsteht das Bild des literarischen Unheilspropheten. Im Rahmen der Zeichenhandlungen und deren Deuteworte wird das Gericht von Jahwe beschlossen und von Jeremia geschaut, wobei Jeremia den Auftrag erhält, Jahwes Zerstörungsabsichten den Menschen zu verkünden. An dieser Stelle fehlt zwar noch jedweder Hinweis auf die Nennung Jeremias, da sie aber als „Ich-Bericht gestaltet sind,

---

245 Vgl. u. a. Jer 4,8; 23,19; 25,32; 30,32.
246 Vgl. LEVIN, Verheißung, 156 f. Kapitel 1.5. Die ‚2.fem.sg.-Schicht‘ trägt der Klage die Ankalge und Mahnung zur Besserung und Umkehr nach, kennzeichnet vor allem aber den Sprecher der Klage in 4.10, vgl. vor allem 4, 14.18; 10,17; 11,15 f.
247 Vgl. LEVIN, Verheißung, 157. 158 f.
248 Vgl. Die Antragung der Schicht zu der Wehklage (13,18 – 19a; 14,17aβ.18) in 13,20 – 22.(25 – 27); 15,5 f. Vgl. Kapitel 3.2 und 4.1.2, sowie BEZZEL, Konfessionen, 300 f.
249 Gegen WISCHNOWSKY, Tochter Zion, 88 – 90. Wischnowksy nimmt (fälschlicherweise) an, dass die Unheilsprophetie zur eigenen Illustration Elemente der Stadtklagen aufnimmt.
250 Vgl. LEVIN, Wort Jahwes, 265.272. Dabei dürfte der Ackerkauf von Anatot, so Levin, ursprünglich an Jer 13.18 angeschlossen haben, bis er durch einen Eingriff, der die Heilsprophetie in den Kapiteln 29 – 33 bündelt, an seinen heutigen Ort gebracht worden ist.

begegnet der Prophet erstmals als handelnde Person".[251] Zudem wird Jeremia durch Anreihung von prophetischen Zeichenhandlungen als beauftragter Unheilsverkünder dargestellt.[252] Dabei verleiht die „Jahwe-Wort-Bearbeitung", beginnend mit Jer 1, diesem ältesten Buch die Gestalt der Verkündigung und seines Verkünders.[253] Die Jahwe-Wort-Bearbeitungsschicht „erklärt unmissverständlich, daß die Sammlung der Worte, Visionen und Zeichenhandlungen auf eben denselben Mann zurückgehen, dessen Leidensgeschichte in Jer 37–38 erzählt wird."[254] C. Levin beschreibt ferner: „Die beiden nach dem Vorbild von Am 8 gestalteten Visionen [Jer 1,13–15; 24,1–2] nennen das geschichtsmächtige Wort Jahwes als Grundlage der Prophetie und füllen es mit der überlieferten Verkündigung vom „Feind aus dem Norden", die nun eindeutig nicht mehr als menschliche Klage über eingetretenes Unheil gelesen werden soll, sondern als Jahwes Voraussage."[255] Für ihn ist die genannte Bearbeitungsschicht dafür verantwortlich, dass Jeremia zum Propheten und seine Schriften zum prophetischen Buch im alttestamentlichen Sinne gemacht werden.[256] Dabei wird C. Levin zufolge die „ältere Prophetie" mit einbezogen: „Wenn Jeremia nach dem Muster Jesajas berufen worden sein soll und wenn seine Visionen nach demselben Schema wie die Visionen des Amos verlaufen, entsteht so etwas wie ein überindividueller Typus des Jahwe-Propheten."[257] Jeremia wird folglich erst durch die Bearbeitungen zum Schriftpropheten nach dem Vorbild anderer Unheilskünder. Es scheint indes ausgeschlossen in den Zeichenhandlungen den Kläger der Klagen zu sehen.[258] Hier agiert jemand prophetisch, indem Jahwe ihm seinen Unheilsplan zeichenhaft veranschaulicht. Die Zeichenhandlungen haben die symbolische Manifestierung des göttlichen Beschlusses in der Welt des Propheten zur Folge. Dass Gott ihn in seinen Plan, sein Sinnen schauen lässt, ermöglicht dem Gegenüber den Eintritt in die göttliche Atmosphäre. Ähnlich wie in den Visionen in Jer 1,13–15; 4,24–26 gewährt er ihm sozusagen einen Einblick in sein göttliches und zorniges Herz.

Die Zeichenhandlungen werden in 13,8; 16,1 und 18,1.5 durch eine Wortereignisformel an eine 1. Ps. Sg. eingeleitet, nur in 18,1 wird Jeremia genannt. Damit werden die Handlungen (16,1; 18,1) bzw. deren Deutungen (13,8; 18,5) zur „Wort-

---

251 Levin, Wort Jawes, 265.277.
252 Vgl. Levin, Wort Jahwes, 277.
253 Vgl. Levin, Wort Jahwes, 277.
254 Vgl. Levin, Wort Jahwes, 277.
255 Vgl. Levin, Wort Jahwes, 277.
256 Vgl. Levin, Wort Jahwes, 277 f.
257 Levin, Wort Jahwes, 277 f.
258 Vgl. Levin, Verheißung, 156.

Gottes-Theologie".[259] Die Deuteworte bringen Jahwes Gerichtsbeschluss zum Ausdruck, den er hier seinem Gegenüber mitteilt. Die Zeichenhandlungen wurden der ältesten Sammlung der Klagen des ‚Feindes aus dem Norden' angefügt und dürften, C. Levin zufolge, auf derselben literarischen Ebene wie die Berufung in Jer 1, also exilisch, zu datieren sein.[260]

Auf der Ebene der Endgestalt folgen den Zeichenhandlungen Schuldaufweise (Jer 6; 16 – 19a.20 – 21; 13,8 – 13; 16,10 – 12; 19,4 – 5) und Unheilsankündigungen Jahwes, welche ihrerseits im Hinblick auf die Situation nach der Katastrophe beschrieben sind. So bringt Jahwe in 16,19 und 19,3 – 15 das Unheil (רָעָה), das in 6,1 vom Norden kommt, welches der Bosheit (רָעָה) des Volkes entspricht, für die es verurteilt wird. Dabei ist die Schnittstelle zunächst in 11,17 zu finden, worin Jahwe wegen der Bosheit des Hauses Israel (רָעַת בֵּית־יִשְׂרָאֵל) das Unheil beschließt (דבר רָעָה Pi.). Wobei diese Verbindung des Nomens רָעָה in 18,8.11 und 26,3 um die Möglichkeit der Umkehr ergänzt wird. So würde sich Jahwe des Unglücks gereuen lassen (נחם רָעָה Nif.), insofern das Volk von seiner Boshaftigkeit umkehre (שׁוּב רָעָה Qal.), während er in der Deutung der Zeichenhandlung in 13 kein Mitleid (Jer 13,14 חמל Qal) oder Erbarmen (Jer 13,14 רחם Piel) hat und das Volk zerschmettern will (Jer 13,14 נפץ Pi.).[261] Das angekündigte Unheil steht dabei noch ganz im Zeichen einer Zerstörungserfahrung. Jahwe droht nämlich damit, dass das Volk an tödlichen Krankheiten sterben soll (Jer 16,4 מְמוֹתֵי תַחֲלֻאִים) und Groß und Klein sterben werden (16,6, וּמֵתוּ גְדֹלִים וּקְטַנִּים), ohne anschließend begraben zu werden (16,6, לֹא יִקָּבֵרוּ, vgl. 8,2; 14,16; 25,33). Zudem sollen die Leichen von Tieren gefressen werden (Jer 19,7).[262] Und in verneinter Androhung heißt es: Man wird ihretwegen nicht trauern (16,6, לֹא־יִסְפְּדוּ), sich nicht ritzen (לֹא יִתְגֹּדַד) und nicht kahl scheren (לֹא יִקָּרֵחַ), d. h. keine Trauerriten durchführen. Die Topoi des Nicht-Begrabens, der Leichen-fressenden Tiere, sowie keine Zeit für Trauerriten zu haben, entsprechen wohl realen Zuständen nach katastrophalen Ereignissen. Zum Unheilsankündiger dieser schrecklichen Botschaften wird Jeremia dann in den Deutungen der Zeichenhandlungen in 16,10 und 19,2b-9 bestellt, in denen er als Bote direkt den Befehl erhält, das Gesehene kundzugeben.[263]

---

259 Vgl. LEVIN, Verheißung, 156. LEVIN, Wort Jahwes, 257f.

260 Vgl. LEVIN, Verheißung, 156 – 159. „Das Jeremiabuch am Ende der Exilszeit dürfte im Wesentlichen aus der Sammlung der Worte vom Feind aus dem Norden bestanden haben, die durch die Berufungsvision eingeleitet und im rückwärtigen Teil um die Zeichenhandlungen Jer 13*; 16*; 18*; 19*; 29*; 32*; 35* ergänzt war."

261 Vgl. Jer 51,20.22(3x).23(3x).

262 Vgl. Jer 19,7: „Und ich werde ihre Leichen den Vögeln des Himmels und den Tieren der Erde zum Fraß geben." Vgl. auch Jer 7,33.

263 Vgl. auch Jer 5,14.

Neben diesen real-historischen Drohungen des Unheils hat auch die Gerichtsankündigung, die sich im Gebrauch der Topoi ‚Schwert‘, ‚Hunger‘ und ‚Pest/Tod‘ (14,12 f.; 15,2 – 3; 16,4; 21,7.9) bedient, ihren Ursprung im Rahmen der Wehklagen (13,18 – 19a, 14,17aβ.18), der 2.fem.Sg.-Eintragungen (13, 20 – 22.(25 – 27), der Zeichenhandlungen (13,12 – 14; 16,1 – 9, 20,1 – 3.4a – 6abα), deren Deutungen (21,1 – 4.10), sowie den Fortschreibungen (15,2.7 – 9; 21, 8 f.11 – 12).[264] Sie ist für die Weiterentwicklung des literarischen Jeremia von besonderer Bedeutung. So folgt als nächster Schritt in der Gestaltung des Protagonisten die Zeichnung als Unheilsprophet mit einer Unheilsbotschaft, die sich fester terminlogischer Verbindungen bedient.

Dieser Schritt erfolgt im Rahmen **der Fürbitte-Belege.** So sind die Fürbitte-Anliegen und Verbote, einleitend mit 14,12b, eng verbunden mit der das Gericht ankündigenden, „stylized literary resource, which has been shaped as a convenient form of expression for total destruction,“[265] d. h. der Redaktion, die die Lemmata ‚Schwert‘, ‚Hunger‘, ‚Pest/Tod‘ verwendet (vgl. Jer 14,12; 15,2; 18,21; 27,8.13; 38,2; 42,7.22). Durch die Eintragung der Fürbitte-Verbote und Belege nach den Klagen und vor den Gerichtsankündigungen wird die Person Jeremias vom (klagenden) Fürbitter zum Gerichtskünder stilisiert. Er ist jetzt Unheilsprophet mit fester Terminologie auf ganzer (literarischer) Linie.[266]

In den Kapiteln 1 – 25 wird Jeremia, in vorliegender MT-Endgestalt, als Prophet (יִרְמְיָהוּ הַנָּבִיא), bzw. Unheilsprophet in vier unterschiedlichen Kontexten beschrieben: in den Erzählungen seiner (Leidens-)geschichte, in den Geschichten um die Verschriftlichung seiner Botschaft, in den Darstellungen Jeremias zur Zeit der Belagerung, sowie als Verkünder der Fremdvölkersprüche.[267] Dabei steht Jeremia in der Tradition der Propheten – er ist bereits Unheilskünder und Unheilsprophet nach Vorbild eines Jesaja oder Amos (vgl. Jer 1,1 – 10). [268] Zudem erfolgt bei der Entstehung der Unheilspropheten-Porträtierung Jeremias die nachträgliche Deutung seines Amtes im Sinne eines von Jahwe gesandten Umkehrpredigers.[269]

---

264 Vgl. Bezzel, Konfessionen, 300.
265 McKane, Jeremiah I, 327.
266 Vgl. Kapitel 3.2.
267 Vgl. Jer 20,2; 25,2; 29,29; 34,6; 36,8.26; 37,2f.6.13; 38,10.14; 42,2.4; 43,6; 45,1; 46,1.13; 47,1; 49,34; 50,1; 51,59.
268 Vgl. Levin, Verheißung, 151.153. Vgl. Jes 6, 5 – 7; Am 8,2.6 – 9. Jer 1 hat Jer 2,1 – 2aα bereits vorliegen gehabt, so Levin, Wort Jahwes, 258 – 263.
269 Vgl. Pohlmann, Ferne, 116. Thiel, dtr Redaktion II, 109 – 111. Holladay, Scrolls, 452 – 467, sieht die umgekehrte Entwicklung: Aus dem Umkehrprediger wird der Unheilsprophet. Ausschlaggebend für seine Beurteilung ist Jer 36: Nach der Verbrennung der (Jeremia-)Rolle, die den

Eine weitere, umfangreiche Textgruppe im Jeremiabuch betrifft die wahre und falsche Prophetie in Relation zur Unheilsprophetie (Jer 14,13 – 16; 23; 27 – 29). Diese Sammlung geht, so hat es die Untersuchung in 4.1.2 ergeben, aus den Unheils-beschreibungen bzw. aus der Rolle der Propheten und Priester im Unglück hervor. Bereits im zweiten Kapitel konnte gezeigt werden, dass die Frage nach der Rolle und Funktion des Kultpersonals während eines Desasters, ein altorientalischer Topos ist. Dabei findet sich das Thema in Jeremia vermutlich gleichermaßen in Belegen wie Jer 4,9 und 14,18b. Diesen beiden Versen folgt (vgl. Jer 4,10; 14,13 – 16) in deren redaktioneller Bearbeitung der Vorwurf der Lüge in Bezug auf die Heilspropheten. Dies geschieht ferner direkt im Anschluss an die Unheilsschil-derungen in 14,18b und nach der Fürbitte (14,11; 15,1) in 14,13 – 16.[270] Jeremia wird in den Texten zur Frage um die wahre und falsche Prophetie nicht mit dem Pro-phetentitel benannt, er ist vielmehr eine Oppositionsfigur und Jahwes einzig wahres Sprachrohr.[271] Eine literarisch ausgestaltete Weiterführung der Thematik um wahre und falsche Prophetie findet sich im zweiten Buchteil (Kap. 26; 27 – 29). Dabei ist für die fortführende Konstituierung Jeremias besonders der Passus in Jer 26,17 – 20 von Interesse. Dieser gehört in den Kontext der Wiederholung der Tempelrede (vgl. Jer 7), sowie der Frage, wie man mit der Unheilsbotschaft Jer-emias verfahren solle? In dem Abschnitt dient das Zitat des Propheten Micha (Mi 3,12) dazu, Jeremias Botschaft einer Tradition von unheilsprophetischen Worten zuzuweisen.[272] Das Zitat, das die Botschaft beinhaltet, Jerusalem zum ‚Trüm-merhaufen' (עִי) zu machen, entspricht dabei den Unheils-ankündigungen Jer-emias generell und im Speziellen in 26,6, in Bezug auf die Stadt Jerusalem und deren Tempel.[273] Micha ist unter Hiskija als Unheilsbote aufgetreten, ohne dass er deswegen belangt, verfolgt oder getötet wurde.[274] „Vielmehr fürchteten sie Jahwe und besänftigten sein Antlitz [sc. חלה(2) פָּנִים], sodaß Jahwe die vorgesehene Ver-nichtung reute [sc. נחם Nif](V.19a)."[275] In Vers 20 wird ein Weiterer genannt, der wie Jeremia (יִרְמְיָהוּ) gegen diese Stadt und gegen dieses Land (עַל־הָעִיר הַזֹּאת וְעַל־הָאָרֶץ הַזֹּאת) weissagt (נבא Nif.), nämlich Uria. Dieser jedoch wurde, nach einer

---

Zweck der Warnung (Umkehrprediger) hatte, wird der Unheilsprediger. Holladay sieht hier einen Umbruch im Denken Jeremias.

270 Gegen KNOBLOCH, Prophetentheorie, 279, der annimmt, dass der Ausgangspunkt der Pro-blematik um wahre Prophetie in Dtn 13,2 – 6*, einer Rezeption der nA *adê*-Eide, liege. Mit KÖCKERT, Prophetengesetz, 84 f, der eindeutig zeigen kann, dass Dtn 13 und Dtn 18 abhängig von Jeremia sind und Jer 1 bereits voraussetzen.

271 Vgl. DEJONG, Jeremiah not among, 483.

272 Vgl. WANKE, Jeremia 2, 241. FISCHER, Jer 26 – 52, 35 f.

273 Vgl. WANKE, Jeremia 2, 241. SCHMIDT, Jeremia 2, 78.

274 Vgl. WANKE, Jeremia 2, 241.

275 WANKE, Jeremia 2, 241.

Flucht vor dem königlichen Tötungsgesuch durch Jojakim, gefangen und mit dem Schwert von diesem erschlagen (Jer 26,20 – 23). Hierin liegt ein narrativer Ausgangspunkt für Jeremias Verfolgungs- und Leidensgeschichte vor, welche in den Kapiteln 37– 44 aus der Erzählperspektive berichtet wird.

Nach der Darstellung als Oppositionsfigur im Streit um die Richtigkeit der prophetischen Verkündigung, jedoch noch vor deren Ausweitung in den Kapiteln 26, 27– 29, folgt ein weiterer Schritt der Jeremia-Zeichnung im Buch. Darin wird dieser wieder zum Kläger und damit auch die Klagen in 4 – 6, 8 – 10 durch die **Konfessionen** zu seinen erhoben.[276] Die Eintragung der Konfessionen in Jer 11 – 20 erfolgt dabei bereits mit Blick auf die, sehr persönlich gestalteten, Klagen in 4 – 10, und führt diese nun auf den Sprecher und Protagonisten des Buches bezogen fort.[277] Die Passagen in 4 – 10, die den Schmerz der Stadt(-göttin) zum Ausdruck bringen und das zornige Herz Jahwes erweichen sollen, werden jetzt für Jeremia selbst dienlich gemacht, um Jahwe zu erreichen. Dabei ist festzuhalten, dass in den Konfessionstexten keine Informationen über den historischen Propheten enthalten sind.[278] H. Bezzel kann zeigen, dass es sich bei den Konfessionen um späte Einschreibungstexte handelt.[279] Dabei haben ihm zufolge den Konfessionen bereits folgenden Texte vorgelegen: die (Gott-)klagen (Jer 12,10 f; 14,17aβ.18),[280] die Wehklage in 13,18 – 19a, die Eintragungen der ,2.sg.fem.-Schicht', die Zeichenhandlungen inklusive deren Deutungen, die dtr Reden in 7 und 11, die Fürbitte-Verbote ihm Rahmen der darauffolgenden Unheilsankündigungen (bspw. Jer 15,1 – 2 – 3a.7 – 9), sowie weitere Unheilsdrohungen und -beschreibungen (Jer 14,2 – 6; 16,18; 18,7 – 10.13 – 17; 19,2b – 9.11b13; 21,1 – 12*).[281]

Der Prophet als Jahwes beauftragter Bote kommt aufgrund seiner zu verkündenden Unheilsbotschaft in innere und äußere Konflikte, die in Gebeten zum Ausdruck kommen, welche nach dem Vorbild von Klagepsalmen gestalteten

---

276 Vgl. BEZZEL, Konfessionen, 300 f. POHLMANN, Ferne 103 f, versteht die Konfessionen als historische Anfechtungen und Zweifel in der Zeit nach der Zerstörung Jerusalems. Diese sind Pohlmann zufolge jedoch bewusst in Form eines Gebetes an Gott gebracht und Jeremia in Mund gelegt und mit dessen Situation identifiziert. OVERHOLT, History, 8. Overholt hält fest, dass es keine redaktionellen Verbindungen der Konfessions-Klage zu Jeremia gibt, nur deren Positionierung legt Beziehungen zum Leben Jeremias nahe, daher werden sie oft autobiographisch gedeutet.
277 Vgl. Kapitel 2.5., BEZZEL, Konfessionen, 282f.
278 Vgl. DEJONG, Jeremiah not among, 501.
279 Vgl. BEZZEL, Konfessionen, 284 – 292. POHLMANN, Ferne , 27– 111.
280 Vgl. Kapitel 4.1.2.
281 Vgl. BEZZEL, Konfessionen 284 f.300 f. Dabei sind die einzelnen Stadien der Eintragung und Entstehung dort nochmal genau aufgeführt. WILKE, Gebete, 15, konstatiert, dass den Konfessionen die Verdorbenheit im Hinblick auf das Tun und Ergehen des Volkes bereits ein, den Konfessionen vorliegendes, Motiv gewesen sei.

sind.[282] Ferner erfolgt in diesen Texten eine namentliche Nennung Jeremias in 18,18. Alle anderen Konfessionstexte sind lediglich im Ich-Bericht verfasst und z. T. durch eine Kapitel einleitende Wortereignisformel,[283] inklusive Nennung Jeremias, gekennzeichnet und beziehen sich somit auf diesen als Sprecher.[284] Beide, die Zeichenhandlungen und die Konfessionen, verbinden den Propheten maßgeblich mit seiner Botschaft.[285] In einer redaktionellen Stufe der Konfessionen wird Jeremia dann zum kollektiv-exemplarischen Leidenden.[286] Mit der Eintragung in 11–20, sowie einer gleichen redaktionellen Ergänzung der Klagen in 4, 6, 8 und 10, die auch dort den Sprecher als Repräsentanten des leidenden Kollektivs zeichnet, liest man den ersten Buchteil nun ganz im Zeichen des leidenden Unheilsboten.[287] Resümierend lassen sich folglich, ausgehend vom einem Kernbestand, der kultisches Klagematerial enthält, sowohl redaktions- und theologiegeschichtliche Linien in die jeremianische Gerichtsprophetie, als auch in die Weiterverarbeitung des Klagenmaterials hin zu den sog. ‚Konfessionen' Jeremias ziehen. Die Konfessionen bilden dann den hermeneutischen Schlüssel der jeremianischen Leidensgeschichte für die anschließenden Erzählungen im zweiten Buchteil, besonders in den Kapiteln 37–44.[288] Was in 1–25 der Innensicht des Propheten entspricht, folgt nun in der Außensicht, so H. Bezzel.[289]

---

282 Vgl. POHLMANN, Ferne, 106.
283 Vgl. LEVIN, Wort Jahwes, 257 f: „Der Begriff ‚Wort Jahwes' entstammt nicht der prophetischen Gottesrede selbst, sondern dem Nachdenken über sie. [...] Die Bearbeitung [....] können wir ‚Jahwewort-Bearbeitung' nennen. „
284 Vgl. Jer 11,1; 14,1 (im Hinblick auf 15,10–21); 18,1. BEZZEL, Konfessionen, 268(-270): „Es wäre denkbar, daß sie im Ich der alten prophetischen Wehklagen, die in diesem Teil [sc. Jer 1–10] des Jeremiabuches, in Kapitel 4; 6; 8; und 10, angesiedelt sind, bereits den Leidenden Propheten zu erkennen meinten, den sie ab Kapitel 11 in den Konfessionen das Wort ergreifen ließen." Diese Schicht versucht er in ähnlichen Fortschreibungen zu erkennen, die an die Klagen in 4, 6, 8, und 10, wie an die Konfessionen anschloss und Jeremia zum kollektiven Repräsentanten des klagenden Volkes macht. Vgl. Kapitel 1.5 der vorliegenden Arbeit.
285 Vgl. BEZZEL, Konfessionen, 267.
286 Vgl. BEZZEL, Konfessionen, 286 f.
287 Vgl. BEZZEL, Konfessionen, 282.284, Bezzel verortet die Einschreibung der Konfessionen etwa um das Jahr 400. In der den Konfessionen zudem bereits vorliegenden Paschur-Episode in Kap. 20 ist Jeremia zuvor der verfolgte Unheilsprophet, der hier erstmals mit Prophetentitel (vgl. MT, Jer 20,2) auftritt. In den abschließenden Konfessionen in 18 und 20 wird Jeremia aufgrund seiner Ächtung durch die Unheilsbotschaft dann zum Leidenden, Unheilkünder ist er ja bereits zuvor.
288 Vgl. BEZZEL, Konfessionen, 258, jedoch gegen BEZZEL, Konfessionen, 286, der konstatiert, dass in 1–10 Jeremia ein kommendes Gericht beklagt und in den Konfessionen aufgrund seines Nicht-Eintreffens klagt. Es handelt sich bereits in 1–10 um Klagetexte, die eine eingetroffene Katastrophe ohne Verkündigungscharakter vor Augen haben.
289 Vgl. BEZZEL, Konfessionen, 285.

Die Mehrheit der Namens-Belege von Jeremia, in kurzer und langer Schreibweise, ist daher im zweiten Buchteil (Kap. 26 – 52) anzutreffen.[290] So entfallen im MT 97 von 114 Langform-Belegen auf die zweite Hälfte des Jeremia-buches, hinzukommen neun Nennungen in Kurzform (Jer 27,1; 28,5 f.10 – 12.15; 29,1). Für die griechische Übersetzung sind es 84 von insgesamt 97 Nennungen des Prophetennamens, die sich auf die Kapitel 26 – 52 verteilen. Dabei fällt auf, dass die Fremdvölkersprüche in 46,1.13; 47,1; 49,34; 50,1; und 51,59 jeweils durch den Propheten Jeremia (יִרְמְיָהוּ הַנָּבִיא) angekündigt werden, dieser als Name aber sonst nur als der Autor dieser, seiner Unheilsworte genannt wird (Jer 51,60 f.64). Dadurch wird der Bogen zu Kapitel 25,13 gespannt, indem das Buch erwähnt wird, das nun alles, was durch Jeremia über alle Völker (עַל־כָּל־הַגּוֹיִם) geweissagt wurde (נבא Nif.), enthält.

Jeremia wird in den Erzählungen im Zwiespalt mit dem unbedingten Gericht (Jer 21,1 ff; 37,1 – 10) und der bedingten Heilsankündigung (Jer 38,17 ff; 42,10) dargestellt. Diese Charakterisierung ist letztlich jedoch ein Produkt „redaktioneller Textgestaltung".[291] Man könnte auch sagen: „Der Prophet ist in den Ergänzungen".[292] Die Jeremia-Legenden sind der Versuch einer Erklärung für die Zerstörung Jerusalems, wobei das Volk nicht auf den Unheilsboten gehört und damit das Unglück beschlossen hat. Diese Deutung ist eng mit der Zeichnung Jeremias sowohl als (dtr) Umkehrprediger und Warner als auch als Unheilspropheten verbunden.[293] Dabei ist nicht auszuschließen, dass in den Erzählungen (Jer 37– 44) auch altes Textgut vorhanden ist, das zur Bildung des Buches angeregt hat und sich auf den historischen Jeremia bezieht.[294]

Eine letzte Frage, die sich stellt ist: Warum wurde für Jeremia die Prophetengestalt gewählt? Die Antwort darauf zeigen die Ergebnisse aus dem dritten und vierten Kapitel der vorliegenden Arbeit: Zum einen konnte gezeigt werden, dass aus den ältesten Klagen und Unheilsbeschreibungen ohne Verkündigungscharakter, redaktionell sowohl Unheilsankündigungen als auch ein Unheilskünder

---

290 MT: 26,7– 9.12.20, 24; 29,29 f; 30,1; 32,1.6.26; 33,1.19.23; 34,1.6.8.12; 35,1.3.12.18; 36,1.4 f.8.10.26 f.32; 37,2 f.6.12 – 18.21; 38:1.6 f.10 – 17.19 f.24.27 f; 39,11.14 f; 40,1.6; 42,2.4 f.7; 43,1 f.6.8; 44,1.15.20.24; 45,1; 46,1.13; 47,1; 49,34; 50,1; 51,59 – 61.64; 52,1. LXX: 26,13; 28,59 – 61; 32,13; 33,7– 9.12.20.24; 35,5 f.10 – 12.15; 36,1.21.29 f; 37,1; 39,1 f.6; 40,1; 41,1.6.8.12; 42,1; 43,4 f.8.10.18 f.26 f.32; 44,2– 4.6,.12 – 16.18.21; 45,1.7.11 – 13.15.17.19 f.27 f; 46,14 f; 47,1; 49,2.4 f.7; 50,1 f.6.8; 51,1.15.20.24.31; 52,1.

291 Vgl. POHLMANN, Studien, 205.

292 KNOBLOCH, Prophetentheorie, 3. Er hat zwar in der Aussage Recht, versteht Jeremia aber als Thoralehrer und Schriftgelehrten.

293 Vgl. CLEMENTS, Prophecy, 228 f.

294 Vgl. u. a. HARDMEIER, Prophetie im Streit, 174 – 244. Hardmeier versteht Jeremia 32,2 – 15* als Eröffnung der Erzählung von der Gefangenschaft und Befreiung Jeremias in Jer 34,7; 37,3 – 40,6*.

gestaltet wurden. Dabei ist Letzterer in einer späteren Stufe zum Unheilspropheten nach Vorbild anderer Propheten weiterentwickelt worden. Zum anderen konnte im 6. Jh. v. Chr. unter dem Begriff נָבִיא (Prophet) literarisch eine Vielzahl kultischen Personals bzw. kultischer Aktivitäten verstanden werden, so dass der Titel Jeremias ursprüngliche kultische Funktion literarisch übermalen konnte. [295]

4.3 Ergebnisse

Die Untersuchungen der bisherigen Kapitel haben hervorgebracht, dass sich das Jeremiabuch in seiner Grundschicht aus Klagen konstituiert, die motivische und thematische Nähe zu dem altorientalischen Klagematerial betreffs der Zerstörung von Stadt und Land aufweisen. Die genuin jeremianischen Fürbitte-Verbote reagieren als Folge der eingetroffen und später als Gerichtsankündigung gestalteten Klagetexte und Unheilbeschreibungen auf literarischer Ebene auf eben genau diese, sowie die den Klagen zugrundeliegende Fürbittefunktion. In dem vorliegenden Kapitel wurde auf Basis dieser Erkenntnisse gefragt, wie die Figur Jeremias, als prophetische Leitautorität seines Buches, mit diesen Ergebnissen in Verbindung zu bringen ist. Die Frage dabei lautet: Wie ist das Jeremiabuch zum Prophetenbuch geworden und wie Jeremia zum Unheilskünder?

Einen Teil der Antwort auf diese Frage liefert der Befund, dass die alttestamentlichen Bücher in Form von Traditionsliteratur vorliegen. Dafür gibt es keine altorientalische Parallele. Im aB Mari und nA Assyrien wurden prophetische Orakel ebenso archiviert, jedoch nicht in einer Form, die den alttestamentlichen Prophetenbüchern entspräche.

Der zweite Teil der Lösung liegt in der Analyse der alttestamentlichen, kultischen Amtsbezeichnungen, sowie der Betrachtung des Propheten(נָבִיא)-Begriffs im Alten Testament. Hinsichtlich der atl. Belege gibt es zwei Auffälligkeiten. Zum einen werden in der alttestamentlichen und außer-alttestamentlichen, nordwestsemitischen Überlieferung zum Teil unterschiedliche kultische Amtsbezeichnungen für offenbar ein und dieselbe Person verwendet. So wird Bileam in der Überlieferung des Alten Testamentes als קֹסֵם (Beschwörer, vgl. Num 22,7; Jos 13,22) bezeichnet, während er in einer Inschrift aus dem 9. Jh. als ḥōzeh (Seher)

---

295 Vgl. BECKER, Wiederentdeckung, 55–57. Er sieht den Kernbestand des Buches in Jer 4–6*, das am Anfang der Überlieferung stehe. Dem Jeremiabuch komme aber in sofern eine besondere Rolle zu, als hier offenbar erstmals der Umschlag vom Heil zum Gericht in der Verkündigungszeit Jeremias selbst vollzogen wurde, so Becker. Vgl. zu dieser Annahme die Ausführungen in Kapitel 4.1.1.

tituliert ist.[296] Ähnlich wird Amos in Am 7,12 als Seher bezeichnet, seine Amtstätigkeit jedoch mit dem Verb נבא (prophezeien, Am 7,13) beschrieben. Zum anderen gibt es eine unverhältnismäßig große Anzahl des Terminus נָבִיא (Prophet) im Gegensatz zu übrigen Kulttiteln im Alten Testament. Der Vers 1 Sam 9,8 – 9 bietet eine mögliche Erklärung innerhalb des ATs an, indem gesagt wird, dass der נָבִיא jetzt der sei, den man früher Seher (רֹאֶה) nannte und der die Fähigkeit hat Gott zu befragen (דרש אלהים). Diese Übermalung zeigt sich auch darin, dass unter dem Begriff des נָבִיא (Prophet) keine Gruppe einheitlicher Aktivitäten gefasst wird, sondern eine Vielzahl. Dazu zählen bspw. die Mitteilung von Gottesworten, ekstatische Erlebnisse, Wundertaten, Gottesbefragungen und Fürbitten. In den Schriftpropheten werden die נבאים in unterschiedlicher Weise dargestellt, die sich auch im Jeremiabuch finden. Dabei werden sie vor allem als Mittler und Warner, sowie in der Auseinandersetzung um wahre und falsche, Heils- und Unheilsprophetie dargestellt. Im altorientalischen Vergleich weichen jedoch nicht nur die schriftprophetischen Darstellungen in ihrer Unheilsbotschaft beträchtlich von den mesopotamischen Analogien ab, sondern auch in ihrer Funktion. Die altorientalischen Propheten der außerbiblischen Quellen sind ausschließlich Übermittler göttlicher Botschaften, die i. d. R. einen positiven Inhalt haben. Das Jeremiabuch enthält in der Grundschicht keine solchen prophetischen Orakel, sondern Klagen und Unheilsschilderungen, die keinen verkündigenden Charakter aufweisen. Dessen ungeachtet ist der Begriff des נָבִיא (Prophet) im Jeremiabuch mit 95 Belegen am häufigsten von allen alttestamentlichen Schriften belegt. Daher wurde in diesem Kapitel die Frage nach der Entwicklung zu einem schrift- und unheilsprophetischen Buch gestellt, sowie nach der darin enthaltenen Auffassung des Prophetenamtes, besonders in Bezug auf die Darstellung Jeremias selbst.

Ein Jeremia genuines Bild der Propheten ist das der wahren und falschen Amtsinhaber, das sich aus der theologischen Verarbeitung heraus ergibt, in der gefragt wird, welche Rolle Kultpersonal in Unheilszeiten zukommt. So bezeugen die Texte Jer 4,9; 14,18b, dass es Passagen gibt, in denen dem Kultpersonal keine Wertung entgegengebracht wird, sondern sie Teil der vom Unheil Getroffenen sind. Aus dieser Situation heraus ergibt sich die Frage nach ihrem Verhältnis zu dieser Zerstörung und ihrer kultischen Wirksamkeit. So wird bereits diesen Passagen (Jer 4,9 und 14,18b) eine nachträgliche Deutung angefügt, die dazu führt, dass sich im Buch eine Grundproblematik um die Heilsprophetie theologisch entfaltet. Diese Theologie wird im Dtn zum Gesetz des Prophetenamtes erhoben. Die Charakterisierung Jeremias als wahren Propheten, genauer als Unheilspropheten, ist ebenfalls in diesem Zusammenhang zu betrachten. So lässt sich die

---

296 Vorausgesetzt die Texte referieren auf ein und dieselbe Person.

Entwicklung vom originären, fürbittenden Klagevorträger zum Gerichtspropheten im Buch selbst nachvollziehen. In groben Zügen präsentiert sich dem, der die Schichten und Redaktionen erforscht, am Ende seiner Suche das Bild einer planvollen Genese der Figur Jeremias. So ist der Klagevorträger noch in den Klagen 4, 8, 10 enthalten, während er bereits in den, den Klagen anschließenden, Zeichenhandlungen symbolisch das kommende Unheil verkörpert, dass Jahwe ihn darin schauen lässt. Aus dem, der das Unheil in seinem Eintreffen beklagt, wird der, der es (scheinbar zuvor) schaut und nun verkünden muss. Dabei erhält Jeremia dann, in der Ergänzungsstufe der Zeichenhandlungen in 16,10 und 19,2b-9, als Bote direkt den Befehl, das Gesehene kundzugeben. Im Rahmen der Fürbitte-Belege, die auf älterer Stufe die Funktion der Klage erklären, wird Jeremia zum Unheilspropheten. So sind die Interdikte ihrer Eintragung nach eng verbunden mit einer das Gericht ankündigenden Redaktion, die sich in der Verwendung der Termini ‚Schwert‘, ‚Hunger‘, ‚Pest/Tod‘ auszeichnet. Jeremia wird durch die Eintragung der FB-Verbote nun endgültig auf literarischer Ebene vom (fürbittenden) Kläger zum Gerichtspropheten. Erst durch die Einschreibungstexte der Konfessionen wird er wieder zum Klagenden, jedoch aufgrund seiner Unheilsboten-Rolle. Durch die Konfessionen-Eintragung werden auch die Klagen in 4–6, 8–10 zu seinen (eigenen) erhoben.

Den Titel נָבִיא, den Jeremia in fünf, der LXX und dem MT gemeinsamen, Texten führt, kann er dabei aus folgenden Gründen tragen:

1.) Da aus den ältesten Klagen inkl. ihrer Unheilsbeschreibungen, die keinen Verkündigungscharakter aufweisen, redaktionell sowohl Unheilsankündigungen als auch dadurch bedingt ein Unheilskünder und Unheilsprophet nach dem Vorbild schriftprophetischer Nachbarn gestaltet wurden.

2.) Dadurch, dass ab ca. dem 6. Jh. v.Chr. unter dem Begriff נָבִיא (Prophet) literarisch eine Vielzahl kultischen Personals bzw. kultischer Aktivitäten gefasst wurde, sodass der Titel Jeremias ursprüngliche kultische Funktion literarisch übermalen konnte.

Durch diese grob skizzierte Entwicklung des literarischen Materials in Bezug auf die Person Jeremias, ist das Buch, dem ursprünglich die Klage zugrunde liegt, letztendlich zum Prophetenbuch avanciert.

Zusammenfassung der Ergebnisse

„Ob er überhaupt ein Prophet und nicht eher ein Klagepriester oder etwas Derartiges war, kann man fragen. Angesichts der soziologischen Diversifikation des Prophetenstandes und der fließenden Übergänge zwischen Propheten, Sehern und anderem (eher niederem) Kultpersonal im Alten Orient ist die Frage jedoch müßig."[1]

Doch genau dieser Problematik, die R. G. Kratz in Bezug auf Amos anspricht, hat sich die vorliegende Arbeit im Hinblick auf Jeremia bemüßigt.

Dabei war die maßgebliche Frage: Jeremia- Fürbitter oder Kläger?

Die Antwort, die aus den Ergebnissen hervorgeht, lautet: Jeremia, der literarische wie der historische, ist beides zugleich. Der Unterschied zwischen ihnen ist nur, dass der historische es zu bleiben vermag, während dem literarischen die Fürbitte verboten wird, da dessen im Buch festgehaltene Aufgabe die Unheilsankündigung ist.

Diese Erkenntnis basiert auf der Untersuchung der Klagen in Jer 4, 6, 8 und 10 im Vergleich mit altorientalischen Klagetraditionen. Dabei handelt es sich nach eingehender Betrachtung nur in den Texten Jer 4,19 – 21; 8,18.21 – 23; 10,19a.20.22aβ.b um Klagen. Der Abschnitt in Jer 6,9 – 15 stellt ursprünglich eine Zeichenhandlung (V.9b.12b) dar.[2]

Dem literarischen Ich dringt die schmerzende Wunde (10,19) bis an die Wände seines Herzens (4,19), welches aufgrund der Zerstörung der Zelte und Zeltdecken (4,20; 10,20) und des ganzen Landes krank und betrübt ist (8,18). Die jeweiligen Texte in 4, 8 und 10 bestehen aus Schmerzensschilderungen (4,19a; 8,18; 10,19a), welche durch die anschließenden Unheilsbeschreibungen der Situation im Land (4,19b-21; 8,21 – 23; 10,20.22aβ.b) auf ihren jeweiligen Ursprung zurückgeführt werden. Diese Texte haben keineswegs einen ankündigenden oder gar prophetischen Charakter. Das Individuum beklagt einzig und allein die Zerstörung des Landes.

Ebenso im Herzen ergriffen beweinen mesopotamische Stadtgöttinnen den Verlust ihrer Heimat, die dem Zorn der Götter anheimgefallen ist. In dem hier vorgebrachten, umfassenden Vergleich der jeremianischen Klagen mit den Klagetraditionen um zerstörte Städte und Länder aus Mesopotamien und Ägypten konnte gezeigt werden, dass die Jeremia-Texte in 4 – 10 und die liturgischen Klagen des mesopotamischen *kalû* (Klagepriester) starke thematische und motivische

---

1 Vgl. Kratz, Amos, 87.
2 Vgl. Kapitel 1.2.2. Mit Bezzel, Konfessionen, 271 – 274, der diesen Sachverhalt erstmals literarkritisch begründet.

DOI 10.1515/9783110543377-006

Gemeinsamkeiten aufweisen. In ihrer Grundschicht besteht eine große Affinität der Jeremiaklagen zu den Balag̃-Klagen, insbesondere zu jenen Passagen, die im 1. Jt. v. Chr. akkadische Interlinearübersetzungen enthalten. Dieser Befund ist aus folgendem Grund von erheblicher Bedeutung: Die Interlineare dienten im 1. Jt. v. Chr. nicht nur dazu, die Aufmerksamkeit auf bestimmte Textabschnitte zu evozieren oder deren Wirkung zu unterstreichen, sondern sie waren, im Gegensatz zu den Emesal-Passagen, auch für Nicht-*kalû* verständlich.

Während jedoch in Mesopotamien die Stadtgöttin oder die Stadt selbst über die Vernichtung klagen, wird in der israelitischen Version Zion bzw. Jerusalem weiblich personifiziert und deren Klagen zu prophetischer Literatur weiterverarbeitet. Es ist es nicht Jeremia, der in 4–10 klagt, sondern Jerusalem selbst bedauert, ganz ähnlich der Stadt(-göttin) in den mesopotamischen *kalûtu*-Texten, darin ihr Schicksal.

Auf dieser Basis erklärt sich meines Erachtens auch die Ein- bzw. Antragung der von C. Levin konstatierten ‚2.sg.fem-Schicht' an die Klagen in 4, 8 und 10.[3] So konnte gezeigt werden, dass die Schilderungen im Grundbestand der Texte in Bezug auf diese Einschreibungsschicht als Ausgangspunkt zu interpretieren sind (vgl. Jer 4,14.18; 10,17; 13,20–22.(25–27)). Diese Schicht hat dabei nicht nur den von C. Levin geäußerten Zweck Anklage zu erheben, sondern zunächst das kenntlich zu machen, was aus den Texten selbst nicht hervorgeht, nämlich den Sprecher der Klagen zu benennen. Dabei aktualisiert die Einschreibung gleichsam die Klage auf den Kontext von 587/6 v. Chr. hin, d. h. auf die Zerstörung Jerusalems. Jerusalem klagt jedoch nicht im Rahmen einer kultischen *kalû*-Klage über die ihr zugefügte Zerstörung, sondern in der heute vorliegenden Gestalt eines literarischen Buches, nämlich des Jeremiabuches. Zudem weisen die jeremianischen, die mesopotamischen, sowie die ägyptischen Texte bei genauer Betrachtung zwar gleiche Problemstellungen auf, jedoch liegen die Jeremiapassagen auf der Ebene des Endtextes in einer (Schuld-)theologischen Deutung vor, wie sie für die Emsalklagen unbekannt ist. Allein dieser Sachverhalt verdeutlicht, dass sich die Texte aus dem Jeremiabuch als weiterverarbeitete Deutungs- und Traditionsliteratur präsentieren. Die in dieser Arbeit vorgebrachte Untersuchung ergab, dass die schuldbezogene Unheilsdeutung zwar kein gemein altorientalischer Topos ist. Die Einbettung und Weiterverarbeitung von Klagetopoi in eigenständige, z.T. theologisch-lehrhafte, Literaturwerke ist jedoch durchaus als ein ‚culture pattern' zu bezeichnen, das der biblischen, der mesopotamischen und der ägyptischen Kultur gemeinsam ist. So dienten gerade jene, den Klagen in Jer 4–10 besonders ähn-

---

3 Vgl. Levin, Verheißung, 156 f. Es handelt sich dabei um eine Eintragungsschicht die Jerusalem zur Angesprochen erhebt und dann der Klage die Anklage nachträgt.

liche, Balaĝ-Klagen als Ausgangspunkt zur Komposition der fünf mesopotami-schen Stadtklagen.[4] Darin wird erzählerisch die Zerstörung einer Stadt beschrie-ben und die dadurch bedingte Trauer der Stadtgöttin monologisch tradiert.[5] Zu-dem liegt mit der ägyptischen *Prophezeiung des Neferti*, ähnlich der Bileaminschrift, eine Verarbeitung von Klagetopoi vor, die narrativ eine Art Zu-kunftsschau gestaltet.[6]

Es veranlassen folglich die erbrachten Ergebnisse zur Annahme, dass die Grundschichten in Jer 4,19–21; 8,18.21–23 und 10,19a.22.aβ.b ähnlichen, liturgi-schen Klagen wie den Balaĝ des *kalû* entstammen. So ist es durchaus möglich, dass diese Texte zum Repertoire eines Klagepriesters gehörten und zur Schaffung des Jeremiabuches anregten, die vergleichbar mit der Entstehung der Stadtklagen oder anderen Literaturwerken in Mesopotamien und Ägypten ist, die Klagetopoi verarbeiten. Ähnliches gilt für das Threni- Buch, das nicht nur zahlreiche Paral-lelen zu den Jeremiaklagen enthält, sondern von Dobbs-Allsopp als einziges, überliefertes Exemplar einer eigenen, israelitischen Stadtklagegattung deklariert wird.[7]

Ist der Kläger nun ermittelt und in ein altorientalisches Umfeld eingeordnet worden, stellt sich doch die Frage nach der Beziehung zur Fürbitte? Nun auch hier führt die Beantwortung über den altorientalisch-interkulturellen Vergleich.

Der *kalû* und seine kultischen Klagen gehören zu einer kultischen Triade, die zudem das Spielen von Instrumenten einschließt, und durch deren Aufführung göttliche Herzen präventiv beruhigt werden.[8] Zu diesem Zweck enthalten die kultischen Emesalklagen des 1. Jt. v. Chr. eine sogenannten ‚Herzberuhigungs-einheit (HBE)'. Diese Passage ist als Fürbitte-Abschnitt zu charakterisieren und weist je nach Gattung eigene, spezifische Wendungen auf.[9] Die Fürbitte ist jedoch nicht nur textintern direkt mit den Klagen über die zerstörte Stadt verbunden,

---

4 Die Klage über Sumer und Ur (LSUr), die Klage über die Zerstörung von Ur (LU), die Urukklage (LW), die Eriduklage (LE) und die Nippurklage (NL), vgl. Kapitel 2.3.1.

5 Vgl. Kapitel 2.3.1.

6 Vgl. BLUM, Israels Prophetie, 82–86.96–107, bietet eine Diskussion der unterschiedlichen Positionen zur Tatsache, ob es Unheilsprophetie in Israel gab oder es sich dabei um ein litera-risches Phänomen handelt.

7 Vgl. DOBBS-ALLSOPP, Weep, 157–163.

8 Vgl. GABBAY, Pacifying, 18. Diese Triade ist seit dem 1. Jt. v. Chr. sicher als solche belegt, reicht aber vermutlich bis in das 3. Jt. v. Chr. zurück. Zweifellos gilt, dass der gala die EKL zur Herzbe-ruhigung vom 3. bis zum 1. Jt. v. Chr. in Verbindung mit anderen kultischen Handlungen (bspw. Opfergaben und Libationen) aufgeführt hat.

9 Vlg. GABBAY, Eršema, 16, im 1. Jt. v. Chr. lautete diese bspw. sum. : „šag₄-zu he₂-en-ḫuĝ-ĝe₂₆ bar-zu he₂-en-sed-de₃", akk.: *„libba-ka linuḫ kabatta-ka lipšaḫ"* (Möge dein Herz besänftigt sein. Möge dein Gemüt ruhig sein).

sondern es ist auch der rituelle Zweck, zu dem Emesalklagen vom *kalû* aufgeführt werden, der der Fürbitte. Während also in der HBE am Ende der Texte die Götter gebeten werden bei (zumeist) Enlil, der für die in den Texten geschilderte Zerstörung verantwortlich ist, Fürbitte zu dessen Herzberuhigung einzulegen, damit die Vernichtung aufhöre. So ist es im Ritual die Mittlergestalt des *kalû*, die zwischen irdischer und himmlischer Sphäre mediiert und im kultischen Vortrag die präventive Fürbitte durchführt. Das bedeutet, indem die Klagen Tag für Tag rituell aufgeführt werden, soll gesichert werden, dass die in den Klagen berichtete Zerstörung nicht wieder eintritt und der Gott nicht zornigen, sondern ruhigen Herzens auf sein Volk blickt. Auf diese Weise wird täglich das göttliche Herz besänftigt, damit es niemals wieder zürnt. Zu diesem Zweck wurden *kalûtu*-Texte oft direkt vor der Götterstatue inszeniert und die Verben der HBE oft prekativ formuliert. Dabei spielen diese auf das Herz (šà$_4$) und das Gemüt (bar) des Gottes an, welche es zu beruhigen gilt. Die sprachlichen Ausführungen der HBE machen deutlich, weshalb der Wortlaut der Fürbitte nicht im Jeremiabuch enthalten ist: Zum einen besteht der HBE-Abschnitt aus Götterlitaneien und Litaneien werden in der literarischen Verarbeitung nicht tradiert, was bereits in Bezug auf die mesopotamischen Stadtklagen zutrifft. Zum anderen ist die Vorstellung, dass Götter stellvertretend für Menschen bei einer Hauptgottheit fürbittend eintreten, für die biblische Tradition ab einem gewissen Zeitpunkt der monotheistischen Entwicklung nicht mehr zu tradieren.

Die Analyse der atl. Fürbitte-Vorstellungen zeigt jedoch, dass es Parallelen zu der mesopotamischen gibt. So will die atl. Fürbitte wirkmächtig das Gereuen (נחם, vgl. Ex 32,11–14) Gottes erwirken, genauso wie die mesopotamische die Herzbesänftigung bezweckt. Beide haben das Ziel den göttlichen Zerstörungsentschluss zu beenden.

Fürbitte und Klage sind folglich atl. und altorientalisch fest verbunden. Doch in welchem Zusammenhang steht dieser Sachverhalt mit Jeremia? Wie lässt sich angesichts der Erkenntnis, dass eigentlich Jerusalem in 4–10 klagt und in Jer 7,16; 11,14; 14,11 und 15,1 die Fürbitte untersagt wird, noch die Frage begründen: Jeremia, Fürbitter oder Kläger?

Die Antwort kann natürlich einmal ganz simpel lauten: weil Jeremia nun mal Protagonist des nach ihm benannten Buches ist. Zum anderen ist eine weitere Begründung anzuführen, nämlich dass sich eine analoge Beziehung zwischen Klagen und Fürbitte-Belegen in Jeremia gezeigt hat, wie sie in den mesopotamischen Texten zu finden ist. Die exzeptionell jeremianischen Fürbitte-Verbote können meines Erachtens sogar erst durch die, ebenso spezifisch-jeremianischen, Klagen in 4–10 und die in 14,17f erklärt werden. So stehen die Interdikte in Jer 14,11 und 15,1 in einem engen textlichen Verhältnis zu der Klage über die Zerstörung im

Land (14,17 f),[10] auf die sie gerade reagieren. Gleichsam lassen die Fürbitteverbote in Kapitel 7 und 11, die in einen prosaischen Buchabschnitt eingebettet sind, mit ihrer Absage an ein Ende des Unheils, die Klagen über dieses in Jer 4, 6, 8 und 10 als wirkungslos erscheinen.

Auf literarischer Ebene schieben sich die Interdikte zwischen klagende Unheilsbeschreibungen und die Worte über das von Jahwe beschlossene (und eingetroffene) Gericht in der Ankündigung. Durch die Eintragung der Untersagungen wird der in 7,1; 11,1; 14,1 genannte Jeremia auf der Endtextebene vom klagenden Fürbitter zum Unheilskünder stilisiert. Der Vers Jer 18,20b (Jeremias Fürbitte-Erinnerung) fügt sich diesem Bezug zum Gottesgericht an und stellt eine direkte Beziehung zu dem von Jahwe beauftragten Unheilskünder (Jeremia) her. Der literarische Jeremia ist folglich Kläger und dabei gleichzeitig untersagter Fürbitter, der statt zu klagen die Aufgabe hat, Unheil zu verkünden.

Dabei sind die Klage und die Fürbitte sowohl alttestamentlich als auch altorientalisch keineswegs prophetische Aufgaben. Die zu Beginn der Arbeit gestellt Frage ist an dieser Stelle erneut aufzugreifen: Wie kommt es, dass das Buch völlig unvermittelt mit unadressierten Klagen einsetzt und dann zum Prophetenbuch wird, welches auch die Biographie eines bestimmten Propheten darzustellen versucht?

Einen Beitrag zur Beantwortung dieser Frage leistet das Klagematerial im Jeremiabuch bereits selbst. Nicht nur die (allgemeine) Bevölkerung ist betroffen, wenn eine Stadt oder gar ein Land zerstört wird, auch die ‚Priester und Propheten‘ leiden unter der Destruktion des Tempels und dem damit verbundenen Verlust ihrer kultischen Funktion. Die Verse in Jer 4,9; 14,18b zeigen, dass sich dieses Thema auch im Jeremiabuch wiederfindet. Wenn Jeremia ein Klagepriester gewesen ist, so hätte auch er unter der Zerstörung Jerusalems 586/7 v.Chr. gelitten.

Aus der theologischen Verarbeitung der Problematik um den zerstörten Kultbetrieb heraus ergibt sich innerhalb des Jeremiabuches ein breites Textkorpus, das sich mit der Frage auseinandersetzt, welche Rolle dem Kultpersonal in Unheilszeiten zukommt und welches Verhältnis zwischen der Zerstörung und ihrer kultischen Wirksamkeit besteht. Die Beantwortung dieser Fragestellung erfolgt auf literarischem Wege. So schließt sich den Versen in 4,9 und 14,18 eine Deutungsschicht an, welche die Problematik aufgreift und im Sinne der Heils- und Unheilsprophetie ausführt (Jer 4,10; 14,13 – 16). Es wird behauptet, dass nur Unheilspropheten legitime Propheten seien, da schließlich genau das Unheil eingetroffen ist. Diese Theologie wird anschließend im Dtn zum Gesetz des Pro-

---

10 Vgl. Kapitel 3.2, die Klage ist ein Konglomerat bereits bekannter Termini aus den Klagen 8 und 10.

phetenamtes erhoben.[11] Auch die Charakterisierung Jeremias als wahren Propheten, genauer als Unheilspropheten, ist in diesem Zusammenhang zu betrachten. Dabei hat die Prophetie, sowohl altorientalisch als auch im Grundbestand alttestamentlicher Literatur, allein die Aufgabe göttliches Wort zu übermitteln. Der Prophet wirkt als ein Medium zum göttlichen Gebrauch, er ist kein Mittler zwischen den Welten, wie der *kalû* es ist. Dennoch qualifiziert sich Jeremia erst in der Bestimmung als Unheilprophet zum Protagonisten eines eigenständigen Buches, was allein in der Übernahme von kultischem Klagematerial und in der Rolle des Klägers im Unheil nicht erreicht worden wäre.

Für die Genese der Propheten-Person Jeremias werden daher folgende grob skizzierte Entwicklungsstufen angenommen:

Aus den Klagen mit ihren Unheilsbeschreibungen werden Unheilsankündigungen, verbunden mit einem, zu deren Mitteilung beauaftragten, Unheilsankünder. Dieser wird anschließend in der Auseinandersetzung mit den Heilspropheten zum einzig wahren Sprachrohr, avanciert also zum Unheilspropheten (noch ohne Titel). Letztendlich bleibt Jeremia aber der Klagende, der in den Konfessionen unter seiner Unheilsbotschaft leidet und seinen Schmerz beweint, woraufhin auch die Klagen in Jer 4–10 auf ihn bezogen werden.[12]

Bereits am Beginn der Entstehung des Jeremiabuchs haben die Klagen (inklusive ihrer Unheilsschilderungen) in 4–10, denen nichts ankündigendes oder gar prophetisches Eigen ist, eine dahingehende Umschreibung erfahren. So werden im Rahmen der Texte zum ‚Feind aus dem Norden' in Bezug auf Jerusalem erste Ankündigungen des Unheils formuliert, die sich bspw. über das Lemmata שְׁמָמָה (Öde) an die Texte anschließen (vgl. 4,27–29; 6,6–8; 9,10.14–17; (10,18.22aα)).[13] Was Jerusalem durch die Zerstörung im 6. Jh. v. Chr. bereits ist (Jer 4,26; 10,22), soll sie hier literarisch, laut Jahwes Urteil, erst werden. Grund dafür ist der göttliche Zorn, wobei Jahwe der Sender des Unheils ist.[14] Diese Theologie, dass die Zerstörung im göttlichen Zorn bedingt und Jahwe deren Akteur ist, steht noch ganz im Rahmen der altorientalischen Klagen und erklärt sich nicht aus dem Prophetismus heraus. So ist es in den Emesalkultliedern die Macht Ans oder

---

11 Vgl. Kapitel 4.1.2, Dtn 18,9–22.
12 Vgl. Bezzel, Konfessionen, 286: „Der ältere (sc. Jeremia in Jer 4–10) klagt darüber, das drohende Unheil voraus zu ahnen und geradezu am eigenen Leib antizipieren zu müssen, der Konfessionenjeremia dagegen leidet an seiner Verzögerung." Dabei kann die Beurteilung als ankündigend bereits als literarische Entwicklung bewertet werden, siehe Kapitel 1.2; 4.2.
13 Vgl. Diese Ankündigungen schließen direkt an den Zusammenhang mit dem ‚Feind aus dem Norden' an, vgl. Jer 8,16–17 (in Bezug auf die Klage 8,18–23) und werden in Jer 9,10 fortgeführt, unterbrochen durch einen späteren Schuldaufweis in 9,1–8.
14 Vgl. u. a. Jer 4,6; 15,2; 23,19; 25,32; 30,23.

Enlils, die nicht nur gewaltig sondern auch zerstörerisch ist.[15] Enlils göttliches Wort und dessen Manifestation als Sturm bedingen die Verwüstung, die in ihren Auswirkungen in den Klagen geschildert wird. Der Grund für den göttlichen Vernichtungsplan bleibt ungenannt, ja er wird sogar verschleiert und keinem ist es gestattet danach zu fragen. Sicher ist nur, dass der Gott seinem Volk gegenüber im Herzen zürnt.[16]

Den Klagen in 4 – 10 schließen in der Buchgenese die sog. Zeichenhandlungen an. Jahwe lässt nun Jeremia schauen, was er für sein Volk beabsichtigt, die Zerstörung. Damit wird aus dem, das eingetroffene Unheil Beklagenden, ein die Zukunft Schauender und ein Verkünder. Und das was er sieht und kundtun muss, ist Tod, Leichenschändung, Schwert, Hunger und Pest. Die Eintragung der Fürbitte-Verbote unterstreicht die neu erworbene literarische Funktion Jeremias, indem sie sich zwischen Unheilsbeschreibung der Klage und Unheilsankündigung schiebt. So erklären die Interdikte zum einen, was die Klage (ursprünglich) zu bewirken vermag, nämlich die herzberuhigende Fürbitte. Zum anderen wird Jeremia durch deren Untersagung erst recht vom Kläger zum Unheilsverkünder gestaltet.

Erst durch die Einschreibungstexte der Konfessionen wird er wieder zum Klagenden, jedoch hier gerade aufgrund seiner Unheilsboten-Rolle: Jeremia leidet an seiner von Gott beauftragten Gerichtsverkündigung. In den Fortschreibungen der Konfessionengebete wird Jeremia zum Vertreter des leidenden Volkes. Diese Erweiterungen werden auch den Klagen in 4, 8 und 10 zuteil, wodurch sie dem Leser des Gesamtbuches nun als Jeremias eigene erscheinen (vgl. Jer 4,22, 8,19a.20; 10.(23 – 24).25). Dabei greifen die Konfessionen in ihrer Einschreibung bereits den persönlichen Charakter der Klagen in 4 – 10 auf. Dem Leser des Endtextes ist es infolgedessen nicht mehr möglich Jerusalem darin zu hören, vielmehr wird, wie es B. Duhm ausdrückt, der „Held [...] im Leiden" erkennbar.

Nicht allein dass Jeremia an der Gerichtsverkündigung über sein eigenes Volk leidet, den Propheten(נָבִיא)-Titel erhält er erst im Hinblick auf das allumfassende Gericht als Prophet über alle Völker.[17] Man könnte gleichsam konstatieren: „Der Prophet ist in den Ergänzungen"[18] und deswegen ist der ursprüngliche Jeremia „not among the prophets".[19]

---

15 Vgl. GABBAY, Eršema, 22.

16 Das zornige Herz und Gemüt sind Auslöser der Zerstörung, nicht aber wird ein Grund für die Wut genannt. Vgl. auch Jer 4,8.

17 Vgl. DEJONG, Jeremiah not among, 490. Jer 1,5; 42,2; 43,6; 45,1; 51,59 in MT, Jer 1,5; 49,2; 50,6; 51,31; 28,59 in LXX.

18 Vgl. KNOBLOCH, Prophetentheorie, 3, er hat zwar der Aussage nach Recht, versteht Jeremia aber als Thoralehrer und Schriftgelehrten.

Durch diese grob skizzierte Entwicklung des literarischen Materials in Bezug auf die Person Jeremias, ist aus dem Buch, dem ursprünglich die Klage zugrunde liegt, letztendlich ein Prophetenbuch geworden.

Dennoch blieb vor allem Jeremias Klage-Amt in der Tradition erhalten und dass nicht nur in den Kapiteln 4–10 und in den Konfessionen. Außerhalb des späten biblischen Kanons, in Qumran sowie in der jüdischen Tradition b.Bat. 15a ist er der Klagende *par excellence*. So wird der „junge Mann (גֶּבֶר)" aus Klgl 3,1 in der späten rabbinischen Tradition mit Jeremia identifiziert.[20] Das ist nicht zuletzt auf den Umstand zurückzuführen, dass zahlreiche sprachliche Analogien zwischen den Klagen in 4, 8 und 10 und dem Threni-Buch bestehen.[21] Zudem existieren auch große strukturelle und thematische Parallelen zwischen dem dritten Klagelied und den Konfessionen auf der Ebene ihrer Endredaktion.[22] Durch diese Übertragung der Klagelieder an Jeremia wird er zum Vertreter der Frau Zion, also Jerusalem selbst, die in den ersten beiden Liedern zu Wort kommt.[23] Folglich findet sich hier ein ähnlicher Prozess, wie er sich auch für die Klagen in 4–10 ergibt: Ursprüngliche Jerusalem-Klagen werden Jeremia in den Mund gelegt. Es gibt also es eine feste Tradition, die nicht nur die Klagen über die Zerstörung einer Stadt im Jeremiabuch mit der Gestalt Jeremias verbindet und weiterentwickelt, sondern auch das Threni-Buch auf diesen bezieht, als einziges, vollständig vorliegendes Werk der Gattung Stadtklage in Israel.[24] Die Rolle des klagenden Volksrepräsentanten und des von diesem Volk gepeinigten Unheilsboten, die Jeremia auf Ebene der Endredaktion der Klagen in 4–10 und der Konfessionen einnimmt, bestimmt auch die qumranische Literatur.[25] So spielen gerade die Hodayot 1QH[a] und 4QH[c] deutend auf diesen an und schaffen einen Bezug zu den Klagen in 4 und 8.[26] In 4QH[c] und dem Paralleltext 1QH[a] heißt es, dass die Gegner des (Gottes-)Knechtes wie Schlangen mit ihrem Gift gegen ihn spritzen (vgl. Jer 8,17), was bei diesem zu ‚unheilbarem Schmerz (vgl. Jer 8,18) und zu böser Plage im Gedärm‘[27] (vgl. Jer 4,19) führt. Zwar mag der Schmerz Jeremias der Untersuchung zufolge nicht ‚unheilbar‘

---

19 Vgl. DEJONG, Jeremiah not among, 490.
20 Vgl. KAISER, Klagelieder, 98. BEZZEL, Man of Sorrow, 253.
21 Vgl. BERGES, Klagelieder, 35. Vgl. Kapitel 1.5 der vorliegenden Arbeit.
22 Vgl. BEZZEL, Man of Sorrow, 257.262, hierin analysiert Bezzel die Frage, warum Jeremia mit der Autorenschaft der Threni in Verbindung gebracht wird.
23 Vgl. BEZZEL, Man of Sorrow 263.
24 Vgl. DOBBS-ALLSOPP, Weep, 157–163.
25 Vgl. WOLFF, Frühjudentum, 129 f.
26 G. von Rad rechnet Jer 8,18–23 aufgrund des persönlichen Charakters bereits zu den Konfessionen, vgl. VON RAD, Konfessionen, 227 f.
27 Vgl. STEGEMANN, DJD 40, 186.

gewesen sein, so wurde er doch dadurch ‚von Herzen betrübt'[28] und damit zum „Man of Constant Sorrow"[29].

Alles in allem lässt sich auf die eingangsgestellte Frage, ob Jeremia als Fürbitter oder Kläger zu interpretieren ist, schlussendlich nur eine Antwort geben: Der historische Jeremia war mit Sicherheit mehr fürbittender Klagepriester als ein in dieser Funktion untersagter Unheilsprophet.

Abschließend sei mit R. M. Rilke Jeremias Stimme zur Klage und Fürbitte im Unheil neu zum Erklingen gebracht, indem er ihm folgende Worte zuweist:

> „denn dann will ich in den Trümmerhaufen
> endlich meine Stimme wiederhören,
> die von Anfang an ein Heulen war."[30]

---

28 Vgl. zur Deutung von Begriff מבלגות bzw. מבליגית in Qumran und von מַבְלִיגִיתִי in Jeremia 8,18 in Kapitel 1.3.1.

29 BEZZEL, Hannes, Man of Constant Sorrow. Rereading Jeremiah in Lam 3, in: Jeremiah (Dis) placed. New Directions in Writing/Reading Jeremiah, hg.v. P. Diamond/L. Stulman, LHBOTS 529, New York/London 2011, 253–265.

30 ENGEL, Manfred/FÜLLEBORN, Ulrich (Hg.), Rainer Maria Rilke Gedichte 1895–1910, Frankfurt am Main 1996, 521 f.

Abkürzungsverzeichnis

aB   altbabylonisch
akk.   akkadisch
AT   Altes Testament
atl.   alttestamentlich
BHS   Biblia Hebraica Stuttgartensia
CA   Fluch von Akkade
CL   Stadtklagen (Citylaments)
dtr   deuteronomistisch
EH   Eršaḫuĝa(s)
EKL   Emesalkultlieder
FB   Fürbitte
GN   Gottesname
HBE   Herzberuhigungseinheit
hell.   hellenistisch
LE   Eriduklage
LN   Nippurklage (Lament Nippur)
LSUr   Klage über Sumer und Ur (Lament over Sumer and Ur)
LU   Klage über die Zerstörung von Ur (Lament over Ur)
LW   Klage über die Zerstörung von Uruk (Lament over Warka)
MT   Masoretentext
mA   mittelassyrisch
nA   neuassyrisch
nB   neubabylonisch
PN   Personenname
SiL   Sitz im Leben
sum.   sumerisch
w.   wörtlich
Ü.   Übersetzung

DOI 10.1515/9783110543377-007

Abbildungsverzeichnis

DOI 10.1515/9783110543377-008

Literaturverzeichnis

Die angeführten Autoren werden in der Arbeit jeweils bei Erstnennung vollständig ausgeschrieben, bei den folgenden mit abgekürzten Vornamen. In den Fußnoten erfolgen die Nennungen nur per Nachnamen, da aus der Literaturangabe selbst hervorgeht, um welchen Autoren es sich handelt. Die Literaturangaben gestalten sich unter Nennung des Nachnamens und einem Kürzel des Titels.

I Quellen und Textausgaben

Alster, Bendt, Proverbs of Ancient Sumer. The World's Earliest Proverb Collections (2 Bde.), Bethesda 1997. (Alster, Proverbs)

Baillet, Maurice, Textes des Grottes 2Q, 3Q, 6Q, 7Q à 10Q, DJD 3, Oxford 1962. (Baillet, Grottes)

Cagni, Luigi, L'Epopea Di Erra, Studi Semitici 34, Rom 1969. (Cagni, Epopea)

—— The poem of Erra, SMANE 1,3, Malibu 1977. (Cagni, Poem)

—— Das Erra-Epos. Keilschrifttext, StP 5, Rom 197. (Cagni, Epos)

Chazon, Esther u. a. (Hg.), Qumran Cave 4. Poetical and Liturgical Texts, Pt. 2, DJD 29, Oxford 1999. (Chazon, DJD 29)

Cohen, Mark E., The Canonical Lamentations of Ancient Mesopotamia, (2 Bde.), Potomac 1988. (CLAM)

—— Sumerian Hymnology. The Ersemma, Cincinnati 1981. (Cohen, Hymnology)

Cooper, Jerrold S., The curse of Agade, Baltimore 1983. (Cooper, CA)

Donner, Herbert/Röllig, Wolfgang, Kanaanäische und Aramäische Inschriften. Mit einem Beitrag von O. Rössler, Band 1: Texte, Wiesbaden 1962. (KAI I)

—— Kanaanäische und Aramäische Inschriften. Mit einem Beitrag von O. Rössler, Band 2: Kommentar, Wiesbaden 1964. (KAI II)

—— Kanaanäische und Aramäische Inschriften. Mit einem Beitrag von O. Rössler, Band 3: Glossare und Indizes. Tafeln, Wiesbaden 1964. (KAI III)

Elliger, Karl/Rudolph, Wilhelm (Hg.), Biblia Hebraica Suttgartensia, Stuttgart ⁵1997. (BHS)

Falkenstein, Adam/Soden, Wolfram von, Sumerische und akkadische Hymnen und Gebete, Zürich 1953. (SAHG)

Frechette, Christopher G., Mesopotamian Ritual-prayers of 'Hand-lifting' (Akkadian Šuillas). An Investigation of Function in Light of the Idiomatic Meaning of the Rubric, AOAT 379, Münster 2012. (Frechette, Hand-lifting)

Gabbay, Uri, The Sumero-Akkadian Prayer 'Eršema'. A Philological and Religious Analysis, Diss Phil. Jerusalem/Heidelberg 2010. (Gabbay, Eršema)

—— The Eršema Prayers of the First Millennium BC, HES 2, Wiesbaden 2015. (Gabbay, Eršema 2) (veränderte Druckversion der Dissertation)

Gardiner, Alan H., The Admonitions of an Egyptian Sage, Hildesheim 1969. (Gardiner, Admonitions)

Green, Margaret W., The Uruk Lament JAOS 104/2 (1984), 253–279. (Green, Uruk Lament)

—— The Eridu Lament, JCS 30/3 (1978), 127–167. (Green, Eridu Lament)

Gössmann, Felix, Das Era-Epos, Würzburg 1956. (Gössmann, Era-Epos)

DOI 10.1515/9783110543377-009

Götze, Albrecht, Old Babylonian Omen Texts, YOS 10, New Haven 1983. (YOS 10)

Hayward, Robert, The Targum of Jeremiah. Translated, with a Critical Introduction, Apparatus, and Notes, The Aramaic Bible Volume 12, Edinburgh 1987. (Hayward, Targum)

Helck, Wolfgang, Die ‚Admonitions‘ Pap. Leiden I 344 recto, KÄT 11, Wiesbaden 1995. (Helck, Admonitions)

—— Die Prophezeiung des Nfr.ti, 2.verb. Auflage, KÄT 2, Wiesbaden 1992. (Helck, Nfr.ti)

Heeßel, Nils P., Babylonisch-assyrische Diagnostik, AOAT 43, Münster 2000. (Heeßel, Diagnostik)

Hunger, Hermann, Babylonische und assyrische Kolophone, AOAT 2, Kevelaer 1968. (Hunger, Kolophone)

Jaques, Margaret, Mon dieu qu'ai-je fait? Les diĝir-šà-dab$_{(5)}$-ba et la piété privée en Mésopotamie, OBO 273, Fribourg 2015. (Jaques, Mon dieu)

Kittel, Rudolf u. a. (Hg.), Torah, תורה נביאים וכתובים Biblia Hebraica Stuttgartensia, Stuttgart [5]2007. (BHK)

Kraus, Wolfgang u. a. (Hg.), Septuaginta Deutsch. Das griechische Alte Testament in deutscher Übersetzung, 2. verb. Auflage, Stuttgart 2010. (Kraus, LXX deutsch)

Labat, René, Traité akkadien de diagnostics et pronostics médicaux. Transcription et traduction, Paris 1951. (Labat, TDP 1)

—— Traité akkadien de diagnostics et pronostics médicaux. Planches, Paris 1951. (Labat, TDP 2)

Lindenberger, James M., Acient Aramaic and Hebrew Letters, *SBL Writings* from the *Ancient World* 4, Atlanta 1994. (Lindenberger, Aramaic)

Lohse, Eduard/Steudel, Annette (Hg.), Die Texte aus Qumran II. Hebräisch/Aramäisch und Deutsch. Mit masoretischer Punktation, Übersetzung, Einführung und Anmerkungen, Darmstadt 2001. (Lohse, Qumran)

Martínez, Florentino García/Tigchelaar, Eibert, J. C. (Hg.), The Dead Sea Scrolls. Study Edition (2 Bde.), Leiden u. a. 1997/1998. (Martínez, Sea Scrolls)

Maul, Stefan M., 'Herzberuhigungsklagen'. Die sumerisch-akkadischen Eršaḫunga-Gebete, Wiesbaden 1988. (Maul, Herzberuhigungsklagen)

Mayer, Werner, Untersuchungen zur Formensprache der babylonischen ‚Gebetsbeschwörungen‘, StuPo 5, Rom 1976. (Mayer, Gebetsbeschwörungen)

Michalowski, Piotr, The Lamentation over the Destruction of Sumer and Ur, Mesopotamian Civilizations 1, Winona Lake 1989. (Michalowski, Lamentation)

Römer, Willem H. Ph., Die Klage über Zerstörung von Ur, AOAT 309, Münster 2004. (Römer, Ur)

Samet, Nili, The Lamentation over the Destruction of Ur, Winona Lake 2014. (Samet, Lamentation)

Shibata, Daisuke, Die Šui'la-Gebete im Emesal, Diss. Phil. Heidelberg 2006. (Shibata, Šui'la)

Sperber, Alexander (Hg.), The Latter Prophets According to Targum Jonathan, The Bible in Aramaic 3, Leiden 1962. (Sperber, TJonathan)

Stegemann, Hartmut, u. a. (Hg.), 1 QHodayot[a], DJD 40, Oxford 2009. (Stegemann, DJD 40)

Steible, Horst/Behrens, Hermann, Die altsumerischen Bau- und Weihinschriften. Teil 1. Inschriften aus ‚Lagaš‘, FAOS 5, Wiesbaden 1982. (Steible, Weihinschriften)

Parpola, Simo, Assyrian Prophecies, SAA 9, Helsinki 1997. (Parpola, Prophecies)

Schmidt, Karin Stella, Die balaĝ-Kompositionen uru$_2$-ḫul-a-ke$_4$ an die Göttinnen Inana und Gula. Zweisprachige Texte des 1. Jt.s v. Chr. und ihre Vorläufer, Diss. Phil. Freiburg im Breisgau 2003. (Schmidt, Uruhlake)

Syrian Patriarchate, Syrian Bible 63DC, Damascus 1988. (Peschitta)

Tinney, Steve, The Nippur Lament. Royal Rhetoric and Divine Legitimation in the Reign of Išme-Dagan of Isin (1953–1935 B.C.). (Tinney, Nippur Lament)

Ulrich, Eugene u. a. (Hg.), Qumran Cave 4. X. The Prophets, DJD 15, Oxford 1997. (Ulrich, DJD 15)

Weber, Robert u. a. (Hg.), Biblia Sacra Iuxta Vulgatam Versionem. Editio Tertia Emendata (2 Bde.), Suttgart ³1983. (Weber, Vulgata)

Internet-Quellen:

http://etcsl.orinst.ox.ac.uk/ (ETCSL)

http://oracc.museum.upenn.edu/ (ORACC)

http://cdli.ucla.edu/ (CDLI)

II Hilfsmittel

Borger, Rykle, Mesopotamisches Zeichenlexikon, AOAT 305, Münster 2004. (Borger, Zeichenlexikon)

Clines, David J.A., The Dictionary of Classical Hebrew, Vol. V, Lieferung נ-ס, Scheffield 2001. (DCH)

Costaz, Louis S. J., Dictionnaire Syriaque-Français. Syriac-English Dictionary, Riad el.Solh/Beyrouth ³2002. (Costaz, Dictionnaire)

Costaz, Louis S. J., Grammaire Syriaque, Achrafieh/Beyrouth ⁵2003. (Costaz, Grammaire)

Gelb, Ignace J. u .a. (Hg.), The Akkadian Assyrian Dictionary of the Oriental Institute of the Univeristy of Chicago, Vol. 3 D, Chicago 1959. (CAD D)

—— The Akkadian Assyrian Dictionary of the Oriental Institute of the Univeristy of Chicago, Vol. 10 M Part 1, Chicago 1977. (CAD M1)

—— The Akkadian Assyrian Dictionary of the Oriental Institute of the Univeristy of Chicago, Vol. 11 N Part 1, Chicago 1980. (CAD N1)

Gesenius, Wilhelm (Hg. Meyer, Rudolph/Donner, Herbert), Hebräisches und Aramäisches Handwörterbuch über das Alte Testament, 18. Auflage, Gesamtausgabe, Berlin 2013. (Gesenius)

Jastrow, Marcus, Dictionary of the Talmud Babli and Yerushalmi, and the Midrashic Literature and Targumim, Vol I : כ-א, New York 1950. (Jastrow, Talmud)

Koehler, Ludwig/Baumgartner, Walter (Hg. Walter Baumgartner, Benedikt Hartmann, Johan Jakob Stamm), Hebräisches und Aramäisches Lexikon zum Alten Testament. 3. Auflage, Band I ע-א,Leiden/Boston 2004. (HALAT)

—— Hebräisches und Aramäisches Lexikon zum Alten Testament. 3. Auflage, Band II ת-פ, Leiden/Boston 2004. (HALAT)

Meyer, Rudolf, Hebräische Grammatik, 3. neubearbeitete Auflage, Berlin 1992. (Meyer, Grammatik)

Nödelke, Theodor, Kurzgefasste syrische Grammatik, Leipzig 1880. (Nödelke, Grammatik)

Schwertner, Siegfried M., Internationales Abkürzungsverzeichnis für Theologie und Grenzgebiete, Berlin/New York ²1993. (IATG²)

Soden, Wolfram von, Akkadisches Handwörterbuch, 2., um Hinweise auf die Nachtr. verm. Auflage, Lieferung A-L, Wiesbaden 1985. (AHw)

—— Akkadisches Handwörterbuch, unter Benutzung des lexikalischen Nachlasses von Bruno Meissner (1868–1947), Lieferung M-S, Wiesbaden 1972. (AHw)
—— Akkadisches Handwörterbuch, unter Benutzung des lexikalischen Nachlasses von Bruno Meissner (1868–1947), Lieferung S-Z, Wiesbaden 1981. (AHw)
Tov, Emanuel, Der Text der hebräischen Bibel. Handbuch der Textkritik, Stuttgart 1997. (Tov, Textkritik)
Träger, Claus, Wörterbuch der Literaturwissenschaft, Leipzig 1986. (Träger, Literaturwissenschaft)
Ungnad, Arthur, Syrische Grammatik. Mit Übungsbuch, 3. Nachdr. der 2., verb. Auflage, Hildesheim 2004. (Ungnad, Grammatik)
Elektronisches Hilfsmittel: BibleWorks for Windows, Version 7.0, 2006. (BW)
Internet Hilfsmittel:
http://psd.museum.upenn.edu/epsd/nepsd-frame.html (EPSD)
DAI-Liste der abzukürzenden Zeitschriften, *Reihen, Lexika und häufig zitierten Werke. https://www.dainst.org/documents/10180/70593/02_Liste-Abk%C3%BCrzungen_quer.pdf/2c74093b-c8b6-4c6a-8af1-17a155109505

III Sekundärliteratur

Albertz, Rainer, Jer 2–6 und die Frühzeitverkündigung Jeremias, ZAW 94 (1982), 20–47. (Albertz, Frühzeitverkündigung)
Achenbach, Reinhard, Zum Sitz im Leben mesopotamischer und altisraelitischer Klagegebete Teil I. Zum rituellen Umgang mit Unheilsdrohungen in Mesopotamia, ZAW 116 (2004), 364–378. (Achenbach, Klagegebete 1)
—— Zum Sitz im Leben mesopotamischer und altisraelitischer Klagegebete Teil II. Klagegebete des Einzelnen im Psalter, ZAW 116 (2004), 581–594. (Achenbach, Klagegebete 2)
Ahuis, Ferdinand, Der klagende Gerichtsprophet. Studien zur Klage in der Überlieferung von den alttestamentlichen Gerichtspropheten, CthM.BW 12, Stuttgart 1982. (Ahuis, Gerichtsprophet)
Ambos, Claus/Schmitt, Aaron, Mesopotamische Baurituale aus dem 1. Jahrtausend v. Chr., Dresden 2004. (Ambos, Baurituale)
Ambos, Claus /Maul, Stefan M., Fehler im Ritual und ihre Behebung. Die Strategien mesopotamischer Gelehrter, in: Die Welt der Rituale. Von der Antike bis heute, hg. v. C. Ambos/S. Hotz/G. Schwedler/S. Weinfurter, Darmstadt 2005, 85–90. (Ambos, Fehler)
Amsler, S., Art. עמד, THAT II, ⁶2004, 328–332. (Amsler, עמד)
Andersen, Francis I./Freedman, David Noel, Amos. A new translation with introduction and commentary, AncB 24 A, New York 1989. (Andersen, Amos)
Auld, Graeme A., Prophecy in Books. A Rejoinder, JSOT 48 (1990), 31–32. (Auld, Rejoinder)
—— Prophets and Prophecy in Jeremiah and Kings, ZAW 96 (1984), 66–82. (Auld, Prophets)
Aurelius, Erik, Der Fürbitter Israels. Eine Studie zum Mosebild im Alten Testament, CB.OT 27, Stockholm 1988. (Aurelius, Fürbitter)
Bak, Dong Hyun, Klagender Gott- Klagende Menschen. Studien zur Klage im Jeremiabuch, BZAW 193, Berlin/New York 1990. (Bak, Klage)
Bardtke, Hans, Jeremia der Fremdvölkerprophet, ZAW 53 (1935), 209–239. (Bardtke, Fremdvölkerprophet)

Barnett, Richard David/Falkner, M., The Sculptures of Assur-Nasir-Apli II (883–859 B.C.),
  Tiglath-Pileser III (745–727 B.C.), Esarhaddon (681–699 B.C.) from the Central and
  South-West Palaces at Nimrud, London 1962. (Barnett, Sculptures)
Barstad, Hans M., After the 'Myth of the Empty Land': Major Challenges in the Study of
  Neo-Babylonian Judah, in: Judah and the Judeans in the Neo-Babylonian Period, hg. v. O.
  Lipschits/ J. Blenkinsopp, Winona Lake 2003, 3–20. (Barstad, Challenges)
—— The Myth of the Empty Land: Study of the History and Archaeology of Judah During the
  Exile Period, Aschehoug 1996. (Barstad, Empty)
—— No Prophets? Recent Developments in Biblical Prophetic Research and Ancient Near
  Eastern Prophecy, JSOT 57 (1993), 39–60. (Barstad, no prophets)
Bauer, Josef u. a. (Hg.), Späturuk-Zeit und frühdynastische Zeit, OBO 160,1,
  Freiburg/Schweiz/Göttingen 1998. (Bauer, frühdynastische Zeit)
Becker, Uwe, Exegese des Alten Testaments. Ein Methoden- und Arbeitsbuch, UTB 2664,
  Tübingen, 3. überarbeitete Auflage, 2011. (Becker, Exegese)
—— Die sogenannte deuteronomistische Redaktion der Prophetenbücher, in: Congress Volume
  Helsinki 2010, hg. v. M. Nissinen, VT.S 148, Leiden/Boston MA 2012, 389–399. (Becker,
  dtr Redaktion)
—— Die Entstehung der Schriftprophetie, in: Die unwiderstehliche Wahrheit. Studien zur
  alttestamentlichen Prophetie, FS für A. Meinhold, hg. v. R. Lux und E.-J. Waschke, ABG 23,
  Leipzig 2006, 3–20. (Becker, Schriftprophetie)
—— Die Wiederentdeckung des Prophetenbuches. Tendenzen und Aufgaben der
  gegenwärtigen Prophetenforschung, BThZ 21 (2004), 30–60. (Becker, Wiederentdeckung)
—— Der Prophet als Fürbitter. Zum literarhistorischen Ort der Amos-Visionen, VT 51 (2001),
  141–165. (Becker, Fürbitter)
Becking, Bob, Assyrian Evidence for Iconic Polytheism in Ancient Israel?, in: The Image and the
  Book. Iconic Cults, Aniconism, and the Rise of Book Religion in Israel and the Ancient
  Near East, hg. v. K. van der Toorn, Leuven 1997, 157–171. (Becking, Polytheism)
Behrens, Hermann, CBS 6894. Ein Eršemma für Dumuzi?, in: dumu-e₂-dub-ba-a. Studies in
  honor of Åke W. Sjöberg, hg. u. a. v. H. Behrens, Philadelphia 1989, 29–31. (Behrens,
  Dumuzi)
Berges, Ulrich, Klagelieder, HThKAT 33, Freiburg im Breisgau 2002. (Berges, Klagelieder)
Beuken, William A., Jesaja 28–39, HThKAT 12,3, Freiburg im Breisgau 2010. (Beuken, Jesaja)
Bezzel, Hannes, Man of Constant Sorrow. Rereading Jeremiah in Lam 3, in: Jeremiah (Dis)
  placed. New Directions in Writing/Reading Jeremiah, hg. v. P. Diamond/L. Stulman,
  LHBOTS 529, New York/London 2011, 253–265. (Bezzel, Man of Sorrow)
—— Die Konfessionen Jeremias. Eine redaktionsgeschichtliche Studie, Berlin 2007. (Bezzel,
  Konfessionen)
Bezzel, Hannes/Köhler, Sarah, Art. Inquiring of God 1. Hebrew Bible/Old Testament – 2.
  Ancient Near East, in: Encyclopedia of the Bible and its Reception (EBR) 12, 2015,
  1188–1191. (Bezzel, Inquiring)
Black, Jeremy A., Eme-sal cult songs and prayers, AOr 9 (1991), 23–36. (Black, Emesal)
—— A-še-er Gi₆-ta. A Balaĝ of Inana, ASJ 7 (1985), 12–87. (Black, Inana)
Blum, Erhard, Die altaramäischen Wandinschriften von Deir 'Alla und ihr institutioneller
  Kontext, in: Metatexte. Erzählungen von schrifttragenden Artefakten in der
  alttestamentlichen und mittelalterlichen Literatur, hg. v. F.– E. Flocken und M. R. Ott,
  Materiale Textkulturen 15, Berlin 2016, 21–52. (Blum, Kontext)

—— Ebla to Stellenbosch'. Syro-Palestinian religions and the Hebrew Bible, hg. v. C. Izak/ L. Jonker, Wiesbaden 2008, 81–115. (Blum, Israels Prophetie)

—— Die Kombination I der Wandinschrift vom Tell Deir 'Alla. Vorschläge zur Rekonstruktion mit historisch-kritischem Anmerkungen, in: Berührungspunkte. Studien zur Sozial- und Religionsgeschichte Israels und seiner Umwelt, hg. v. I. Kottsieper/R. Schmitt/J. Wöhrle, AOAT 350, Münster 2008, 573–601. (Blum, Kombination)

Blumenthal, Elke, Die Prophezeiung des Neferti, ZÄS 109 (1982), 1–27. (Blumenthal, Neferti)

Boase, Elizabeth, The Fulfilment of Doom? The Dialogic Interaction between the Book of Lamentations and the Pre-Exilic/Early Exilic Prophetic Literature, New York/London 2006. (Boase, Fulfilment)

Bratsiotis, Nikolaus, P, Art. אִישׁ, ThWAT I, 1973, 238–252. (Bratsiotis, אִישׁ)

Bright, John, A History of Israel, Philadelphia ³1981. (Bright, History)

—— Jeremiah, AncB 21, Garden City 1965. (Bright, Jeremiah)

Cancik-Kirschbaum, Eva, Prophetismus und Divination. Ein Blick auf die keilschriftlichen Quellen, in: Propheten in Mari, Assyrien und Israel, hg. v. M. Köckert/M. Nissinen, Göttingen 2003, 33–53. (Cancik-Kirschbaum, Prophetismus)

Cazelles, Henri, Art. אֱוִיל, ThWAT I, 1973, 148–151. (Cazelles, אֱוִיל)

Carroll, Robert P., Jeremiah. A Commentary, OTL, London 1986. (Carroll, Jeremiah)

Cavigneaux, Antoine, Sur le balag Uruamma'irabi et le Rituel de Mari, NABU (1998), no.43. (Cavigneaux, Rituel)

Ceccarelli, Manuel, Das Wort Enlils, WO 44/2 (2014), 213–226. (Ceccarelli, Wort)

Clements, Ronald E., Old Testament Prophecy. From Oracles to Canon, Louisville 1996. (Clements, Prophecy)

—— Art. גּוֹי, ThWATI, 1973, 965–973. (Clements, גּוֹי)

Cogan, Mordechai, Judah under Assyrian Hegemony: A Reexamination of Imperialism and Religion, JBL 112/ 3 (1993), 403–414. (Cogan, Hegemony)

—— Imperialism and Religion. Assyria, Judah, and Israel in the Eighth and Seventh Centuries B.C.E., Missoula 1974. (Cogan, Imperialism)

Cohen, Mark E., A Bilingual Šuilla to Ningeštinanna, in: dumu-e₂-dub-ba-a. Studies in honor of Åke W. Sjöberg, hg. u. a. v. H. Behrens, Philadelphia 1989, 79–85. (Cohen, Bilingual)

Cooper, Jerrold S., Genre, Gender, and the Sumerian Lamentation, JCS 58 (2006), 39–47. (Cooper, Genre)

Crenshaw, James L, Joel. A New Translation with Introduction and Commentary, AncB 24C, New York 1995. (Crenshaw, Joel)

Cunningham, Graham u. a. (Hg.), Analysing Literary Sumerian Corpus-based Approaches, Oakville 2007. (Cunningham, Analysing)

Dalley, Stephanie, The Language of Destruction and its Interpretation, BaghM 36 (2005), 275–285. (Dalley, Destruction)

Deissler, Alfons/Plöger, Josef G., Zwölf Propheten. Hosea, Joel, Amos, NEB.AT 4, Würzburg ²1985. (Deissler, Joel)

De Jong, Matthijs J., Biblical Prophecy- A Scribal Enterprise. The Old Testament Prophecy of Unconditional Judgment considered as a Literary Phenomen, VT 61 (2011), 39–70. (De Jong, Enterprise)

—— Why Jeremiah is Not Among the Prophets. An Analysis of the Terms נביא and נבאים in the Book of Jeremiah, JSOT 35/4 (2011), 483–510. (De Jong, Jeremiah not among)

— Isaiah among the Ancient Near Eastern Prophets. A Comparative Study of the Earliest Stages of the Isaiah Tradition and the Neo-Assyrian Prophecies, VT.S 117, Leiden 2007. (De Jong, Jesaja among)

Delnero, Paul, Text and Performance. The Materiality and Function of the Sumerian Liturgical Corpus, in: Texts and Contexts. The Circulation and Transmission of Cuneiform Texts in Social Space, hg. v. P. Delnero/J. Lauinger, SANER 9, Boston/Berlin 2015, 87–118. (Delnero, Performance)

— Literature and Identity in Mesopotamia during the Old Babylonian Period, in: Problems of Canonicity and Identity Formation in Ancient Egypt and Mesopotamia, hg. v. G. Barjamovic (im Druck). (41 Seiten)(Delnero, Literature and Identity)

— Translating the Untranslatable. The Role of Akkadian in the Sumerian Liturgical Corpus, AOS Plenary Talk: Session on Translation American Oriental Society Annual Meeting, Portland 18 March 2013. (Vortragsmanuskript) (Delnero, Untranslatable)

— 'Inana and Ebiḫ' and the Scribal Tradition, in: A Common Cultural Heritage. Studies on Mesopotamia and the Biblical World in Honor of Barry L. Eichler, hg. v. G. Frame, Maryland 2011, 123–149. (Delnero, Inana and Ebih)

— Sumerian Literary Catalogues and the Scribal Curriculum, ZA 100 (2010), 32–55. (Delnero, Catalogues)

Dobbs-Allsopp, Frederick William, Weep, O Daughter of Zion. A Study of the City-Lament Genre in the Hebrew Bible, BibOr 44, Rom 1993. (Dobbs-Allsopp, Weep)

— Linguistic Evidence for the Date of Lamentations, JANES 26 (1998), 1–36. (Dobbs-Allsopp, Linguistic)

Dohmen, Christoph, Exodus 19–40, HThK.AT 02,2, Freiburg im Breisgau 2004. (Dohmen, Exodus)

Dommershausen, Werner, in Art. כֹּהֵן, *ThWAT* IV, 1984, 68–79. (Dommershausen, כֹּהֵן)

Duhm, Bernhard, Das Buch Jeremia, KHC 11, Tübingen/Leipzig 1901. (Duhm, Jeremia)

Durand, Jean-Marie/Guichard, Michaël, Les Rituels de Mari, in: Recueil d'études à la mémoire de Marie-Thérèse Barrelet hg. v. J.-M. Durand/ D. Charpin, FM 3, Mémoires de N.A.B.U. 4, Paris 1998, 19–78. (Durand, Rituels)

Eißfeldt, Otto, Israels Religion und die Religionen seiner Umwelt, NZSTh 9 (1967), 8–27. (Eißfeldt, Religion)

Elat, Moshe, Mesopotamische Kriegsrituale, BiOr 39 (1982), 6–26. (Elat, Kriegsrituale)

Emmendörffer, Michael, Der ferne Gott. Eine Untersuchung der alttestamentlichen Volksklagelieder vor dem Hintergrund der mesopotamischen Literatur, FAT 21, Tübingen 1998. (Emmendörffer, ferne Gott)

Engelken, Karen, Art. שרת, ThWAT VIII, 1995, 495–507. (Engelken, שרת)

Farber, Walter, Singing an eršemma for the Damaged Statue if a God, ZA 93 (2003), 208–213. (Farber, Statue)

Fabry, Heinz-Josef, Art. מְלֹא, ThWAT IV, 1984, 876–887. (Fabry, מְלֹא)

Falkenstein, Adam, Fluch über Akkade, ZA 57 (1965), 43–124. (Falkenstein, Fluch)

Fischer, Georg, Der Prophet wie Mose. Studien zum Jeremiabuch, Wiesbaden 2011. (Fischer, Mose)

Jeremia. Der Stand der theologischen Diskussion, Darmstadt 2007. (Fischer, Stand)

Jeremia 1–25, HThK.AT 13,1, Freiburg im Breisgau 2005. (Fischer, Jer 1-25)

— Jeremia 26–52, HThK.AT 13,2, Freiburg im Breisgau 2005. (Fischer, Jer 26–52)

Fleming, Nābû and Munabbiātu. Two New Syrian Religious Personnel, JAOS 113/2 (1993), 174–183. (Fleming, Nabû)

Fohrer, Georg, Abgewiesene Klage und untersagte Fürbitte in Jer 14,2–15,2 in: Künder des Wortes. Beiträge zu Theologie der Propheten. Josef Schreiner zum 60. Geburtstag, hg. v. L. Ruppert/P. Weimar/E. Zenger, Würzburg 1982, 77–86. (Fohrer, Fürbitte)

—— Prophetie und Magie, ZAW 79 (1966), 25–47. (Fohrer, Magie)

Fuhs, Hans-Ferdinand, Art. רָאָה, ThWAT VII, 1993, 225–266. (Fuhs, ראה)

Gabbay, Uri, The Balaĝ Instrument an Its Role in the Cult of Ancient Mesopotamia, in: Music in Antiquity. The Near East and Mediterranean, hg. v. G. Westenholz/ Y. Maurey/ E. Seroussi, Berlin/Boston 2014, 129–147. (Gabbay, Role)

—— Pacifying the Hearts of the Gods. Sumerian Emesal Prayers of the First Millennium BC, HES 1, Wiesbaden 2014. (Gabbay, Pacifying)

—— The kalû Priest and kalûtu Literature in Assyria, Orient 49 (2014), p. 115–144. (Gabbay, kalû)

—— The Performance of Emesal Prayers within the Regular Temple Cult. Content and Ritual Setting, in: Tempel im Alten Orient, hg. v. W. Sallaberger, CDOG 7, Wiesbaden 2013, 103–121. (Gabbay, Content)

—— Lamentful Proverbs or Proverbial Laments?, JCS 63 (2011), 51–64. (Gabbay, Proverbs)

—— The Second Tablet of Balaĝ a úru-ĝu₁₀ im-me, N.A.B.U. 2007, 37. (Gabbay, second tablet)

—— The Akkadian Word for 'Third Gender'. The kalû (gala) once again, in: Proceedings of the 51st Rencontre Assyriologique Internationale held at The Oriental Institute of The University of Chicago, July 18–22, 2005, hg. v. R. D.Biggs/J. Myers/M. Roth, Chicago/Illinois 2008, 47–54. (Gabbay, Third gender)

Gabbay, Uri/Mirelman, Sam., Two Summary Tablets of Balaĝ-Compositions with Performative Indications from Late-Babylonian Ur, ZA 101 (2011), 274–293. (Gabbay, Late-Babylonian)

Gabbay, Uri/Wassermann, Nathan, Literatures in Contact. The Balaĝ úru àm-ma-ir-ra-bi and its Akkadian Translation UET 6.2, 403, JCS 57 (2005), 69–84. (Gabbay, Uruamirabi)

Gadotti, Alhena./Kleinermann, Alexandra., 'Here ist what I have. Send me what I am missing'. Exchange of Syllabi in Ancient Mesopotamia, ZA 101 (2011), 72–77. (Gadotti, Exchange)

Garr, Randall W., The Qinah. A Study of Poetic Meter, Syntax and Style, ZAW 95 (1983), 54–74. (Garr, Qinah)

Geller, Markham J., CT 58, No.70. A Middle Babylonian Eršaḫunga, BSOAS 55 (1992), 528–532. (Geller, Middle)

Gerstenberger, Erhard S., Psalmen und Ritualpraxis, in: Ritual und Poesie. Formen und Orte religiöser Dichtung im Alten Orient, im Judentum und im Christentum, hg. v. E. Zenger, HBSt 36, Freiburg im Breisgau 2003, 73–90. (Gerstenberger, Ritual und Poesie)

—— Der bittende Mensch. Bittritual und Klagelied des Einzelnen im Alten Testament, Neukirchen 1980. (Gerstenberger, Mensch)

Gertz, Jan Christian/BERLEJUNG, Angelika, Grundinformation Altes Testament. Eine Einführung in Literatur, Religion und Geschichte des Alten Testaments, 4. durchges. Auflage, UTB 2745, Göttingen 2010. (Gertz, Grundinformation)

Gese, Hartmut, Vom Sinai zum Zion, BevTh 64, München 1984. (Gese, Sinai)

Giesebrecht, Friedrich, Das Buch Jeremia, HK III/2, zweite völlig umgearbeitete Auflage, Göttingen 1907. (Giesebrecht, Jeremia 2)

—— Das Buch Jeremia, HK III/2, Göttingen 1894. (Giesebrecht, Jeremia)

Grinberg, Moshe, Ezechiel 1–20, HThK.AT 14,1 Freiburg im Breisgau 2001. (Grinberg, Ezechiel)

Gunkel, Hermann/Begrich, Joachim, Einleitung in die Psalmen. Die Gattungen der religiösen Lyrik Israels, Göttingen, ²1966. (Gunkel, Einleitung)

Hallo, William W., Origins. The Ancient Near Eastern Background of Some Modern Western Institutions, Leiden/New York/Köln 1996. (Hallo, Origins)

— Individual Prayer in Sumerian. The Continuity of a Tradition, JAOS 88 (1968), 71-89. (Hallo, Individual)

Hamp, Vinzenz, Art. בְּכָה, ThWAT I, 1973, 638 – 643. (Hamp, בְּכָה)

Hardmeier, Christof, Prophetie im Streit vor dem Untergang Judas. Erzählkommunikative zur Entstehungssituation der Jesaja- und Jeremiaerzählungen in 2 Kön 18 – 20 und Jer 37 – 40, Berlin/New York 1990. (Hardmeier, Prophetie im Streit)

Hentschel, Georg, 1 Samuel, NEB.AT 33, Würzburg 1994. (Hentschel, Samuel)

Hermisson, Hans-Jürgen, ‚Der Feind aus dem Norden‘ (Jer 4 – 6), in: Schriftprophetie. FS J. Jeremias, hg. v. F. Hartenstein/ J. Krispenz/ A. Shart, Neukirchen-Vluyn 2004, 233 – 251. (Hermisson, Feind)

Herrmann, Siegfried, Jeremia. Der Prophet und das Buch, EdF 271, Darmstadt 1990. (Herrmann, Jeremia)

Hertzberg, Hans Wilhelm, Sind die Propheten Fürbitter, in: Situation und Tradition. Studien zur alttestamentlichen Prophetie, hg. v. E. Würthwein/O. Kaiser, Göttingen 1963, 63-92. (Hertzberg, Fürbitter)

Hesse, Franz, Die Fürbitte im Alten Testament, Erlangen 1951. (Hesse, Fürbitte)

Hoftijzer, Jacob, Aramäische Prophetien. Die Inschrift von Deir ʿAlla, in: TUAT Bd. 2/I, Deutungen der Zukunft in Briefen, Orakeln und Omina, hg. v. u. a. M. Dietrich, Gütersloh 1986, 138 – 148. (Hoftijzer, Deir Alla)

Holladay, William Lee, Jeremiah and Moses. Further Observations, JBL 85 (1966), 17 – 27. (Holladay, Observations)

— The Architecture of Jeremiah 1 – 20, Lewisburg 1976. (Holladay, Architecture)

— Jeremiah. A Commentary on the Book of the Prophet Jeremiah 1: Chapters 1 – 25, Hermeneia, Philadelphia 1986. (Holladay, Jeremiah 1)

— The Identification of the Two Scrolls of Jeremiah, VT 30 (1980), 452 – 467. (Holladay, Scrolls)

Hölscher, Gustav, Die Profeten. Untersuchungen zur Religionsgeschichte Israels, Leipzig 1914. (Hölscher, Profeten)

Hossfeld, Frank-Lothar/Zenger, Erich, Psalmen 51 – 100, HThKAT 27,2, Freiburg im Breisgau/Wien/ Basel 2000. (Hossfeld, Psalmen)

Hossfeld, Frank-Lothar/Meyer, Ivo, Prophet gegen Prophet. Eine Analyse der alttestamentlichen Texte zum Thema: Wahre und falsche Propheten, BiBe NF 9, Fribourg 1973. (Hossfeld, Prophet gegen Prophet)

Huffmon, Herbert B., The One and the Many. Prophets and Deities in the Ancient Near East, in: Propheten in Mari, Assyrien und Israel, hg. v. M. Köckert/M. Nissinen, Göttingen 2003, 116 – 131. (Huffmon, Many)

— A Company of Prophets: Mari, Assyria, Israel, in. Prophecy in its Ancient Near Eastern Context. Mesopotamian, Biblical, and Arabian Perspectives, hg. v. M. Nissinen, SBL 13, Atlanta 2000, 47 – 70. (Huffmon, Company)

Huehnergard, John, On The Etymology And Meaning Of Hebrew nābîʾ, Eretz-Israel 26 (1999), 88*-93*. (Huehnergard, Meaning)

Jacobsen, Thorkild, Review of N. S. Kramer, Lamentation over Destruction of Ur, AJSL 58 (1941), 219 – 224. (Jacobsen, Review)

Jaques, Margaret, Metaphern als Kommunikationsstrategie in den mesopotamischen Bußgebeten an den persönlichen Gott, in: Klagetraditionen. Form und Funktion der Klage in den Kulturen der Antike, hg. v. M. Jaques, OBO 251, Fribourg 2011, 3 – 20. (Jaques, Bußgebete)

Jeremias, Jörg, Das Rätsel der Schriftprophetie, ZAW 125 (2013), 93 – 117. (Jeremias, Rätsel)

—— Art. נָבִיא, THAT II, ⁶2004, 7 – 26. (Jeremias, נָבִיא)

—— ‚Wahre' und ‚Falsche' Prophetie im Alten Testament. Entwicklungslinien eines Grundsatzkonfliktes, ThBeitr 28 (1997), 343 – 349. (Jeremias, falsche Prophetie)

—— Das Proprium der alttestamentlichen Prophetie, ThLZ 119 (1994), 483 – 494. (Jeremias, Proprium)

Johnson, Aubrey R., The Cultic Prophet in Ancient Israel, Wales 1962. (Johnson, Cultic Prophet)

Johnson, Elsie, Art. אָנַף I.2-IV., ThWAT I, 1973, 378 – 389. (Johnson, אָנַף)

Junge, Friedrich, Die Welt der Klagen, in: Fragen an die altägyptische Literatur, hg. v. J. Assmann/E. Feucht/R. Grieshammer, Wiesbaden 1977. (Junge, Klagen)

Kaiser, Otto u. a. (Hg.), Kult und Kultkritik im Alten Testament, in: ‚Und Mose schrieb dieses Lied auf', FS O. Loretz, hg. v. M. Dietrich/ I. Kottsieper, AOAT 250, Münster 1998. (Kaiser, Kultkritik)

—— Das Hohelied. Klagelieder. Das Buch Ester, ATD 16,2, 4. völlig neubearb. Auflage, Göttingen 1992. (Kaiser, Klagelieder)

Keel, Othmar u. a. (Hg.), Göttinnen, Götter und Gottessymbole. Neue Erkenntnisse zur Religionsgeschichte Kanaans und Israels aufgrund bislang unerschlossener ikonographischer Quellen, QD 134, Göttingen ³1995. (Keel, Götter)

Kellermann, Diether, Art. עוֹלָה/עֹלָה, ThWAT VI, 1989, 105 – 124. (Kellermann, עוֹלָה/עֹלָה)

—— Art. בצע, ThWAT I, 1973, 731 – 736. (Kellermann, בצע)

Kessler, Rainer, Maleachi, HThK.AT 26, Freiburg im Breisgau 2011. (Kessler, Maleachi)

Kiss, Jenö, Die Klage Gottes und des Propheten. Ihre Rolle in der Komposition und Redaktion von Jer 11 – 12, 14 – 15 und 18, WMANT 99, Neukirchen-Vluyn 2003. (Kiss, Klage)

Knipping, Burkhard R., Art. שָׁבַר, ThWAT VII, 1993, 1027 – 1040. (Knipping, שָׁבַר)

Knobloch, Harald, Die nachexilische Prophetentheorie des Jeremiabuches, BZAR 12, Wiesbaden 2009. (Knobloch, Prophetentheorie)

Koch, Klaus, Art. אֹהֶל, ThWAT I, 1973, 128 – 141. (Koch, אֹהֶל)

Köckert, Matthias, Zum literargeschichtlichen Ort des Prophetengesetzes Dtn 18 zwischen dem Jeremiabuch und Dtn 13, in: Liebe und Gebot. Studien zum Deuteronomium hg. v. R. G. Kratz/H. Spieckermann/L. Perlitt, FRLANT 190, Göttingen 2000. (Köckert, Prophetengesetz)

Koeberle, Justin, Die Tempelsänger im Alten Testament. Ein Versuch zur israelitischen und jüdischen Culturgeschichte, Erlangen 1899. (Koeberle, Tempelsänger)

Kohn, Risa Levitt, A Prophet Like Moses? Rethinking Ezekiel's Relationship to the Torah, ZAW 114 (2002), 236 – 254. (Kohn, Ezekiel)

Kramer, Samuel Noah, BM 29616. Fashioning of the gala, AcSu 3 (1981), 1 – 9. (Kramer, gala)

Kratz, Reinhard Gregor, Das Rätsel der Schriftprophetie. Eine Replik, ZAW 125 (2013), 635 – 639, (Kratz, Rätsel)

—— Art. Gebet, HGANT, 2006, 198 – 200. (Kratz, Gebet)

—— Art. Kult, HGANT, 2006, 31 – 35. (Kratz, Kult)

—— Art. Klage, HGANT, 2006, 273 – 275. (Kratz, Klage)

—— Die Worte des Amos von Tekoa, in: Propheten in Mari, Assyrien und Israel, hg. v. M. Köckert/ M. Nissinen, Göttingen 2003, 54 – 89. (Kratz, Amos)

—— Das Neue in der Prophetie des Alten Testaments aus Prophetie in Israel, in: Das Alte Testament und die Kultur der Moderne. Beiträge des Symposiums ‚Das Alte Testament

und die Kultur der Moderne' anlässlich des 100. Geburtstags Gerhard von Rads
(1901–1971), Heidelberg, 18. – 21. Oktober 2001, hg. v. u. a. I. Fischer, Altes Testament
und Moderne, Münster 2003, 1–22. (Kratz, Das Neue)

—— Die Redaktion der Prophetenbücher, in: Ders./Thomas Krüger (Hg.), Rezeption und
Auslegung im Alten Testament und in seinem Umfeld. Ein Symposium aus Anlass des
60. Geburtstags von Odil Hannes Steck, OBO 153, Freiburg (Schweiz)/Göttingen 1997,
9–27. (Kratz, Redaktion)

Kraus, Hans-Joachim, Klagelieder (Threni), BK 20, 3. erw. Auflage, Neukirchen-Vluyn 1968.
(Kraus, Threni)

Krebernik, Manfred, Götter und Mythen des Alten Orients, Beck'sche Reihe 2708, München
2012. (Krebernik, Mythen)

Krecher, Joachim, Art. Klagelied, RLA 6, 1983, 1–6. (Krecher, Klagelied)

—— Sumerische Kultlyrik, Wiesbaden 1966. (Krecher, Kultlyrik)

Kucharek, Andrea, Totenklage und Osirisklage zwischen Negierung und Transzendenz, in:
Klagetraditionen. Form und Funktion der Klage in den Kulturen der Antike, hg. v. M.
Jaques, OBO 251, Fribourg 2011, 21–38. (Kucharek, Osirisklage)

Kügler, Joachim, Art. Fürbitte, HGANT, 2006, 197–198. (Kügler, Fürbitte)

Kühlewein, Johannes, Art. אִישׁ, THAT I, ⁶2004 130–138. (Kühlewein, אִישׁ)

Layard, Austen Henry, The Monuments of Nineveh. From Drawings made on the Spot. London
1849. (Layard, Monuments 1)

—— A second series of the Monuments of Nineveh. Bas-Reliefs from the Palace of
Sennacherib and Bronzes from the Ruins of Nimroud. London 1853. (Layard, Monuments
2)

Lee, Nancy C., The Singers of Lamentations. Cities Under Siege, from Ur to Jerusalem to
Sarajev, Leiden 2002. (Lee, Singers)

Lenzi, Alan, Reading Akkadian Prayers and Hymns. An Introduction, Atlanta 2011. (Lenzi,
prayers)

Levin, Christoph, Das Wort Jahwes an Jeremia. Zur ältesten Redaktion der jeremianischen
Sammlung, ZThK 101 (2004), 257–280. (Levin, Wort Jahwes)

—— Die Verheißung des neuen Bundes in ihrem theologiegeschichtlichen Zusammenhang
ausgelegt, FRLANT 137, Göttingen 1985. (Levin, Verheißung)

—— Noch einmal: die Anfänge des Propheten Jeremia, VT 31 (1981), 428–440. (Levin,
Anfänge)

Lichtheim, Miriam, Ancient Egyptian Literature. The Old and Middle Kingdoms. A Book of
Readings, Berkeley 1975. (Lichtheim, Egyptian Literature)

Linssen, Marc J.H., The cults of Uruk and Babylon. The Temple Ritual Texts as Evidence for
Hellenistic Cult Practice, CM 25, Leiden 2004. (Linssen, Uruk)

Löhnert, Anne, Was reden die da? Sumerisch und Emesal zwischen Alltag und Sakralität, WO
44/2 (2014), 190–212. (Löhnert, Emesal)

—— Motive und Funktionen der Göttinnenklagen im Frühen Mesopotamien, in:
*Klagetraditionen. Form und Funktion der Klage in den Kulturen der Antike, hg. v. M.
Jaques, OBO 251*, Göttingen 2011, 39–62. (Löhnert; Göttinnenklagen)

—— Manipulating the Gods. Lamenting in Context, in: *The Oxford Handbook of Cuneiform
Culture*, hg. v. K Radner/E. Robson, Oxford 2011, 402–417. (Löhnert, Manipulating)

—— Reconsidering the Consecration of Priests in Ancient Mesopotamia, in: *Your Praise is
sweet. A Memorial volume presented to Jeremy Allen Black by Colleagues, Students, and*

Friends, hg. v. H. D. Baker/E. Robson/G. Zólyomi, London 2010, 183 – 191. (Löhnert, Reconsidering)

—— ‚Wie die Sonne tritt heraus!' Eine Klage zum Auszug Enlils mit einer Untersuchung zu Komposition und Tradition sumerischer Klagelieder in altbabylonischer Zeit, AOAT 365, Münster 2009. (Löhnert, Sonne)

—— Scribes and Singers of Emesal Lamentations in Ancient Mesopotamia in the Second Millennium BCE, in: *Papers on Ancient Literatures. Greece, Rome and the Near East. Proceedings of the 'Advanced Seminar in the Humanities'- Venice International University 2004 – 2005, hg. v. E. Cingano/L. Milano,* Quaderni del Dipartimento di Scienze dell Antichità e del Vicino Oriente 4, Padova 2008, 421 – 445. (Löhnert, Scribes)

—— The Installation of Priests According to Neo-Assyrian Documents, in: *SAAB* 16. Padova 2007, 273 – 286. (Löhnert, Installation)

Lundbom, Jack R., Jeremiah 1 – 20. A new Translation with Introduction and Commentary, New York 1999. (Lundbom, Jeremiah 1)

—— Jeremiah 37 – 52. A new Translation with Introduction and Commentary, New York 2004. (Lundbom, Jeremiah 2)

Machinist, Peter/ Sasson, Jack M, 'Rest and Violence in the Poem of Erra', JAOS 103/1 (1983), 221 – 226. (Machinist, Erra)

Maier, Christl M., Die Klage der Tochter Zion. Ein Beitrag zur Weiblichkeitsmetaphorik im Jeremiabuch, BThZ 15 (1998), 176 – 189. (Maier, Tochter Zion)

Mandolfo, Carleen R., Daughter Zion talks back to the Prophets. A Dialogic Theology of the Book of Lamentations, SBL 58, Leiden/Bostin 2007. (Mandolfo, Daughter Zion)

Margalit, Baruch, The 'Balaam' Inscription from Deir ʿAlla (DAPT), UF 26 (1994), 282 – 302. (Margalit, Balaam)

Martinez, García F., Prayer and Poetry in the Dead Sea Scrolls and Related Literature, STDJ 98, Leiden 2012. (Martinez, Prayer)

Maul, Stefan M., Die Religion Babyloniens, in: Babylon. Wahrheit, hg. v. J. Marzahn und G Schauerte, Berlin 2008, 167 – 206. (Maul, Religion)

—— Den Gott ernähren. Überlegungen zum regelmäßigen Opfer in altorientalischen Tempeln, in: Transformations in Sacrificial Practices. From Antiquiry to Modern Times, hg. v. E. Stavrianopoulou/A. Michaels/Cl. Ambos, Berlin 2008, 75 – 86. (Maul, Opfer)

—— Art. Omina und Orakel. A. In Mesopotamien, RlA 10, 1./2. Lieferung, 2003, 69 – 82. (Maul, Omina)

—— Eine neubabylonische Kultordnung für den ‚Klagesänger' (*kalû*), in: Kulturgeschichten. Altorientalische Studien für Volker Haas zum 65. Geburtstag, hg. v. T. Richter/D. Prechel/J. Klinger, Saarbrücken 2002, 255 – 265. (Maul, Kultordnung)

—— Die Frühjahrsfeierlichkeiten in Aššur, in: Wisdom, Gods and Literature. Studies in Honour of W. G. Lambert, hg. v. A.R. George/I.L. Finkel, Winona Lake 2000, 389-420. (Maul, Frühjahrsfeierlichkeiten)

—— Gottesdienst im Sonnenheiligtum zu Sippar, in: Munuscula Mesopotamica. Festschrift für Johannes Renger, hg. v. Th. Richter/B.Böck/E.Cancik-Kirschbaum, AOAT 267, Münster 1999, 285 – 316. (Maul, Gottesdienst)

—— Küchensumerisch oder hohe Kunst der Exegese? Überlegungen zur Bewertung akkadischer Interlinearübersetzungen von Emesal-Texten, in: *Ana šadî Labnāni lū allik:* Beiträge zu altorientalischen und mittelmeerischen Kulturen, hg. v. B. Pontgratz-Leisten/W. Röllig, Kevelaer/Neukirchen-Vluyn 1997, 253 – 267. (Maul, Küchensumerisch)

— ‚Wenn der Held (zum Kampfe) auszieht…'. Ein Ninurta-Eršemma, Or 60 (1991), 312–334. (Maul, Ninurta)

Mayer, Walter, Die Zerstörung des Jerusalemer Tempels 587 v. Chr. im Kontext der Praxis von Heiligtumszerstörungen im antiken Vorderen Orient, in: Zerstörungen des Jerusalemer Tempels. Geschehen – Wahrnehmung – Bewältigung, hg. v. J. Hahn, WUNT 147, Tübingen 2002. (Mayer, Heiligtumszerstörungen)

Mayer, Werner R., Ein neues Königsritual gegen feindliche Bedrohung, Or 57 (1988), 145–164. (Mayer, Königsritual)

McKane, William, A Critical and Exegetical Commentary on Jeremiah. Vol. I, ICC, Edinburgh 1986. (McKane, Jeremiah I)

— A Critical and Exegetical Commentary on Jeremiah. Vol. II, ICC, Edinburgh 1996. (McKane, Jeremiah II)

Prophet an Institution, ZAW 94 (1982), 251–266. (McKane, Institution)

McKay, John William, Religion in Judah under the Assyrians 732–609 BC, SBT 26, London 1973. (McKay, Religion)

Meyer, Ivo, Jeremia und die falschen Propheten, OBO 13, Freiburg/Schweiz/Göttingen 1977. (Meyer, Falsche Propheten)

Michaelis, Johann David, Observationes philogicae et criticae in Jeremiae vaticina et Threnos, Göttingen 1793. (Michaelis, Observationes)

Michalowski, Piotr, Sumerian Literarture. An Overview, in: Civilizations of the Ancient Near East. Vol. V., Part 9 Language, Writing and Literaure, New York. hg. v. J. M. Sasson, 1995. 2279–2291. (Michalowski, Overview)

— On the Early History of the ershahunga Prayer, JCS 39 (1987), 37–48. (Michalowski, Ershahunga)

Mirelman, Sam, Birds, Balaĝs, and Snakes (K.4206+), JSC 67 (2015), 169–186. (Mirelman, Birds)

Mowinckel, Sigmund, The Psalms in Israel's Worship, Vol II, Oxford 1967. (Mowinckel, worship)

— Die Kompositionen des Buches Jeremia, Kristiana 1914. (Mowinckel, Kompositionen)

Müller, Hans-Peter, Art. נָבִיא, ThWAT 140–163. (Müller, נָבִיא)

Nicholson, Ernest W., Jeremiah 1–25, CNEB, Cambridge 1973. (Nicholson, Jeremiah)

Niehr, Herbert, In Search of YHWH's Cult Statue in the First Temple, in: The Image and the Book. Iconic Cults, Aniconism, and the Rise of Book Religion in Israel and the Ancient Near East, hg. v. K. van der Toorn, Leuven 1997, 73–95. (Niehr, Statue)

Nissinen, Martti, Das kritische Potential in der altorientalischen Prophetie, in: Propheten in Mari, Assyrien und Israel, hg. v. M. Köckert/ M. Nissinen, Göttingen 2003, 1–32. (Nissinen, Potential)

— Prophets and Prophecy in the Ancient Near East, SBL 12, Atlanta 2003. (Nissinen, Prophets)

— The Socioreligious Role of the Neo-Assyrian Prophets, in: Prophecy in its Ancient Near Eastern Context. Mesopotamian, Biblical, and Arabian Perspectives, hg. v. M. Nissinen, SBL 13, Atlanta 2000, 89–114. (Nissinen, Socioreligious Role)

— Falsche Prophetie in neuassyrischer und deuteronomistischer Darstellung, in: Das Deuteronomium und seine Querbeziehungen, hg. v. T. Veijola, Göttingen 1996, 172–195. (Nissinen, Falsche Prophetie)

Noth, Martin, Das vierte Buch Mose. Numeri, ATD 7, Berlin 1969. (Noth, Numeri)

O'Kane, Martin, Isaiah. A Prophet in the Footsteps of Moses, JSOT 69 (1996), 21–51. (O'Kane, Footsteps)

O'Kennedy, D.F., ‚Where the Prophets really Intercessors?', OTEs 13/3 (2000), 329 – 347. (O'Kennedy, intercessors)

Otto, Eckart, Deuteronomium 4,44 – 11,32, HThKAT 5,2, Freiburg im Breisgau 2012. (Otto, Deuteronomium)

—— Die Tora. Studien zum Pentateuch. Gesammelte Schriften, BZAR 9, Wiesbaden 2009. (Otto, Tora)

—— Das Deuteronomium. Politische Theologie und Rechtsform in Juda und Assyrien, ZAW 284, Berlin 1999. (Otto, Politische Theologie)

Overholt, Thomas W., 'It Is Difficult To Read', JSOT 48 (1990), 51 – 54. (Overholt, Difficult)

—— Prophecy in History. The Social Reality of Intermediation, JSOT 48 (1990), 3 – 29. (Overholt, History)

Parke-Taylor, Geoffrey H., The Formation of the Book of Jeremiah. Doublets and Recurring Phrases, SBL.MS 51, Atlanta 2000. (Parke-Taylor, Formation)

Peled, Ilan, A New Manuscript of the Lament of Eridu, JCS 67 (2015), 39 – 43. (Peled, New Manuscript)

Petersen, David L., Defining Prophecy and Prophetic Literature, in: Prophecy in its Ancient Near Easten Context, hg. v. M. Nissinen, SBL 13, Atlanta 2000, 33 – 46. (Petersen, Defining)

Petter, Donna Lee, The Book of Ezekiel and Mesopotamian City Laments, OBO 246, Göttingen 2011. (Petter, Ezekiel)

Pohlmann, Karl-Friedrich, Religion in der Krise- Krise einer Religion. Die Zerstörung des Jerusalemer Tempels 587 v. Chr.', in: Zerstörungen des Jerusalemers Tempels. Geschehen-Wahrnehmung-Bewältigung, hg. v. J. Hahn, WUNT, 147, Tübingen, 2002, 40 – 60. (Pohlmann, Krise)

—— Die Ferne Gottes. Studien zum Jeremaiabuch, BZAW 179, Berlin/New York 1989. (Pohlmann, Ferne)

—— Studien zum Jeremiabuch. Ein Beitrag zur Frage nach der Entstehung des Jeremiabuches, FRLANT 118, Göttingen, 1978. (Pohlmann, Studien)

Preuß, Horst Dietrich, Art. מָעוֹן, ThWAT IV, 1984, 1027 – 1030. (Preuß, מָעוֹן)

Quack, Joachim Friedrich, Die Klage über die Zerstörung Ägyptens. Versuch einer Neudeutung der ‚Admonitions' im Vergleich zu den altorientalischen Stadtklagen, in: *Ana šadî Labnāni lū allik:* Beiträge zu altorientalischen und mittelmeerischen Kulturen, hg. v. B. Pontgratz-Leisten/W. Röllig, Kevelaer/Neukirchen-Vluyn 1997, 345 – 354. (Quack, Admonitions)

Rad, Gerhard von, Die Konfessionen Jeremias [1936], in: Gesammelte Studien zum Alten Testament, hg. v. G. v. Rad, Band II, Tb 48, München 1973, 224 – 235. (von Rad, Konfessionen)

—— Theologie des Alten Testaments. Band II. Die Theologie der prophetischen Überlieferung Israels, EETh 1, München 1960. (von Rad, Theologie)

—— Die falschen Propheten, ZAW 51 (1933), 109 – 120. (von Rad, falsche Propheten)

Rendtorff, Rolf, Zum Gebrauch der Formel *neʾum Jahwe* im Jeremiabuch in: Gesammelte Studien zum Alten Testament, hg. v. R. Rendtorff, TB 57, München 1975, 256 – 266. (Rendtorff, neum)

Reventlow, Henning Graf, Gebet im Alten Testament, Stuttgart 1986. (Reventlow, Gebet)

—— Liturgie und prophetisches Ich bei Jeremia, Gütersloh 1963. (Reventlow, Liturgie)

Ringgren, Helmer, Art. עָמַד, ThWAT VI, 1989, 194 – 204. (Ringgren, עָמַד)

—— Art. מֵעִים, ThWAT IV, 1984. 1036 – 1038. (Ringgren, מֵעִים)

Robinson, Theodore, H., Baruch's Roll, ZAW 42 (1924), 209 – 221. (Robinson, Roll)

Röllig, Wolfgang, Jerusalem in the neo-assyrian Period, in: Jerusalem before Islam, hg. v. Z. Kafafi/ R. Schick, Oxford 2007. (Röllig, neo-assyrian Period)

Rudnig, Thilo, ‚Ist denn Jahwe nicht auf dem Zion?‘ (Jer 8,19). Gottes Gegenwart im Heiligtum, ZThK 104 (2007), 267–28. (Rudnig, Gegenwart)

Rudolph, Wilhelm, Jeremia. 3., verbesserte Auflage, HAT 12, Tübingen ³1968. (Rudolph, Jeremia)

Ruppert, Lothar, Art. קֶסֶם, ThWAT VII, 1993, 78–84. (Ruppert, קֶסֶם)

Sallaberger, W./Huber-Vulliet, F., Art. Priester.A.I., RLA 10, 2003–2005, 617–640. (Sallaberger, Priester)

Sallaberger, W., Art. Ritual. A., RLA 11, 2006–2008, 421–430. (Sallaberger, Ritual)

Sauer, Georg, Die Tafeln von Deir ʿAllā, ZAW 81 (1969), 145–156. (Sauer, Deir Alla)

Scherer, Andreas, Vom Sinn prophetischer Gerichtsverkündigung bei Amos und Hosea, Biblica 86 (2005), 1–19. (Scherer; Gerichtsverkündigung)

Schmid, Konrad, Schrift und Schriftmetaphorik in der Prophetie des Jeremiabuches, in: Metatexte. Erzählungen von schrifttragenden Artefakten in der alttestamentlichen und mittelalterlichen Literatur, hg. v. F.– E. Flocken und M. R. Ott, Materiale Textkulturen 15, Berlin 2016, 123–144. (Schmid, Schriftmetaphorik)

── Buchgestalten des Jeremiabuches. Untersuchungen zur Redaktions- und Rezeptionsgeschichte von Jer 30–33 im Kontext des Buches, WMANT 72, Neukirchen-Vluyn 1996. (Schmid, Buchgestalten)

Schmidt, Werner H., Das Buch Jeremia. Kapitel 1–20, ATD 20, Göttingen, 2008. (Schmidt, Jeremia 1)

── Das Buch Jeremia. Kapitel 21–52, ATD 21, Göttingen 2013. (Schmidt, Jeremia 2)

── Das Prophetengesetz Dtn 18,9–22 im Kontext erzählender Literatur, in: Deuteronomy and deuteronomic literature, Festschrift C. H. W. Brekelmans, hg. v. u. a. M. Vervenne, EThL 133, Leuven 1997, 55–70. (Schmidt, Prophetengesetz)

Schmitt, Rüdiger, Magie im Alten Testament, AOAT 313, Münster 2004. (Schmitt, Magie)

Schroer, Silvia, Biblische Klagetradition zwischen Ritual und Literatur. Eine genderbezogene Skizze, in: Klagetraditionen. Form und Funktion der Klage in den Kulturen der Antike, hg. v. M. Jaques, OBO 251, Fribourg 2011, 83–104. (Schroer, Biblische Klagetradition)

Schunk, Klaus-Dietrich, Art. חֵמָה, ThWAT II, 1977, 1032–1036. (Schunk, חֵמָה)

Schwemer, Daniel, Witchcraft and War. The Ritual Fragment Ki 1904–10–9, 18 (BM 98989), Iraq 69 (2007), 29–42. (Schwemer, Witchcraft)

Seidl, Theodor, Art. שְׁלָמִים, ThWAT VIII, 1995, 102–111. (Seidl, שְׁלָמִים)

Seitz, Christopher R., The Prophet Moses and the Canonical Shape of Jeremiah, ZAW 101 (1989), 3–27. (Seitz, Moses)

Seyboldt, Klaus Dieter, Art. חָלָה, ThWAT II, 1977, 960–971. (Seyboldt, חָלָה)

Shafer, Ann, The Carving of an Empire. Neo-Assyrian Monuments on the Periphery, UMI Dissertation, 2003. (Shafer, Empire)

── Assyrian Royal Monuments on the Periphery. Ritual and the Making of Imperial Space, in: Ancient Near Eastern Art in Context. Studies in Honor of Irene J. Winter by her Students, hg. v. J. Cheng/ M. H. Feldman, Leiden 2007, 133–159. (Shafer, Ritual)

Shehata, Dahlia, Klagesänger und ihr Gesangsrepertoire. Überlegungen zu den Überlieferungswegen altbabylonischer Kultliturgie, in: Musiker und Tradierung. Studien zur Rolle von Musikern bei der Verschriftlichung und Tradierung von literarischen Werken, hg. v. R. Pruzsinszky/D. Shehata, WOO 8, Münster 2010, 171-198. (Shehata, Gesangsrepertoire)

—— Musiker und ihr vokales Repertoire. Untersuchungen zu Inhalt und Organisation von Musikerberufen und Liedgattungen in altbabylonischer Zeit, Göttinger Beiträge zum Alten Orient 3, Göttingen 2009. (Shehata, Musiker)

Shtern, Ephraim, Archaeology of the Land of the Bible. The Assyrian, Babylonian and Persian Periods 732–332 BCE, New York 2001. (Shtern, Persian)

Simian-Yorfe, Horacio, Art. נחם, ThWAT V, 1986, 366–384. (Simian-Yorfe, נחם)

Sitzler, Dorothea, Vorwurf gegen Gott. Ein religiöses Motiv im Alten Orient (Ägypten und Mesopotamien), StOr 32, Wiesbaden 1995. (Sitzler, Vorwurf)

Soden, Wolfram von, Art. Gebet II, RLA 3, 1957–1971, 160–170. (von Soden, Gebet)

Spieckermann, Hermann, Juda unter Assur in der Sargonidenzeit, FRLANT 129, Göttingen 1982. (Spieckermann, Juda)

Steinhilber, Markus Georg, Die Fürbitte für die Herrschenden im Alten Testament, Frühjudentum und Urchristentum. Eine traditionsgeschichtliche Studie, WMANT 128, Neukirchen-Vluyn 2010. (Steinhilber, Fürbitte)

Steinkeller, Piotr, ‚On the Identity of the Toponym LÚ.SU(.A)', *JAOS 108* (1988), 197–202. (Steinkeller, identity)

Stendebach, Franz-Josef, Art. שָׁלוֹם, ThWAT VIII, 1995, 12–46. (Stendebach, שָׁלוֹם)

Stipp, Hermann-Josef, Studien zum Jeremiabuch, FAT 96, Tübingen 2015. (Stipp, Studien)

—— Jeremia und der Priester Paschhur ben Immer. Eine redaktionsgeschichtliche Studie, in: Kulte, Priester, Rituale – Beiträge zu Kult und Kultkritik im Alten Testament und Alten Orient. Festschrift Theodor Seidl, hg. v. St. Ernst/ M. Häusl, Arbeiten zu Text und Sprache im Alten Testament 89, St. Ottilien 2010, 375–401. (Stipp, Priester)

—— Sprachliche Kennzeichen jeremianischer Autorenschaft, in: Prophecy in the Book of Jeremiah, hg. v. R. G. Kratz/ H. Barstad, BZAW 388, Berlin 2009, 148–186. (Stipp, Kennzeichen)

—— Prophetentitel und Eigenname Jeremias im masoretischen Sondergut des Jeremiabuches, in: „Gerechtigkeit und Recht zu üben" (Gen 18, 19). Studien zur altorientalischen und biblischen Rechtsgeschichte, zur Religionsgeschichte Israels und zur Religionssoziologie, hg. v. R. Achenbach/ M. Arneth, BZAR 13, Wiesbaden 2009, 239–264. (Stipp, Eigenname)

—— Zur aktuellen Diskussion um das Verhältnis der Textformen des Jeremiabuches, in: Die Septuaginta. Texte, Kontexte, Lebenswelten, hg. v. M. Karer/ W. Kraus, WUNT 219, Tübingen 2008, 630–653. (Stipp, Verhältnis)

—— Probleme des redaktionsgeschichtlichen Modells der Entstehung des Jeremiabuches, in: Jeremia und die ‚deuteronomistische Bewegung', hg. v. W. Groß, BBB 98, Weinheim 1995, 225–262. (Stipp, Problem)

—— Die sechste und siebte Fürbitte des Tempelweihgebets (1 Kön 8,44–51) in der Diskussion um das deuteronomistische Geschichtswerk, JNSL 24/1 (1998), 193–216. (Stipp, Fürbitte)

—— Das Verhältnis von Textkritik und Literarkritik in neuere alttestamentlichen Veröffentlichungen, BZ 34 (1990), 16–37. (Stipp, Textkritik)

Stökl, Jonathan, Ištar's Women, YHWH's Men? A Curious Gender-Bias in Neo-Assyrian and Biblical Prophecy, ZAW 121 (2009), 87–100. (Stökl, Women)

Talmon, Shemaryahu, The 'Comparative Method' in Biblical Interpretation-Principles and Problems in: VT.S 29. International Organization for the Study of the Old Testament, Congress Vol.9, Göttingen 1978. (Talmon, Method)

Thiel, Winfried, Die deuteronomistische Redaktion von Jeremia 1–25, WMANT 41, Neukirchen-Vluyn 1973. (Thiel, dtr Redaktion I)

— Die deuteronomistische Redaktion von Jeremia 26–45, WMANT 52, Neukirchen-Vluyn 1981. (Thiel, dtr Redaktion II)

Tiemeyer, Lena-Sofia, The Priests and the Temple Cult in the Book of Jeremiah, in: Prophecy in the Book of Jeremiah, hg.v. R. G. Kratz/H. Barstad, BZAW 388, Berlin 2009, 233–264. (Tiemeyer, Priests)

Tinney, Steve, Tablets of Schools and Scholars. A Portrait of the Old Babylonian Corpus, in: The Oxford Handbook of Cuneiform Culture hg.v. K. Radner/E. Robson, Oxford, 2011, 577–596. (Tinney, Tablets)

Toorn, Karel van der, Scribal Culture and the Making of the Hebrew Bible, Cambridge 2007. (van der Toorn, Scribal Culture)

— Mesopotamian Prophecy between Immanence and Transcendence. A Comparison of Old Babylonian and Neo-Assyrian Prophecy, in: Prophecy in its Ancient Near Eastern Context, hg.v. M. Nissinen, SBL 13, Atlanta 2000, 71–88. (van der Toorn, Prophecy)

Uehlinger, Christoph, Qohelet im Horizont mesopotamischer, levantinischer und ägyptischer Weisheitsliteratur der persischen und hellenistischen Zeit, in: Das Buch Kohelet. Studien zur Struktur, Geschichte, Rezeption und Theologie, hg.v. L. Schwienhorst-Schönberger, ZAW 254, Berlin 1997. (Uehlinger, Qohelet)

— Anthropomorphic Cult Statuary in Iron Age Palestine and the Search for Yahweh's Cult Images, in: The Image and the Book. Iconic Cults, Aniconism, and the Rise of Book Religion in Israel and the Ancient Near East, hg.v. K. van der TOORN, Leuven 1997, 97–155. (Uehlinger, Cult Statuary)

Vanderhooft, David Stephen, The Neo-Babylonian Empire and Babylon in the Latter Prophets, HSM 59, Atlanta 1999. (Vanderhooft, Neo-babylonian)

Volz, Paul, Der Prophet Jeremia, KAT 10, Leipzig 1922. (Volz, Jeremia)

Vuilleumier, René, Bileam zwischen Bibel und Deir' Alla, ThZ 52 (1996), 150–163. (Vuilleumier, Bileam)

Waard, Jan de, A Handbook of Jeremiah, (Textual Criticism and the Translator 2), Winona Lake 2003. (Waard, Handbook)

Wagner, Andreas, Strukturen des Gebets im Alten Testament, in: Orakel und Gebete. Interdisziplinäre Studien zur Sprache der Religion in Ägypten, Vorderasien und Griechenland in hellenistischer Zeit, hg.v. M. Witte/J. F. Diehl, FAT II/38, Tübingen 2009, 197–216. (Wagner, Gebet)

— Prophetie als Theologie. Die ,so sprich Jahwe'-Formeln und das Grundverständnis alttestamentlicher Prophetie, FRLANT 207, Göttingen 2004. (Wagner, Theologie)

Wahl, Martin, Die Entstehung der Schriftprophetie nach Jer 36, ZAW 110 (1998), 365–389. (Wahl, Schriftprophetie)

Wanke, Gunther, Jeremia. Teilband 1: Jer 1,1–25,14, ZBK 20.1, Zürich 1995. (Wanke, Jeremia 1)

— Jeremia. Teilband 2: Jer 25,15–52,34, ZBK 20.2, Zürich 2003. (Wanke, Jeremia 2)

Weinfeld, Art. מִנְחָה V., ThWAT IV, 1984, 997–1000. (Weinfeld, מִנְחָה V.)

Weippert, Helga, Die Prosareden des Jeremiabuches, BZAW 132, Berlin/New York 1973. (Weippert, Prosareden)

Weippert, Helga und Manfred, Die „Bileam"-Inschrift von Tell Dēr 'Allā, ZDPV 98 (1982), 77–103. (Weippert, Bileam Der Alla)

Weippert, Manfred, Aspekte israelitischer Prophetie im Lichte verwandter Erscheinungen des Alten Orients, in: Götterwort in Menschenmund. Studien zur Prophetie in Assyrien, Israel und Juda, hg.v. M. Weippert, FRLANT 252, Göttingen 2014. (Weippert, Aspekte)

—— Assyrische Prophetien der Zeit Asarhaddons und Assurbanipals, in: Assyrian Royal Inscriptions: New Horizons in Literary, Ideological and Historical Analysis, hg. v. F. M. Fales, Orientis Antiqui Collectio 17, Roma 1981, 71–115. (= in Götterwort in Menschenmund. Studien zur Prophetie in Assyrien, Israel und Juda, hg. b. M. Weippert, FRLANT 252, Göttingen 2014, 9–47.) (Weippert, Assyrische Prophetien)

—— ‚König fürchte dich nicht!' Assyrische Prophetie im 7. Jahrhundert v. Chr, Or 71 (2002), 1–54.(= in Götterwort in Menschenmund. Studien zur Prophetie in Assyrien, Israel und Juda, hg. v. M. Weippert, FRLANT 252, Göttingen 2014, 159–206) (Weippert, Fürchte Dich nicht)

—— Rezension zu Martti Nissen, References to Prophecy in Neo-Assyrian Sources, SAAS 7, Helsinki 1998 und zu Martti Nissinen (Hg.), Prophecy in Its Ancient Near Eastern Context. Mesopotamian, Biblical and Arabian Perspectives, SBL 13, Atlanta 2000, OR 72 (2003), 282–88. (Weippert, Rezension)

—— Der „Bileam"-Text von Tell-Deir 'Alla und das Alte Testament; in: Jahwe und die anderen Götter, hg. v. M. Weippert, Tübingen 1997, S. 163–192. (Weippert, Bileam und das AT)

Weiser, Artur u. a. (Hg.), Das Buch des Propheten Jeremia, ATD 20/21, Göttingen ⁶1969. (Weiser, Jeremia)

Wenning, Robert, Heiligtum ohne Stadt – Stadt ohne Heiligtum? Anmerkungen zum archäologischen Befund des Tell Der 'Alla, ZAH 4 (1991), 171–193. (Wenning, Heiligtum)

Werner, Wolfgang, Das Buch Jeremia. Kapitel 1–25, NSK-AT 19/1, Stuttgart 1997. (Werner, Jer 1–25).

—— Das Buch Jeremia. Kapitel 25,15–52, NSK-AT 19/2, Stuttgart 2003. (Werner, Jer 25–52)

Westermann, Claus, Struktur und Geschichte der Klage im Alten Testament, ZAW 66 (1954), 44–80. (Westermann, Klage)

—— Die Rolle der Klage in der Theologie des Alten Testaments, in: Forschung am Alten Testament, hg. v. C. Westermann, Gesammelte Studien II, TB 55, München 1974, 250–268. (Westermann, Rolle der Klage)

Wilke, Alexa F., Die Gebete der Propheten. Anrufungen Gottes im ‚corpus propheticum' der hebräischen Bibel, BZAW 451, Berlin/Boston, Mass. 2014. (Wilke, Gebete)

Wischnowsky, Marc, Tochter Zion. Aufnahme und Überwindung der Stadtklage in den Prophetenschriften des Alten Testaments, Neukirchen-Vluyn 2001. (Wischnowsky, Zion)

Wolff, Christian, Jeremia im Frühjudentum und Urchristentum, TU 118, Berlin 1976. (Wolff, Frühjudentum)

Woude, van der Adam S., Art. פָּנִים, THAT II, ⁶2004, 432–460. (Van der Woude, פָּנִים)

Würthwein, Das erste Buch der Könige. Kapitel 1–16, ATD 1, ²1989. (Würthwein, Könige)

Zernecke, Anna Elise, Gott und Mensch in Klagegebeten aus Israel und Mesopotamien. Die Handerhebungsgebete Ištar 10 und Ištar 2 und die Klagepsalmen Ps 38 und Ps 22 im Vergleich, AOAT 387, Münster 2011. (Zernecke, Gott und Mensch)

Zgoll, Annette, Die Kunst des Betens. Form und Funktion, Theologie und Psychagogik in babylonisch-assyrischen Handerhebungsgebeten zu Ištar, AOAT 308, Münster 2003. (Zgoll, Kunst)

—— Für Sinn, Geist und Seele. Vom konkreten Ablauf mesopotamischer Rituale zu einer generellen Systematik von Ritualfunktionen, in: Ritual und Poesie. Formen und Orte religiöser Dichtung im Alten Orient, im Judentum und im Christentum, hg. v. E. Zenger, HBSt 36, Freiburg im Breisgau 2003, 25–46. (Zgoll, Sinn)

Ziegler, Nele, Music. The Work of Propfessionals, in: *The Oxford Handbook of Cuneiform Culture.* hg. v. K. Radner/E. Robson, Oxford 2011, S. 288–312. (Ziegler, Music)

Bibelstellenregister

42,7 246; 250, n. 290
42,10 177, n. 129; 227; 250
42,12 177, n. 129
42,16 174, n. 115
42,17 174, n. 115; 179, n. 138
42,20 168, n. 78; 171f.; 176–178; 191; 203, n. 184; 204f.
42,21 183, n. 161
42,22 174, n. 115; 179, n. 138; 246
43,1 250, n. 290
43,4 183, n. 161
43,6 246, n. 267; 250, n. 290; 260, n. 17
43,7 183, n. 161; 227; 238
43,8 250, n. 290
44 237, n. 208
44,1 250, n. 290
44,2 181, n. 149; 198, n. 260f.
44,4 226, n. 130; 237
44,5 183, n. 161
44,6 181, n. 149; 198, n. 260f.
44,12 174, n. 115
44,13 31, n. 106; 174, n. 115
44,15–17 198; 250, n. 290
44,18 174, n. 115; 198
44,19 198
44,20 250, n. 290
44,22 181, n. 149; 198, n. 260f.
44,23 183, n. 161
44,24 250, n. 290
44,27 174, n. 115
45 172
45,1 172; 227; 238; 246, n. 267; 250, n. 290; 260, n. 17
45,2 227; 238
45,3 42, n. 164; 227; 238
45,4 227; 238
45,5 227; 238
46 221, n. 94
46,1 246, n. 267; 250; 250, n. 290
46,13 246, n. 267; 250; 250, n. 290
46,25 31, n. 106
46,28 59
47 221, n. 94
47,1 246, n. 267; 250; 250, n. 290
48 221, n. 94
48,8 16, n. 34
48,18 16, n. 34

48,21 12, n. 13
48,32 26, n. 80
49 221, n. 94
49,3 16, n. 34
49,8.19 31, n. 106
49,9 30, n. 97
49,9–10.14–16 27, n. 80
49,13 181, n. 149; 198, n. 260f.
49,33 56, n. 235
49,34 246, n. 267; 250; 250, n. 290
50 221, n. 94
50,1 246, n. 267; 250; 250, n. 290
50,6 227, n. 137
50,18.47.52 31, n. 106
51,4.47.49.52 48, n. 206
51,8f. 47, n. 202
51,20.22.23 245, n. 261
51,25 27, n. 83
51,27 31, n. 106
51,31 227, n. 137
51,37 57, n. 235; 58; 132; 174, n. 115; 179, n. 138; 242, n. 244
51,48 16, n. 34
51,59 227, n. 137; 238; 246, n. 267; 250; 250, n. 290; 260, n. 17
51,60–64 238; 250; 250, n. 290
52,1 250, n. 290
53,56 16, n. 34

Klagelieder
1,1 15, n. 31; 114, n. 433
1,2 15, n. 31; 48; 51; 114, n. 433
1,3 15, n. 31; 114, n. 433
1,4 41, n. 160; 42, n. 166; 45, n. 187; 229
1,5 15, n. 31; 42, n. 166; 45, n. 187; 114, n. 433
1,6
1,7 114, n. 433
1,9 15
1,10 15, n. 31; 114, n. 432f.
1,11
1,12 42, n. 166; 45, n. 187; 114, n. 432
1,16 14, n. 29; 48; 51
1,20 15; 18, n. 44; 22; 114, n. 432f.; 122
1,21 15, n. 31; 114, n. 433
1,22 42; 42, n. 166; 45; 49; 51; 53, n. 217; 114, n. 433; 122